普通高等教育"十四五"土建类专业系列教材

建设法规
（第2版）

主　编　徐勇戈
副主编　宁文泽

西安交通大学出版社
XI'AN JIAOTONG UNIVERSITY PRESS

内容提要

本书根据最新立法动态,全面系统地反映了建设工程各阶段现行的相关法律制度,使读者能够在学习理论知识的同时,掌握建设工程法律基础和各种法规,包括建设工程法律基础与相关制度,工程建设标准法律制度,建筑法律制度,建筑工程行政许可法律制度,建设工程招标与投标法律制度,建设工程合同法律制度,劳动合同与劳动者权益保护制度,建设工程施工环境保护、节约能源和文物保护法律制度,以及建设工程纠纷处理法律制度等。

本书可作为高等学校土木工程专业和工程管理专业及相近专业"建设法规"课程的本科教材,也可供从事工程建设和工程管理的专业人员和管理人员学习、参考。

图书在版编目(CIP)数据

建设法规/徐勇戈主编. — 2版. — 西安:西安交通大学出版社,2022.4(2023.8重印)
ISBN 978-7-5693-2464-8

Ⅰ.①建… Ⅱ.①徐… Ⅲ.①建筑法-中国-教材 Ⅳ.①D922.297

中国版本图书馆 CIP 数据核字(2021)第 271832 号

书　　名	建设法规(第2版) JIANSHE FAGUI (DI 2 BAN)
主　　编	徐勇戈
责任编辑	祝翠华
责任校对	王建洪
封面设计	任加盟
出版发行	西安交通大学出版社 (西安市兴庆南路1号　邮政编码 710048)
网　　址	http://www.xjtupress.com
电　　话	(029)82668357　82667874(市场营销中心) (029)82668315(总编办)
传　　真	(029)82668280
印　　刷	西安日报社印务中心
开　　本	787mm×1092mm　1/16　　印张 16.25　　字数 406千字
版次印次	2022年4月第1版　2023年8月第2次印刷
书　　号	ISBN 978-7-5693-2464-8
定　　价	49.80元

发现印装质量问题,请与本社市场营销中心联系。
订购热线:(029)82665248　(029)82667874
投稿热线:(029)82665379　QQ:793619240
读者信箱:xj_rwjg@126.com

版权所有　侵权必究

前言

随着我国经济的发展和建筑业参与国际建筑市场竞争的需要，工程建设行为逐渐纳入法制化的轨道。作为大学当中工程管理、土木工程、建筑学、城市规划等专业的学生，不仅要掌握自然科学知识和专业知识，还需要掌握与建设工程相关的法律知识，因此"建设法规"成为工程管理及其相关专业的专业基础课程。

近几年来，我国对与建设工程相关的部分法律、法规进行了修订。为了及时、准确、高效地把这些修订的内容介绍给广大读者，编者把我国建设工程领域相关的最新法律、法规编入了教材，突出了本书的新颖性、及时性。

值得说明的是，"新"是本书的一个重要特色。随着我国社会主义法治建设的不断深入和立法进程的不断加快，工程建设所依赖的法律制度发生了较大的调整和变化，尤其是2020年5月28日第十三届全国人民代表大会第三次会议表决通过的《中华人民共和国民法典》，该法已于2021年1月1日实施。民法典的实施必然会对工程建设活动中受民法调整的民事法律行为产生深刻的影响，为了及时反映这些新的影响和变化，编者将建设工程中所涉及的与民法典密切相关的法律制度纳入了本书当中。"融入课程思政"是本书的另外一个重要特色，为了满足国家培养社会主义新型人才的需要，本书将思政方面的内容很好地融入了相关章节。此外，本书还体现了工程伦理的相关内容，以期满足新形势下"新工科"教学理念的要求。

本书以工程管理及其相关专业学生需掌握的建设法律知识为出发点，把建设行政法、建设经济法、建筑技术法作为编写的脉络体系，体现了"体系的科学性特色"；本书借鉴了大量翔实的工程建设案例，并根据国家的法律法规对这些案例进行了深入分析，通过这些案例可以清楚地了解到我国建设工程领域的立法轨迹和现状，因此具有较强的指导性和实用性。本书每章后均附有一定的复习思考题，以便于读者理解、消化和巩固课堂所学知识。

本书由西安建筑科技大学徐勇戈和宁文泽共同编写。全书共分为十章，其中，第一章、第二章、第七章、第八章、第九章、第十章由徐勇戈编写，第三章、第四章、第五章、第六章由宁文泽编写。全书由徐勇戈统稿。

由于编者的水平所限，书中难免有疏漏之处，敬请广大读者批评指正。

编 者

2021年10月

目 录

第一章　建设法规概论
　　第一节　概述 …………………………………………………………………… (1)
　　第二节　建设法规体系 ………………………………………………………… (5)
　　第三节　建设法规的构成及与相关法律的关系 …………………………… (10)

第二章　建设工程法律基础与相关制度
　　第一节　民法基础 …………………………………………………………… (14)
　　第二节　建设工程代理制度 ………………………………………………… (19)
　　第三节　建设工程物权制度 ………………………………………………… (23)
　　第四节　建设工程债权制度 ………………………………………………… (27)
　　第五节　建设工程担保制度 ………………………………………………… (29)
　　第六节　建设工程保险制度 ………………………………………………… (33)
　　第七节　建设工程税收制度 ………………………………………………… (37)
　　第八节　建设工程法律责任制度 …………………………………………… (42)

第三章　工程建设标准法律制度
　　第一节　概述 ………………………………………………………………… (47)
　　第二节　工程建设标准的制定 ……………………………………………… (50)
　　第三节　工程建设强制性标准的实施 ……………………………………… (56)
　　第四节　违反工程建设强制性标准的法律责任 …………………………… (57)

第四章　建筑法律制度
　　第一节　概述 ………………………………………………………………… (61)
　　第二节　建筑工程发包与承包 ……………………………………………… (67)
　　第三节　建筑工程监理 ……………………………………………………… (71)
　　第四节　建筑工程安全生产管理 …………………………………………… (75)
　　第五节　建筑工程质量管理 ………………………………………………… (82)

第五章　建设工程行政许可法律制度
　　第一节　概述 ………………………………………………………………… (92)
　　第二节　建设工程施工许可法律制度 ……………………………………… (93)

  第三节 建筑活动从业资格许可法律制度 …………………………………… (98)
  第四节 建筑施工企业安全生产许可法律制度 ………………………… (111)

第六章 建设工程招标与投标法律制度
  第一节 概述 …………………………………………………………………… (117)
  第二节 建设工程招标与投标程序 ………………………………………… (123)
  第三节 建设工程施工招标与投标管理 …………………………………… (132)

第七章 建设工程合同法律制度
  第一节 概述 …………………………………………………………………… (145)
  第二节 建设工程合同的主要内容 ………………………………………… (149)
  第三节 建设工程合同的订立与履行 ……………………………………… (153)
  第四节 建设工程合同的效力 ……………………………………………… (158)
  第五节 建设工程合同的违约责任 ………………………………………… (163)

第八章 劳动合同与劳动者权益保护制度
  第一节 概述 …………………………………………………………………… (170)
  第二节 劳动合同的订立 …………………………………………………… (172)
  第三节 劳动合同的履行、变更、解除和终止 ………………………… (175)
  第四节 合法用工方式与违法用工模式的规定 ………………………… (179)
  第五节 劳动保护的规定 …………………………………………………… (183)
  第六节 劳动争议的解决 …………………………………………………… (190)
  第七节 违法行为应承担的法律责任 ……………………………………… (191)

第九章 建设工程施工环境保护、节约能源和文物保护法律制度
  第一节 概述 …………………………………………………………………… (197)
  第二节 施工现场环境保护制度 …………………………………………… (198)
  第三节 施工节约能源制度 ………………………………………………… (209)
  第四节 施工文物保护制度 ………………………………………………… (216)

第十章 建设工程纠纷处理法律制度
  第一节 概述 …………………………………………………………………… (226)
  第二节 仲裁制度 …………………………………………………………… (228)
  第三节 民事诉讼 …………………………………………………………… (234)
  第四节 建设工程行政纠纷的处理 ………………………………………… (245)

参考文献

第一章

建设法规概论

第一节 概 述

一、法及建设法规的概念

(一)法的概念

法的概念因学派的不同而有所不同。

德国拉德布鲁赫(Radbruch)认为,"法"不仅仅是一个范畴,一切法律上的考察都是由此出发并以此为基础的;它也不仅仅是一种思考方式,舍此根本不能思考法律之事;而且它还是一种现实的文化形态,其使法律世界的一切事实得以形成和塑造。

英国霍布斯(Hobbes)从立法者的角度认为,法是国家对人民的命令,用口头说明,或用书面文字,或用其他方法所表示的规则或意志,用以辨别是非、指示从违。

美国弗兰克(Frank)从司法者角度认为,就任何具体情况而言,法或者是实际的法,即关于这一情况的过去的一个判决;或者是大概的法,即关于一个未来判决的预测。

美国霍贝尔(Hoebel)从守法者的角度认为,法律是这样一个社会规范,即如果有人对它置之不理或违反,拥有社会承认的权力的个人或集团就会使用武力相威胁或实际使用武力。

美国庞德(Pound)从法的作用的角度认为,法是发达的政治上组织起来的社会高度专门化的社会控制形式——一种有系统、有秩序地使用社会强力的社会控制。

我国学者认为,法是指由国家专责机关创制的、以权利义务为调整机制并通过国家强制力保证实施的、调整行为关系的社会规范。它是意志与规律的结合,是阶级统治和社会管理的手段,它应当是通过利益调整从而实现社会正义的工具。

综上所述,法是由国家制定或认可,并以国家强制力保证实施的,反映统治阶级意志的规范体系。法通过规定人们在相互关系中的权利和义务,确认、保护和发展对统治阶级有利的社会关系和社会秩序。

(二)建设法规的概念

建设法规是指国家立法机关或其授权的行政机关制定的,旨在调整国家及其有关机构、企事业单位、社会团体、公民之间在建设活动中或建设行政管理活动中发生的各种社会关系的法律、法规的统称。建设法规体现了国家对城市建设、乡村建设、市政及社会公用事业等各项建设活动进行组织、管理、协调的方针、政策和基本原则。

建筑业是我国国民经济的支柱产业,建设活动与国民经济、人民生活和社会的可持续发展关系密切,国家必须对之进行全面的规范管理。同时,在建设活动中,需要用完善的法律、行政法规和部门规章来规范和调整建设事业中的各种社会关系。

二、建设法规调整的对象

我国建设法规的调整对象,即建设关系,是指由建设法规所规范的,在建设活动中发生的各种社会关系。它包括建设活动中所发生的行政管理关系、经济协作关系及其相关的民事关系。建设法规调整下的社会关系就是建设法律关系。

(一)建设活动中的行政管理关系

建设活动中的行政管理关系是指国家及其建设行政主管部门与建设单位、设计单位、施工单位及有关单位(如中介服务机构)之间发生的规划、指导、协调、服务、监督、调解与控制等关系。

建设活动与人们的生命财产安全、社会的文明进步息息相关,国家对此必须进行全面的严格管理。因此,国家及其建设行政主管部门通过制定建设法规对建设活动进行行政监督和管理。

(二)建设活动中的经济协作关系

工程建设是非常复杂的活动,是多方主体参与的系统工程。在建设活动中,各主体有各自的利益,为了实现利益最大化,必然要寻求协作伙伴,进而就产生了相互之间的建设经济协作关系。如建设单位委托监理单位完成工程监理任务,从而产生委托与被委托关系。为了避免纠纷和矛盾的发生,在协作过程中所产生的关系需要借助建设法规来加以规范与调整。

(三)建设活动中的民事关系

建设活动中的民事关系是建设活动中由民事法律规范所调整的社会关系,具体是指国家、单位法人、公民之间因从事建设活动而产生的民事权利和义务关系,主要包括财产关系和人身关系。如在工程建设质量事故中民工身体伤害的赔偿关系,房地产交易中的买卖、租赁、房屋产权关系等,都属于建设活动中的民事关系。建设活动中的民事关系既涉及国家社会利益,又关系着个人利益,因此,必须纳入法律调整的范围,由民法和建设法规中的民事法律规范予以调整。

以上三种社会关系是在从事建设活动时所形成的,它们与其他活动中所形成的社会关系既有相同点,又有其自身的特点。因此,规范建设活动不能完全用一般的法律规范来调整,而必须由建设法规来调整。

三、建设法律关系的构成要素

法律关系是一定的社会关系在相应法律规范的调整下形成的权利、义务关系。建设法律关系是由建设法律规范所确认的,在工程建设和工程建设的管理过程中所产生的权利、义务关系。建设法律关系是由建设法律关系主体、建设法律关系客体和建设法律关系内容三要素构成的,缺少其中任何一个要素都不能构成建设法律关系。

(一)建设法律关系的主体

建设法律关系的主体是参加建设活动或者建设管理活动,受有关法律法规规范和调整,享有相应权利、承担相应义务的当事人。建设法律关系的主体包括国家机关、社会组织与公民。

1. 国家机关

能够成为建设法律关系主体的国家机关,包括国家行政机关和国家权力机关。国家机关一般是由于进行建设管理活动而成为建设法律关系主体的。对建设活动进行管理的主要是国家行政机关。作为建设法律关系主体的国家行政机关,则包括国家建设行政主管部门、国家发展和改革部门、国家各业务的主管部门等。国家权力机关对国家建设计划和预决算进行审查和批准,制定和颁布建设法律法规,因而它是建设法律关系的主体。

2. 社会组织

国家的建设活动主要是由社会组织完成的,因而社会组织是最广泛、最主要的建设法律关系主体。参加建设活动的社会组织一般应当是法人,但有时法人以外的其他社会组织也可以成为建设法律关系的主体。作为建设法律关系主体的社会组织包括建设单位、勘察设计单位、施工单位、监理单位等。

法人是具有民事权利能力和民事行为能力、依法独立享有民事权利和承担民事义务的组织。法人是与自然人相对应的概念,是法律赋予社会组织具有人格的一项制度。这一制度为保障社会组织的权利、便于社会组织独立承担责任提供了基础。法人应当具备的条件如下:

(1)依法成立。法人不能自然产生,它的产生必须经过法定的程序。法人的设立目的和方式必须符合法律的规定,设立法人必须经过政府主管机构的批准或者核准登记。

(2)有必要的财产或者经费。有必要的财产或者经费是法人进行民事活动的物质基础,它要求法人的财产或者经费必须与法人的经营范围或者设立目的相适应,否则不能被批准设立或者核准登记。

(3)有自己的名称、组织机构和场所。法人的名称是法人相互区别的标志和法人进行活动时的代号。法人的组织机构是指对内管理法人事务、对外代表法人进行民事活动的机构。法人的场所则是法人进行业务活动的所在地,也是确定法律管辖的依据。

(4)能够独立承担民事责任。法人必须能够以自己的财产或者经费承担在民事活动中的债务,在民事活动中给其他主体造成损失时能够承担赔偿责任。

法人以外的其他组织是指合法成立、有一定的组织机构和财产,但又不具备法人资格的组织,包括合伙组织、依法登记领取营业执照的合伙型联营企业、法人依法设立并领取营业执照的分支机构等。在民事诉讼法中,法人非依法设立的分支机构,或者虽依法设立但没有领取营业执照的分支机构,以设立该分支机构的法人为当事人。

3. 公民

建设活动不仅包括社会组织的建设活动,而且应包括公民个人的建设活动。首先,公民个人的建设活动也应接受国家的管理,从而成为建设法律关系的主体。随着公民个人建设活动的增加,对公民个人建设活动的管理也将逐步完善。其次,有些公民的职务行为仍然要体现其个人身份,如注册建造师、注册监理工程师、注册造价工程师等,他们在履行职务时,仍然要体现公民个人身份。最后,在建设关系主体内部,公民个人以劳动者的身份与单位建立劳动关系,此时,公民个人也是建设法律关系的主体。

(二)建设法律关系的客体

建设法律关系的客体是指参加建设法律关系的主体享有的权利和承担的义务所共同指向的对象。建设法律关系的客体主要包括物、财、行为和智力成果。

(1)物。法律意义上的物是指可为人们所控制并具有经济价值的生产资料和消费资料。如建筑材料、建筑设备、建筑物等,都有可能成为建设法律关系的客体。

(2)财。财是指货币及各种有价证券。财也可能成为建设法律关系的客体,如建设活动中的借款合同,其客体就是货币。

(3)行为。法律意义上的行为是指人的有意识的活动。在建设法律关系中,行为多表现为完成一定的工作,如勘察设计、施工安装等,这些行为都可以成为建设法律关系的客体。行为也可以表现为提供一定的劳务,如绑扎钢筋、土方开挖、墙体砌筑等。

(4)智力成果。智力成果是通过人的智力活动所创造出的精神成果,包括知识产权、技术秘密及在特定情况下的公知技术。如专利权、商标权等,都有可能成为建设法律关系的客体。

(三)建设法律关系的内容

建设法律关系的内容是指建设权利和建设义务。建设法律关系的内容是建设单位的具体要求,决定了建设法律关系的性质,它是连接建设法律关系的主体与客体的纽带。

(1)建设权利。建设权利是指建设法律关系的主体在法定范围内,根据国家建设管理要求和自己业务活动需要有权进行的各种建设活动。权利主体可要求其他主体做出一定的行为和不为一定的行为,以实现自己的有关权利。

(2)建设义务。建设义务是指建设法律关系的主体必须按法律规定或约定承担相应的责任。建设义务和建设权利是相互对应的,相应主体应自觉履行相对应的义务。

➢ 四、建设法律事实

1.建设法律事实的概念

建设法律事实并不是由建设法律规范本身产生的,建设法律关系只有在具有一定的情况和条件下才能产生、变更和消灭。能够引起建设法律关系产生、变更和消灭的客观现象和事实,就是建设法律事实。建设法律关系是不会自然而然产生的,也不能仅凭法律规范规定就可在当事人之间发生具体的建设法律关系。只有一定的法律事实存在,才能在当事人之间产生一定的建设法律关系,或使原来的建设法律关系发生变更或消灭。建设法律事实包括行为和事件。

2.建设法律事实的内容

(1)行为。行为是指法律关系主体有意识的活动,是能够引起法律关系发生变更和消灭的行为。它包括作为和不作为两种表现形式。

行为还可分为合法行为和不合法行为。凡符合国家法律规定或为国家法律所认可的行为就是合法行为,如在建设活动中,当事人订立合法有效的合同,会产生建设工程合同关系;建设行政管理部门依法对建设活动进行的管理活动,会产生建设行政管理关系。凡违反国家法律规定的行为是违法行为,如建设工程合同当事人违约,会导致建设工程合同关系的变更或者消灭。

此外,行政行为和发生法律效力的法院判决、裁定以及仲裁机关发生法律效力的裁决,也是一种法律事实,也能引起法律关系的产生、变更和消灭。

(2)事件。事件是指不以建设法律关系主体的主观意志为转移而发生的,能够引起建设法律关系产生、变更和消灭的客观现象。这些客观事件的出现与否,是当事人无法预见和控制的。

事件分为自然事件和社会事件两种。自然事件是指由于自然现象所引起的客观事实,如地震、台风等。社会事件是指由于社会上发生了不以个人意志为转移的、难以预料的重大事变所形成的客观事实,如战争、罢工、禁运等。无论自然事件还是社会事件,它们的发生都能引起一定的法律后果,即导致建设法律关系的产生或者迫使已经存在的建设法律关系发生变化。

第二节 建设法规体系

一、建设法规体系的概念

法律体系也称法的体系或部门法律体系,通常是指由一个国家现行的各个部门法构成的有机联系的统一整体。在我国的法律体系中,根据所调整的社会关系性质不同,法律可以划分为不同的部门法,如宪法及宪法相关法、民法商法、行政法、经济法、刑法等。建设法规具有综合性的特点,同时包括了行政法、民商法、经济法等部门法。

建设法规同时具有一定的完整性,即具有自己的完整体系。建设法规体系是指把已经制定的和需要制定的建设法律、建设行政法规、建设部门规章和地方建设法规有机结合起来,形成一个相互联系、相互补充、相互协调的完整统一的体系。

二、我国法律体系的基本框架

经过多年不懈的努力,以宪法为核心的中国特色社会主义法律体系已经形成。当代中国的法律体系,部门齐全、层次分明、结构协调、体例科学。国务院新闻办公室2008年2月28日发表的《中国的法治建设》指出,我国的法律体系主要由以下七个法律部门构成:宪法及宪法相关法、民法商法、行政法、经济法、社会法、刑法、诉讼与非诉讼程序法。

1. 宪法及宪法相关法

宪法是国家的根本大法,是特定社会政治经济和思想文化条件综合作用的产物。它集中反映各种政治力量的实际对比关系,确认革命胜利成果和现实的民主政治,规定国家的根本任务和根本制度,以及社会制度、国家制度的原则和国家政权的组织以及公民的基本权利、义务等内容。宪法相关法,如《中华人民共和国人民代表大会组织法》《中华人民共和国地方各级人民代表大会和地方各级人民政府组织法》《中华人民共和国人民代表大会和地方各级人民代表大会选举法》等法律,也属于这一法律部门。

2. 民法商法

民法是规定并调整平等主体的公民间、法人间及公民与法人间的财产关系和人身关系的法律规范的总称。商法是调整市场经济关系中商人及其商事活动的法律规范的总称。我国采用的是民商合一的立法模式,商法被认为是民法的特别法和组成部分。《中华人民共和国民法典》(包括总则、物权、合同、人格权、婚姻家庭、继承、侵权责任等七编),以及《中华人民共和国公司法》《中华人民共和国招标投标法》等属于民法商法。

3. 行政法

行政法是行政主体在行使行政职权和接受行政法制监督过程中与行政相对人、行政法制监督主体之间发生的各种关系,以及行政主体内部发生的各种关系的法律规范的总称。作为行政法调整对象的行政关系主要包括行政管理关系、行政法制监督关系、行政救济关系、内部行政关系。《中华人民共和国行政处罚法》《中华人民共和国行政复议法》《中华人民共和国行政许可法》《中华人民共和国环境影响评价法》《中华人民共和国城市房地产管理法》《中华人民共和国城乡规划法》《中华人民共和国建筑法》等属于行政法。

4. 经济法

经济法是调整在国家协调、干预经济运行的过程中发生的经济关系的法律规范的总称。《中华人民共和国统计法》《中华人民共和国土地管理法》《中华人民共和国标准化法》《中华人民共和国税收征收管理法》《中华人民共和国预算法》《中华人民共和国审计法》《中华人民共和国节约能源法》《中华人民共和国政府采购法》《中华人民共和国反垄断法》等属于经济法。

5. 社会法

社会法是调整劳动关系、社会保障和社会福利关系的法律规范的总称。社会法是在国家干预社会生活过程中逐渐发展起来的一个法律门类,所调整的是政府与社会之间、社会不同部分之间的法律关系。《中华人民共和国残疾人保障法》《中华人民共和国矿山安全法》《中华人民共和国劳动法》《中华人民共和国职业病防治法》《中华人民共和国安全生产法》《中华人民共和国劳动合同法》等属于社会法。

6. 刑法

刑法是关于犯罪和刑罚的法律规范的总称。《中华人民共和国刑法》是这一法律部门的主要内容。

7. 诉讼与非诉讼程序法

诉讼法是规定诉讼程序的法律总称。我国有三大诉讼法,分别是《中华人民共和国民事诉讼法》《中华人民共和国刑事诉讼法》《中华人民共和国行政诉讼法》。非诉讼程序法主要是《中华人民共和国仲裁法》,也属于这一法律部门。

➤ 三、建设法规的渊源

法律的渊源是指法律创制方式和外部表现形式。它包括四层含义:法律规范创制机关的性质及级别,法律规范的外部表现形式,法律规范的效力等级,法律规范的地域效力。法的渊源取决于法的本质。在世界历史上存在过的法律渊源主要有习惯法、宗教法、判例、规范性法律文件、国际惯例、国际条约等。但在我国,习惯法、宗教法、判例不是法律的渊源。

我国建设法规的渊源是制定法形式。具体的建设法规渊源可分为以下几类。

1. 宪法

宪法是由全国人民代表大会依据特别程序制定的具有最高效力的根本法。宪法是集中反映统治阶级的意志和利益,规定国家制度、社会制度的基本原则,具有最高法律效力的根本大法,其主要功能是制约和平衡国家权力,保障公民权利。宪法是我国的根本大法,在我国法律体系中具有最高的法律地位和法律效力,是我国最高的法律渊源。宪法主要由两个方面的基本规范组成:一是《中华人民共和国宪法》;二是其他附属的宪法性文件,主要包括主要国家机关组织法、选举法、民族区域自治法、特别行政区基本法、国籍法、国旗法、国徽法、保护公民权利法及其他宪法性法律文件。

同时,宪法也是建设法规的最高渊源,是国家进行建设管理、监督的权力基础。如《中华人民共和国宪法》第八十九条规定,"国务院行使下列职权:……(六)领导和管理经济工作和城乡建设、生态文明建设";第一百零七条第一款规定:"县级以上地方各级人民政府依照法律规定的权限,管理本行政区域内的经济、教育、科学、文化、卫生、体育事业、城乡建设事业和财政、民政、公安、民族事务、司法行政、计划生育等行政工作,发布决定和命令,任免、培训、考核和奖惩行政工作人员。"

2. 法律

法律是指由全国人民代表大会和全国人民代表大会常务委员会制定颁布的规范性法律文件,即狭义的法律,其法律效力仅次于宪法。法律分为基本法律和一般法律(非基本法律和专门法)两类。基本法律是由全国人民代表大会制定的调整国家和社会生活中带有普遍性的社会关系的规范性法律文件的统称,如刑法、民法、诉讼法以及有关国家机构的组织法等法律。一般法律是由全国人民代表大会常务委员会制定的调整国家和社会生活中某种具体社会关系或其中某一方面内容的规范性文件的统称。

法律是建设法规的核心,既包括专门的建设领域的法律,如《中华人民共和国城乡规划法》《中华人民共和国建筑法》《中华人民共和国城市房地产管理法》等;也包括与建设活动相关的其他法律,如《中华人民共和国民法典》《中华人民共和国招标投标法》《中华人民共和国行政许可法》等。

3. 行政法规

行政法规是国家最高行政机关国务院根据宪法和法律就有关执行法律和履行行政管理职权的问题,以及依据全国人大的特别授权所制定的规范性文件的总称。其法律地位和法律效力仅次于宪法和法律,但高于地方性法规和法规性文件。

目前已经实施的建设行政法规包括《建设工程质量管理条例》《建设工程安全生产管理条例》《城市房地产开发经营管理条例》等。

4. 地方性法规、自治条例和单行条例

省、自治区、直辖市的人民代表大会及其常务委员会根据本行政区域的具体情况和实际需要,在不与宪法、法律、行政法规相抵触的前提下,可以制定地方性法规。较大的市的人民代表大会及其常务委员会根据本市的具体情况和实际需要,在不与宪法、法律、行政法规和本省、自治区的地方性法规相抵触的前提下,可以制定地方性法规,报省、自治区的人民代表大会常务委员会批准后实施。较大的市是指省、自治区的人民政府所在地的市,经济特区所在地的市和经国务院批准的较大的市。

目前各地方都制定了大量的规范建设活动的地方性法规、自治条例和单行条例,如《北京市建筑市场管理条例》《天津市建筑市场管理条例》《新疆维吾尔自治区建筑市场管理条例》等。

5. 部门规章

国务院各部和委员会、中国人民银行、审计署和具有行政管理职能的直属机构所制定的规范性文件称为部门规章。部门规章规定的事项应当属于执行法律或者国务院的行政法规、决定、命令的事项,它的名称可以是"规定""办法""实施细则"等。目前大量的建设法规都是以部门规章的方式发布的,住房和城乡建设部发布的《房屋建筑和市政基础设施工程质量监督管理规定》《房屋建筑和市政基础设施工程竣工验收备案管理办法》《市政公用设施抗灾设防管理规

定》,国家发展和改革委员会发布的《招标公告和公示信息发布管理办法》《必须招标的工程项目规定》等。涉及两个以上国务院部门职权范围的事项,应当提请国务院制定行政法规或者由国务院有关部门联合制定规章。

6. 地方政府规章

省、自治区、直辖市和较大的市的人民政府,可以根据法律、行政法规和本省、自治区、直辖市的地方性法规,制定地方政府规章。目前,省、自治区、直辖市和较大的市的人民政府都十分重视地方法规的建设,制定了大量地方规章。例如,重庆市人民政府发布的《重庆市建设工程造价管理规定》、宁夏回族自治区人民政府令第103号《宁夏回族自治区招标投标管理办法》、宁波市人民政府令第209号《宁波市政府投资建设工程造价管理办法》等。

7. 国际条约

国际条约是指我国与外国缔结、参加、签订、加入、承认的双边、多边的条约、协定和其他具有条约性质的文件。这些文件的内容除我国在缔结时宣布持保留意见不受其约束的以外,都与国内法律规范具有同样的约束力,所以也是我国法律的渊源。例如,我国加入世界贸易组织(World Trade Organization,WTO)后,WTO与工程建设有关的协定也对我国的建设活动产生约束力。

▶ 四、法的效力层级

法的效力层级是指法律体系中的各种法的形式,由于制定的主体、程序、时间、适用范围等的不同,具有不同的效力,形成法的效力等级体系。

1. 宪法至上

宪法是根本大法,具有最高的法律效力。宪法作为根本法和母法,还是其他立法活动的最高法律依据。任何法律、法规都必须遵循宪法而产生,无论是维护社会稳定、保障社会秩序,还是规范经济秩序,都不能违背宪法的基本原则。

2. 上位法优于下位法

在我国的法律体系中,法律的效力是仅次于宪法而高于其他法的形式。行政法规的法律地位和法律效力仅次于宪法和法律,高于地方性法规和部门规章;地方性法规的效力,高于本级和下级地方政府规章。省、自治区人民政府制定的规章的效力,高于本行政区域内的较大的市人民政府制定的规章;部门规章之间、部门规章与地方政府规章之间具有同等效力,在各自的权限范围内施行。

3. 特别法优于一般法

特别法优于一般法,是指公法权利主体在实施公权力行为中,当一般规定与特别规定不一致时,优先适用特别规定。《中华人民共和国立法法》规定,同一机关制定的法律、行政法规、地方性法规、自治条例和单行条例、规章,特别规定与一般规定不一致时,适用特别规定。

4. 新法优于旧法

新法和旧法对同一事项有不同规定时,新法的效力优于旧法。《中华人民共和国立法法》规定,同一机关制定的法律、行政法规、地方性法规、自治条例和单行条例、规章,新的规定与旧的规定不一致的,适用新的规定。

5. 需要由有关机关裁决适用的特殊情况

法律之间对同一事项的新的一般规定与旧的特别规定不一致,不能确定如何适用时,由全国人民代表大会常务委员会裁决。

行政法规之间对同一事项的新的一般规定与旧的特别规定不一致,不能确定如何适用时,由国务院裁决。

地方性法规、规章之间不一致时,由有关机关依照下列规定的权限作出裁决:

(1)同一机关制定的新的一般规定与旧的特别规定不一致时,由制定机关裁决。

(2)地方性法规与部门规章之间对同一事项的规定不一致,不能确定如何适用时,由国务院提出意见,国务院认为应当适用地方性法规的,应当决定在该地方适用地方性法规的规定;认为应当适用部门规章的,应提请全国人民代表大会常务委员会裁决。

(3)部门规章之间、部门规章与地方政府规章之间对同一事项的规定不一致时,由国务院裁决。

根据授权制定的法规与法律规定不一致,不能确定如何适用时,由全国人民代表大会常务委员会裁决。

6. 备案与审查

行政法规、地方性法规、自治条例和单行条例、规章应当在公布后的30天内,依照《中华人民共和国立法法》的规定报有关机关备案。

国务院、中央军委、最高人民法院、最高人民检察院和各省、自治区、直辖市的人民代表大会常务委员会认为行政法规、地方性法规、自治条例和单行条例同宪法或者法律相抵触的,可以向全国人民代表大会常务委员会书面提出审查的要求,由常务委员会工作机构分送有关的专门委员会进行审查、提出意见。上述规定以外的其他国家机关和社会团体、企事业组织以及公民认为行政法规、地方性法规、自治条例和单行条例同宪法或者法律相抵触的,可以向全国人民代表大会常务委员会书面提出审查的建议,由常务委员会工作机构进行研究,必要时,送有关的专门委员会进行审查、提出意见。

全国人民代表大会专门委员会、常务委员会工作机构在审查、研究中认为行政法规、地方性法规、自治条例和单行条例同宪法或者法律相抵触的,可以向制定机关提出书面审查意见、研究意见;也可以由法律委员会与有关的专门委员会、常务委员会工作机构召开联合审查会议,要求制定机关到会说明情况,再向制定机关提出书面审查意见。制定机关应当在两个月内研究提出是否修改的意见,并向全国人民代表大会法律委员会和有关的专门委员会或者常务委员会工作机构反馈。

全国人民代表大会法律委员会、有关的专门委员会、常务委员会工作机构经审查、研究认为行政法规、地方性法规、自治条例和单行条例同宪法或者法律相抵触而制定机关不予修改的,可以向委员长会议提出予以撤销的议案、建议,由委员长会议决定提请常务委员会会议审议决定。

第三节 建设法规的构成及与相关法律的关系

➤ 一、建设法规的构成

建设法规调整的是城乡规划、住宅和房地产、工程建设、城市建设等领域的社会关系。建设法规体系主要由四部分法律组成,即城乡规划法、住宅和房地产法、工程建设法、城市建设法。

1. 城乡规划法

(1) 立法目的。城乡规划法的立法目的是加强城乡规划管理,协调城乡空间布局,改善人居环境,促进城乡经济社会全面协调可持续发展。2007年10月28日,第十届全国人民代表大会常务委员会第三十次会议通过了《中华人民共和国城乡规划法》,并于2008年1月1日起施行。2015年4月24日,第十二届全国人民代表大会常务委员会第十四次会议决定对该法作出修改;2019年4月23日,第十三届全国人民代表大会常务委员会第十次会议决定对该法作出修改。已经发布的行政法规有《村庄和集镇规划建设管理条例》《风景名胜区条例》《历史文化名城名镇名村保护条例》。

(2) 调整范围。城乡规划法调整城乡规划活动及其产生的社会关系。城乡规划包括城镇体系规划、城市规划、镇规划、乡规划和村庄规划。城市规划、镇规划分为总体规划和详细规划。详细规划分为控制性详细规划和修建性详细规划。

2. 住宅和房地产法

(1) 立法目的。住宅和房地产法的立法目的是保障公民的居住权,加强对城市房地产的管理,维护房地产市场秩序,保障房地产权利人的合法权益,促进房地产业的健康发展。住宅和房地产法主要是《中华人民共和国城市房地产管理法》。该法已于1994年7月5日第八届全国人民代表大会常务委员会第八次会议通过,自1995年1月1日起施行。2007年8月30日,第十届全国人民代表大会常务委员会第二十九次会议对该法作出修改;2009年8月27日,第十一届全国人民代表大会常务委员会第十次会议决定对该法作出第二次修改;2019年8月26日,第十三届全国人民代表大会常务委员会第十二次会议决定对该法作出第三次修改。已经发布的行政法规有《物业管理条例》《城市房地产开发经营管理条例》《国有土地上房屋征收与补偿条例》《住房公积金管理条例》等。

(2) 调整范围。住宅和房地产法调整为了保障公民的居住权形成的社会关系,以及房地产开发、买卖、管理活动及其社会关系。

3. 工程建设法

(1) 立法目的。工程建设法的立法目的是加强对工程建设活动的监督管理,维护建筑市场秩序,保证建设工程的质量和安全,促进建筑业健康发展。工程建设法主要是《中华人民共和国建筑法》。该法于1997年11月1日第八届全国人民代表大会常务委员会第二十八次会议通过,自1998年3月1日起施行。2011年4月22日,第十一届全国人民代表大会常务委员会第二十次会议决定对该法作出修改;2019年4月23日,第十三届全国人民代表大会第十次会议决定对该法作出修改。已经发布的行政法规有《注册建筑师条例》《建设工程质量管理条例》《建设工程勘察设计管理条例》《建设工程安全生产管理条例》《民用建筑节能条例》等。

(2)调整范围。工程建设法调整建设工程领域各类企业的资质管理、经营管理、工程承包管理和建筑市场管理等活动及其社会关系。《中华人民共和国建筑法》对建筑许可、建筑工程发包与承包、建筑工程监理、建筑工程安全生产管理、建筑工程质量管理等内容作出了全面的规定。

4. 城市建设法

(1)立法目的。城市建设法的立法目的是加强市政公用事业的统一管理,保证城市建设和管理工作的顺利进行,发挥城市多功能的作用,以适应现代化建设的需要。已经发布的行政法规有《城市绿化条例》《城市市容和环境卫生管理条例》《城市供水条例》《城市道路管理条例》等。

(2)调整范围。城市建设法调整城市的市政设施、公用事业、市容环境卫生、园林绿化等建设、管理活动及其社会关系。

二、建设法规与相关法律的关系

1. 建设法规与行政法的关系

建设法规在调整建设活动中产生的社会关系时,会形成行政监督管理关系。行政监督管理关系是指国家行政机关或者其正式授权的有关机构对建设活动的组织、监督、协调等形成的关系。建设活动事关国计民生,与国家、社会的发展,与公民的工作、生活以及生命财产安全等,都有直接的关系。因此,国家必然要对建设活动进行监督和管理。

我国政府一直高度重视对建设活动的监督管理。在国务院和地方各级人民政府都设有专门的建设行政管理部门,对建设活动的各个阶段依法进行监督管理,包括立项、资金筹措、勘察、设计、施工、验收等。国务院和地方各级政府的其他有关行政管理部门也承担了相应的建设活动监督管理的任务。行政机关在这些监督管理中形成的社会关系就是建设行政监督管理关系。

建设行政监督管理关系是行政法律关系的重要组成部分。

2. 建设法规与民法商法的关系

建设法规在调整建设活动中产生的社会关系时,会形成民事商事法律关系。建设民事商事法律关系是建设活动中由民事商事法律规范所调整的社会关系。建设民事商事法律关系有以下特点:第一,建设民事商事法律关系是主体之间的民事权利和民事义务关系。民法商法调整一定的财产关系和人身关系,赋予当事人民事商事权利和民事商事义务。在民事商事法律关系产生以后,民事商事法律规范所确定的抽象的民事商事权利和民事商事义务便落实为约束当事人行为的具体的民事商事权利和民事商事义务。第二,建设民事商事法律关系是平等主体之间的关系。民法商法调整平等主体之间的财产关系和人身关系,这就决定了参加民事商事关系的主体地位平等、相互独立、互不隶属。同时,由于主体地位平等,决定了其权利义务一般也是对等的。任何一方在享受权利的同时,也要承担相应的义务。第三,建设民事商事法律关系主要是财产关系。民法商法以财产关系为其主要调整对象。因此,民事商事关系也主要表现为财产关系。民事商事关系虽然也有人身关系,但在数量上较少。第四,建设民事商事法律关系的保障措施具有补偿性和财产性。民法商法调整对象的平等性和财产性,也表现在民事商事关系的保障手段上,即民事商事责任以财产补偿为主要内容,惩罚性和非财产性责任不是主要的民事商事责任形式。

在建设活动中,各类民事商事主体,如建设单位、施工单位、勘察设计单位、监理单位等,都是通过合同建立起相互的关系。合同关系就是一种民事商事法律关系。

建设民事商事关系是民事商事法律关系的重要组成部分。

3. 建设法规与社会法的关系

建设法规在调整建设活动中产生的社会关系时,会形成社会法律关系。例如,施工单位应当做好员工的劳动保护工作,建设单位也要提供相应的保障;建设单位、施工单位、监理单位、勘察设计单位都会与自己的员工建立劳动关系。

建设社会关系是社会法律关系的重要组成部分。

典型案例及分析

1. 案情背景

原告:刘某。

被告:贾某(包工头)、程某(私建房主)。

2016年10月底,被告程某委托被告贾某完成两层新建私房的模板安装工程。被告贾某在承揽该工程后,于2016年11月7日雇请了原告刘某安装模板,双方约定每天工资为162元。当天上午,原告在施工现场二楼安装模板时不慎摔至一楼,导致左侧大腿多处骨折。原告受伤后即由被告送至镇中心卫生医院进行治疗,后转至省人民医院住院治疗。原告住院期间,被告贾某和程某支付了部分医疗费之后就一直拒付相关费用。2016年12月27日,原告刘某向陕西省西安市长安区人民法院起诉,请求判令被告赔偿医疗费、误工费、护理费、住院伙食补助费等费用,合计人民币74896.95元。

被告贾某辩称,自己与被告程某之间的行为应当受《中华人民共和国建筑法》的调整,被告程某委托工程时,没有审查贾某的资质,因此,程某也存在一定的过错,应当承担法律责任。另外,原告刘某自己在施工的过程中存在不当,导致损害结果的发生,也应承担一定的责任。

被告程某辩称,自己与原告之间不存在雇佣关系,只是将安装模板工程发包给被告贾某,而且作为私有房主没有义务审查工人是否有施工资质。农村私有住房建筑也不适用《中华人民共和国建筑法》的调整,自己与原告刘某之间根本不存在发包与承包的关系,故请求驳回原告的诉讼请求。

2. 审裁结果

法院判决:被告贾某赔偿原告刘某医疗费、误工费、护理费、住院伙食补助费等费用,合计人民币74896.95万元;驳回原告刘某对被告程某的诉讼请求。

3. 案例分析

本案判决中要解决三个问题:

(1)被告贾某与被告程某之间的民事法律行为受何种法律关系调整。农民将自建住宅工程承包给个体工匠施工,其建设行为受《村庄和集镇规划建设管理条例》调整。在本案中,被告程某将新建私房模板安装工程交给贾某,由贾某负责施工,其形式是包工包料,而且程某只向其支付报酬,两人之间形成的是加工承揽合同关系,而非建设工程合同关系,其行为应受《村庄和集镇规划建设管理条例》和《中华人民共和国民法典》的调整,而不受《中华人民共和国建筑法》的调整。

(2)被告贾某是否具有建筑资质及被告程某是否存在审查失当的过错。一般情况下,具有农村工匠资格的人员具有承揽资质。农民自建的二层以下低层住宅,由已经领取工匠资格的人员承建,即可以认定其具有承建资质。对于未实行工匠资格证书的地区,如果该工匠具有当地一般的工匠水平,是群众普遍认可的,也可以认定其具有承建资质。定作人在选任承揽人时,必须严格审查其承建资质,如选任无资质的企业或工匠建房导致发生人身损害,应承担选人不当的责任。本案中,被告贾某是一个有着30多年工龄的瓦工,他也经常在当地承揽建筑业务,可以认定其具有承揽资质,程某并无审查失当的过错,故无须担责。

(3)原告刘某是否存在过错。原告刘某在未熟悉施工条件的情况下,私自上楼进行施工导致踏空坠地而导致骨折,其也存在一定的过错。但根据最高人民法院《关于审理人身损害赔偿案件适用法律若干问题的解释》的有关规定,雇员必须存在故意或者重大过失才承担民事责任。在本案中,原告刘某并无故意或者重大过失的情形,故无须承担责任,相应责任应由雇主贾某来承担。

复习思考题

1. 简述我国建设法规的调整对象。
2. 我国建设法律关系的构成要素有哪些?
3. 我国建设法规的渊源有哪些?
4. 简述我国建设法规的构成体系。
5. 什么是法的效力层级?
6. 简述我国建设法规的构成。
7. 建设法规和民法商法的关系是什么?

第二章

建设工程法律基础与相关制度

第一节 民法基础

一、民法概述

(一)民法的概念和调整对象

民法是调整平等主体的自然人、法人和非法人组织之间的财产关系、人身关系的各种法律规范的总称。民法是现代国家的基本法之一。

民事主体的平等性有两层含义:一是指当事人的民事法律地位平等,具有独立、平等的关系,相互之间不是领导与被领导的行政隶属关系;二是指当事人的民事活动意志平等,是在自主、自愿的基础上进行的,一方不能强加意志给另一方或被强加。

民法所调整的财产关系,是指人们在占有、使用、交换和分配物质财富的过程中形成的具有经济内容的社会关系。这种关系表现为两种:一种是财产的所有关系;另一种是财产的流转关系。它们反映在民法上,形成了所有权、使用权、经营权、相邻权、债权、知识产权和继承权等法律关系。

民法所调整的人身关系,是指平等主体之间,基于一定的人格和身份而发生的,不具有直接经济内容的社会关系。民法调整的人身关系表现为人身权,包括人格权和身份权。人身权无直接经济内容,但又与财产关系密切相连,是人们能够具有民事主体资格、获取经济利益所不可缺少的,是财产关系的前提,也是民法调整的对象之一。

(二)我国民法的构成与基本内容

世界上凡属于大陆法系的国家或地区均有其民法典,用以调整民事主体在民事活动中所产生的权利与义务关系。

2020年5月28日,第十三届全国人民代表大会第三次会议表决通过了《中华人民共和国民法典》,自2021年1月1日起施行。

《中华人民共和国民法典》是新中国第一部以法典命名的法律,开创了我国法典编纂的先河,具有里程碑意义。它是"社会生活的百科全书",是市场经济的基本法,是民事权利保护的宣言书,是新中国民事立法的集大成者。

《中华人民共和国民法典》共7编1260条,各编依次为总则、物权、合同、人格权、婚姻家庭、继承、侵权责任以及附则。

(三)民法的立法目的、调整范围与基本原则

1. 立法目的

(1)保护民事主体的合法权益。民事主体的合法权益包括人身权利、财产权利、兼具人身和财产性质的知识产权等权利,以及其他合法权益。保护公民的各项基本权利是宪法的基本原则和要求,保护民事主体的合法权益是民法的首要目的,也是落实和体现宪法精神的表现。

(2)调整民事关系。民事权益存在于特定社会关系中,民法保护民事权利,是通过调整民事关系来实现的。调整社会关系是法律的基本功能。民法调整的仅仅是民事关系,民事关系就是平等主体之间的权利与义务关系。

(3)维护社会和经济秩序。民法通过调整民事主体之间的人身关系、财产关系和交易关系,实现对社会与经济秩序的维护,使得民事主体享有合法的财产权,进而能在此基础上与他人开展交易,从而确保整个社会的经济有条不紊地运行。

(4)适应中国特色社会主义发展要求。社会主义市场经济体系本质上是法制经济,通过编纂民法典,不断完善社会主义法律体系,健全市场秩序,维护交易安全,促进社会主义市场经济持续健康发展。

2. 调整范围

民法调整平等主体的自然人、法人和非法人组织之间的人身关系和财产关系。

(1)人身关系。人身关系是指民事主体之间基于人格和身份形成的无直接物质利益因素的民事法律关系。人身关系有的与民事主体的人格利益相关,有的与民事主体的特定身份相关,如配偶之间的婚姻关系、父母与子女之间的抚养和赡养关系。

(2)财产关系。财产关系是指民事主体之间基于物质利益而形成的民事法律关系。财产关系包括静态的财产支配关系,如所有权关系;还包括动态的财产流转关系,如债权债务关系。从财产关系所涉及的权利内容而言,财产关系包括物权关系、债权关系等。

3. 基本原则

(1)民事主体的人身权利、财产权利以及其他合法权益受法律保护原则。民事主体的民事权利及其他合法权益受法律保护的要求在我国诸多法律中都有规定。如《中华人民共和国宪法》第十三条第一款和第二款规定:"公民的合法的私有财产不受侵犯。国家依照法律规定保护公民的私有财产权和继承权。"

(2)平等、自愿、公平和诚信原则。平等原则是指民事主体,不论法人、自然人还是非法人组织,在从事民事活动时,他们相互之间在法律地位上都是平等的,他们的合法权益受到法律平等的保护。自愿原则也称意思自治原则,就是民事主体有权根据自己的意思,自愿从事民事活动,按照自己的意思自主决定民事法律关系的内容及其设立、变更和终止,自觉承受相应的法律后果。公平原则要求民事主体从事民事活动时要秉承公平理念,公正、平允、合理地确定各方的权利和义务,并依法承担相应的民事责任。诚信原则要求所有民事主体在从事任何民事活动时,包括行使民事权利、履行民事义务、承担民事责任时,都应该秉持诚实、善意,信守自己的承诺。

(3)守法与公序良俗原则。民事主体从事民事活动,不得违反法律,不得违背公序良俗。所谓民事主体从事民事活动不得违反法律,就是要求不违反法律的强制性规定。对于任意性规范,民事主体可以结合自身的利益需要,决定是否纳入自己的意思自治范围。民事主体从事民事活动不得违背公序良俗,则是要求不违背公共秩序和善良习俗。公共秩序,是指政治、经

济、文化等领域的基本秩序和根本理念,是与国家和社会整体利益相关的基础性原则、价值和秩序,在以往的民商事立法中被称为社会公共利益。善良习俗,是指基于社会主流道德观念的习俗,也称社会公共道德,是全社会成员所普遍认可、遵循的道德准则。

(4)绿色原则。民事主体从事民事活动,应当有利于节约资源、保护生态环境。绿色原则是贯彻宪法关于保护环境的要求,同时也是落实国家关于建设生态文明、实现可持续发展理念的要求,将环境资源保护上升至民法基本原则的地位,具有鲜明的时代特征,将全面开启环境资源保护的民法通道,有利于构建人与自然的新型关系。

➢ 二、民事法律关系

(一)民事法律关系的构成要素

法律关系是指由法律规范调整一定的社会关系而形成的权利与义务关系。法律关系的种类很多,如民事法律关系、行政法律关系、劳动法律关系、刑事法律关系和经济法律关系等。

民事法律关系是指当事人之间由民事法律规范调整而具有民事权利和民事义务的社会关系。它是民法所调整的财产关系和人身关系在法律上的体现。所有权关系、债权关系、著作权关系、继承权关系等均是民事法律关系。

民事法律关系由主体、客体和内容三个要素组成。

1. 民事法律关系主体

(1)自然人。自然人是指基于出生而依法成为民事法律关系主体的人。公民与自然人在法律地位上是相同的。但实际上,自然人的范围要比公民的范围广。公民是指具有本国国籍,依法享有宪法和法律所赋予的权利并承担宪法和法律所规定的义务的人。在我国,公民是社会中具有我国国籍的一切成员,包括成年人、未成年人和儿童。自然人则既包括公民,又包括外国人和无国籍的人。各国的法律一般对自然人都没有条件限制。

(2)法人。法人是具有民事权利能力和民事行为能力,依法独立享有民事权利和承担民事义务的组织。

法人应当依法成立。法人应当有自己的名称、组织机构、住所、财产或者经费。法人成立的具体条件和程序,依照法律、行政法规的规定。设立法人,法律、行政法规规定须经有关机关批准的,依照其规定。

民法典将法人分为以下三类:

①营利法人。以取得利润并分配给股东等出资人为目的成立的法人,为营利法人。营利法人区别于非营利法人的重要的特征,不是"取得利润",而是"将利润分配给出资人"。是否从事经营活动并取得利润,与法人成立的目的没有直接关系,也不影响营利法人与非营利法人的分类。如果利润归属于法人,用于实现法人目的,则不是营利法人;如果利润分配给出资人,则属于营利法人。营利法人包括有限责任公司、股份有限公司和其他法人企业。

②非营利法人。为公益目的或者其他非营利目的成立,不向出资人、设立人或者会员分配所取得利润的法人,为非营利法人。非营利法人包括事业单位、社会团体、基金会、社会服务机构等。

③特别法人。特别法人包括机关法人、农村集体经济组织法人、城镇农村的合作经济组织法人和基层群众性自治组织法人等。

(3)非法人组织。非法人组织是指不具有法人资格,但是能够依法以自己的名义从事民事活动的组织。非法人组织包括个人独资企业、合伙企业、不具有法人资格的专业服务机构等。

2. 民事法律关系客体

民事法律关系客体是指作为法律关系的主体享有的民事权利和承担的民事义务所共同指向的对象。在通常情况下,主体都是为了某一客体,彼此才设立一定的权利、义务,从而产生法律关系。

(1)财。财一般是指资金及各种有价证券。在工程建设法律关系中表现为财的客体主要是建设资金,如基本建设贷款合同的标的,即一定数量的货币。有价证券包括支票、汇票、期票、债券、股票、国库券、提单、抵押单等。

(2)物。物是指可以为人们控制和支配,有一定经济价值并以物质形态表现出来的物体。物是我国应用最广泛的工程建设法律关系的客体,如建筑物、构筑物、建筑材料、工程设备等。

(3)行为。行为是指法律关系主体为达到一定的目的所进行的活动。在工程建设法律关系中,行为多表现为完成一定的工作,如勘察设计、施工安装、检查验收等活动。

(4)非物质财富。非物质财富是指人们脑力劳动的成果或智力方面的创作,也称智力成果,如商标、专利、专有技术、设计图等。

3. 民事法律关系的内容

民事法律关系的内容是指民事法律关系的主体享有的民事权利和承担的民事义务。这是民事法律关系的核心,直接体现了主体的要求和利益。

(1)民事权利。民事权利是指民事法律关系主体在法定范围内有权进行各种民事活动。权利主体可要求其他主体作出一定的行为或抑制一定的行为,以实现自己的民事权利,因其他主体的行为而使民事权利不能实现时,权利主体有权要求国家机关加以保护并予以制裁。

根据民事权利的标的不同,民事权利可以分为财产权、人身权和知识产权。财产权是以财产利益为客体的权利,如物权、债权。人身权是以民事主体的人身要素为客体的权利,如名誉权、身体权、亲属权。知识产权是以受保护的智力劳动成果为客体的权利,它体现着人格权和财产权两方面内容,如署名权、对作品的使用权等。

(2)民事义务。民事义务是指民事法律关系主体必须按法律规定或约定承担应负的责任。民事义务和民事权利是相互对应的,相应主体应自觉履行民事义务,义务主体如果不履行或不适当履行,就要受到法律制裁。

(二)民事法律关系的产生、变更与终止

1. 法律事实

民事法律关系的发生、变更与终止,必须以法律事实为根据,没有法律事实,不可能形成任何法律关系。

法律事实是指能够引起法律关系发生、变更和终止的客观情况。法律关系则是法律事实的结果。法律事实可以分为事件和行为两类。

(1)事件。法律事件是指不以当事人意志为转移的法律事实。法律事件包括自然事件(如地震、台风、水灾等自然灾害)、社会事件(如战争、暴乱、政府禁令等)、意外事件(如失火、爆炸等)。

(2)行为。法律行为是指人有意识的活动,是能够引起法律关系发生、变更、终止和产生法律后果的行为。行为包括积极的作为和消极的不作为。行为通常表现为民事法律行为、违法

行为、行政行为、立法行为、司法行为等。

在社会经济生活中,行为和事件这两类不同的法律事实,由于出现的原因不同,其社会效果和作用也有显著的差别。行为是以对社会产生积极效果为主的,因此是一种处于主导和主动地位的法律事实;事件是以对社会产生消极作用为主的,因此是一种处于次要和被动地位的法律事实。

并不是所有的自然现象和人的活动都可以成为法律事实。客观事实只有由法律规定将它和一定的法律后果联系起来,才能成为法律事实。这就是法律关系产生、变更或终止的原因。如由于自然原因而发生的火灾、水灾等而引起保险合同的赔偿责任;又如由于战争可能引起民事法律关系的变更或终止。

法律规范、法律事实和法律关系是三个既不相同又有联系的概念。三者的关系是:法律规范是确定法律事实的依据;法律事实是引起法律关系产生、变更或终止的原因;法律关系是法律事实引起的结果。

2. 民事法律关系的产生

民事法律关系的产生是指民事法律关系的主体之间形成了一定的权利和义务关系。如某施工单位与某建设单位签订了施工承包合同,主体双方之间就产生了相应的权利和义务。此时,受民事法律关系调整的民事法律关系即告产生。

3. 民事法律关系的变更

民事法律关系的变更是指构成民事法律关系的三个要素发生变化。

(1)主体变更。主体变更既可以表现为民事法律关系主体数目增多或减少,也可以表现为主体改变。在各种类型的合同当中,如果民事法律关系中的客体不变,则相应的权利和义务也不发生改变,此时主体的改变也称为合同的转让。

(2)客体变更。客体变更是指民事法律关系中权利和义务所指向的对象发生变化。客体的变更可以是数量、质量以及范围大小的变更,也可以是不同性质的变更,从而引起权利和义务,即民事法律关系内容的变更。

(3)内容变更。民事法律关系主体与客体的变更,将会导致相应的权利和义务,即内容的变更。民事法律关系的主体与客体不变,内容也可以变更,表现为双方权利或义务的增加或减少。

4. 民事法律关系的终止

民事法律关系的终止是指民事法律关系主体之间的权利和义务关系不复存在,对民事法律主体双方当事人失去约束力。

(1)自然终止。民事法律关系自然终止是指某类民事法律关系所规范的权利义务顺利得到履行,各方实现了各自的利益,从而使该民事法律关系得以完结。

(2)协议终止。民事法律关系协议终止是指民事法律关系主体之间协商解除某类法律关系所规范的权利义务,致使该民事法律关系归于消灭。

(3)违约终止。民事法律关系违约终止是指民事法律关系主体一方违约或发生不可抗力,致使某类民事法律关系规范的权利不能实现,而使该民事法律关系得以终止。

(三)民事法律行为的要件

民事法律行为是指以意思表示为要素,设立、变更或终止权利义务关系的合法行为。民事法律行为只有具备一定的要件,才能产生预期的法律效果。

(1)法律行为主体具有相应的民事权利能力和行为能力。民事权利能力是指能够参加民事活动、享有民事权利和承担民事义务的法律资格。民事权利能力始于自然人出生之时,终止于自然人死亡之时。法人的民事权利能力始于法人成立之时,终止于法人消灭之时。

民事行为能力是指民事主体通过自己的行动取得民事权利、承担义务及责任的能力。对自然人而言,行为能力取决于其智力和体能,即智力发育情况和精神健康状态。法人的法定代表人依其职权代表法人行使职权。

法律行为主体只有取得了相应的民事权利能力和民事行为能力以后作出的民事法律行为才能被认可。

(2)行为人意思表示真实。行为人意思表示真实是指行为人表现于外部的表示与其内在的真实意志相一致。如果行为人的意思表示是基于胁迫、欺诈的原因而作出的,则不能反映行为人的真实意志,就不能产生法律上的效力。如果行为人故意作出不真实的意思表示,则该行为人无权主张行为无效,而善意的相对人或第三人,则可根据情况主张行为无效。如果行为人基于某种错误的认识而导致意思表示与内在意志不一致,则只有在存在重大错误的情况下,才有权请求人民法院或者仲裁机构予以变更或撤销。

(3)行为内容合法。行为内容合法表现为不违反法律和社会公共利益、社会公德。首先,行为内容合法不得与法律、行政法规的强制性或禁止性规范相抵触;其次,行为内容合法还包括行为人实施的民事行为不得违背社会公德,不得损害社会公共利益。

(4)行为形式合法。民事法律行为的形式也就是行为人进行意思表示的形式。民事法律行为所采用的形式分为要式民事法律行为和不要式民事法律行为。凡属要式的民事法律行为,必须采用法律规定的特定形式才合法;而不要式民事法律行为,则在法律允许范围选择口头形式、书面形式或其他形式作为民事法律行为的形式皆为合法。如法律规定不动产交易与抵押、法人合并与分立等均须经过登记程序,未经登记时,即使其他条件都符合要求,该行为也不能生效。

第二节 建设工程代理制度

一、代理的法律特征和主要种类

1. 代理的含义

民法典规定,公民、法人可以通过代理人实施民事法律行为。代理人在代理权限内,以被代理人的名义实施民事法律行为。被代理人对代理人的代理行为承担民事责任。

所谓代理,是指代理人在被授权的代理权限范围内,以被代理人的名义与第三人实施法律行为,而行为后果由该被代理人承担的法律制度。代理涉及三方当事人,即被代理人、代理人和代理关系所涉及的第三人。

2. 代理的法律特征

(1)代理人必须在代理权限范围内实施代理行为。代理人实施代理活动的直接依据是代理权。因此,代理人必须在代理权限范围内与第三人或相对人实施代理行为。

代理人实施代理行为时有独立进行意思表示的权利。代理制度的存在,正是为了弥补一些民事主体没有资格、精力和能力去处理有关事务的缺陷。如果仅是代为传达当事人的意思表示或接受意思表示,而没有任何独立决定意思表示的权利,则不能视为代理。

(2)代理人应该以被代理人的名义实施代理行为。民法典规定,代理人应以被代理人的名义对外实施代理行为。代理人如果以自己的名义实施代理行为,则该代理行为产生的法律后果只能由代理人自行承担。那么,这种行为是代理人自己的行为而非代理行为。

(3)代理行为必须是具有法律意义的行为。代理人为被代理人实施的是能够产生法律上的权利义务关系,产生法律后果的行为。如果是代理人请朋友吃饭、聚会等,这些不能产生权利义务关系的行为,就不是代理行为。

(4)代理行为的法律后果归属于被代理人。代理人在代理权限内,以被代理人的名义同第三人进行的具有法律意义的行为,在法律上产生与被代理人自己的行为同样的后果。因此,被代理人对代理人的代理行为承担民事责任。

3. 代理的主要种类

(1)委托代理。委托代理是指按照被代理人的委托行使代理权。因委托代理中,被代理人是以意思表示的方法将代理权授予代理人的,故又称"意定代理"或"任意代理"。

(2)法定代理。法定代理是指根据法律的规定而发生的代理。例如,民法典规定,无民事行为能力人、限制行为能力人的监护人是其法定代理人。

➢ 二、建设工程代理行为的设立和终止

1. 建设工程代理行为的设立

建设工程活动不同于一般的经济活动,其代理行为不仅要依法实施,有些还要受到法律的限制。

(1)不得委托代理的建设工程活动。民法典规定,依照法律规定、当事人约定或者民事法律行为的性质,应当由本人亲自实施的民事法律行为,不得代理。

建设工程承包活动不得委托代理。《中华人民共和国建筑法》规定,禁止承包单位将其承包的全部建筑工程转包给他人,禁止承包单位将其承包的全部建筑工程肢解以后以分包的名义转包给他人。施工总承包的,建筑工程主体结构的施工必须由总承包单位自行完成。

(2)须取得法定资格方可从事的建设工程代理行为。一般的代理行为可以由自然人、法人担任代理人,对其资格并无法定的严格要求。即使是诉讼代理人,也不要求必须由具有律师资格的人担任。《中华人民共和国民事诉讼法》第六十一条第二款规定:"下列人员可以被委托为诉讼代理人:(一)律师、基层法律服务工作者;(二)当事人的近亲属或者工作人员;(三)当事人所在社区、单位以及有关社会团体推荐的公民。"

但是,某些建设工程代理行为必须由具有法定资格的组织方可实施。《中华人民共和国招标投标法》第十三条规定:"招标代理机构是依法设立、从事招标代理业务并提供相关服务的社会中介组织。招标代理机构应当具备下列条件:(一)有从事招标代理业务的营业场所和相应资金;(二)有能够编制招标文件和组织评标的相应专业力量。"

(3)民事法律行为的委托代理。建设工程代理行为多为民事法律行为的委托代理。民事法律行为的委托代理,可以用书面形式,也可以用口头形式。但是法律规定用书面形式的,应当用书面形式。

书面委托代理的授权委托书应当载明代理人的姓名或者名称、代理事项、权限和期限，并由委托人签名或者盖章。委托人授权不明的，被代理人应当向第三人承担民事责任，代理人负连带责任。

2. 建设工程代理行为的终止

有下列情形之一的，委托代理终止：①代理期间届满或者代理事务完成；②被代理人取消委托或者代理人辞去委托；③代理人丧失民事行为能力；④代理人或者被代理人死亡；⑤作为被代理人或者代理人的法人、非法人组织终止。

建设工程代理行为的终止，主要是上述①、②、⑤三种情况。

(1) 代理期间届满或代理事项完成。被代理人通常是授予代理人某一特定期间内的代理权，或者是某一项也可能是某几项特定事务的代理权，那么在这一期间届满或被指定的代理事项全部完成，代理关系即告终止，代理行为也随之终止。

(2) 被代理人取消委托或者代理人辞去委托。委托代理是被代理人基于对代理人的信任而授权其进行代理事务的。如果被代理人由于某种原因失去了对代理人的信任，法律就不应当强制被代理人仍须以其为代理人；反之，如果代理人由于某种原因不愿再行代理，法律也不能强制要求代理人继续从事代理。因此，法律规定被代理人有权根据自己的意愿单方取消委托，也允许代理人单方辞去委托，均不必以对方同意为前提，且以通知到对方时，代理权即行消灭。

但是，单方取消或辞去委托可能会承担相应的民事责任。《中华人民共和国民法典》第九百三十三条规定："委托人或者受托人可以随时解除委托合同。因解除合同给对方造成损失的，除不可归责于该当事人的事由外，无偿委托合同的解除方应当赔偿因解除时间不当造成的直接损失，有偿委托合同的解除方应当赔偿对方的直接损失和合同履行后可以获得的利益。"

(3) 作为被代理人或者代理人的法人、非法人组织终止。在建设活动中，不管是被代理人还是代理人，任何一方的法人终止，代理关系均随之终止。因为对方的主体资格已消灭，代理行为将无法继续，其法律后果也将无从承担。

三、代理人和被代理人的权利、义务及法律责任

建设工程代理法律关系与其他代理关系一样，存在着两种法律关系：一种是代理人与被代理人之间的委托关系；另一种是被代理人与第三人之间的合同关系。

1. 代理人和被代理人的权利与义务

(1) 代理人在代理权限内以被代理人的名义实施代理行为。代理人在代理权限内，以被代理人的名义实施民事法律行为，被代理人对代理人的代理行为，承担民事责任。

这是代理人与被代理人基本权利和义务的规定。代理人必须取得代理权，并根据代理权限，以被代理人的名义实施民事法律行为。被代理人要对代理人的代理行为承担民事责任。

(2) 转托他人代理应当事先取得被代理人的同意或者追认。代理人需要转委托第三人代理的，应当取得被代理人的同意或者追认。

转委托经被代理人同意或者追认的，被代理人可以就代理事务直接指示转委托的第三人，代理人仅就第三人的选任以及对第三人的指示承担责任。

转委托代理未经被代理人同意或者追认的，代理人应当对转委托的第三人的行为承担责任；但是，在紧急情况下代理人为了维护被代理人的利益需要转委托第三人的除外。

2. 无权代理与表见代理

行为人没有代理权、超越代理权或者代理权终止后，仍然实施代理行为，未经被代理人追认的，对被代理人不发生效力。

相对人可以催告被代理人自收到通知之日起三十日内予以追认。被代理人未作表示的，视为拒绝追认。行为人实施的行为被追认前，善意相对人有撤销的权利。撤销应当以通知的方式作出。

行为人实施的行为未被追认的，善意相对人有权请求行为人履行债务或者就其受到的损害请求行为人赔偿。但是，赔偿的范围不得超过被代理人追认时相对人所能获得的利益。

相对人知道或者应当知道行为人无权代理的，相对人和行为人按照各自的过错承担责任。

（1）无权代理。无权代理是指行为人不具有代理权，但以他人的名义与第三人进行法律行为。无权代理一般存在三种表现形式：

①自始未经授权。如果行为人自始至终没有被授予代理权，就以他人的名义进行民事行为，属于无权代理。

②超越代理权。代理权限是有范围的，超越了代理权限，依然属于无权代理。

③代理权已终止。行为人虽曾得到被代理人的授权，当该代理权已经终止的，行为人如果仍以被代理人的名义进行民事行为，则属无权代理。

被代理人对无权代理人实施后的行为如果予以追认，则无权代理可以转化为有权代理，产生与有权代理相同的法律效力，并不会发生代理人的赔偿责任。如果被代理人不予追认的，对被代理人不发生效力，则无权代理人需承担因无权代理行为给被代理人和善意第三人造成的损失。

（2）表见代理。表见代理是指行为人虽无权代理，但由于行为人的某些行为，造成了足以使善意第三人相信其有代理权的表象，而与善意第三人进行的、由本人承担法律后果的代理行为。《中华人民共和国民法典》第一百七十二条规定："行为人没有代理权、超越代理权或者代理权终止后，仍然实施代理行为，相对人有理由相信行为人有代理权的，代理行为有效。"

表见代理除需符合代理的一般条件外，还需具备以下特别构成要件：

①须存在足以使相对人相信行为人具有代理权的事实或理由。这是构成表见代理的客观要件。它要求行为人与本人之间应存在某些事实上或法律上的联系，如行为人持有本人发出的委任状、已加盖公章的空白合同或者有显示本人向行为人授予代理权的通知函告等证明文件。

②须本人存在过失。其过失表现为本人表达了足以使第三人相信有授权意思的表示，或者实施了足以使第三人相信有授权意思的行为，发生了外表授权的事实。

③须相对人为善意。这是构成表见代理的主观要件。如果相对人明知行为人无权代理而仍与之实施民事行为，则相对人为主观恶意，不构成表见代理。

表见代理对本人产生有权代理的效力，即在相对人与本人之间产生民事法律关系。本人受表见代理人与相对人之间实施的法律行为的约束，享有该行为设定的权利和履行该行为约定的义务。本人不能以无权代理为抗辩。本人在承担表见代理行为所产生的责任后，可以向无权代理人追偿因代理行为而遭受的损失。

（3）知道他人以本人名义实施民事行为而不做否认表示的视为同意。这是一种被称为默示方式的特殊授权。也就是说，即使本人没有授予他人代理权，但事后并未做否认的意思表示，应当视为授予了代理权。由此，他人以其名义实施法律行为的后果应由本人承担。

3. 不当或违法行为应承担的法律责任

（1）委托书授权不明应承担的法律责任。授权委托书不明的，被代理人应当向第三人承担民事责任，代理人负连带责任。

（2）损害被代理人利益应承担的法律责任。代理人不履行职责而给被代理人造成损害的，应当承担民事责任。代理人和第三人串通，损害被代理人利益的，由代理人和第三人负连带责任。

（3）第三人故意行为应承担的法律责任。第三人知道行为人没有代理权、超越代理权或者代理权已终止还与行为人实施民事行为给他人造成损害的，由第三人和行为人负连带责任。

（4）违法代理行为应承担的法律责任。代理人知道被委托代理的事项违法仍然进行代理活动的，或者被代理人知道代理人的代理行为违法但不表示反对的，由被代理人和代理人负连带责任。

第三节　建设工程物权制度

民法典物权编是规范财产关系的民事基本法律。其立法目的是维护国家基本经济制度，维护社会主义市场经济，明确物权归属，发挥物的效益，保护权利人的物权。

物权是一项基本民事权利，也是大多数经济活动的基础和目的。在建设工程活动中涉及的许多权利都源于物权。建设单位对建设工程项目的权利来自物权中最基本的权利——所有权，施工单位的施工活动是为了形成民法典物权编意义上的物——建设工程。

➤ 一、物权的法律特征和主要种类

1. 物权的法律特征

民法典物权编规定，国家、集体、私人的物权和其他权利人的物权受法律平等保护，任何组织或者个人不得侵犯。

不动产物权的设立、变更、转让和消灭，应当依照法律规定登记。动产物权的设立和转让，应当依照法律规定交付。

所有民事主体都能够成为物权权利人，包括法人、非法人组织、自然人。物权的客体一般是物，包括不动产和动产。不动产，是指土地以及房屋、林木等地上定着物。动产是指不动产以外的物。

物权具有以下特征：

（1）物权是支配权。物权是权利人直接支配的权利，即物权人可以依自己的意志就标的物直接行使权利，无须他人的意思或义务人的行为介入。

（2）物权是绝对权。物权的权利人可以对抗一切不特定的人。物权的权利人是特定的，义务人是不特定的，且义务内容是不作为，即只要不侵犯物权人行使权利就履行义务。

（3）物权是财产权。物权是一种具有物质内容的、直接体现为财产利益的权利。财产利益包括对物的利用、物的归属和就物的价值设立担保。

（4）物权具有排他权。物权人有权排除他人对于他行使物权的干涉。而且同一物上不许有内容不相容的物权并存，即"一物一权"。

2. 物权的主要种类

物权包括所有权、用益物权和担保物权。

(1) 所有权。所有权是权利人依法对自己财产(不动产或动产)所享有的占有、使用、收益和处分的权利。它是一种财产权，又称财产所有权。所有权是物权中最重要也是最完整的一种权利。当然，所有权在法律上也受到一定的限制。最主要的限制是为了公共利益的需要，依照法律规定的权限和程序，可以征收集体所有的土地和单位、个人的房屋及其他不动产。

财产所有权的权能，是指所有人对其所有的财产依法享有的权利。它包括占有权、使用权、收益权和处分权。

①占有权。占有权是指对财产实际掌握、控制的权能。占有权是行使物的使用权的前提条件，是所有人行使财产所有权的一种方式。占有权可以根据所有人的意志和利益分离出去，由非所有人享有。例如，根据货物运输合同，承运人对托运人的财产享有占有权。

②使用权。使用权是指对财产的实际利用和运用的权能。通过对财产实际利用和运用满足所有人的需要，是实现财产使用价值的基本渠道。使用权是所有人所享有的一项独立权能。所有人可在法律规定的范围内，以自己的意志使用其所有物。

③收益权。收益权是指收取由原物产生出来的新增经济价值的权能。原物新增的经济价值，包括由原物直接派生出来的果实、由原物所产生出来的租金和利息、对原物直接利用而产生的利润等。收益往往是因为使用而产生的，因而收益权也往往与使用权联系在一起。但是，收益权本身是一项独立的权能，而使用权并不包括收益权。有时，所有人并不行使对物的使用权，但仍可享有对物的收益权。

④处分权。处分权是指依法对财产进行处置，决定财产在事实上或法律上命运的权能。处分权的行使决定着物的归属。处分权是所有人最基本的权利，也是所有权内容的核心。

(2) 用益物权。用益物权是权利人对他人所有的不动产或动产，依法享有占有、使用和收益的权利。用益物权包括土地承包经营权、建设用地使用权、宅基地使用权和地役权。

国家所有或者国家所有由集体使用以及法律规定属于集体所有的自然资源，组织、个人依法可以占有、使用和收益。此时，组织或者个人就成为用益物权人。因不动产或者动产被征收、征用致使用益物权消灭或者影响用益物权行使的，用益物权人有权获得相应补偿。

(3) 担保物权。担保物权是权利人在债务人不履行到期债务或者发生当事人约定的实现担保物权的情形，依法享有就担保财产优先受偿的权利。债权人在借贷、买卖等民事活动中，为保障实现其债权，需要担保的，可以依照民法典物权编和其他法律的规定设立担保物权。

二、土地所有权、建设用地使用权和地役权

(一) 土地所有权

土地所有权是国家或农民集体依法对归其所有的土地资源所享有的具有支配性和绝对性的权利。我国实行土地的社会主义公有制，即由全民所有制和劳动群众集体所有制。

全民所有即国家所有土地的所有权由国务院代表国家行使。农民集体所有的土地由本集体经济组织的成员承包经营，从事种植业、林业、畜牧业、渔业生产。耕地承包经营期限为30年。发包方和承包方应当订立承包合同，约定双方的权利和义务。承包经营土地的农民有保护和按照承包合同约定的用途合理利用土地的义务。农民的土地承包经营权受法律保护。在

土地承包经营期限内,对个别承包经营者之间的土地进行适当调整,必须经村民会议2/3以上成员或者2/3以上村民代表的同意,并报乡(镇)人民政府和县级人民政府农业行政主管部门批准。

国家实行土地用途管制制度。国家编制土地利用总体规划,规定土地用途,将土地分为农用地、建设用地和未利用地。严格限制农用地转为建设用地,控制建设用地总量,对耕地实行特殊保护。

城市市区的土地属于国家所有。农村和城市郊区的土地,除由法律规定属于国家所有的以外,属于农村集体所有;宅基地和自留地、自留山,属于农民集体所有。

(二)建设用地使用权

1. 建设用地使用权的概念

建设用地使用权是因建造建筑物、构筑物及其附属设施而使用国家所有的土地的权利。建设用地使用权只能存在于国家所有的土地上,不包括集体所有的农村土地。

取得建设用地使用权后,建设用地使用权人依法对国家所有的土地享有占有、使用和收益的权利,有权利用该土地建造建筑物、构筑物及其附属设施。

2. 建设用地使用权的设立

建设用地使用权可以在土地的地表、地上或者地下分别设立。新设立的建设用地使用权,不得损害已设立的用益物权。

设立建设用地使用权,可以采取出让或者划拨等方式。工业、商业、旅游、娱乐和商品住宅等经营性用地以及同一土地有两个以上意向用地者的,应当采取招标、拍卖等公开竞价的方式出让。国家严格限制以划拨方式设立建设用地使用权。采取划拨方式的,应当遵守法律、行政法规关于土地用途的规定。

设立建设用地使用权的,应当向登记机构申请建设用地使用权登记。建设用地使用权自登记时设立。登记机构应当向建设用地使用权人发放权属证书。建设用地使用权人应当合理利用土地,不得改变土地用途;需要改变土地用途的,应当依法经有关行政主管部门批准。

3. 建设用地使用权的流转、续期和消灭

建设用地使用权人有权将建设用地使用权转让、互换、出资、赠与或者抵押,但法律另有规定的除外。建设用地使用权人将建设用地使用权转让、互换、出资、赠与或者抵押,应当符合以下规定:

(1)当事人应当采取书面形式订立相应的合同。使用期限由当事人约定,但不得超过建设用地使用权的剩余年限。

(2)应当向登记机构申请变更登记。

(3)附着于该土地上的建筑物、构筑物及其附属设施一并处分。

住宅建设用地使用权期间届满的,自动续期。非住宅建设用地使用权期限届满后的续期,依照法律规定办理。该土地上的房屋及其其他不动产的归属,有约定的,按照约定;没有约定或者约定不明确的,依照法律、行政法规的规定办理。

建设用地使用权消灭的,出让人应当及时办理注销登记。登记机构应当收回权属证书。

(三)地役权

1. 地役权的概念

地役权是指为使用自己不动产的便利或提高其收益而按照合同约定利用他人不动产的权利。他人的不动产为供役地，自己的不动产为需役地。从性质上说，地役权是按照当事人的约定设立的用益物权。

2. 地役权的设立

设立地役权，当事人应当采取书面形式订立地役权合同。地役权合同一般包括下列条款：①当事人的姓名或者名称和住所；②供役地和需役地的位置；③利用目的和方法；④利用期限；⑤费用及其支付方式；⑥解决争议的方法。地役权自地役权合同生效时设立。当事人要求登记的，可以向登记机构申请地役权登记；未经登记，不得对抗善意第三人。

土地上已经设立土地承包经营权、建设用地使用权、宅基地使用权等权利的，未经用益物权人同意，土地所有权人不得设立地役权。

3. 地役权的变动

需役地以及需役地上的土地承包经营权、建设用地使用权等部分转让时，转让部分涉及地役权的，受让人同时享有地役权。供役地以及供役地上的土地承包经营权、建设用地使用权等部分转让时，转让部分涉及地役权的，地役权对受让人具有法律约束力。

三、物权的设立、变更、转让、消灭和保护

1. 不动产物权的设立、变更、转让和消灭

不动产物权的设立、变更、转让和消灭，应当依照法律规定登记，自记载于不动产登记簿时发生效力。经依法登记，发生效力；未经登记，不发生效力，但法律另有规定的除外。依法属于国家所有的自然资源，所有权可以不登记。不动产登记，由不动产所在地的登记机构办理。

物权变动的基础往往是合同关系，如买卖合同导致物权的转让。需要注意的是，当事人之间订立有关设立、变更、转让和消灭不动产物权的合同，除法律另有规定或者合同另有约定外，自合同成立时生效；未办理物权登记的，不影响合同效力。

2. 动产物权的设立和转让

动产物权以占有和交付为公示手段。动产物权的设立和转让，应当依照法律规定交付。动产物权的设立和转让，自交付时发生效力，但法律另有规定的除外。船舶、航空器和机动车等物权的设立、变更、转让和消灭，未经登记，不得对抗善意第三人。

3. 物权的保护

物权的保护是指通过法律规定的方法和程序保障物权人在法律许可的范围内对其财产行使占有、使用、收益、处分权利的制度。物权受到侵害的，权利人可以通过和解、调节、仲裁、诉讼等途径解决。

因物权归属、内容发生争议的，利害关系人可以请求确认权利。无权占有不动产或者动产的，权利人可以请求返还原物。妨害物权或者可能妨害物权的，权利人可以请求排除妨害或者消除危险。造成不动产或者动产毁损的，权利人可以请求修理、重作、更换或者恢复原状。侵害物权，造成权利人损害的，权利人可以请求损害赔偿，也可以依法请求承担其他民事责任。

对于物权保护方式,可以单独适用,也可以根据权利被侵害的情形合并适用。

侵害物权,除承担民事责任外,违反行政管理规定的,依法承担行政责任;构成犯罪的,依法承担刑事责任。

第四节 建设工程债权制度

一、债的基本法律关系

1. 债的概念

债是按合同的约定或者按照法律的规定,在当事人之间产生的特定的权利和义务关系,享有权利的人是债权人,负有义务的人是债务人。债权人有权要求债务人按照合同约定或者法律的规定履行义务。

债是特定当事人之间的法律关系。债权人只能向特定的人主张自己的权利,债务人也只需向享有该权利的特定人履行义务,即债的相对性。

2. 债的内容

债的内容是指债的主体双方之间的权利与义务,即债权人享有的权利和债务人负担的义务,即债权与债务。债权为请求特定人为特定行为或不作为的权利。

债权与物权不同,物权是绝对权,而债权是相对权。债权相对性理论的内涵,可以归纳为以下三个方面:第一,债权主体的相对性;第二,债权内容的相对性;第三,债权责任的相对性。债务是根据当事人的约定或者法律规定,债务人所负担的应为特定行为的义务。

二、建设工程债的产生根据

建设工程债的产生是指特定当事人之间债权债务关系的产生。引起债产生的一定法律事实,就是债产生的根据。建设工程债产生的根据有合同、侵权、无因管理和不当得利。

1. 合同

当事人之间因产生了合同法律关系,也就是产生了权利义务关系,便设立了债的关系。任何合同关系的设立,都会在当事人之间产生债权和债务关系。合同引起债的关系,是债产生的最主要、最普遍的依据。合同产生的债称为合同之债。

建设工程债的产生,最主要的也是合同。施工合同的订立,会在施工单位与建设单位之间产生债的关系;材料设备买卖合同的订立,会在施工单位与材料设备供应商之间产生债的关系。

2. 侵权

侵权是指公民或法人没有法律依据而侵害他人的财产权利或人身权利的行为。侵权行为一经发生,即在侵权行为人和被侵权人之间形成债的关系。侵权行为产生的债称为侵权之债。在建设活动中,也常会产生侵权之债。如施工现场的施工噪声,就有可能产生侵权之债。

《中华人民共和国民法典》第一千二百五十三条规定:"建筑物、构筑物或者其他设施及其搁置物、悬挂物发生脱落、坠落造成他人损害,所有人、管理人或者使用人不能证明自己没有过错的,应承担侵权责任。所有人、管理人或者使用人赔偿后,有其他责任人的,有权向其他责任人追偿。"

建筑物、构筑物或者其他设施倒塌、塌陷造成他人损害的,由建设单位与施工单位承担连带责任,但是建设单位与施工单位能够证明不存在质量缺陷的除外。建设单位、施工单位赔偿后,有其他责任人的,有权向其他责任人追偿。因所有人、管理人、使用人或者第三人的原因,建筑物、构筑物或者其他设施倒塌、塌陷造成他人损害的,由所有人、管理人、使用人或者第三人承担侵权责任。

从建筑物中抛掷物品或者从建筑物上坠落的物品造成他人损害的,由侵权人依法承担侵权责任;经调查难以确定具体侵权人的,除能够证明自己不是侵权人外,由可能加害的建筑物使用人给予补偿。可能加害的建筑物使用人补偿后,有权向侵权人追偿。

3. 无因管理

无因管理是指既未受人之托,也不负有法律规定的义务,而是自觉为他人管理事务的行为。无因管理行为一经发生,便会在管理人和其事务被管理人之间产生债权债务关系,其事务被管理者负有赔偿管理者在管理过程中所支付的合理的费用及直接损失的义务。

民法典合同编将"无因管理"列为"准合同"的一种。

4. 不当得利

不当得利是指没有法律或合同依据,有损于他人而取得的利益。它可能表现为得利人财产的增加,致使他人不应减少的财产减少了;也可能表现为得利人应支付的费用没有支付,致使他人应当增加的财产没有增加。不当得利的法律事实发生后,即在不当得利人与利益所有人之间产生债权债务关系,不当得利人负有返还的义务。例如,买货人多付了货款,出卖人多收的部分款项即是不当得利,应该返还给买受人。

民法典合同编将"不当得利"列为"准合同"的一种。

▶ 三、建设工程债的常见种类

1. 施工合同之债

施工合同之债是发生在建设单位和施工单位之间的债。施工合同的义务主要是完成施工任务和支付工程款。对于完成施工任务,建设单位是债权人,施工单位是债务人;对于支付工程款,则相反。

2. 买卖合同之债

在建设活动中,会产生大量的买卖合同,主要是材料设备买卖合同。材料设备的买方有可能是建设单位,也可能是施工单位,他们会与材料设备供应商产生买卖合同之债。

3. 侵权之债

在侵权之债中,最常见的是施工单位的施工活动产生的侵权。如施工噪声或者废水废弃物排放等扰民,可能对工地附近的居民构成侵权。此时,居民是债权人,施工单位或者建设单位是债务人。

第五节 建设工程担保制度

一、担保与担保合同的规定

担保是指当事人根据法律规定或者双方约定,为促使债务人履行债务实现债权人权利的法律制度。

民法典物权编规定,债权人在借贷、买卖等民事活动中,为保障实现其债权,需要担保的,可以依照该法和其他法律规定设定担保物权。

第三人为债务人向债权人提供担保的,可以要求债务人提供反担保。反担保适用民法典物权编和其他法律的规定。

担保合同是主合同的从合同,主合同无效,担保合同无效,但是法律另有规定的除外。担保合同被确认无效后,债务人、担保人、债权人有过错的,应当根据其过错各自承担相应的民事责任。

二、建设工程担保的方式和责任

担保方式为保证、抵押、质押、留置和定金等五种方式,其中保证和定金受民法典合同编相关内容调整,抵押、质押和留置受民法典物权编相关内容调整。

在建设工程活动中,保证是最为常用的一种担保方式。所谓保证,是指保证人和债权人约定,当债务人不履行债务时,保证人按照约定履行债务或者承担责任的行为。具有代为清偿债务能力的法人、其他组织或者公民,可以做保证人。但在建设工程活动中,由于担保的标的额较大,保证人往往是银行或者担保公司。银行出具的保证通常称为保函,其他保证人出具的书面保证一般称为保证书。

(一)保证的基本法律规定

1. 保证合同

根据民法典合同编的规定,保证合同是为保障债权的实现,保证人和债权人约定,当债务人不履行到期债务或者发生当事人约定的情形时,保证人履行债务或者承担责任的合同。

保证合同的内容一般包括被保证的主债权的种类、数额,债务人履行债务的期限,保证的方式、范围和期间等条款。

保证合同可以是单独订立的书面合同,也可以是主债权债务合同中的保证条款。

第三人单方以书面形式向债权人作出保证,债权人接收且未提出异议的,保证合同成立。

2. 保证方式

保证方式有一般保证和连带责任保证两种。

当事人在保证合同中约定,债务人不能履行债务时,由保证人承担保证责任的,为一般保证;当事人在保证合同中约定保证人与债务人对债务承担连带责任的,为连带责任保证。连带责任保证的债务人不履行到期债务或者发生当事人约定的情形时,债权人可以要求债务人履行债务,也可以要求保证人在其保证范围内承担保证责任。

民法典合同编规定,当事人对保证方式没有约定或者约定不明的,按照一般保证承担保证责任。

3. 保证资格

民法典合同编规定,机关法人不得为保证人,但是经国务院批准为使用外国政府或者国际经济组织贷款进行转贷的除外。以公益为目的的非营利法人、非法人组织不得为保证人。

4. 保证责任

保证合同生效后,保证人就应当在合同约定的保证范围和保证期间承担保证责任。

保证担保的范围包括主债权及其利息、违约金、损害赔偿金和实现债权的费用。当事人另有约定的,按照约定。

保证期间是确定保证人承担保证责任的期间,不发生中止、中断和延长。

债权人与保证人可以约定保证期间,但是约定的保证期间早于主债务履行期限或者与主债务履行期限同时届满的,视为没有约定;没有约定或者约定不明确的,保证期间为主债务履行期限届满之日起六个月。

债权人与债务人对主债务履行期限没有约定或者约定不明确的,保证期间自债权人请求债务人履行债务的宽限期届满之日起计算。

一般保证的债权人未在保证期间对债务人提起诉讼或者申请仲裁的,保证人不再承担保证责任。

连带责任保证的债权人未在保证期间请求保证人承担保证责任的,保证人不再承担保证责任。

(二)建设工程施工常用的担保种类

1. 施工投标保证金

施工投标保证金是指投标人按照招标文件的要求向招标人出具的,以一定金额表示的投标责任担保。其实质是为了避免投标人在投标有效期内随意撤回、撤销投标或中标后不能提交履约保证金和签署合同等行为而给招标人造成损失。

投标保证金除现金外,可以是银行出具的银行保函、保兑支票、银行汇票或现金支票等。

2. 施工合同履约保证金

《中华人民共和国招标投标法》规定,招标文件要求中标人提交履约保证金的,中标人应当提供。

施工合同履约保证金是为保证施工合同的顺利履行而要求承包人提供的担保。施工合同履约保证金多为第三人提供的信用担保(保证),一般是由银行或者担保公司向招标人出具履约保函或者担保书。

3. 工程支付款担保

2013年3月国家发展和改革委员会等八部门经修改后发布的《工程建设项目施工招标投标办法》规定,招标人要求中标人提供履约保证金或其他形式履约担保的,招标人应当同时向中标人提供工程支付款担保。

工程支付款担保是指发包人向承包人提交的、保证按照合同约定支付工程款的担保,通常采用由银行出具保函的方式。

4.预付款担保

《建设工程施工合同(示范文本)》(GF—2017—0201)中提出,发包人要求承包人提供预付款担保的,承包人应在发包人支付预付款 7 天前提供预付款担保,专用合同条款另有约定除外。预付款担保可以是银行保函、担保公司担保等形式,具体由合同当事人在专用合同条款中约定。在预付款完全扣回之前,承包人应保证预付款担保持续有效。发包人在工程款逐期预付后,预付款担保额度应相应减少,但剩余的预付款担保金额不得低于未被扣回的预付款金额。

三、抵押权、质权、留置权和定金的规定

(一)抵押权

(1)抵押的法律概念。按照民法典物权编的规定,抵押是指为担保债务的履行,债务人或者第三人不转移财产的占有,将该财产抵押给债权人,债务人不履行到期债务或者发生当事人约定的实现抵押权的情形,债权人有权就该财产优先受偿。其中,债务人或者第三人为抵押人,债权人为抵押权人,提供担保的财产为抵押财产。

(2)抵押物。债务人或者第三人提供担保的财产为抵押物。由于抵押物是不转移其占有的,因此能够成为抵押物的财产必须具备一定的条件。这类财产轻易不会灭失,其所有权的转移应当经过一定的程序。

债务人或者第三人有权处分的下列财产可以抵押:①建筑物和其他土地附着物;②建设用地使用权;③海域使用权;④生产设备、原材料、半成品、产品;⑤正在建造的建筑物、船舶、航空器;⑥交通运输工具;⑦法律、行政法规未禁止抵押的其他财产。抵押人可以将前面所列财产一并抵押。

下列财产不得抵押:①土地所有权;②宅基地、自留地、自留山等集体所有的土地使用权,但法律另有规定的除外;③学校、幼儿园、医疗机构等为公益目的成立的非营利法人的教育设施、医疗卫生设施和其他公益设施;④所有权、使用权不明或者有争议的财产;⑤依法被查封、扣押、监管的财产;⑥法律、行政法规规定不得抵押的其他财产。

当事人以下列财产抵押的,应当办理抵押登记,抵押权自登记时设立:①建筑物和其他土地附着物;②建设用地使用权;③海域使用权;④正在建造的建筑物。

以动产抵押的,抵押权自抵押合同生效时设立;未经登记,不得对抗善意第三人。

以动产抵押的,不得对抗正常经营活动中已经支付合理价款并取得抵押财产的买受人。

抵押权设立前,抵押财产已经出租并转移占有的,原租赁关系不受该抵押权影响。

(3)抵押合同。设立抵押权,当事人应当采用书面形式订立抵押合同。抵押合同一般包括下列条款:①被担保债券的种类和数额;②债务人履行债务的期限;③抵押财产的名称、数量等情况;④担保的范围。

抵押权人在债务履行期限届满前,与抵押人约定债务人不履行到期债务时抵押财产归债权人所有的,只能依法就抵押财产优先受偿。

(4)抵押的效力。抵押担保的范围包括主债权及利息、违约金损害赔偿金和实现抵押权的费用。当事人也可以在抵押合同中约定抵押担保的范围。

抵押期间,抵押人可以转让抵押财产。当事人另有约定的,按照约定。抵押财产转让的,抵押权不受影响。抵押人转让抵押财产的,应当及时通知抵押权人。抵押权人能够证明抵押

财产转让可能损害抵押权的,可以请求抵押人将转让所得的价款向抵押权人提前清偿债务或者提存。转让的价款超过债权数额的部分归抵押人所有,不足部分由债务人清偿。

抵押权不得与债权分离而单独转让或者作为其他债权的担保。债权转让的,担保该债权的抵押权一并转让,但法律另有规定或者当事人另有约定的除外。

(5)抵押权的实现。债务人不履行到期债务或者发生当事人约定的实现抵押权的情形,抵押权人可以与抵押人协议以抵押财产折价或者拍卖、变卖该抵押财产所得的价款优先受偿。协议损害其他债权人利益的,其他债权人可以请求人民法院撤销该协议。抵押权人与抵押人未就抵押权实现方式达成协议的,抵押权人可以请求人民法院拍卖、变卖抵押财产。抵押财产折价或者变卖的,应当参照市场价格。

抵押财产折价或者拍卖、变卖后,其价款超过债权数额的部分归抵押人所有,不足部分由债务人清偿。

同一财产向两个以上债权人抵押的,拍卖、变卖抵押财产所得的价款按照下列规定清偿:①抵押权已登记的,按照登记的时间先后确定清偿顺序;②抵押权已登记的先于未登记的受偿;③抵押权未登记的,按照债权比例清偿。

(二)质权

(1)质押的法律概念。按照民法典物权编的规定,质押是指债务人或者第三人将其动产或权利移交债权人占有,将该动产或权利作为债权的担保。债务人不履行债务时,债权人有权依照法律规定以该动产或权利或者以拍卖、变卖该动产或权利的价款优先受偿。

质权是一种约定的担保物权,以转移占有为特征。债务人或者第三人为出质人,债权人为质权人,移交的动产或权利为质物。

(2)质押的分类。质押可分为动产质押和权利质押。

动产质押是指债务人或者第三人将其动产移交债权人占有,将该动产作为债权的担保。能够用作质押的动产没有限制。

权利质押一般是将权利凭证交付质权人的担保。债务人或者第三人有权处分的下列权利可以出质:①汇票、支票、本票;②债券、存款单;③仓单、提单;④可以转让的基金股份、股权;⑤可以转让的注册商标专用权、专利权、著作权等知识产权中的财产权;⑥现有的以及将有的应收账款;⑦法律、行政法规规定可以出质的其他财产权利。

(三)留置

按照民法典物权编的规定,留置是指债权人按照合同约定占有债务人的动产,债务人不按照合同约定的期限履行债务的,债权人有权依照法律规定留置该财产,以该财产折价或者以拍卖、变卖该财产的价款优先受偿。

留置是一种比较强烈的担保方式,必须依法行使。法律规定或者当事人约定不得留置的动产,不得留置。留置权人负有妥善保管留置物的义务;因保管不善致使留置财产毁损、灭失的,应当承担赔偿责任。

债务人可以请求留置权人在债务履行期届满后行使留置权;留置人不行使的,债务人可以请求人民法院拍卖、变卖留置财产。

留置财产折价或者拍卖、变卖后,其价款超过债权数额的部分归债务人所有,不足部分由债务人清偿。

(四)定金

民法典合同编规定,当事人可以约定一方给付定金作为债权的担保。债务人履行债务后,定金应抵作价款或者收回。给付定金的一方不履行债务或者履行债务不符合约定,致使不能实现合同目的的,无权要求返还定金;收受定金的一方不履行债务或者履行债务不符合约定,致使不能实现合同目的的,应当双倍返还定金。

定金合同自实际交付定金时成立。定金的数额由当事人约定;但是,不得超过主合同标的额的20%,超过部分不产生定金的效力。

第六节 建设工程保险制度

一、保险与保险索赔的规定

1. 保险概述

(1)保险的法律概念。《中华人民共和国保险法》规定,保险是指投保人根据合同约定,向保险人支付保险费,保险人对于保险合同约定的可能发生的事故因其发生所造成的财产损失承担赔偿保险金责任,或者当被保险人死亡、伤残、疾病或者达到合同约定的年龄、期限等条件时承担给付保险金责任的商业保险行为。

保险是一种受法律保护的分散危险、消化损失的法律制度。因此,危险的存在是保险产生的前提。但保险制度含义的危险具有损失发生的不确定性,包括发生与否的不确定性、发生时间的不确定性和发生后果的不确定性。

(2)保险合同。保险合同是指投保人与保险人约定保险权利义务关系的协议。投保人是指与保险人订立保险合同,并按照合同约定负有支付保险费义务的人。保险人是指与投保人订立保险合同,并按照合同约定承担赔偿或者给付保险金责任的保险公司。

保险合同在履行中还会涉及被保险人和受益人。被保险人是指其财产或者人身受保险合同保障,享有保险金请求权的人。投保人可以是被保险人。受益人是指人身保险合同中由被保险人或者投保人指定的享有保险金请求权的人。投保人、被保险人可以为受益人。投保人提出保险要求,经保险人同意承保,保险合同成立。保险人应当及时向投保人签发保险单或者其他保险凭证。

保险合同一般是以保险单的形式订立的。保险合同分为人身保险合同和财产保险合同。

①人身保险合同。人身保险合同是以人的寿命和身体为保险标的的保险合同。投保人应向保险人如实申报被保险人的年龄、身体状况。投保人于合同成立后,可以向保险人一次支付全部保险费,也可以按照合同规定分期支付保险费。人身保险的受益人由被保险人或者投保人指定。保险人对人身保险的保险费,不得以诉讼方式要求投保人支付。

②财产保险合同。财产保险合同是以财产及其有关利益为保险标的的保险合同。在财产保险合同中,保险合同的转让应当通知保险人,经保险人同意继续承保后,依法转让合同。

在合同的有效期内,保险标的的危险程度显著增加的,被保险人应当按照合同约定及时通知保险人,保险人可以按照合同约定增加保费或者解除合同。建筑工程一切险和安装工程一切险即为财产保险合同。

2. 保险索赔

对于投保人来说，保险的根本目的是发生风险事件时能够得到补偿，而这一目的必须通过索赔来实现。

(1) 投保人进行保险索赔须提供必要的有效证明。保险事故发生后，依照保险合同请求保险人赔偿或者给付保险金时，投保人、被保险人或者受益人应当向保险人提供其所能提供的与确认保险事故的性质、原因、损失程度等有关的证明和资料。

这就要求投保人在日常管理中应当注意证据的收集和保存。当保险事件发生后，更应该注意证据收集，有时还需要提供有关部门的证明。索赔的证据一般包括保单、建设工程合同、事故照片、鉴定报告以及保单中规定的证明文件。

(2) 投保人等应当及时提出保险索赔。投保人、被保险人或者受益人知道保险事故发生后，应当及时通知保险人。这与索赔成功与否密切相关。因为资金有时间价值，如果保险事件发生后很长时间才能取得索赔，即使是全额赔偿也不足以补偿自己的全部损失。而且，时间过长还会给索赔人的取证或保险人的理赔增加很大的难度。

(3) 计算损失值。保险单上载明的保险财产全部损失，应当按照全损进行保险索赔；保险单上载明的保险财产没有全部损失，应当按照部分损失进行保险索赔。如果财产虽然没有全部毁损或者消灭，但其损坏程度已达到无法修理，或者虽能修理但修理费将超过赔偿金额的，也应当按照全损进行索赔。如果一个建设工程项目同时由多家保险公司承保，则应按照约定的比例分别向不同的保险公司提出索赔要求。

➤ 二、建设工程保险的主要种类和投保权益

建筑工程活动涉及的法律关系较为复杂，风险较为多样。因此，建设工程活动涉及的险种也较多，主要包括建筑工程一切险（及第三者责任险）、安装工程一切险（及第三者责任险）、机器损坏险、机动车辆险、建筑职工意外伤害险、勘察设计责任险、工程监理责任险等。

1. 建筑工程一切险（及第三者责任险）

建筑工程一切险是承保各类民用、工业和公用事业建筑工程项目，包括道路、桥梁、水坝、港口等，在建造过程中因自然灾害或意外事故而引起的一切损失的险种。因在建工程抗灾能力差、危险程度高，一旦发生损失，不仅会对工程本身造成巨大的物质财富损失，甚至可能殃及邻近人员与财物。因此，随着各种新建、扩建、改建的建设工程项目日渐增多，许多保险公司已经开设这一险种。

建筑工程一切险往往还加保第三者责任险。第三者责任险是指在保险有效期内因在施工工地上发生意外事故造成在施工工地及邻近地区的第三者人身伤亡或财产损失，依法应由被保险人承担的经济赔偿责任。

(1) 投保人与被保险人。《建设工程施工合同(示范文本)》中规定，除专用合同条款另有约定外，发包人应投保建筑工程一切险或安装工程一切险；发包人委托承包人投保的，因投保产生的保险费和其他相关费用由发包人承担。

建筑工程一切险的被保险人范围较广，所有在工程进行期间对该项工程承担一定风险的有关各方（即具有可保利益的各方），均可作为被保险人。如果被保险人不止一家，则各家接受赔偿的权利以不超过其对保险标的的可保利益为限。被保险人具体包括：①业主或工程所有

人;②承包商或分包商;③技术顾问,包括业主聘用的建筑师、工程师及其他专业顾问。

(2)保险责任范围。保险人对下列原因造成的损失和费用负责赔偿:①自然事件,指地震、海啸、雷电、飓风、台风、龙卷风、风暴、暴雨、洪水、水灾、冻灾、冰雹、山崩、雪崩、火山爆发、地面下陷下沉及其他人力不可抗拒的破坏力强大的自然现象;②意外事故,指不可预料的以及被保险人无法控制并造成物质损失或人身伤亡的突发事件,包括火灾和爆炸。

(3)除外责任。保险人对下列各项原因造成的损失不负责赔偿:①设计错误引起的损失和费用;②自然磨损、内在或潜在缺陷、物质本身变化、自燃、自热、氧化、锈蚀、渗漏、大气变化、正常水位变化或其他渐变原因造成的保险财产自身的损失和费用;③因原材料缺陷或工艺不善引起的保险财产本身的损失以及为置换、修理或矫正这些缺点、错误所支付的费用;④非外力引起的机械或电气装置的本身损失,或施工用机具、设备、机械装置失灵造成的本身损失;⑤维修保养或正常检修的费用;⑥档案、文件、账簿、票据、现金、各种有价证券、图表资料及包装物料的损失;⑦盘点时发现的短缺;⑧领有公共运输行驶执照的,或已由其他保险予以保障的车辆、船舶和飞机的损失;⑨除非另有约定,在保险工程开始以前已经存在或形成的位于工地范围内或其周围的属于被保险人的财产的损失;⑩除非另有约定,在保险单保险期限终止以前,保险财产中已由工程所有人签发完验收证书或验收合格或实际占有或使用或接受的部分。

(4)第三者责任险。建筑工程一切险如果加保第三者责任险,保险人对下列原因造成的损失和费用负责赔偿:①在保险期限内,因发生与所保工程直接相关的意外事故引起工地内及邻近区域的第三者人身伤亡、疾病或财产损失;②被保险人因上述原因支付的诉讼费用以及事先经保险人书面同意而支付的其他费用。

(5)赔偿金额。保险人对每次事故引起的赔偿金额以法院或政府有关部门根据现行法律裁定的应由被保险人偿付的金额为准。但在任何情况下,均不得超过保险单明细表中对应列明的每次事故赔偿限额。在保险期限内,保险人经济赔偿的最高赔偿责任不得超过本保险单明细单列明的累计赔偿限额。

(6)保险期限。建筑工程一切险的保险责任自保险工程在工地动工或用于保险工程的材料、设备运抵工地之时起始,至工程所有人对部分或全部工程签发验收证书或验收合格,或工程所有人实际占用或使用或接收该部分或全部工程之时终止,以先发生者为准。但在任何情况下,保险期限的起始或终止不得超出保险单明细表中列明的保险生效日或终止日。

2. 安装工程一切险(及第三者责任险)

安装工程一切险是承保安装机器、设备、储油罐、钢结构工程、起重机等以及包含机械工程因素的各种安装工程的险种。由于科学技术日益进步,现代工业的机器设备已进入计算机操控的时代,这些机器设备具有工艺精密、构造复杂、技术高度密集和价格昂贵等特点,在安装、调试的过程中如果遇到自然灾害和意外事故,就会造成巨大的经济损失。安装工程一切险可以保障机器设备在安装、调试过程中,被保险人可能遭受的损失能够得到经济补偿。

安装工程一切险往往还加保第三者责任险。安装工程一切险的第三者责任险,负责被保险人在保险期限内,因发生意外事故,造成在工地及邻近地区的第三者人身伤亡、疾病或财产损失,依法应由被保险人赔偿的经济损失,以及因此而支付的诉讼费用和经保险人书面同意支付的其他费用。

(1)保险责任范围。保险人对因自然灾害、意外事故(具体内容与建筑工程一切险基本相同)造成的损失和费用负责赔偿。

(2)除外责任。其除外责任与建筑工程一切险的②、⑤、⑥、⑦、⑧、⑨、⑩相同,不同之处主要有:因设计错误、铸造或原材料缺陷或工艺不善引起的保险财产本身的损失以及为换置、修理或矫正这些缺点、错误所支付的费用;由于超负荷、超电压、碰线、电弧、漏电、短路、大气放电及其他电气原因造成电气设备或电气用具本身的损失;施工用机具、设备、机械装置失灵造成的本身损失。

(3)保险期限。安装工程一切险的保险责任自保险工程在工地动工或用于保险工程的材料、设备运抵工地之时起始,至工程所有人对部分或全部工程签发完工验收证书或验收合格,或工程所有人实际占有或使用接收该部分或全部工程之时终止,以先发生者为准。但在任何情况下,安装期保险期限的起始或终止不得超过保险单明细表中列明的保险生效日或终止日。

安装工程一切险的保险期内,一般应包括一个试车考核期。试车考核期的长短一般根据安装工程合同中的约定进行确定,但不得超过安装工程保险单明细表中列明的试车和考核期限。安装工程一切险对试车考核期的保险责任一般不超过3个月,若超过3个月,应另行加收保险费。安装工程一切险对旧机器设备的考核期不负担保险责任,也不承担其维修期的保险责任。

3. 工伤保险和建筑意外伤害保险

《中华人民共和国建筑法》第四十八条规定:"建筑施工企业应当依法为职工参加工伤保险缴纳工伤保险费。鼓励企业为从事危险作业的职工办理意外伤害保险,支付保险费。"

据此,工伤保险是强制性保险。意外伤害保险则属于法定的鼓励性保险,其适用范围是施工现场从事危险作业的特殊职工群体,即在施工现场从事高处作业、深基坑作业、爆破作业等危险性较大的施工人员。尽管这部分人员可能已参加了工伤保险,但法律鼓励建筑施工企业再为其办理意外伤害保险,使他们能够比其他职工依法获得更多的权益保障。

(1)工伤保险。《工伤保险条例》第二条规定:"中华人民共和国境内的企业、事业单位、社会团体、民办非企业单位、基金会、律师事务所、会计师事务所等组织和有雇工的个体工商户(以下称用人单位)应当依照本条例规定参加工伤保险,为本单位全部职工或者雇工(以下称职工)缴纳工伤保险费。中华人民共和国境内的企业、事业单位、社会团体、民办非企业单位、基金会、律师事务所、会计师事务所等组织的职工和个体工商户的雇工,均有依照本条例的规定享受工伤保险待遇的权利。"

(2)建筑意外伤害保险。《中华人民共和国建筑法》规定,鼓励企业为从事危险作业的职工办理意外伤害保险,支付保险费。《建设工程安全生产管理条例》则规定,施工单位应当为施工现场从事危险作业的人员办理意外伤害保险。意外伤害保险费由施工单位支付。实行施工总承包的,由总承包单位支付意外伤害保险费。意外伤害保险期限自建设工程开工之日起至竣工验收合格止。

建筑意外伤害保险与工伤保险有很大的不同。工伤保险是社会保险的一种,实行实名制,并按工资总额计提保险费,较适合企业的固定职工。建筑意外伤害保险则是一种法定的非强制性商业保险,通常是按照施工合同额或建筑面积计提保险费,针对施工现场从事危险作业的特殊群体,较适合施工现场作业人员流动性大的行业特点。

4.保险代理人和保险经纪人

《中华人民共和国保险法》规定,保险代理人是根据保险人的委托,向保险人收取佣金,并在保险人授权范围内代为办理保险业务的机构或者个人。保险经纪人是基于投保人的利益,为投保人与保险人订立保险合同提供中介服务,并依法收取佣金的机构。

保险代理人和保险经纪人最大的区别是:保险代理人是受保险公司的委托,为该保险公司推销保险产品;保险经纪人则是受投保人(保险客户)委托,根据客户风险情况,为其设计保险方案,制订保险计划,横向比较各保险公司的保险条款优劣,帮助投保人选择适当的保险公司。保险经纪公司作为衔接保险公司与保险客户的中间环节,可以为客户提供专业的全方位的保险咨询服务,代表客户与保险公司谈判,协助客户办理投保与索赔工作,最大限度地保障投保人的利益。

第七节 建设工程税收制度

税收是政府为了满足社会公共需要,凭借其政治权力,按照法律规定,强制、无偿地取得财政收入的一种形式。在建设工程活动中,应当熟悉和执行有关税收法律制度。

一、企业增值税的规定

增值税是以商品和劳务在流转过程中产生的增值额作为征税对象而征收的一种流转税。

1.纳税人

2017年11月经修改后发布的《中华人民共和国增值税暂行条例》规定,在中华人民共和国境内销售货物或者加工、修理修配劳务(以下简称劳务),销售服务、无形资产、不动产以及进口货物的单位和个人,为增值税的纳税人。

纳税人分为一般纳税人和小规模纳税人。小规模纳税人以外的纳税人应向主管税务机关办理登记。小规模纳税人会计核算健全,能够提供准确税务资料的,可以向主管税务机关办理登记,不作为小规模纳税人计算应纳税额。

2.应纳税额的计算

纳税人兼营不同税率的项目,应当分别核算不同税率项目的销售额;未分别核算销售额的,从高适用税率。纳税人销售货物、劳务、服务、无形资产、不动产(以下统称应税销售行为),应纳税额为当期销项税额抵扣当期进项税额后的余额。当期销项税额小于当期进项税额不足抵扣时,其不足部分可以转结下期继续抵扣。小规模纳税人发生应税销售行为,实行按照销售额和征收税率计算应纳税额的简易办法,并不得抵扣进项税额。纳税人进口货物,按照组成计税价格和《中华人民共和国增值税暂行条例》规定的税率计算应纳税额。

纳税人发生应税销售行为,按照销售额和《中华人民共和国增值税暂行条例》规定的税率计算收取的增值税额,为销项税额。纳税人发生应税销售行为的价格明显偏低并无正当理由的,由主管税务机关核定其销售额。纳税人购进货物、劳务、服务、无形资产、不动产支付或者负担的增值税额,为进项税额。

纳税人发生应税销售行为,应当向索取增值税专用发票的购买方开具增值税专用发票,并在增值税专用发票上分别注明销售额和销项税额。属于下列情形之一的,不得开具增值税专用发票:①应税销售行为的购买方为消费者个人的;②发生应税行为适用免税规定的。

财政部、国家税务总局《关于建筑服务等营改增试点政策的通知》(财税〔2017〕58号)规定,建筑工程总承包单位为房屋建筑的地基与基础、主体结构提供工程服务,建设单位自行采购全部或部分钢材、混凝土、砌体材料、预制构件的,适用于简易计税方法计税。地基与基础、主体结构的范围,按照《建筑工程施工质量验收统一标准》(GB 50300—2013)附录B中的"地基基础""主体结构"分部工程的范围执行。纳税人提供建筑服务取得的预收款,应在收到预收款时,以取得的预收款扣除支付的分包款后的余额,按照规定的预征率预缴增值税。按照现行规定应在建筑服务发生地预缴增值税的项目,纳税人收到预收款时在建筑服务发生地预缴增值税。按照现行规定无须在建筑服务发生地预缴增值税的项目,纳税人收到预付款时在机构所在地预缴增值税。适用一般计税方法计税的项目预征率为2%,适用简易计税方法计税的项目预征率为3%。

国家税务总局、住房和城乡建设部、财政部《关于进一步做好建筑行业营改增试点工作的意见》(税总发〔2017〕99号)规定,各地税务部门要积极创造条件,在建材市场、大型工程项目部等地增设专用发票代开点,为砂土石料销售企业、临时经营企业及建筑材料零售企业代开专用发票提供便利,不断提高建筑企业购买建筑材料获得专用发票的比例。各地税务部门要强化对砂土石料等建筑材料销售企业的税收检查,及时处理建筑材料企业拒绝开票、加价开票等违规行为,发现建筑材料销售企业通过不开发票隐瞒收入偷税的,要依法依规严肃查处。各级住房和城乡建设部门及税务部门要进一步加强信息共享,充分利用税收征管数据,对于增值税缴纳单位与工程建设合同承包方不一致的工程项目,重点核查是否存在转包、违法分包、挂靠等行为,一经发现,严肃查处,切实维护建筑市场秩序。

3. 销项税额的抵扣

《中华人民共和国增值税暂行条例》规定,下列进项税额准予从销项税额中抵扣:①从销售方取得的增值税专用发票上注明的增值税额;②从海关取得的海关进口增值税专用缴款书上注明的增值税额;③购进农产品,除取得增值税专用发票或者海关进口增值税专用缴款书外,按照农产品收购发票或者销售发票注明的农产品买价和11%的扣除率计算的进项税额,国务院另有规定的除外;④自境外单位或者个人购进劳务、服务、无形资产或者境内的不动产,从税务机关或者扣缴义务人取得的代扣代缴税款的完税凭证上注明的增值税额。

纳税人购进货物、劳务、服务、无形资产、不动产,取得的增值税扣缴凭证不符合法律、行政法规或者国务院税务主管部门有关规定的,其进项税额不得从销项税额中抵扣。

下列项目的进项税额不得从销项税额中抵扣:①用于简易计税方法计税项目、免征增值税项目、集体福利或者个人消费的购进货物、劳务、服务、无形资产和不动产;②非正常损失的购进货物,以及相关的劳务和交通运输服务;③非正常损失的在产品、产成品所耗用的购进货物(不包括固定资产)、劳务和交通运输服务;④国务院规定的其他项目。

4. 税率

按照国务院常务会议决定,从2019年4月1日起,增值税税率调整为:

(1)纳税人销售货物、劳务、有形动产租赁服务或者进口货物,除下述第(2)项、第(4)项、第(5)项另有规定外,税率为13%。

(2)纳税人销售交通运输、邮政、基础电信、建筑、不动产租赁服务,销售不动产,转让土地使用权,销售或者进口下列货物,税率为 9%:①粮食等农产品、食用植物油、食用盐;②自来水、暖气、冷气、热水、煤气、石油液化气、天然气、二甲醚、沼气、居民用煤炭制品;③图书、报纸、杂志、音像制品、电子出版物;④饲料、化肥、农药、农机、农膜;⑤国务院规定的其他货物。

(3)纳税人销售服务、无形资产,除上述第(1)项、第(2)项及下述第(5)项另有规定外,税率为 6%。

(4)纳税人出口货物,税率为零;但是,国务院另有规定的除外。

(5)境内单位和个人跨境销售国务院规定范围内的服务、无形资产,税率为零。

二、环境保护税的规定

环境保护税是为了保护和改善环境,减少污染排放,推进生态文明建设而征收的一种税。

1. 纳税人

《中华人民共和国环境保护税法》规定,在中华人民共和国领域和中华人民共和国管辖的其他海域,直接向环境排放应税污染物的企业事业单位和其他生产经营者为环境保护税的纳税人。应税污染物详见该法所附"环境保护税税目税额表"和"应税污染物和当量值表"。有下列情形之一的,不属于直接向环境排放污染物,不缴纳相应污染物的环境保护税:①企业事业单位和其他生产经营者向依法设立的污水集中处理、生活垃圾集中处理场所排放应税污染物的;②企业事业单位和其他生产经营者在符合国家和地方环境保护标准的设施、场所贮存或者处置固体废物的。

依法设立的城乡污水集中处理、生活垃圾集中处理场所超过国家和地方规定的排放标准向环境排放应税污染物的,应当缴纳环境保护税。企业事业单位和其他生产经营者贮存或者处置固体废物不符合国家和地方环境保护标准的,应当缴纳环境保护税。

2. 计税依据和应纳税额

应税污染物的计税依据,按照下列方法确定:①应税大气污染物按照污染物排放量折合的污染当量数确定;②应税水污染物按照污染物排放量折合的污染当量数确定;③应税固体废物按照固体废物的排放量确定;④应税噪声按照超过国家规定标准的分贝数确定。

环境保护税应纳税额,按照下列方法计算:①应税大气污染物的应纳税额为污染当量数乘以具体适用税额;②应税水污染物的应纳税额为污染当量数乘以具体适用税额;③应税固体废物的应纳税额为固体废物排放量乘以具体适用税额;④应税噪声的应纳税额为超过国家规定标准的分贝数对应的具体适用税额。

3. 税收减免

下列情形,暂予免征环境保护税:①农业生产(不包括规模化养殖)排放应税污染物的;②机动车、铁路机车、非道路移动机械、船舶和航空器等流动污染源排放应税污染物的;③依法设立的城乡污水集中处理、生活垃圾集中处理场所排放相应污染物,不超过国家和地方规定的排放标准的;④纳税人综合利用的固体废物,符合国家和地方环境保护标准的;⑤国务院批准免税的其他情形。

纳税人排放应税大气污染物或者水污染物的浓度值低于国家和地方规定标准的污染物排放标准 30% 的,减按 75% 征收环境保护税。纳税人排放应税大气污染物或者水污染物的浓度值低于国家或地方规定标准的污染物排放标准 50% 的,减按 50% 征收环境保护税。

三、其他相关税收的规定

同建设工程有关的税收法律制度还有城市维护建设税、教育费附加、城镇土地使用税、房产税、车船税、印花税等。

1. 城市维护建设税

2020年8月11日第十三届全国人民代表大会常务委员会第二十一次会议通过的《中华人民共和国城市维护建设税法》规定，在中华人民共和国境内缴纳增值税、消费税的单位和个人，都是城市维护建设税的纳税义务人。

城市维护建设税以纳税人实际缴纳的增值税、消费税税额为计税依据。城市维护建设税税率如下：纳税人所在地在市区的，税率为7%；纳税人所在地在县城、镇的，税率为5%；纳税人所在地不在市区、县城或镇的，税率为1%。

城市维护建设税的纳税义务发生时间与增值税、消费税的纳税义务发生时间一致，与增值税、消费税同时缴纳。

2. 教育费附加

凡缴纳增值税、消费税的单位和个人，除按照《国务院关于筹措农村中小学办学经费的通知》（国发〔1984〕174号文）的规定缴纳农村教育事业费附加的单位外，都应当缴纳教育费附加。

教育费附加以各单位和个人实际缴纳的增值税、消费税的税额为计征依据，教育费附加率为3%，与增值税、消费税同时缴纳。

凡办有职工子弟学校的单位，应当先按本规定缴纳教育费附加；教育部门可根据它们办学的情况酌情返还给办学单位，作为对所办学校经费的补贴。办学单位不得借口缴纳教育费附加而撤并学校，或者缩小办学规模。

3. 城镇土地使用税

《中华人民共和国城镇土地使用税暂行条例》规定，在城市、县城、建制镇、工矿区范围内使用土地的单位和个人，为城镇土地使用税的纳税人。

土地使用税以纳税人实际占用的土地面积为计税依据，依照规定税额计算征收。土地使用税每平方米年税额如下：①大城市1.5～30元；②中等城市1.2～24元；③小城市0.9～18元；④县城、建制镇、工矿区0.6～12元。

经省、自治区、直辖市人民政府批准，经济落后地区土地使用税的适用税额标准可以适当降低，但降低额不得超过《中华人民共和国城镇土地使用税暂行条例》规定最低税额的30%。经济发达地区土地使用税的适用税额标准可以适当提高，但须报经财政部批准。

下列土地免缴土地使用税：①国家机关、人民团体、军队自用的土地；②由国家财政部门拨付事业经费的单位自用土地；③宗教寺庙、公园、名胜古迹自用的土地；④市政街道、广场、绿化地带等公共用地；⑤直接用于农、林、牧、渔业的生产用地；⑥经批准开山填海整治的土地和改造的废弃土地，从使用的月份起免缴土地使用税5年至10年；⑦由财政部另行规定免税的能源、交通、水利设施用地和其他用地。

土地使用税按年计算、分期缴纳。缴纳期限由省、自治区、直辖市人民政府确定。

4. 房产税

《中华人民共和国房产税暂行条例》规定,房产税在城市、县城、建制镇和工矿区征收。房产税由产权所有人缴纳。产权属于全民所有的,由经营管理的单位缴纳。产权出典的,由承典人缴纳。产权所有人、承典人不在房产所在地的,或产权未确定及租典纠纷未解决的,由房产代管人或者使用人缴纳。上述列举的产权所有人、经营管理单位、承典人、房产代管人或者使用人,统称为纳税义务人。

房产税依照原房产原值一次减除10%～30%后的余值计算缴纳。具体减除幅度,由省、自治区、直辖市人民政府规定。没有房产原值作为依据的,由房产所在地税务机关参考同类房产核定。房产出租的,以房产租金收入为房产税的计税依据。

房产税的税率,依照房产余值计算缴纳的,税率为1.2%;依照房产租金收入计算缴纳的,税率为12%。

下列房产免缴房产税:①国家机关、人民团体、军队自用的房产;②由国家财政部门拨付事业经费的单位自用的房产;③宗教寺庙、公园、名胜古迹自用的房产;④个人所有非营业用的房产;⑤经财政部批准的免税的其他房产。除上述规定外,纳税人纳税确有困难的,可经省、自治区、直辖市人民政府确定,定期减征或者免征房产税。

5. 车船税

《中华人民共和国车船税法》规定,在中华人民共和国境内属于该法所附"车船税税目税额表"规定的车辆、船舶(以下简称车船)的所有人或者管理人,为车船税的纳税人,应当依照本法缴纳车船税。车辆的适用税额详见"车船税税目税额表"和《中华人民共和国车船税法实施条例》。

下列车船免征车船税:①捕捞、养殖渔船;②军队、武警部队专用的车船;③警用车船;④悬挂应急救援专用号牌的国家综合性消防救援车辆和国家综合性消防救援专用船舶;⑤依照法律规定应当予以免税的外国驻华使领馆、国际组织驻华代表机构及其有关人员的车船。

对节约能源、使用新能源的车船可以减征或者免征车船税;对受严重自然灾害影响纳税困难以及有其他特殊原因确需减免、免税的,可以减征或者免征车船税。

从事机动车第三者责任强制险保险业务的保险机构为机动车车船税的扣缴义务人,应当在收取保险费时依法代扣车船税,并出具代收税款凭证。

6. 印花税

2021年6月10日第十三届全国人民代表大会常务委员会第二十九次会议通过的《中华人民共和国印花税法》规定,在中华人民共和国境内书立应税凭证、进行证券交易的单位和个人,为印花税的纳税人。

应税凭证,是指《中华人民共和国印花税法》所附"印花税税目税率表"列明的合同、产权转移书据和营业账簿。证券交易,是指转让在依法设立的证券交易所、国务院批准的其他全国性证券交易场所交易的股票和以股票为基础的存托凭证。

印花税的税目、税率,依照《中华人民共和国印花税法》所附"印花税税目税率表"执行。

下列凭证免征印花税:①应税凭证的副本或者抄本;②依照法律规定应当予以免税的外国驻华使馆、领事馆和国际组织驻华代表机构为获得馆舍书立的应税凭证;③中国人民解放军、中国人民武装警察部队书立的应税凭证;④农民、家庭农场、农民专业合作社、农村集体经济组织、村民委员会购买农业生产资料或者销售农产品书立的买卖合同和农业保险合同;⑤无息或者贴息借款合同、国际金融组织向中国提供优惠贷款书立的借款合同;⑥财产所有权人将财产赠与政府、学校、社会福利机构、慈善组织书立的产权转移书据;⑦非营利性医疗卫生机构采购药品或者卫生材料书立的买卖合同;⑧个人与电子商务经营者订立的电子订单。

第八节 建设工程法律责任制度

法律责任是指行为人由于违法行为、违约行为或者由于法律规定而应承受的某种不利的法律后果。法律责任不同于其他社会责任,法律责任的范围、性质、大小、期限等均在法律上有明确规定。

➢ 一、法律责任的基本种类和特征

按照违法行为的性质和危害程度,法律责任可以分为违宪法律责任、刑事法律责任、民事法律责任、行政法律责任和国家赔偿责任。

法律责任具有以下特征:①法律责任是因为违反法律上的义务(包括违约等)而形成的法律后果,以法律义务存在为前提;②法律责任即承担不利的后果;③法律责任的认定和追究,由国家专责机关依法定程序进行;④法律责任的实现由国家强制力作保障。

➢ 二、建设工程民事责任的种类及承担方式

民事责任是指民事活动主体在民事活动中,因实施了民事违法行为,根据民法所应承担的对其不利的民事法律后果或者基于法律特别规定而应承担的民事法律责任。民事法律责任的功能主要是一种民事救济功能,使受害人被侵犯的权益得以恢复。

民事责任主要是财产责任,如损害赔偿、支付违约金等;但也不限于财产责任,还有恢复名誉、赔礼道歉等。

1. 民事责任的种类

民事责任可以分为违约责任和侵权责任两类。

违约责任是指合同当事人违反法律规定或合同约定而应承担的责任。侵权责任是指行为人因过错侵害他人财产、人身而应承担的责任,以及虽没有过错,但在造成损害以后,依法应当承担的责任。

2. 民事责任的承担方式

民法典总则编规定,民事责任的承担方式主要有:①停止侵害;②排除妨碍;③消除危险;④返还财产;⑤恢复原状;⑥修理、重作、更换;⑦继续履行;⑧赔偿损失;⑨支付违约金;⑩消除影响、恢复名誉;⑪赔礼道歉。法律规定惩罚性赔偿的,依照其规定。

以上承担民事责任的方式,可以单独适用,也可以合并适用。

3. 建设工程民事责任的主要承担方式

(1)返还财产。当建设工程施工合同无效、被撤销后,应当返还财产。执行返还财产的方式是折价返还,即承包人已经施工完成的工程,发包人按照"折价返还"的规则支付工程价款。其主要有两种方式:①参照无效合同中的约定价款;②按照当地市场价、定额量据实结算。

(2)修理。施工合同的承包人对施工中出现质量问题的建设工程或者竣工验收不合格的建设工程,应当负责返工修理。

(3)赔偿损失。赔偿损失是指合同当事人由于不履行合同义务或者履行合同义务不符合约定,给对方造成财产上的损失时,由违约方依法或依照合同约定应承担的损害赔偿责任。

(4)支付违约金。违约金是指按照当事人的约定或者法律规定,一方当事人违约的,应向另一方支付的金钱。

三、建设工程行政责任的种类及承担方式

行政责任是指违反有关行政管理的法律、法规规定,但尚未构成犯罪的行为,依法应承担的行政法律后果,包括行政处罚和行政处分。

1. 行政处罚

《中华人民共和国行政处罚法》规定,行政处罚的种类有:①警告、通报批评;②罚款、没收违法所得、没收非法财物;③暂扣许可证件、降低资质等级、吊销许可证件;④限制开展生产经营活动、责令停产停业、责令关闭、限制从业;⑤行政拘留;⑥法律、行政法规规定的其他行政处罚。

在建设工程领域,法律、行政法规所设定的行政处罚主要有:警告、罚款、没收违法所得、责令限期改正、责令停业整顿、取消一定期限内参加依法必须进行招标的项目的投标资格、责令停止施工、降低资质等级、吊销资质证书(同时吊销营业执照)、责令停止执业、吊销职业资格证书或其他许可证等。

2. 行政处分

行政处分是指国家机关、企事业单位对所属的国家工作人员违法失职行为尚不构成犯罪,依据法律、法规所规定的权限而给予的一种惩戒。行政处分种类有警告、记过、记大过、降级、撤职、开除。《建设工程质量管理条例》规定,国家机关工作人员在建设工程质量监督管理工作中玩忽职守、滥用职权、徇私舞弊,构成犯罪的,依法追究刑事责任;尚不构成犯罪的,依法给予行政处分。

四、建设工程刑事责任的种类及承担方式

刑事责任是指犯罪主体因违反刑法,实施了犯罪行为,所应承担的法律责任。刑事责任是法律责任中最强烈的一种,其承担方式主要是刑罚,也包括一些非刑罚方法。

《中华人民共和国刑法》规定,刑罚分为主刑和附加刑。主刑包括:①管制;②拘役;③有期徒刑;④无期徒刑;⑤死刑。附加刑包括:①罚金;②剥夺政治权利;③没收财产;④驱逐出境。

在建设工程领域,常见的刑事责任如下:

(1)工程重大安全事故罪。《中华人民共和国刑法》第一百三十七条规定:"建设单位、设计单位、施工单位、工程监理单位违反国家规定,降低工程质量标准,造成重大安全事故的,对直接责任人员,处五年以下有期徒刑或者拘役,并处罚金;后果特别严重的,处五年以上十年以下有期徒刑,并处罚金。"

(2)重大责任事故罪。《中华人民共和国刑法》第一百三十四条规定:"在生产、作业中违反有关安全规定,因而发生重大伤亡事故或者其他严重后果的,处三年以下有期徒刑或者拘役;

情节特别恶劣的,处三年以上七年以下有期徒刑。强令他人违章冒险作业,因而发生重大伤亡事故或者造成其他严重后果的,处五年以下有期徒刑或者拘役;情节特别恶劣的,处五年以上有期徒刑。"

(3) 重大劳动安全事故罪。《中华人民共和国刑法》第一百三十五条规定:"安全生产设施或者安全生产条件不符合国家规定,因而发生重大伤亡事故或者造成其他严重后果的,对直接负责的主管人员和其他直接责任人员,处三年以下有期徒刑或者拘役;情节特别严重的,处三年以上七年以下有期徒刑。"

(4) 串通投标罪。《中华人民共和国刑法》第二百二十三条规定:"投标人相互串通投标报价,损害招标人或者其他投标人利益,情节严重的,处三年以下有期徒刑或者拘役,并处或者单处罚金。投标人与招标人串通投标,损害国家、集体、公民的合法利益的,依照前款规定处罚。"

典型案例及分析

【案例1】 某施工企业与某建材公司水泥采购合同的合同效力纠纷案

1. 案例背景

甲施工企业在某办公楼工程项目的施工过程中,需要购买一批水泥。甲施工企业的采购人员张某持介绍信到乙建材公司要求购买一批B强度等级的水泥。由于双方有长期的业务关系,未签订书面的水泥买卖合同,乙建材公司很快就发货了。但在乙建材公司发货后,甲施工企业拒绝支付货款。甲施工企业提出的理由是公司让其采购人员张某购买的水泥是A强度等级而非B强度等级。双方由此发生纠纷。

2. 案例问题

(1) 甲施工企业和乙建材公司之间的水泥购买合同是否有效?

(2) 甲施工企业和乙建材公司之间的合同纠纷应当如何处理?

3. 案例分析

(1) 本案中的纠纷处理,首先要判明水泥买卖合同是否有效,而对合同效力判断的重要依据是甲施工企业的介绍信是如何写的。《中华人民共和国民法典》第一百六十五条规定:"委托代理授权采用书面形式的,授权委托书应当载明代理人的姓名或者名称、代理事项、权限和期间,并由委托人签名或者盖章。"据此,甲施工企业的介绍信可以视为授权委托书,张某则是甲施工企业的代理人。如果甲施工企业开出的介绍信是"介绍张某购买水泥",则张某的行为是合法代理行为,其购买B强度等级水泥行为在代理权限范围内;双方的口头合同也是有效的,应当继续履行,即甲施工企业应当付款。如果甲施工企业开出的介绍信是"介绍张某购买A强度等级水泥",则张某购买B强度等级水泥的行为就超越了代理权限,双方的口头合同是无效的。

(2) 如果合同被确认无效后,其首要的法律后果是返还财产,即甲施工企业可以退货、拒付货款。乙建材公司的损失,按照《中华人民共和国民法典》第一百七十一条关于"行为人没有代理权、超越代理权或者代理权终止后,仍然实施代理行为,未经被代理人追认的,对被代理人不发生效力"的规定,应当向张某主张。但在司法实践中,乙建材公司的难点是应当如何证明张某要求购买的是B强度等级的水泥。

【案例2】 某在建住宅楼倒塌事故所涉及的法律责任案件

1. 案例背景

某市一栋在建住宅楼发生楼体倒塌事故,造成1名工人身亡。经调查分析,事故调查组认定是一起重大责任事故。其直接原因是:紧贴该楼北侧,在短时间内堆土过高,最高达10 m左右;紧邻该楼南侧的地下车库基坑正在开挖,开挖深度4.6 m。大楼两侧的压力差使土体产生水平位移,过大的水平力超过了桩基的抗侧能力,导致房屋倾倒。此外,还存在以下六个方面的主要问题:

(1)土方堆放不当。在未对天然地基进行承载力计算的情况下,开发商随意指定将开挖土方短时间内集中堆放于该楼北侧。

(2)开挖基坑违反相关规定。土方开挖单位在未经监理方同意、未进行有效监测并不具备相应资质的情况下,没有按照相关技术要求开挖基坑。

(3)监理不到位。监理方对开发商、施工方的违法施工行为未进行有效处理,对施工现场的事故隐患未及时报告。

(4)管理不到位。开发商管理混乱,违章指挥,违法指定施工单位,不合理压缩工期。

(5)安全措施不到位。施工方对基坑开挖及土方处置未采取专项防护措施。

(6)维护桩施工不规范。施工方未严格按照相关要求组织施工,施工速度快于规定的技术标准要求。

事故发生后,该楼所在地的副区长和镇长、副镇长等公职人员,因对辖区内建设工程安全生产工作负有领导责任,被分别给予行政警告、行政记过、行政记大过处分;开发商、总包单位对事故发生负有主要责任,土方开挖单位对事故发生负有直接责任,基坑围护及桩基工程施工单位对事故发生负有一定责任,分别给予了经济处罚,其中对开发商、总包单位均处以最高罚款限额50万元的罚款,并吊销总包单位的建筑施工企业资质证书及安全生产许可证,待事故善后处理工作完成后吊销开发商的房地产开发企业资质证书;监理单位对事故发生负有重要责任,吊销其工程监理资质证书;工程检测单位对事故发生负有一定责任,予以通报批评。监理单位、土方开挖单位的法定代表人等8名责任人员,对事故发生负有相关责任,被处以吊销执业证书、罚款、解除劳动合同等处罚。秦某等6人,犯重大事故罪,被追究刑事责任,分别被判处有期徒刑3~5年。

该楼的21户购房户,有11户业主退房,10户置换,分别获得相应的赔偿费。

2. 案例问题

(1)本案中的民事责任有哪些?
(2)本案中的行政责任有哪些?
(3)本案中的刑事责任有哪些?

3. 案例分析

本案中所涉及的法律关系复杂,产生了多个法律关系:

(1)本案中存在着多个合同关系,这些合同关系都会产生民事责任。首先是开发商与购房户存在商品房买卖合同,由于发生楼体倒塌事故,开发商无法交付房屋,应当承担违约责任。在本案中,违约责任最主要的就是赔偿损失。开发商与其他主体也有合同关系,也会出现违约问题,但这些单位之间没有产生民事诉讼。

(2)本案中的行政责任包括了行政处分和行政处罚。副区长和镇长、副镇长等公职人员,对辖区内建设工程安全生产工作负有领导责任，分别被给予行政警告、行政记过、行政记大过处分，即属于行政处分。对开发商、总包单位等处以罚款、吊销资质证书等，对责任人处以吊销执业证书、罚款等，都属于行政处罚。

（3）本案中的被告人秦某等6人在该楼工程项目中，分别作为建设方、施工方、监理方的工作人员以及土方施工的具体实施者，在工程施工的不同岗位和环节中，本应上下衔接、互相制约，但却违反安全管理规定，不履行或者不能正确履行或者消极履行各自的职责与义务，最终导致该楼房整体倾倒的重大工程安全事故，致1人死亡，并造成重大经济损失。6名被告均已构成重大责任事故罪，且属于情节特别恶劣，依法应予惩处，承担相应的刑事责任。

复习思考题

1. 代理的法律特征主要有哪些？
2. 什么是表见代理？简述表见代理的构成要件。
3. 简述物权的法律特征。
4. 什么是用益物权？用益物权包括哪些内容？
5. 什么是地役权？简述地役权合同应包括的内容。
6. 简述建设工程债发生的根据。
7. 什么是保证？哪些组织不能作为保证人？
8. 哪些财产抵押时应当抵押登记手续？
9. 建筑工程一切险的保险责任范围是什么？
10. 增值税的应纳税额如何计算？
11. 确定应税污染物的计税依据的方法有哪些？
12. 城市维护建设税的计税依据是什么？
13. 印花税的应纳税凭证包括哪些？
14. 民事责任的承担方式主要有哪些？

第三章

工程建设标准法律制度

第一节 概 述

一、工程建设标准的概念和特征

1. 工程建设标准的概念

标准,是对重复性事物和概念所作的统一规定。它以科学、技术和实践经验的综合成果为基础,经有关方面协商一致,由主管机构批准,以特定形式发布,作为共同遵守的准则和依据。工程建设标准是为在工程建设领域获得最佳秩序,对工程建设活动或其结果规定共同的和重复使用的规则、导则或特性的文件。在我国,工程建设标准一般是由政府机关颁布的,对新建工程项目所作的最低限度技术要求的规定,是建设法律、法规体系的重要组成部分。工程建设标准侧重于单项技术要求,主要包括工程项目的分类等级、允许使用荷载、建筑面积及层高层数的限制、防火与疏散以及结构、材料、供暖、通风、照明、给水排水、消防、电梯、通信动力等的基本要求。

标准化的含义,是在经济、技术、科学及管理等社会实践中,对重复性事物和概念通过制定、实施标准,达到统一,以获得最佳秩序和社会效益的过程。工程建设标准化是为在工程建设领域内获得最佳秩序,以实际的或潜在的问题制定共同的和重复使用的规则的活动。为了促进技术进步,改进产品质量,1988年12月29日第七届全国人民代表大会常务委员会第五次会议通过了《中华人民共和国标准化法》。《中华人民共和国标准化法》于2017年11月4日第十二届全国人民代表大会常务委员会第三十次会议修订。

工程建设标准与规范、规程等概念有密切的关系。规范是在工农业生产和工程建设中,对设计、施工、制造、检验等技术事项所作的一系列规定;规程是对作业、安装、鉴定、安全、管理技术要求和实施程序所作的统一规定。标准、规范、规程都是标准的一种表现形式,习惯上统称为标准,只有针对具体对象才加以区别。当针对产品、方法、符号、概念等时,一般采用标准;当针对工程勘察、规划、设计、施工等技术事项所作的规定时,通常采用规范;当针对操作、工艺、管理等技术要求时,一般采用规程。

2. 工程建设标准的特征

(1)前瞻性。工程建设标准是工程建设中共同的和重复使用的规则、导则或特性的文件,因此,工程建设标准将决定未来工程的要求,具有一定的前瞻性。

（2）科学性。工程建设标准是以科学、技术和实践经验的综合成果为基础制定出来的，揭示了工程建设活动的规律。即制定标准的基础是综合成果，单单是科学技术成果，如果没有经过综合研究、比较、选择、分析其在实践活动中的可行性、合理性或没有经过实践检验，是不能纳入标准之中的。同样，单单是实践检验，如果没有总结其普遍性、规律性或经过科学的论证，也是不能纳入标准的。因此，工程建设标准的制定过程反映了标准严格的科学性。

（3）民主性。工程建设标准的制定过程应当是民主的。在制定标准的过程中，要征求标准涉及各方的意见，对于不同的意见要有合理的解释。标准的民主性越突出，标准的执行就越顺利，标准也就越有生命力。

（4）权威性。标准需要经过一个具有公信力的公认机构批准。在我国，工程建设标准一般是由政府机关颁布的。标准反映了工程建设的客观规律，制定过程民主，以特定的形式批准和颁布，保证了标准的严肃性和权威性。

➤ 二、工程建设标准的范围

1. 工程建设国家标准的范围

《中华人民共和国标准化法》规定，对保障人身健康和生命财产安全、国家安全、生态环境安全以及满足经济社会管理基本需要的技术要求，应当制定强制性国家标准。

对满足基础通用、与强制性国家标准配套、对各有关行业起引领作用等需要的技术要求，可以制定推荐性国家标准。

1992年原建设部发布的《工程建设国家标准管理办法》规定，对需要在全国范围内统一的下列技术要求，应当制定国家标准：

(1) 工程建设勘察、规划、设计、施工(包括安装)及验收等通用的质量要求；
(2) 工程建设通用的有关安全、卫生和环境的技术要求；
(3) 工程建设通用的术语、符号、代号、量与单位、建筑模数和制图方法；
(4) 工程建设通用的实验、检验和评定等方法；
(5) 工程建设通用的信息技术要求；
(6) 国家需要控制的其他工程建设通用的技术要求。

2. 工程建设行业标准的范围

《中华人民共和国标准化法》规定，对没有推荐性国家标准而需要在全国某个行业范围内统一的技术要求，可以制定行业标准。

3. 工程建设地方标准的范围

《中华人民共和国标准化法》规定，为满足地方自然条件、风俗习惯等特殊技术要求，可以制定地方标准。

工程建设地方标准的确定，应当从本行政区域工程建设的需要出发，并应体现本行政区域的气候、地理、技术等特点。例如，我国的黄土地区、冻土地区以及膨胀土地区，对建筑技术的要求有很大的区别。因此，工程建设标准除国家标准、行业标准外，还需要相应的地方标准。

4. 工程建设团体标准的范围

《中华人民共和国标准化法》规定，国家鼓励学会、协会、商会、联合会、产业技术联盟等社会团体协调相关市场主体共同制定满足市场和创新需要的团体标准，由本团体成员约定采用或者按照本团体的规定供社会自愿采用。

团体标准是指由具有法人资格,且具备相应专业技术能力、标准化工作能力和组织管理能力的学会、协会、商会、联合会和产业技术联盟等社会团体,按照团体确立的标准制定程序自主制定发布,由社会自愿采用的标准。团体标准具有能够及时响应市场需求、迅速跟进新技术新产品、制定工作机制灵活、技术指标水平领先等特点。发展团体标准,能够充分发挥市场的主体作用,进一步释放社会团体创新潜力,将政府单一供给的现行标准体系,转变为由政府主导制定的标准和市场自主制定的标准共同构成的新型标准体系,有利于扩大标准的供给,提高标准供给的及时性和有效性,提高标准服务能力,促进标准化改革工作进程。

国家高度重视团体标准发展,出台了《深化标准化工作改革方案》《团体标准管理规定(试行)》《关于培育和发展工程建设团体标准的意见》等系列文件,支持引导团体化标准发展。2017年11月,修订后的《中华人民共和国标准化法》正式将团体标准纳入国家标准体系,确立了团体标准的法律地位。

5. 工程建设企业标准的范围

《中华人民共和国标准化法》规定,企业可以根据需要自行制定企业标准,或者与其他企业联合制定企业标准。国家法律法规没有对工程建设企业标准的范围进行限制。工程建设企业标准可以覆盖本企业生产、经营活动的各个环节。工程建设企业标准一般包括企业的技术标准、管理标准和工作标准。

推荐性国家标准、行业标准、地方标准、团体标准、企业标准的技术要求不得低于强制性国家标准的相关技术要求。国家鼓励社会团体、企业制定高于推荐性国家标准相关技术要求的团体标准、企业标准。

6. 工程建设国际标准的范围

随着我国改革开放进程的不断加快和参与国际经济与贸易活动的不断深入,我国建筑业在国际工程承包中所占的比例和份额不断提高,这需要我国的建筑企业在所承包的国际工程项目中对所涉及的和工程建设相关的国际标准必须有所了解,才能更好地进行工程建设活动。

➤ 三、工程建设标准的种类

工程建设标准可以从不同的角度进行分类。

1. 按照标准的适用范围进行分类

按照标准的适用范围进行分类,工程建设标准可以分为国家标准、行业标准、地方标准、团体标准、企业标准和国际标准。

(1)工程建设国家标准。工程建设国家标准,是指工程建设领域中需要在全国范围内统一,由国务院工程建设主管部门组织草拟、审批的标准。

(2)工程建设行业标准。工程建设行业标准,是指工程建设领域中没有国家标准而需要在全国某个行业范围内统一的,由国务院有关行政主管部门组织草拟、审批的标准。

(3)工程建设地方标准。工程建设地方标准,是指工程建设领域中没有国家标准、行业标准或国家标准、行业标准不具体,且需要在本行政区域内作出统一规定的工程建设技术要求,由省、自治区、直辖市建设行政主管部门组织草拟、审批的标准。

(4)工程建设团体标准。2017年12月,质检总局、国家标准委、民政部印发的《团体标准管理规定(试行)》规定,团体标准是依法成立的社会团体为满足市场和创新需要,协调相关市场主体共同制定的标准。

(5)工程建设企业标准。工程建设企业标准是对工程建设企业生产、经营活动中的重复性事项所作出的统一规定。

(6)工程建设国际标准。工程建设国际标准是指国际标准化组织(ISO)、国际电工委员会(IEC)和国际电信联盟(ITU)制定的标准,以及国际标准化组织确认并公布的其他国际组织,如国际计量局(BIPM)、国际建筑结构研究与改革委员会(CIB)、国际照明委员会(CIE)、因特网工程特别工作组(IETF)等制定的标准。这些机构制定和确认的工程建设标准就是工程建设国际标准。

2. 按照标准的性质进行分类

按照标准的性质进行分类,工程建设标准可以分为强制性标准和推荐性标准。

(1)工程建设强制性标准。工程建设强制性标准是指直接涉及工程质量、安全、卫生及环境保护等方面的工程建设标准强制性条文。

(2)工程建设推荐性标准。工程建设推荐性标准是指工程建设强制性标准以外的其他标准。

3. 按照标准的专业进行分类

按照标准的专业进行分类,工程建设标准可以分为技术标准、管理标准和工作标准。

(1)技术标准。技术标准是对标准化领域中需要统一的技术事项所制定的标准。技术标准是一个大类,可进一步分为基础技术标准、产品标准、工艺标准、检验和试验方法标准、设备标准、原材料标准、安全标准、环境保护标准、卫生标准等。其中的每一类还可以进一步细分,如技术基础标准还可以再分为术语标准、图形符号标准、数系标准、公差标准、环境条件标准、技术通则性标准等。

(2)管理标准。管理标准是对标准化领域中需要协调统一的管理事项所制定的标准。管理标准主要是对管理目标、管理项目、管理业务、管理程序、管理方法和管理组织所作出的规定。管理标准包括基础标准、技术管理标准、经济管理标准、行政管理标准和生产经营标准等。

(3)工作标准。工作标准是指对工作的责任、权利、范围、质量要求、程序、效果、检查方法、考核办法所制定的标准。工作标准一般包括部门工作标准和岗位(个人)工作标准。在建立了企业标准体系的企业里一般都制定工作标准。按岗位制定的工作标准通常包括岗位目标(工作内容、工作任务)、工作程序和工作方法、业务分工和业务联系(信息传递)方式、职责权限、质量要求与定额、对岗位人员的基本技术要求、检查考核办法等内容。

第二节 工程建设标准的制定

一、工程建设国家标准的制定

1. 工程建设国家标准的编制计划

工程建设国家标准的计划分为五年计划和年度计划。五年计划是编制年度计划的基础;年度计划是确定工作任务和组织编制标准的依据。

(1)编制工程建设国家标准计划的原则。编制工程建设国家标准计划,应当遵循下列原则:①在国民经济发展的总目标和总方针的指导下进行,体现国家的技术、经济政策;②适应工程建设和科学发展的需要;③在充分做好调查研究和认真总结经验的基础上,根据工程建设标准体系表的要求,综合考虑相关标准之间的构成和协调配套;④从实际出发,保证重点,统筹兼顾,根据需要和可能,分清轻重缓急,做好计划的综合平衡。

(2)工程建设国家标准五年计划的编制。五年计划由计划编制纲要和计划项目两部分组成。其内容应当符合下列要求:①计划编制纲要要包括计划编制的依据、指导思想、预期目标、工作重点和实施计划的主要措施等;②计划项目的内容包括标准名称、制定或修订、使用范围及其主要技术内容、主编部门、主编单位和起始年限等。

列入五年计划的国家标准制定项目应当落实主编单位,主编单位应当具备下列条件:①承担过与该国家标准项目相应的工程建设勘察、规划、设计、施工或科研任务的企业、事业单位;②具有丰富的工程建设经验、较高的技术水平和组织管理水平,能组织解决国家标准编制中的重大技术问题。

(3)工程建设国家标准年度计划的编制。年度计划由计划编制的简要说明和计划项目两部分组成。计划项目的内容包括标准名称、制定或修订、使用范围及其主要技术内容、主编部门和主编单位、参加单位、起止年限、进度要求等。年度计划应当在五年计划的基础上进行编制。国家标准项目在列入年度计划之前由主编单位做好年度计划的前期工作,并提出前期工作报告。前期工作报告应当包括国家标准项目名称、目的和作用、技术条件和成熟程度、与各类现行标准的关系、预期的经济效益和社会效益、建议参编单位和起止年限。

列入年度计划的国家标准项目,应当具备下列条件:①有年度计划的前期工作报告;②有生产和建设的实践经验;③相应的科研成果经过鉴定和验证,具备推广应用的条件;④不与相关的国家标准重复或矛盾;⑤参编单位已落实。

(4)工程建设国家标准计划的监督与检查。国务院各有关行政主管部门和省、自治区、直辖市工程建设行政主管部门对主管的国家标准项目计划执行情况负有监督和检查的责任,并负责协调解决计划执行中的重大问题。各主编单位在每年年底前将本年度计划执行情况和下年度的工作安排报行政主管部门,并报国务院工程建设行政主管部门备案。

2.工程建设国家标准的制定程序

制定国家标准的工作程序按准备、征求意见、送审和报批四个阶段进行。

(1)工程建设国家标准制定的基本要求。制定国家标准必须贯彻国家的有关法律、法规和方针、政策,密切结合自然条件,合理利用资源,充分考虑使用和维修的要求,做到安全适用、技术先进、经济合理。

制定国家标准,对需要进行科学试验或测试验证的项目,应当纳入各级主管部门的科研计划,认真组织实施,写出成果报告。凡经过行政主管部门或受委托单位鉴定,技术上成熟、经济上合理的项目应当纳入标准。

制定国家标准应当积极采用新技术、新工艺、新设备、新材料。纳入标准的新技术、新工艺、新设备、新材料,应当经有关主管部门或受委托单位鉴定,有完整的技术文件,且经实践检验行之有效。

制定国家标准要积极采用国际标准和国外先进标准,凡经过认真分析论证或测试验证,并且符合我国国情的,应当纳入国家标准。

制定国家标准,其条文应当严谨明确,文句简练,不得模棱两可;其内容深度、术语、符号、计量单位等应当前后一致,不得矛盾。

制定国家标准必须做好与现行相关标准之间的协调工作。对需要与现行工程建设国家标准协调的,应当遵守现行工程建设国家标准的规定;确有充分证据对其内容进行更改的,必须经过国务院工程建设行政主管部门审批,方可另行规定。凡属于产品标准方面的内容,不得在工程建设国家标准中加以规定。

制定国家标准必须充分发扬民主。对国家标准中有关政策性问题,应当认真研究、充分讨论、统一认识;对有争论的技术性问题,应当在调查研究、试验验证或专题讨论的基础上,经过充分协商,恰如其分地作出结论。

(2)准备阶段的工作。准备阶段的工作应当符合下列要求:①主编单位根据年度计划的要求,进行编制国家标准的筹备工作。落实国家标准编制组成员,草拟制定国家标准的工作大纲。工作大纲包括国家标准的主要章节内容、需要调查研究的主要问题、必要的测试验证项目、工作进度计划及编制组成员分工等内容。②主编单位筹备工作完成后,由主编部门或由主编部门委托主编单位主持召开编制组第一次工作会议。其内容包括:宣布编制组成员、学习工程建设标准化工作的有关文件、讨论通过工作大纲和会议纪要。会议纪要印发国家标准的参编部门和单位,并报国务院工程建设行政主管部门备案。

(3)征求意见阶段的工作。征求意见阶段的工作应当符合下列要求:①编制组根据制定国家标准的工作大纲开展调查研究工作。调查对象应当具有代表性和典型性。调查研究工作结束后,应当及时提出调查研究报告,并将整理好的原始调查记录和收集到的国内外有关资料由编制组统一归档。②测试验证工作在编制组统一计划下进行,落实负责单位、制定测试验证工作大纲、确定统一的测试验证方法等。测试验证结果应当由项目的负责单位组织有关专家鉴定。鉴定结果及有关的原始资料由编制组统一归档。③编制组对国家标准中重大问题或有分歧的问题,应当根据需要召开专题会议。专题会议邀请有代表性和有经验的专家参加,并应当形成会议纪要。会议纪要与会议记录等由编制组统一归档。④编制组在做好上述各项工作的基础上,编写标准征求意见稿及其条文说明。主编单位对标准征求意见稿及其条文说明的内容全面负责。⑤主编部门对主编单位提出的征求意见稿及其条文说明进行审核。审核的主要内容:国家标准的适用范围与技术内容协调一致;技术内容体现国家的技术经济政策;准确反映生产、建设的实践经验;标准的技术数据和参数有可靠的依据,并与相关标准相协调;对有分歧和争论的问题,编制组取得一致意见;国家标准的编写符合工程建设国家标准的统一规定。⑥征求意见稿及其条文说明应由主编单位印发国务院有关行政主管部门以及各有关省、自治区、直辖市工程建设行政主管部门和各单位征求意见。征求意见的期限一般为两个月。必要时,对其中的重要问题,可以采取走访或召开专题会议的形式征求意见。

(4)送审阶段的工作。送审阶段的工作应当符合下列要求:①编制组将征求意见阶段收集到的意见,逐条归纳整理,在分析研究的基础上提出意见,形成国家标准送审稿及其条文说明。对其中有争议的重大问题可以视具体情况进行补充的调查研究、测试验证或召开专题会议,提出处理意见。②当国家标准需要进行全面的综合技术经济比较时,编制组要按国家标准送审稿组织试设计或施工试用。试设计或施工试用应当选择有代表性的工程建设进行。试设计或施工试用结束后应当提出报告。③国家标准送审的文件一般应当包括:国家标准送审稿及其条文说明、送审报告、主要问题的专题报告、试设计或施工试用报告等。送审报告的内容主要包括:制定标准任务的来源、制定标准过程中所做的主要工作、标准中重点内容确定的依据及其成熟程度、与国外相关标准水平的对比、标准实施后的经济效益和社会效益以及对标准的初步总评价、标准中尚存在的主要问题和今后需要进行的主要工作等。④国家标准送审文件应当在开会之前一个半月发至各主管部门和有关单位。⑤国家标准送审稿的审查,一般采取召开审查会议的形式。经国务院工程建设行政主管部门同意后,也可以采取函审和小型审定会议的形式。⑥审查会议应由主编部门主持召开。参加会议的代表应包括国务院有关行政主管部门的代表、有经验的专家代表、相关的国家标准编制组或管理组的代表。审查会议可以成立会议领导小组,负责研究解决会议中提出的重大问题。会议由代表和编制组成员共同对标准送审稿进行审查,对其中重要的或有争议的问题应当进行充分讨论,集中代表的正确意见;对有争议并不能取得一致意见的问题,应当提出倾向性审查意见。审查会议应当形成会议纪要。其内容一般包括:审查会议概况、标准送审稿中的重点内容及分歧较大的审查意见、对标准送审稿的评价、会议代表和领导小组成员名单等。⑦采取函审和小型审定会议对标准送审稿进行审查时,由主编部门印发通知。参加函审的单位和专家,应经国务院工程建设行政主管部门审查同意,主编部门在函审的基础上主持召开小型审定会议,对标准中的重大问题和有分歧的问题提出审查意见,形成会议纪要,印发各有关部门和单位并报国务院建设行政主管部门。

(5)报批阶段的工作。报批阶段的工作应当符合下列要求:①编制组根据审查会议或函审和小型审定会议的审查意见,修改标准送审稿及条文说明,形成标准报批稿及其条文说明。标准的报批文件经主编单位审查后报主编部门。报批文件一般包括标准报批稿及其条文说明、报批报告、审查或审定会议纪要、主要问题的专题报告、试设计或施工试用报告等。②主编部门应当对标准报批文件进行全面审查,并会同国务院工程建设行政主管部门对标准报批稿进行审核。主编部门将共同确认的标准报批文件一式三份报国务院工程建设主管部门审批。

3. 工程建设国家标准的审批、发布

国家标准由国务院工程建设行政主管部门审查批准,由国务院标准化行政主管部门统一编号,由国务院标准化行政主管部门和国务院工程建设行政主管部门联合发布。

《中华人民共和国标准化法》规定,强制性国家标准由国务院批准发布或者授权发布。强制性标准文本应当免费向社会公开。国家推动免费向社会公开推荐性标准文本。

《工程建设国家标准管理办法》规定,工程建设国家标准的编号由国家标准代号、发布标准的顺序号和发布标准的年号组成。强制性国家标准的代号为"GB",推荐性国家标准的代号为"GB/T"。例如,《建筑工程施工质量验收统一标准》(GB 50300—2013),其中 GB 表示为强制性国家标准,50300 表示标准发布的顺序号,2013 表示是 2013 年批准发布的;《工程建设施工企业质量管理规范》(GB/T 50430—2017),其中 GB/T 表示为推荐性国家标准,50430 表示标准发布的顺序号,2017 表示是 2017 年批准发布的。

4. 工程建设国家标准的复审与修订

(1)工程建设国家标准的复审。国家标准实施后,应当根据科学技术的发展和工程建设的需要,由该国家标准的管理部门适时组织有关单位进行复审。复审一般在国家标准实施后五年进行一次。复审可以采用函审或会议审查,一般由参加过该标准编制或审查的单位或个人参加。

国家标准复审后，标准管理单位应当提出其继续有效或者予以修订、废止的意见，经该国家标准的主管部门确认后报国务院工程建设行政主管部门批准。

(2) 工程建设国家标准的修订。凡属下列情况之一的国家标准，应当进行局部修订：①国家标准的部分规定已制约了科学技术新成果的推广应用；②国家标准的部分规定经修订后可以取得明显的经济效益、社会效益、环境效益；③国家标准的部分规定有明显缺陷或与相关的国家标准相抵触；④需要对现行的国家标准作局部补充规定。

▷ 二、工程建设行业标准的制定

1. 工程建设行业标准的主管部门

国务院有关行政主管部门根据标准化法和国务院工程建设行政主管部门确定的行业标准管理范围，履行行业标准的管理职责。

2. 工程建设行业标准的计划

行业标准的计划根据国务院建设行政主管部门的统一部署由国务院有关行政主管部门组织编制和下达，并报国务院工程建设行政主管部门备案。

与两个以上国务院行政主管部门有关的行业标准，其主编部门由相关的行政主管部门协商确定或由国务院工程建设行政主管部门协商确定，其计划由被确定的主编部门下达。行业标准不得与国家标准相抵触。行业标准的某些规定与国家标准不一致时，必须有充分的科学依据和理由，并经国家标准的审批部门批准。有关行业标准之间应当协调、统一、避免重复。

3. 工程建设行业标准的制定程序

与工程建设国家标准相同，制定、修订行业标准的工作程序，可以按准备、征求意见、送审和报批四个阶段进行。

行业标准的编写应当符合工程建设标准编写的统一规定。行业标准的编号由行业标准的代号、发布标准的顺序号和发布标准的年号组成。

4. 工程建设行业标准的审批、发布

行业标准由国务院有关行政主管部门审批、编号和发布。其中，两个以上部门共同制定的行业标准，由有关的行政主管部门联合审批、发布，并由其主编部门负责编号。行业标准实施后，该标准的批准部门应当根据科学技术的发展和工程建设的实际需要适时进行复审，确认其继续有效或予以修订、废止。一般五年复审一次，复审结果报国务院工程建设行政主管部门备案。

行业标准发布后，应当报国务院工程建设行政主管部门备案。

行业标准由标准的批准部门负责组织出版，并应当符合工程建设标准出版印刷的统一规定。行业标准属于科技成果。对技术水平高，取得显著经济效益、社会效益和环境效益的行业标准，应当纳入各级科学技术进步奖励范围，并予以奖励。

▷ 三、工程建设地方标准的制定

1. 工程建设地方标准制定的管理部门

工程建设地方标准在省、自治区、直辖市范围内由省、自治区、直辖市建设行政主管部门统一计划、统一审批、统一发布、统一管理。

2. 工程建设地方标准制定的原则

制定工程建设地方标准,应当严格遵守国家的有关法律、法规,贯彻执行国家的技术经济政策,密切结合自然条件,合理利用资源,积极采用新技术、新材料、新工艺、新设备,做到技术先进、经济合理、安全使用。

制定工程建设地方标准应当以实践经验和科学技术发展的综合成果为依据,做到协商一致、共同确认。工程建设地方标准不得与国家标准和行业标准相抵触。对与国家标准或行业标准相抵触的工程建设地方标准的规定,应当自行废止。当确有充分证据,且需要对国家标准或行业标准的条文进行修改的,必须经相应标准的批准部门审批。

工程建设地方标准中,对直接涉及人民生命财产安全、人体健康、环境保护和公共利益的条文,经国务院建设行政主管部门确定后,可作为强制性条文。

3. 工程建设地方标准的备案

工程建设地方标准应报国务院建设行政主管部门备案,未经备案的工程建设地方标准,不得在建设活动中使用。对有强制性条文的工程建设地方标准,应当在批准发布前报国务院建设行政主管部门备案;对没有强制性条文的工程建设地方标准,应当在批准发布后30日内报国务院建设行政主管部门备案。

▶ 四、工程建设团体标准的制定

1. 工程建设团体标准制定的基本要求

《中华人民共和国标准化法》规定,制定团体标准,应当遵循开放、透明、公平的原则,保证各参与主体获取相关信息,反映各参与主体的共同需求,并应当组织对标准相关事项进行调查分析、实验、论证。国家支持在重要行业、战略性新兴产业、关键共性技术等领域利用自主创新技术制定团体标准、企业标准。

《团体标准管理规定(试行)》进一步规定,禁止利用团体标准实施妨碍商品、服务自由流通等排除、限制市场竞争的行为。团体标准应当符合相关法律的要求,不得与国家有关产业政策相抵触。团体标准的技术要求不得低于强制性标准的相关技术要求。

国家鼓励社会团体制定高于推荐性标准相关技术要求的团体标准;鼓励制定具有国际领先水平的团体标准。

2. 工程建设团体标准制定的程序

制定团体标准的一般程序包括提案、立项、起草、征求意见、技术审查、批准、编号、发布、复审。

▶ 五、工程建设企业标准的制定

工程建设企业标准的制定应当认真贯彻执行国家有关的法律、法规和方针、政策;充分考虑工程建设的实际需要;结合本企业的特点,促进技术进步、改善经营管理、保证工程质量、提高经济效益;积极采用国际标准或国外先进标准,向国际惯例靠拢。工程建设企业标准应当根据科学技术进步、实践经验总结和管理工作的需要,适时组织修订。

工程建设企业标准是对工程建设企业生产、经营活动中的重复性事项所作的统一规定,应当覆盖本企业生产、经营活动的各个环节。工程建设企业标准一般包括企业的技术标准、管理标准和工作标准。

技术标准，是指对工程建设企业中需要协调和统一的技术要求所制定的标准，应当围绕工程建设企业所承担的任务，对材料和设备采购的技术要求，勘察、设计或施工过程中的质量、方法或工艺的要求，安全、卫生和环境保护的技术要求以及试验、检验和评定的方法等作出规定。对已有国家标准、行业标准或地方标准的，工程建设企业可以按照国家标准、行业标准或地方标准的规定执行，也可以根据本企业的技术特点和实际需要制定优于国家标准、行业标准或地方标准的企业标准；对没有国家标准、行业标准或地方标准的，工程建设企业应当制定企业标准。国家鼓励企业积极采用国际标准或国外先进标准。

管理标准，是指对工程建设企业中需要协调和统一的管理要求所制定的标准，应当围绕工程建设企业规范化管理的需要，对本企业组织管理、计划管理、技术管理、质量管理和财务管理等具体的管理事项作出规定。

工作标准，是指对工程建设企业中需要协调和统一的工作事项要求所制定的标准，应当围绕工作岗位的要求，对工程建设企业中各个工作岗位的任务、职责、权限、技能、方法、程序、评定等作出规定。

第三节 工程建设强制性标准的实施

我国工程建设领域所出现的各类工程质量事故和安全生产事故，大多是没有贯彻或没有严格贯彻强制性标准的结果。因此，《中华人民共和国标准化法》规定，强制性标准必须执行。《中华人民共和国建筑法》规定，建筑活动应当确保建筑工程质量和安全，符合国家的建设工程安全标准。

➤ 一、工程建设各方主体实施强制性标准的规定

《中华人民共和国建筑法》规定，建设单位不得以任何理由，要求建筑设计单位或者建筑施工单位在工程设计或者施工作业中，违反法律、行政法规和建筑工程质量、安全标准，降低工程质量。

建筑工程设计应当符合按照国家规定制定的建筑安全规程和技术规范，保证工程的安全性能。勘察、设计文件应当符合有关法律、行政法规的规定和建筑工程质量、安全标准，建筑工程勘察、设计技术规范，以及合同约定。设计文件选用的建筑材料、建筑构配件和设备，应当注明其规格、型号、性能等技术指标，其质量要求必须符合国家规定的标准。

建筑工程监理应当依照法律、行政法规及有关的技术标准、设计文件和建筑工程承包合同，对承包单位在施工质量、建设工期和资金使用等方面，代表建设单位实施监督。工程监理人员认为工程施工不符合工程设计要求、施工技术标准和合同约定的，有权要求建筑施工企业改正。工程监理人员发现工程设计不符合建筑工程质量标准或者合同约定的质量要求的，应当报告建设单位要求设计单位改正。

《建设工程质量管理条例》进一步规定，建设单位不得明示或者暗示设计单位或者施工单位违反工程建设强制性标准，降低建设工程质量。建筑设计单位和建筑施工企业对建设单位违反规定提出的降低工程质量的要求，应当予以拒绝。

勘察、设计单位必须按照工程建设强制性标准进行勘察、设计，并对其勘察、设计的质量负责。

施工单位必须按照工程设计图纸和施工技术标准施工，不得擅自修改工程设计，不得偷工减料。施工单位必须按照工程设计要求、施工技术标准和合同约定，对建筑材料、建筑构配件、

设备和商品混凝土进行检验,检验应当有书面记录和专人签字;未经检验或者有检验不合格的,不得使用。

二、工程建设标准实施的监督检查

《实施工程建设强制性标准监督规定》规定,在中华人民共和国境内从事新建、扩建、改建等工程建设活动,必须执行工程建设强制性标准。

1. 监督管理机构及其职责

国务院住房和城乡建设主管部门负责全国实施工程建设强制性标准的监督管理工作。国务院有关主管部门按照国务院的职能分工负责实施工程建设强制性标准的监督管理工作。县级以上地方人民政府住房和城乡建设主管部门负责本行政区域内实施工程建设强制性标准的监督管理工作。

建设项目规划审查机关应当对工程建设规划阶段执行强制性标准的情况实施监督;施工图设计文件审查单位应当对工程建设勘察、设计阶段执行强制性标准的情况实施监督;建筑安全监督管理机构应当对工程建设施工阶段执行施工安全强制性标准的情况实施监督;工程质量监督机构应当对工程建设施工、监理、验收等阶段执行强制性标准的情况实施监督。

建设项目规划审查机关、施工图设计文件审查单位、建筑安全监督管理机构、工程质量监督机构的技术人员必须熟悉、掌握工程建设强制性标准。

2. 监督检查的内容和方式

强制性标准监督检查的内容包括:①有关工程技术人员是否熟悉、掌握强制性标准;②工程项目的规划、勘察、设计、施工、验收等是否符合强制性标准的规定;③工程项目采用的材料、设备是否符合强制性标准的规定;④工程项目的安全、质量是否符合强制性标准的规定;⑤工程项目采用的导则、指南、手册、计算机软件的内容是否符合强制性标准的规定。

工程建设标准批准部门应当定期对建设项目规划审查机关、施工图设计文件审查单位、建筑安全监督管理机构、工程质量监督机构实施强制性标准的监督检查,对监督不力的单位和个人,给予通报批评,建议有关部门处理。

工程建设标准批准部门应当对工程项目执行强制性标准情况进行监督检查。监督检查可以采取重点检查、抽查和专项检查等方式。

建设行政主管部门或者有关行政主管部门在处理重大事故时,应当有工程建设标准方面的专家参加;工程事故报告应当包含是否符合工程建设强制性标准的意见。工程建设标准批准部门应当将强制性标准监督检查结果在一定范围内公布。

第四节 违反工程建设强制性标准的法律责任

一、建设单位违反工程建设强制性标准的法律责任

《中华人民共和国建筑法》第七十二条规定:"建设单位违反本法规定,要求建筑设计单位或者建筑施工企业违反建筑工程质量、安全标准,降低工程质量的,责令改正,可以处以罚款;构成犯罪的,依法追究刑事责任。"

《建设工程质量管理条例》规定,建设单位有下列情形之一的,责令改正,并处以20万元以上50万元以下的罚款:①明示或暗示施工单位使用不合格的建筑材料、建筑构配件和设备的;②明示或暗示设计单位或者施工单位违反工程建设强制性标准,降低工程质量的。

《实施工程建设强制性标准监督规定》规定,建设单位有下列行为之一的,责令改正,并处以20万元以上50万元以下的罚款:①明示或者暗示施工单位使用不合格的建筑材料、建筑构配件和设备的;②明示或者暗示设计单位或者施工单位违反工程建设强制性标准,降低工程质量的。

二、勘察、设计单位违反工程建设强制性标准的法律责任

《中华人民共和国建筑法》第七十三条规定:"建筑设计单位不按照建筑工程质量、安全标准进行设计的,责令改正,处以罚款;造成工程质量事故的,责令停业整顿,降低资质等级或者吊销资质证书,没收违法所得,并处以罚款;造成损失的,承担赔偿责任;构成犯罪的,依法追究刑事责任。"

《建设工程质量管理条例》规定,有下列行为之一的,责令改正,处10万元以上30万元以下的罚款:①勘察单位未按照工程建设强制性标准进行勘察的;②设计单位未按照工程建设强制性标准进行设计的。有以上所列行为造成工程质量事故的,责令停业整顿,降低资质等级;情节严重的,吊销资质证书;造成损失的,依法承担赔偿责任。

《实施工程建设强制性标准监督规定》第十七条规定:"勘察、设计单位违反工程建设强制性标准进行勘察、设计的,责令改正,并处以10万元以上30万元以下的罚款。有前款行为,造成工程质量事故的,责令停业整顿,降低资质等级;情节严重的,吊销资质证书;造成损失的,依法承担赔偿责任。"

三、施工单位违反工程建设强制性标准的法律责任

《中华人民共和国建筑法》第七十四条规定:"建筑施工企业在施工中偷工减料的,使用不合格的建筑材料、建筑构配件和设备的,或者有其他不按照工程设计图纸或者施工技术标准施工的行为的,责令改正,处以罚款;情节严重的,责令停业整顿,降低资质等级或者吊销资质证书;造成建筑工程质量不符合规定的质量标准的,负责返工、修理,并赔偿因此造成的损失;构成犯罪的,依法追究刑事责任。"

《中华人民共和国标准化法》第三十六条规定:"生产、销售、进口产品或者提供服务不符合强制性标准,或者企业生产的产品、提供的服务不符合公开标准的技术要求的,依法承担民事责任。"

《中华人民共和国标准化法》第三十七条规定:"生产、销售、进口产品或者提供服务不符合强制性标准的,依照《中华人民共和国产品质量法》《中华人民共和国进出口商品检验法》《中华人民共和国消费者权益保护法》等法律、行政法规的规定查处,记入信用记录,并依照有关法律、行政法规的规定予以公示;构成犯罪的,依法追究刑事责任。"

《中华人民共和国标准化法》第三十八条规定:"企业未依照本法规定公开执行其执行的标准的,由标准化行政主管部门责令限期改正;逾期不改正的,在标准信息公共服务平台上公示。"

《建设工程质量管理条例》规定,施工单位在施工中偷工减料的,使用不合格的建筑材料、建筑构配件和设备的,或者有不按照工程设计图纸或者施工技术标准施工的其他行为的,责令

改正,处工程合同价款2%以上4%以下的罚款;造成建设工程质量不符合规定的质量标准的,负责返工、修理,并赔偿因此造成的损失;情节严重的,责令停业整顿,降低资质等级或者吊销资质证书。

《实施工程建设强制性标准监督规定》规定,施工单位违反工程建设强制性标准的,责令改正,处合同价款2%以上4%以下的罚款;造成建设工程质量不符合规定的质量标准的,负责返工、修理,并赔偿因此造成的损失;情节严重的,责令停业整顿,降低资质等级或者吊销资质证书。

四、工程监理单位违反工程建设强制性标准的法律责任

《实施工程建设强制性标准监督规定》规定,工程监理单位违反强制性标准规定,将不合格的建设工程以及建筑材料、建筑构配件和设备按照合格签字的,责令改正,处50万元以上100万元以下的罚款,降低资质等级或者吊销资质证书;有违法所得的,予以没收;造成损失的,承担连带赔偿责任。

五、相关主体的刑事责任

《建设工程质量管理条例》规定,建设单位、设计单位、施工单位、工程监理单位违反国家规定,降低工程质量标准,造成重大安全事故,构成犯罪的,对直接责任人员依法追究刑事责任。

典型案例及分析

1. 案例背景

某施工企业(以下称施工方)承包了某开发公司(以下称建设方)的商务楼工程施工,双方签订了工程施工合同。该工程封顶时,建设方发现该商务楼的顶层17层以及15层、16层的混凝土凝固较慢。于是,建设方认为施工方使用的混凝土强度不够,要求施工方采取措施,对该三层重新施工。施工方则认为,该混凝土强度符合相关的技术规范,不同意重新施工或者采取其他措施。双方协商未果,建设方便将施工方起诉至某区法院,要求施工方对混凝土强度不够的那三层重新施工或采取其他措施,并赔偿建设方的相应损失。根据双方的请求,受诉法院委托某建筑工程质量检测中心按照两种建设规范对该工程结构混凝土实体强度进行检测,具体检测情况如下:

根据原告即建设方的要求,检测中心按照行业协会推荐性标准《钻芯法检测混凝土强度技术规范》(JGJ/T 384—2016)的检测结果是:第15层、16层、17层的结构混凝土实体强度达不到该技术规范的要求,其他各层的结构混凝土实体均达到该技术规范的要求。

根据被告即施工方的请求,检测中心按照地方推荐性标准《结构混凝土实体检测技术规程》(DB/T 29—148—2005)的检测结果是:第15层、第16层、第17层及其他各层结构混凝土实体强度均达到该规范的要求。

2. 案例分析

(1)本案中的协会标准、地方标准均为推荐性标准,且建设方、施工方未在合同中约定采用哪个标准。《中华人民共和国标准化法》中规定,"国家鼓励采用推荐性标准"。所以,在没有国家强制性标准的情况下,施工方有权自主选择采用地方标准。

(2) 依据《中华人民共和国标准化法》的规定,"强制性标准必须执行"。因此,如果有国家强制性标准,即使双方当事人在合同中约定了采用某项推荐性标准,也必须执行国家强制性标准。

据此,受诉法院经过庭审作出如下判决:①驳回原告即建设方的诉讼请求;②案件受理费和检测费由原告建设方承担。

法院判决的主要理由是:目前尚无此方面的国家强制性标准,只有协会标准、地方标准,双方应当通过合同来约定施工过程中所要适用的技术规范,本案中的双方并没有在施工合同中具体约定适用哪个规范。因此,施工方有权选择适用地方标准《结构混凝土实体检测技术规程》(DB/T 29—148—2005)。

复习思考题

1. 我国工程建设标准的特点有哪些?
2. 在哪些情形下需要制定工程建设国家标准?
3. 简述工程建设行业标准的概念及内容。
4. 简述工程建设国家标准制定的各阶段的基本要求。
5. 简述工程建设团体标准所包含的主要内容。
6. 负责对工程建设标准实施进行监督的管理机构的主要职责包括哪些?
7. 建设单位违反工程建设强制性标准的法律责任主要有哪些?

第四章

建筑法律制度

第一节 概 述

建筑业是国民经济的支柱产业,在促进国民经济和社会发展的过程中具有不可替代的作用。建筑业的发展水平与质量在很大程度上直接影响着我国国民经济和社会的总体发展水平和质量。同时,建筑业的核心生产活动——建筑活动,具有显著区别于国民经济其他行业的特点,对社会公共利益、环境、生态、资源(特别是土地资源)、经济与社会可持续发展等具有广泛、深入、难以逆转甚至不可逆转的重大作用。为此,国家设立了专门法律制度对我国境内的建筑活动实施统一规范、调整、监督与管理,以确保建筑活动依法进行与实施。

➢ 一、建筑法的概念及其立法目的

1. 建筑法的概念

建筑法的概念有广义与狭义之分。

广义的建筑法是指调整广义建筑活动的法律规范的总称。此处所谓广义建筑活动,是指各种土木工程的建造活动及其有关设施、设备的安装活动和建筑装修装饰活动的总体,既包括各类房屋建筑的建造活动及其有关设施、设备的安装活动及建筑装修装饰活动,也包括铁路、公路、桥梁、机场、港口、水电站(水库)、矿井、通信线路与设施、电力设施等专业工程的建造及其有关设施、设备安装活动及必要的建筑装修装饰活动;此处所谓法律规范,则是指与调整广义建筑活动相关的法律、行政法规、部门规章、建筑工程技术标准与规范等的总体。

狭义的建筑法是指调整狭义建筑活动的法律,仅指《中华人民共和国建筑法》。此处所谓狭义建筑活动,是指各类房屋建筑及其附属设施的建造和与其配套的线路、管道、设备的安装活动。

我国现行的建筑法律制度,是以《中华人民共和国建筑法》为核心并与其他相关法律、法规一起构成的法律制度体系,《中华人民共和国建筑法》的效力范围和适用范围受到一定程度限制。

本章所谓建筑法律制度,是指以《中华人民共和国建筑法》为核心,以及与《中华人民共和国建筑法》的规定及内容密切相关的法律、行政法规、部门规章和规范性文件的相关规定及内容共同构成的法律制度体系总体。

2. 建筑法的立法目的

建筑法从以下几个方面明确了其立法目的：

(1) 加强对建筑活动的监督管理。一方面，建筑业是我国国民经济重要的物质生产部门。建筑业通过自身的生产活动，即对各类建筑物和构筑物的建造及与其配套的线路、管道、设备的安装等活动，为社会生产和人们的物质与精神生活提供住宅、厂房、办公楼、学校、医院、商店、体育场（馆）、艺术场（馆）、基础设施等各类建筑物与构筑物，为社会创造财富。实施改革开放几十年来，我国建筑业有了巨大的发展。改革开放初期，我国有组织的建筑施工人员为648万人，到2017年底，我国建筑业的从业人员已达3963万人。2012—2017年，全国房屋建筑施工面积366亿平方米，其中房屋建筑竣工面积167亿平方米。2018年，全社会建造业增加值28333亿元，比上年增长10.2%；全国具有资质等级的总承包和专业承包建筑业企业实现利润2993亿元，比上年增长14.7%，其中，国有及国有控股企业为797亿元，增长15.6%。与其他行业相比，建筑业对国民经济增长所作出的贡献是十分巨大的。鉴于建筑业在我国国民经济和社会发展中所具有的不可替代的重要地位和作用，规范并加强对建筑行业核心生产活动的建筑活动的监督管理以确保建筑业健康有序发展，是十分必要的。

另一方面，建筑活动本身具有其重要性、特殊性、复杂性。建筑活动（包括其过程及其工作成果）对人民生命财产安全、社会公共利益、环境、生态、资源（特别是土地资源）、经济与社会可持续发展等方面具有广泛、深入、难以逆转甚至不可逆转的重大影响作用，显著区别于国民经济其他行业，必须从国民经济和社会发展的宏观角度出发对建筑活动进行严格、有效的监督管理。同时，建筑活动是一种综合性的技术活动，具有其自身的规律性和特殊性，对于从事建筑活动的企业和个人在专业技术水平与能力、管理水平与能力上有特殊要求，因而也有必要对从事建筑活动的企业的从业资质以及个人的从业资格等方面进行监督管理。再者，建筑活动作为一种高度复杂性、综合性、系统性的技术和生产活动，需要多方参与，并在技术、经济、组织、管理等有关方面密切协作与充分配合，才能有效完成，因而必然要求各参与方的参与行为必须规范、有序，这不仅要求各参与方的自觉行为，更迫切需要具有国家强制力保证的、有效的监督管理。

因此，加强对建筑活动的监督管理便成为建筑法立法的首要目的。

(2) 维护建筑市场秩序。建筑市场是建筑活动中各种交易进行的具体场所（如有形建筑市场）构成的总体和建筑活动中产生的各种交易关系的总和。建立并完善开放、有序竞争、规范的建筑市场，是建筑业健康发展的客观需求。目前，随着我国国民经济与社会持续、高速、稳定发展和社会主义市场经济体制的不断发展与完善，我国建筑市场规模快速增长，开放程度与国际化程度不断加强，市场秩序日益规范，市场竞争环境明显改善，建筑活动相关交易过程的公开、公平、公正程度不断提高，有效解决建筑市场中部分突出问题（如工程款拖欠问题）的长效机制初步建立并日趋成熟。

但是，在建筑市场发展过程中，也存在一些不规范行为，如工程招标投标过程中长期存在的围标、串通投标、逃避招标、黑白合同现象，建筑施工企业非法转包工程、违法分包，没有资质的建筑设计、施工企业或者实际施工人（单位）借用有资质的其他建筑设计、施工企业的名义承包工程，建筑设计、施工企业未按规定取得资质等级或者超越自身资质等级承包工程，建设单位违反工程建设程序、不执行工程建设强制性标准、拖欠工程款和农民工工资，建筑市场主体信用意识淡薄、企业信用体系和建筑市场信用体系不健全，地区建筑市场和行业建筑市场互相封锁,等等。诸如此类的不规范行为和相关问题,严重地扰乱了建筑市场的正常秩序,破坏了建筑市场的竞争环境,阻碍了我国建筑业的健康、有序和可持续发展。

因此,制定建筑市场主体从事建筑活动中各种交易必须遵守的行为规范、基本规则,对建筑市场主体从事建筑活动中各种相关交易过程进行具有国家强制力保证的、有效的监督管理,建立针对违反这些规范、规则的交易行为的具有国家强制力保证的责任追究制度,从而有效规范、维护建筑市场秩序,促进建筑市场的健康、有序发展,成为建筑法的主要立法目的。

(3) 保证建筑工程的质量和安全。建筑工程是建筑活动的产品,具有空间固定、形式多样、结构复杂、使用期长、不可重复、体型庞大、造价高昂等显著区别于其他行业产品的特点。因此,建筑工程质量极其重要。建筑工程若发生质量问题,特别是其建筑物和构筑物的主体结构工程或隐蔽工程发生质量问题,通常难以修复、加固,有可能造成巨大的经济利益损失、人身伤亡、财产损失,对社会公共利益、环境、生态、资源(特别是土地资源)、经济与社会可持续发展等方面会产生广泛、深入、难以逆转甚至不可逆转的重大影响。"百年大计、质量第一",成为建筑活动必须始终坚持的基本理念和基本准则。

建筑工程的特点,决定了建筑工程生产的特点与一般工业产品生产的特点相比较具有自身的特殊性,包括生产流动性与差异性、单件性、生产周期长、资金占用量大、露天作业多与高处作业多、生产组织关系与协作关系复杂而综合等,而这些特殊性,决定了建筑工程生产过程所面临的不安全因素(包括人的不安全行为和物的不安全状态)远远超过其他行业产品的生产过程,导致建筑工程生产过程中安全事故频发。建筑业在我国成为仅次于矿山采掘业的第二大生产安全事故高发行业。2018年,全国发生建筑生产安全事故2113起,死亡1995人,同比分别上升1.3%和1.1%。特别是发生较大以上坍塌坠落事故58起,死亡313人,分别占较大以上建筑生产安全事故的76.5%和77.8%。

因此,建筑法将保证建筑工程质量和建筑工程生产安全(建筑活动过程中的生产安全)作为其立法的关键目的,在其总则与分则中均做了若干重要规定,对确保建筑工程的质量和建筑活动过程中的生产安全,进而促进建筑业的健康发展具有十分重要的意义。

(4) 促进建筑业健康发展。建筑业作为我国国民经济重要的物质生产部门,与其他行业相比,对国民经济增长所作出的贡献是十分巨大的。建筑活动业已成为国民经济增长与社会发展过程中重要的经济活动和具有显著社会、公共影响的活动之一,建筑活动的管理水平与质量直接影响到建筑业的发展水平与质量,进而影响到我国国民经济增长与社会发展的水平与质量。

因此,建筑法将促进建筑业健康发展作为其立法的核心目的,旨在从法律这一上层建筑层面,确立从事建筑活动必须遵守的基本规范和基本行为准则,制定对建筑活动进行监督管理和规范建筑市场秩序的基本规则,建立保证建筑工程质量和安全的基本制度与基本责任体系,以有效解决建筑业发展过程中存在的各种相关问题,从发展速度、发展的经济与社会效益、发展水平与发展质量等方面全面有效地促进建筑业的健康发展。

二、建筑法的调整对象与适用范围

1. 建筑法的调整对象

建筑法调整的是在我国境内实施的狭义建筑活动中的行政管理关系、市场交易关系、经济与技术协作关系和其他相关民事关系。此处所谓狭义建筑活动,是指各类房屋建筑及其附属设施的建造和与其配套的线路、管道、设备的安装活动,其内涵与边界是被严格界定的。其中,各类房屋建筑是指具有顶盖、梁、柱、墙,供人们生产、生活使用的建筑物,包括民用房屋建筑、工业房屋建筑、公共房屋建筑,具体包括民用住宅、工业生产用厂房、仓库、动力站、水塔、烟囱等工业建筑,酒(旅)店、银行、公路客运站、学校、医院、影剧院、体育场馆、展览馆、办公楼、会议厅、火车站等公共建筑;而各类房屋建筑的附属设施和与其配套的线路、管道、设备则是指进入上述各类房屋建筑或者与其紧密联系在一起的,并且能够表明是以上述各类房屋建筑为主体的,与其配套建造的诸如围墙、水塔等附属设施和电气、通信、燃气、给水、排水、空气调节、电梯、消防等线路、管道和设备。省、自治区、直辖市人民政府确定的小型房屋建筑工程的建筑活动中的行政管理关系、市场交易关系、经济与技术协作关系和其他相关民事关系,不完全属于建筑法的调整对象范围,可由省、自治区、直辖市人民政府根据其建筑活动的特殊性参照建筑法执行;依法核定作为文物保护的纪念建筑物和古建筑等修缮的建筑活动中的行政管理关系、市场交易关系、经济与技术协作关系和其他相关民事关系,不属于建筑法的调整对象;抢险救灾及其他临时性房屋建筑和农民自建低层住宅的建筑活动中的行政管理关系、市场交易关系、经济与技术协作关系和其他相关民事关系,由于抢险救灾及其他临时性房屋建筑的时效性、临时性、简易性等特点和农民自建低层住宅由于量大面广、相关情况差异巨大等特点,不作为建筑法的调整对象;军用房屋建筑工程的建筑活动与建筑法中的狭义建筑活动具有共性,但同时也有其自身的特殊性,因此,军用房屋建筑工程建筑活动中的行政管理关系、市场交易关系、经济与技术协作关系和其他相关民事关系,由国务院、中央军事委员会依据建筑法制定相应具体的管理办法予以调整。

同时,应当特别注意的是,铁路、公路、桥梁、机场、港口、水电站(水库)、矿井、通信线路与设施、电力设施等专业建筑工程的建筑活动,由于其技术、自身特点、质量标准与要求等方面的特殊性以及国内现行行政管理体制所造成的对上述专业建筑工程的建筑活动监督管理权限的分割,难以完全适用建筑法。但上述专业建筑工程的建筑活动与建筑法中规定的各类房屋建筑工程的建筑活动也具有共性,例如,对从事上述专业建筑工程的建筑活动的企业的从业资质和个人的从业资格均有要求,专业建筑工程的建筑活动均是通过各专业建筑市场中的各种相关交易的实施才得以完成,等等。因此,建筑法中关于上述狭义建筑活动的施工许可,建筑施工企业资质审查,建筑工程发包、承包、禁止转包,以及建筑工程监理、建筑工程安全和质量管理的规定,同样适用于其他专业建筑工程的建筑活动。也就是说,其他专业建筑工程的建筑活动中的行政管理关系、市场交易关系、经济与技术协作关系和其他相关民事关系,除受制于专业建筑工程的建筑活动的技术、自身特点、质量标准与要求等方面的特殊性和行政监督管理权限限制的部分外,均属于建筑法的调整对象。这是我国建筑法律制度的特殊性。

2. 建筑法的适用范围

根据建筑法的相关规定,建筑法的适用范围包括空间效力范围、适用主体范围和特殊适用范围。

(1)建筑法的空间效力范围。建筑法作为我国最高权力机关的常设机构全国人民代表大会常务委员会制定的法律,其空间效力范围(或称适用的地域范围)是中华人民共和国境内,即中华人民共和国主权所及的全部地域范围内。按照我国香港、澳门两个特别行政区基本法的规定,只有列入这两个特别行政区基本法附件三的全国性法律,才能在这两个特别行政区全部地域内适用。而建筑法没有列入这两个特别行政区基本法的附件三中,因此,建筑法不适用于香港特别行政区和澳门特别行政区。香港和澳门这两个特别行政区的建筑立法,应由这两个特别行政区的立法机关自行制定。另外,由于历史原因,我国台湾地区的建筑立法,目前由台湾地区立法机关自行制定。

(2)建筑法适用的主体范围。法律适用的主体范围是指其行为受该法律规范、约束、调整的法律关系主体的范围。

建筑法适用的主体范围包括一切在中华人民共和国境内从事建筑活动的主体和各级依法负有对建筑活动实施监督管理责任的国家行政机关。

①一切从事建筑活动的主体,包括从事建筑工程的勘察、设计、施工、监理、咨询服务等活动的国有企业事业单位、集体所有制的企业事业单位、中外合资经营企业、中外合作经营企业、外资企业、合伙企业、私营企业以及依法可以从事建筑活动的个人,例如,具有国家注册执业资格的注册建筑师、注册城市规划师、注册结构工程师、勘察设计注册工程师、注册建造师、注册监理工程师、注册造价工程师等。不论其经济性质如何、规模大小,只要从事建筑法规定的建筑活动,都应当遵守建筑法的各项规定,依法享有规定的权利、履行规定的义务、承担规定的法律责任。

②各级依法负有对建筑活动实施监督管理责任的国家行政机关,包括各级建设主管部门和其他有关主管部门,都应当依照建筑法的规定,对建筑活动实施监督管理。监督管理的内容包括:依照建筑法的规定,对从事建筑活动的施工企业、勘察单位、设计单位和工程监理单位进行资质审查,依法颁发资质等级证书;对建筑工程的招标投标活动是否符合公开、公正、公平的原则以及是否遵守法定程序进行监督;对建筑工程的质量和建筑工程安全生产依法进行监督管理以及对违反建筑法的行为实施行政处罚等。对建筑活动负有监督管理职责的政府行政机关及其工作人员不依法履行职责,玩忽职守或者滥用职权的,必须承担相应的法律责任。

三、建筑法的基本原则

建筑法的基本原则,即制定和实施建筑法的基本出发点,是在建筑法的空间效力范围内从事建筑活动的合法主体必须遵循的基础性核心原则。

1. **基本技术原则**

确保建筑工程质量和安全,符合国家的建筑工程安全标准,是建筑法规定的建筑活动必须遵循的基本技术原则。

如前所述,建筑工程具有显著区别于其他行业产品的特点,建筑工程生产的特点与一般工业产品生产的特点相比较也具有自身的特殊性。

根据《中华人民共和国标准化法》的规定,国家标准分为强制性标准、推荐性标准,行业标准、地方标准是推荐性标准。对保障人身健康和生命财产安全、国家安全、生态环境安全以及满足经济社会管理基本需要的技术要求,应当制定强制性国家标准。根据《中华人民共和国建筑法》和《中华人民共和国标准化法》的规定并结合建筑工程和建筑活动的特殊性,凡是国家依法制定的建筑工程安全标准(包括国家标准和行业标准),包括列入国家标准和行业标准的有关建筑工程安全的涉及建筑工程勘察、设计、施工、验收的技术规范、技术标准、技术要求、技术规程与方法、作业规程与方法等,无疑是涉及保障人体健康、人身、财产安全的标准,属于强制性标准,因而必须严格执行。

建筑活动作为一项特殊的社会性生产活动,其产品质量和活动过程安全具有极端重要性。建筑法将确保建筑工程质量和安全,符合国家的建筑工程安全标准作为建筑活动必须遵循的基本原则,实属必要与当然。

2. 发展导向性原则

国家扶持建筑业的发展，支持建筑科学技术研究，提高房屋建筑设计水平，鼓励节约能源和保护环境，提倡采用先进技术、先进设备、先进工艺、新型建筑材料和现代管理方式，是建筑法规定的建筑活动必须遵循的发展导向性原则。

建筑法以法律的形式确定了国家支持建筑业发展的行业发展导向性原则，为建筑业的持续、健康和快速发展提供了法律保障。国家和地方各级人民政府及有关部门应当按照法律的规定，综合运用财政、信贷、税收、价格等方面的政策和措施，扶持、促进建筑业的持续、健康和快速发展。

(1) 国家支持建筑科学技术研究。建筑业作为传统产业，其持续、健康、快速发展迫切需要依靠现代科学技术，因此，建筑法以法律的形式确定了国家支持建筑科学技术研究的技术发展导向性原则，为建筑业依靠现代科学与技术改造自身，创造建筑业可持续发展的基础条件奠定了法律基础。

(2) 国家支持提高房屋建筑设计水平。房屋建筑的设计水平与质量，决定了建筑工程的水平与质量，直接影响经济发展与社会生活的基本物质基础水平与质量。建筑法以法律的形式确定了国家支持提高房屋建筑设计水平的专业发展导向性原则，为持续提高我国房屋建筑水平与质量，进而提高我国经济发展与社会生活的基本物质基础水平与质量奠定了法律基础。

(3) 国家鼓励在建筑活动中节约能源、保护环境。能源是国民经济和社会发展不可或缺的物质基础，节约能源是国家发展、民生改善、社会文明的一项长远战略方针。我国是能源短缺国家，但同时也是能源消耗型国家，建筑能耗是我国社会终端能耗的重要组成部分。在建筑活动中，节约能源对于我国国民经济和社会的可持续发展具有极其重要的意义。保护环境是我国的基本国策，建筑活动的过程及其工作成果对环境、生态造成的影响是难以逆转甚至不可逆转的。建筑法以法律的形式确定了国家鼓励在建筑活动中节约能源、保护环境的可持续发展导向性原则，为我国建筑业的可持续发展奠定了法律基础，为实施建筑活动确立了符合经济、社会可持续发展原则的基本行为准则。

(4) 国家提倡在建筑活动中采用先进技术、先进设备、先进工艺、新型建筑材料和现代管理方式。建筑业是传统的劳动密集型产业，其生产方式、技术水平、管理方式等相对比较落后，劳动强度大、劳动效率低。运用先进技术、先进设备、先进工艺、新型建筑材料和现代管理方式进行现代化改造是建筑业实现发展方式转变最为有效的途径。因此，建筑法以法律的形式确立了国家提倡在建筑活动中采用先进技术、先进设备、先进工艺、新型建筑材料和现代管理方式的综合发展导向性原则，为我国建筑业发展过程中有效实现发展方式的转变同时，也为前述发展导向性原则的有效贯彻与实施奠定了坚实的法律基础。

3. 基本行为规范性原则

合法性是建筑法确立的建筑活动必须遵守的基本行为规范性原则。建筑活动作为一种法律行为，合法性是其基本行为规范性原则。建筑活动的合法性要求："从事建筑活动应当遵守法律、法规，不得损害社会公共利益和他人的合法权益。任何单位和个人都不得妨碍和阻挠依法进行的建筑活动。"

(1) 从事建筑活动应当遵守法律、法规。"依法治国"是党领导人民治理国家的基本方略，"有法可依、有法必依、执法必严、违法必究"是这一基本方略的具体体现，全体社会成员进行各项活动,都应当遵守法律的有关规定,从事建筑活动当然也不例外。建筑活动涉及多方面的法律关系,除了必须遵守专门适用于建筑活动的特别法,即《中华人民共和国建筑法》的规定外,还应遵守其他有关的法律、法规。例如,在建设用地方面,应遵守《中华人民共和国土地管理法》和《中华人民共和国城市房地产管理法》及相关行政法规的规定;在城市规划区内进行建筑活动的,应遵守《中华人民共和国城乡规划法》及相关行政法规的规定;在环境保护方面,应遵守《中华人民共和国环境保护法》《中华人民共和国大气污染防治法》《中华人民共和国水污染防治法》《中华人民共和国固体废物污染环境防治法》《中华人民共和国环境噪声污染防治法》等法律及相关行政法规的规定;在建筑活动中,发现古文物、古墓葬等应当予以保护的文物的,应遵守《中华人民共和国文物保护法》及相关行政法规的规定;在建筑工程招标投标活动中,应遵守《中华人民共和国招标投标法》《中华人民共和国反不正当竞争法》及相关行政法规的规定;在建筑工程发包与承包活动中订立合同,应遵守《中华人民共和国民法典》及相关行政法规的规定;在建筑生产安全方面,必须遵守《中华人民共和国安全生产法》及相关行政法规的规定;等等。

(2)从事建筑活动,不得损害社会公共利益和他人的合法权益。社会公共利益是指全体社会成员的共同利益,法律保护社会公共利益不受损害。一般来说,损害社会公共利益的行为,是法律明文规定禁止的行为。他人的合法权益,此处主要是指因建筑活动受到损害的他人的民事权益,包括他人的财产权利和人身权利。他人的合法权益受法律保护,从事建筑活动不得损害他人的合法权益,给他人合法权益造成损害的,应当依法承担排除妨碍、恢复原状、赔偿损失等民事责任;损害他人合法权益情节严重,构成犯罪的,还要依法追究其刑事责任。

(3)任何单位和个人不得妨碍和阻挠依法进行的建筑活动。依法进行的建筑活动受法律保护,不受任何单位或个人的妨碍和阻挠,这是法律赋予从事建筑活动的合法主体依法从事建筑活动时的基本权利。

建筑法以法律的形式确定了建筑活动必须遵循的基本行为规范性原则,为从事建筑活动的合法主体制定了基本行为规范,并赋予了从事建筑活动的合法主体依法从事建筑活动时的基本权利。

四、建筑法确定的基本建筑法律制度

建筑法作为我国建筑法律制度的核心,与其他相关法律、法规共同确立了我国建筑法律制度体系中的五种基本法律制度:建设工程行政许可法律制度、建筑工程发包与承包法律制度、建筑工程监理法律制度、建筑工程安全生产管理法律制度和建筑工程质量管理法律制度。本章着重阐述除建设工程行政许可法律制度外的其他四种基本法律制度,建设工程行政许可法律制度另设专章阐述。

第二节 建筑工程发包与承包

一、建筑工程发包

1.建筑工程发包的概念

建筑工程发包是指建筑工程的建设单位(或总承包单位)将建筑工程任务(勘察、设计、施工等)的全部或一部分通过招标或其他方式,交付给具有从事建筑活动的法定从业资格的单位完成,并按建设工程合同约定支付报酬的行为。

建筑工程发包单位,通常为建筑工程的建设单位,即投资建设该项建筑工程的单位(即业主)。按照国家有关规定,国有单位投资的经营性基本建设大中型项目,在建设阶段必须组建项目法人。项目法人可按《中华人民共和国公司法》的规定设立有限责任公司(包括国有独资公司)和股份有限公司,由项目法人对项目的策划、资金筹措、建设实施、生产经营、债务偿还和资产保值增值,实行全过程负责。据此规定,由国有单位投资建设的经营性的房屋建筑工程(如用作生产经营设施的工商业用房、作为房地产开发项目的商品房等),由依法设立的项目法人作为建设单位,负责建筑工程的发包。国有单位投资建设的非经营性的房屋建筑工程,应由建设单位作为发包方负责建筑工程的发包。

建筑工程实行总承包的,总承包单位经建设单位同意,在法律规定的范围内对部分建设工程项目进行分包的,建筑工程的总承包单位即成为分包建筑工程的发包单位。

2. 建筑工程发包方式

《中华人民共和国建筑法》第十九条规定:"建筑工程依法实行招标发包,对不适于招标发包的可以直接发包。"因此,建筑工程发包方式主要有招标发包和直接发包两种。建设工程的招标发包,主要根据《中华人民共和国招标投标法》《工程建设项目施工招标投标办法》《工程建设项目勘察设计招标投标办法》《工程建设项目招标范围和规模标准规定》《房屋建筑和市政基础设施工程施工招标投标管理办法》等法律和部门规章的有关规定进行。《中华人民共和国招标投标法》规定了必须进行招标的工程建设项目范围,在该范围内的工程建设项目的勘察、设计、施工、监理以及与工程建设有关的重要设备、材料等的采购,必须依法进行招标。

实行招标发包的建筑工程,发包单位应当将建筑工程发包给依法中标的承包单位。对于不适于招标发包的建筑工程可以直接发包,如保密工程、特殊专业工程、特殊性质工程等。对于这些不适于招标发包的建筑工程,发包单位应当将其发包给具有相应资质条件的承包单位。

➢ 二、建筑工程承包

(一)建筑工程承包的概念

建筑工程承包是指具有从事建筑活动的法定从业资格的单位,通过投标或其他承揽方式,承揽建筑工程任务,并按建设工程合同约定取得报酬的行为。

建筑工程承包单位,即承揽建筑工程的勘察、设计、施工等业务的单位,包括对建筑工程实行总承包的单位和承包分包建筑工程的单位。

根据我国现行的从事建筑活动的企业的资质等级许可制度的规定,承包单位必须依法取得从事建筑活动的资质等级许可,并必须严格在本单位资质等级许可的业务范围内从事承揽工程的建筑活动,禁止建筑企业超越本企业资质等级许可的业务范围承揽工程。

目前,我国建筑市场上,无资质或者低资质的建筑施工企业、包工队通过"挂靠"较高资质等级的建筑施工企业,或者采取与资质等级较高的建筑施工企业搞假"联营"等形式,以较高资质等级的建筑施工企业的名义承揽工程的现象还比较普遍;而有些建筑施工企业为谋取不正当利益(如收取挂靠管理费、资质证书和营业执照的有偿使用费等),允许其他企业、单位甚至个人使用本企业的名义承揽建筑工程。上述现象的存在,对建立正常的建筑市场秩序、保证工程质量危害极大,必须予以禁止。为此,《中华人民共和国建筑法》第二十六条第二款规定:"禁止建筑施工企业超越本企业资质等级许可的业务范围或以任何形式用其他建筑施工企业的名义承揽工程。禁止建筑施工企业以任何形式允许其他单位或者个人使用本企业的资质证书、营业执照,以本企业的名义承揽工程。"

(二)建筑工程联合共同承包(联营承包)、分包与转包

1. 建筑工程联合共同承包(联营承包)

建筑工程联合共同承包(也称为联营承包)是指由两个以上的承包单位共同组成非法人的联合体,以该联合体的名义承包某项建筑工程的承包模式。在建筑工程联合共同承包形式中,由参加联合的各承包单位共同组成的联合体作为一个单位的承包主体,与发包单位签订承包合同(建设工程合同),共同履行合同的全部义务,承担合同的全部责任。在联合体内部,则由参加联合体的各方以协议方式约定各自在联合共同承包建筑工程中的权利、义务,包括联合体的管理方式及共同管理机构的产生办法、各方负责承担的建筑工程任务的范围、利益分享与风险分担的办法等。建筑工程联合共同承包是国际建设工程市场上广泛采用的一种建筑工程承包模式。

大中型建筑工程和结构复杂的建筑工程,工程任务量大、技术要求复杂、建设周期较长,需要承包单位具有较强的经济、技术实力和抵御风险的能力。由多家单位组成联合体共同承包这类建筑工程,可以集中参加联合体的各方的经济、技术力量,发挥各自的优势,大大增强投标竞争的实力;对发包单位而言,也有利于提高投资收益,保证建筑工程质量。因此,《中华人民共和国建筑法》规定,大型建筑工程或者结构复杂的建筑工程,可以由两个以上的承包单位联合共同承包。

在建筑工程联合共同承包中,参加联合共同承包的各方应就承包合同(建设工程合同)的约定义务与责任履行向发包单位承担连带责任。《中华人民共和国建筑法》对此作出了明确规定,共同承包的各方对承包合同的履行承担连带责任。

当参加联合体的具有相同专业的各承包单位资质等级不同时,联合体只能按资质等级较低的承包单位的从业许可业务范围承揽建筑工程。

2. 建筑工程分包与转包

(1)建筑工程分包。建筑工程分包是指建筑工程的承包单位经过发包单位的同意或根据建设工程合同的规定,将其承包的建筑工程范围内的非主要部分及专业性较强的工程内容另行发包给其他取得相应资质等级许可的承包单位承包的行为。

对一些大中型建筑工程和结构复杂的建筑工程而言,实行建筑工程总承包与建筑工程分包相结合的建筑工程承包模式,允许总承包单位在遵守一定条件的前提下,将自己总承包的建筑工程中的部分劳务或者自身不擅长的专业工程分包给其他承包单位,以便总承包单位和分包单位扬长避短,发挥各自的优势,这对于降低建设工程合同风险、降低建筑工程造价、保证建筑工程质量及缩短工期,均有益处。

但是,为有效保护建筑工程发包单位的合法利益,制止违法建筑工程分包行为,建筑工程分包必须遵守一定的限制条件。《中华人民共和国建筑法》第二十九条第一款对此作出了明确规定:"建筑工程总承包单位可以将承包工程中的部分工程发包给具有相应资质条件的分包单位;但是,除总包合同中约定的分包外,必须经建设单位认可。施工总承包的,建筑工程主体结构的施工必须由总承包单位自行完成。"

在实行建筑工程总承包与建筑工程分包相结合的建筑工程承包模式中,存在总承包合同与分包合同两个不同的合同关系。总承包合同是建设单位与总承包单位之间订立的合同,总承包单位有义务就总承包合同的约定内容向建设单位承担全部责任,即使总承包单位根据总承包合同的约定或经建设单位认可,将总承包合同范围内的部分建筑工程内容分包给其他承包单位,总承包单位仍有义务对分包的建筑工程向建设单位负责。分包合同是总承包合同的承包单位(分包合同中的发包单位)与分包单位之间订立的合同,分包单位与建设单位(总承包合同的发包单位)之间并不存在直接的合同关系,分包单位仅就分包合同的约定内容向总承包单位负责,并不直接向建设单位承担合同责任。因此,《中华人民共和国建筑法》明确规定,建筑工程总承包单位按照总承包合同的约定对建设单位负责;分包单位按照分包合同的约定对总承包单位负责。

为有效保护建筑工程发包单位的合法利益,《中华人民共和国建筑法》适当加重了分包单位的责任,总承包单位与分包单位就分包工程对建设单位承担连带责任。即若分包工程出现问题,建设单位既可要求总承包单位承担责任,也可以直接要求分包单位承担责任。

《中华人民共和国建筑法》第二十九条第三款对两种违法建筑工程分包行为作出了禁止性规定:"禁止总承包单位将工程分包给不具有相应资质条件的单位。禁止分包单位将其承包的工程再分包。"

《建设工程质量管理条例》对建筑(建设)工程的违法分包行为进行了界定:①总承包单位将建设工程分包给不具备相应资质条件的单位的;②建设工程总承包合同中未有约定,又未经建设单位同意,承包单位将其承包的部分建设工程交由其他单位完成的;③施工总承包单位将建设工程主体结构的施工分包给其他单位的;④分包单位将其承包的建设工程再分包的。

2014年8月,住房和城乡建设部发布的《建筑工程施工转包违法分包等违法行为认定查处管理办法(试行)》规定,存在下列情形之一的,属于违法分包:①施工单位将工程分包给个人的;②施工单位将工程分包给不具备相应资质或安全生产许可的单位的;③施工合同中没有约定,又未经建设单位认可,施工单位将其承包的部分工程交由其他单位施工的;④施工总承包单位将房屋建筑工程的主体结构的施工分包给其他单位的,钢结构工程除外;⑤专业分包单位将其承包的专业工程中非劳务作业部分再分包的;⑥劳务分包单位将其承包的劳务再分包的;⑦劳务分包单位除计取劳务作业费用外,还计取主要建筑材料款、周转材料和大中型施工机械设备费用的;⑧法律法规规定的其他违法分包行为。

(2)建筑工程转包。建筑工程转包是指建筑工程的承包单位与发包单位订立建设工程合同后,不履行合同约定的义务与责任,未获得发包单位的同意,以营利为目的,将与其承包范围、内容相一致的建筑工程倒手转让给其他承包单位(该承包单位成为实际承包该建筑工程的新承包单位),并且不对根据建设工程合同所承包的建筑工程承担技术、管理和经济责任的行为。

承包单位擅自将其承包的建筑工程转包,违反了合同法律制度的规定,破坏了合同关系应有的稳定性和严肃性。从合同法律关系上说,转包行为属于合同主体变更的行为,转包后,建筑工程承包合同的承包单位由原承包单位变更为接受转包的新承包单位,原承包单位名义上与建筑工程发包单位存在合同关系,但其实际上对合同的约定内容将不会再承担责任。根据民法典合同编的基本原则,合同一经依法成立并生效后,即具有法律约束力,任何一方不得擅自变更合同,包括变更合同的内容和变更合同的主体。建筑工程承包合同的订立是承、发包双方的共同法律行为。承包单位将其承包的建筑工程转包给其他承包单位,属于擅自变更合同主体的行为,违背了发包单位的意志,损害了发包单位的合同利益,是法律所不允许的。《中华人民共和国建筑法》对此作出了明确的禁止性规定,禁止承包单位将其承包的全部建筑工程转包给他人。禁止建筑工程的承包单位将其承包的建筑工程转包,也是国际建设工程市场的通行惯例。

目前,国内建筑市场上大量存在承包单位利用法律允许建筑工程分包的规定,将其承包的全部工程分解为若干部分,再将各部分以分包的名义分别转包给其他承包单位,以从这种名为建筑工程分包实为建筑工程转包的行为中获利,而并不承担承包合同约定的义务与责任。对此,《中华人民共和国建筑法》也作出了禁止性规定,禁止承包单位将其承包的全部工程肢解以后以分包的名义分别转包给他人。

《建筑工程施工转包违法分包等违法行为认定查处管理办法(试行)》规定,存在下列情形之一的,属于转包:①施工单位将其承包的全部工程转给其他单位或个人施工的;②施工总承包企业或专业承包单位将其承包的全部工程肢解以后,以分包的名义分别转给其他单位或个人施工的;③施工总承包企业或专业承包单位未在施工现场设立项目管理机构或未派驻项目负责人、技术负责人、质量管理负责人、安全管理负责人等主要管理人员,不履行管理义务,未对该工程的施工活动进行组织管理的;④施工总承包单位或专业承包单位不履行管理义务,只向实际施工单位收取费用,主要建筑材料、构配件及工程设备的采购由其他单位或个人实施的;⑤劳务分包单位承包的范围是施工总承包企业或专业承包单位承包的全部工程,劳务分包单位计取的是除上缴给施工总承包单位或专业承包单位"管理费"之外的全部工程价款的;⑥施工总承包单位或专业承包单位通过采取合作、联营、个人承包等形式或名义,直接或变相地将其承包的全部工程转给其他单位或个人的;⑦法律法规规定的其他转包行为。

第三节 建筑工程监理

一、建筑工程监理的概念

建筑工程监理是指由依法取得法定资质等级许可的工程监理单位,根据建设单位的委托,依照法律、行政法规及有关的技术标准、设计文件和建筑工程承包合同,对建筑工程承包单位在建筑工程的施工质量、建设工期和建设资金使用等方面,代表建设单位实施监督管理的技术性、专业性服务行为。

建筑工程监理制度在国外有较长的发展历史,西方发达国家已经形成了一套完整的建筑工程监理制度。我国从1988年开始推行建筑工程监理制度,《中华人民共和国建筑法》颁布实施后,正式确立了我国建筑工程监理制度的法律地位。

二、建筑工程监理的适用范围

建筑工程监理是建筑工程的建设单位为保证建筑工程质量,控制建筑工程造价和工期,确保建筑生产安全,维护自身相关合法权益而实施的有效措施。对建筑工程是否实施监理,原则上应由建筑工程的建设单位自行决定。但是,对于使用国家财政资金或者其他公共建设资金建设的建筑工程项目以及大型公共建筑工程,为有效保证投资效益,维护国家利益和纳税人利益,保证公共利益和公众安全,有必要对其实施强制监理。

我国建筑法规定，国务院有权对实施强制监理的建筑工程的范围作出明确规定。对属于国务院规定实行强制监理制度的建筑工程，建设单位必须依法委托具有相应资质条件的工程监理单位实施监理。

根据《建设工程监理范围和规模标准规定》《国家重点建设项目管理办法》的相关规定，国务院规定的实施强制监理的建设工程项目的范围包括如下几类。

1. 国家重点建设工程

国家重点建设工程是指依据《国家重点建设项目管理办法》所确定的对国民经济和社会发展有重大影响的骨干项目。其具体包括：基础设施、基础产业和支柱产业中的大型项目；高科技并能带动行业技术进步的项目；跨地区并对全国经济发展或者区域经济发展有重大影响的项目；对社会发展有重大影响的项目；其他骨干项目。

2. 大中型公用事业工程

大中型公用事业工程是指项目总投资额在3000万元以上的下列工程项目：供水、供电、供气、供热等市政工程项目，科技、教育、文化等项目，体育、旅游、商业等项目，卫生、社会福利等项目，其他公用事业项目。

3. 成片开发建设的住宅小区工程

成片开发建设的住宅小区工程，建筑面积在5万平方米以上的住宅建设工程必须实行监理；5万平方米以下的住宅建设工程，可以实行监理，具体范围和规模标准，由省、自治区、直辖市人民政府建设行政主管部门规定。

4. 利用外国政府或者国际组织贷款、援助资金的工程

利用外国政府或者国际组织贷款、援助资金的工程具体包括：使用世界银行、亚洲开发银行等国际组织贷款资金的项目；使用国外政府及其机构贷款资金的项目；使用国际组织或者国外政府援助资金的项目。

5. 国家规定必须实行监理的其他工程

国家规定必须实行监理的其他工程具体包括以下项目：

（1）项目总投资额在3000万元以上，关系社会公共利益、公众安全的下列基础设施项目：煤炭、石油、化工、天然气、电力、新能源等项目，铁路、公路、管道、水运、民航以及其他交通运输业等项目，邮政、电信枢纽、通信、信息网络等项目，防洪、灌溉、排涝、引(供)水、滩涂治理、水资源保护、水土保持等水利建设项目，道路、桥梁、地铁和轻轨交通、污水排放及处理、垃圾处理、地下管道、公共停车场等城市基础设施项目，生态环境保护项目，其他基础设施项目。

（2）学校、影剧院、体育场馆项目。

➤ 三、建设工程委托监理合同

建筑工程监理属于专业性很强的技术与管理服务，要求从事建筑工程监理的企业（单位）必须具备相应的条件、专业技术与管理服务水平、技术与管理服务能力和相关实践经验。因此，国家对从事建筑工程监理的企业（单位）实行资质等级许可制度，对从事建筑工程监理的专业（技术）人员个人实行注册执业许可制度。《中华人民共和国建筑法》对此明确规定，实行监理的建筑工程，由建设单位委托具有相应资质条件的工程监理单位监理。

建筑工程监理作为一种典型的、有偿的专业性技术与管理服务,需要建设单位在建筑市场上通过市场交易才能获得,建设工程委托监理合同成为有效完成这种交易的受国家法律保护的最基本形式和最普遍形式。因此,《中华人民共和国建筑法》明确规定,建设单位与其委托的工程监理单位应当订立书面委托监理合同。

民法典对建设工程委托监理合同的内容作出了原则性的基本规定。2017年,住房和城乡建设部、国家工商行政管理总局联合颁布的《建设工程委托监理合同(示范文本)》对建设工程委托监理合同的内容作出了详细、具体的示范性规定。该示范文本主要内容包括定义与释义,监理人的义务,委托人的义务,监理违约责任,支付,合同生效、变更、暂停、解除与终止,争议解决,其他。

四、工程监理的地位、主要任务和实施依据

工程监理具有代表建设单位进行监督管理的地位。工程监理单位接受建设单位的委托,按照建设工程委托监理合同的约定和授予的权利、权限,对承包单位在建筑工程的施工质量、建设工期和建设资金使用、建筑工程安全生产等方面,代表建设单位实施监督,对建设单位负责。

工程监理的主要任务是对承包单位在建筑工程的施工质量、建设工期、建设资金使用以及建筑工程安全生产等方面实施监督管理。

工程监理的实施依据包括:①相关法律、行政法规;②与建筑工程有关的国家标准、行业标准,以及设计图、工程说明书等设计文件;③建设单位与承包单位之间签订的建筑工程承包合同。

五、工程监理人员的基本权利

工程监理人员即注册监理工程师。工程监理人员在对建筑工程实施监理的过程中,应当严格按照法律、行政法规及有关的技术标准、设计文件、建筑工程承包合同及建设工程监理委托合同中授予建筑工程监理单位的权利、权限和建设工程监理单位授予工程监理人员的权利、权限,对承包单位在建筑工程的施工质量、建设工期、建设资金使用和建筑工程安全生产等方面代表建设单位实施监督。为了保证工程监理人员能够独立、公正地对建筑工程实施有效监理,《中华人民共和国建筑法》第三十二条第二款和第三款赋予工程监理人员在工程监理活动中的基本权利是:"工程监理人员认为工程施工不符合工程设计要求、施工技术标准和合同约定的,有权要求建筑施工企业改正。工程监理人员发现工程设计不符合建筑工程质量标准或者合同约定的质量要求的,应当报告建设单位要求设计单位改正。"其中的"合同"是指建设单位与工程承包单位依法订立的建筑工程承包合同。

六、工程监理单位的基本执业准则

工程监理单位是为建筑工程的建设单位提供建筑工程监理服务的独立的社会中介性企业,应当按照其与建设单位订立的建设工程委托监理合同授予的权利、权限,代表建设单位对建筑工程承包单位进行的建筑工程施工进行监督管理。工程监理单位作为独立经营的社会中介性企业(相对于建设工程的建设单位和承包单位而言为第三方),应当具有一定的独立性、自主性,在对建设单位负责的同时,还必须依照建筑法律、行政法规和依法制定的有关建筑工程质量、建筑工程安全的强制性国家标准和行业标准,对建筑工程承包单位进行的建筑工程施工进行监督管理。为此,建筑法对工程监理单位在建筑工程监理活动中应当遵循的基本执业准则做了规定。

（1）工程监理单位应当在其资质等级许可的监理范围内，承担工程监理业务。建筑工程监理属于专业性很强的技术与管理服务，要求从事建筑工程监理的企业（单位）必须具备相应的条件、专业技术与管理服务水平、技术与管理服务能力和相关实践经验。因此，国家对从事建筑工程监理的企业（单位）实行资质等级许可制度。根据《工程监理企业资质管理规定》和《工程监理企业资质标准》的有关规定，取得建筑工程监理资质等级许可的建筑工程监理企业根据其资质等级的不同，可以承担与其资质等级许可范围相应的建筑工程监理业务，不得超越其资质等级许可范围承担建筑工程监理业务。《工程监理企业资质管理规定》和《工程监理企业资质标准》对我国建筑工程监理企业的资质等级分级标准、划分结果及各资质等级的建筑工程监理企业被许可承担的建筑工程监理业务承包范围作出了明确规定。

（2）工程监理单位应当依据建设单位的委托，客观、公正地执行监理任务。工程监理单位是为建筑工程的建设单位提供建筑工程监理服务的独立的社会中介性企业，工程监理单位及其工程监理人员在对工程实施监理的过程中，必须做到客观和公正。客观和公正是法律对工程监理单位进行的工程监理活动最基本的要求，是工程监理单位及其工程监理人员应当遵循的最基本的执业准则。

（3）工程监理单位与被监理工程的承包单位以及建筑材料、建筑构配件和设备供应单位不得有隶属关系或者其他利害关系。隶属关系是指工程监理单位与被监理工程的承包单位或者建筑材料、建筑构配件和设备供应单位属于行政的上下级的关系；其他利害关系是指工程监理单位与被监理工程的承包单位或者建筑材料、建筑构配件和设备供应单位存在某种利益关系。工程监理单位及其工程监理人员在对工程实施监理的过程中如果存在上述关系，必然影响其客观、公正地执行监理任务。

（4）工程监理单位不得转让工程监理业务。转让工程监理业务是指工程监理单位将其承揽的工程监理业务的全部或部分转让给其他单位的行为。建筑工程监理是由具有相应资质等级的工程监理企业通过与建设单位订立建设工程委托监理合同，接受建设单位的委托并在建设工程委托监理合同授予的权利、权限范围内，对建筑工程的施工实施的监督管理活动。建设工程委托监理合同一经订立，就具有法律约束力，任何一方不得擅自变更合同，更不得擅自变更合同的主体。工程监理单位将建设工程委托监理合同约定的工程监理业务转让他人，违背了建设单位的意志，损害了建设单位的利益，而且有可能因其将工程监理业务转让给不具备相适应资质条件的单位，从而不能按照建设单位的要求对建筑工程质量、建设工期和建设资金使用、建筑工程安全生产进行控制、监督与管理。

➢ 七、工程监理单位的民事赔偿责任

建筑法明确规定了工程监理单位履行建设工程委托监理合同约定的监理义务的过程中，因存在严重违约行为或者违法行为而给建设单位造成损失时应承担的民事赔偿责任。

（1）工程监理单位不按照委托监理合同的约定履行监理义务，对应当监督检查的项目不检查或不按规定检查，给建设单位造成损失的，应当承担相应的赔偿责任。工程监理单位不按照委托监理合同的约定履行监理义务，对应当监督检查的项目不检查或不按规定检查，属于严重的合同违约行为。根据民法典合同编确立的违约责任承担原则，工程监理单位应当对上述违约行为给建设单位造成的损失（包括因建筑工程质量不合格给建设单位造成的损失、因建设工期延误给建设单位造成的损失、因多支付工程费用给建设单位造成的损失、因发生建筑生产安

全事故给建设单位造成的损失等)承担相应的民事赔偿责任。

(2)工程监理单位与承包单位串通,为承包单位谋取非法利益,给建设单位造成损失的,应与承包单位承担连带赔偿责任。工程监理单位与承包单位串通为承包单位谋取非法利益,属于违法行为。因这种违法行为给建设单位造成损失的(包括因建筑工程质量不合格给建设单位造成的损失、因建设工期延误给建设单位造成的损失、因多支付工程费用给建设单位造成的损失、因发生建筑生产安全事故给建设单位造成的损失等),实施这种违法行为的责任方工程监理单位和承包单位对由此给建设单位造成的全部损失均负有民事赔偿责任,建设单位可以向其中任何一方要求全部或部分赔偿;一方承担民事赔偿责任后仍不能完全弥补建设单位损失的,另一方应对建设单位的剩余部分损失承担连带民事赔偿责任。

第四节 建筑工程安全生产管理

一、建筑工程安全生产管理的概念

建筑工程安全生产管理是建设行政主管部门、监督管理机构、从事建筑活动的主体及有关单位为保证建筑生产安全,对建筑工程生产过程中的安全工作所进行的计划、组织、指挥、协调、控制和监督等一系列管理活动的总称,其旨在保护从事建筑活动的人员在建筑工程生产过程中的人身安全、财产安全与人身健康,保证建设单位的建筑工程财产不受损失,保证建筑工程产品生产任务的顺利完成。建筑工程安全生产管理包括:建设行政主管部门对于建筑活动过程中安全生产的全行业性建筑工程安全生产管理;从事建筑活动的主体(包括施工企业、工程勘察企业、工程设计企业和工程监理企业)为保证其从事相关专业建筑活动过程中的生产安全所进行的自我管理。

如前所述,建筑工程生产的特点与一般工业产品生产的特点相比较具有自身的特殊性,建筑工程生产过程所面临的不安全因素(包括人的不安全行为和物的不安全状态)远远超过其他行业产品的生产过程,导致建筑工程生产过程中安全事故频发,对人民健康及生命、财产安全造成无法弥补的损失,严重损害社会公共利益。因此,为有效保证建筑生产安全,我国目前已经建立了以《中华人民共和国建筑法》为核心,并由《中华人民共和国安全生产法》《安全生产许可证条例》《建设工程安全生产管理条例》《建筑施工企业安全生产许可证管理规定》等相关法律、法规、部门规章、相关标准与规范、相关规范性文件确立的制度、程序、规则等组成的较为完整的建筑工程安全生产管理法律制度体系。其中,《中华人民共和国建筑法》对建筑工程安全生产管理涉及的重要问题作出了明确规定。

二、建筑工程安全生产管理的基本方针和基本制度

(一)建筑工程安全生产管理的基本方针

在建筑工程生产过程中,建筑工程安全生产管理必须坚持安全第一、预防为主的方针。具体必须做到:

(1)从事建筑活动的单位的各级管理人员和全体员工,尤其是单位负责人,一定要牢固树立安全第一的意识,正确处理安全生产与建筑工程进度、质量、成本、效益等方面的关系,将生产安全放在首位。

(2)加强建筑工程安全生产工作的组织领导和计划性,在建筑活动中加强对安全生产的统筹规划和各方面的通力协作。

(3)建立健全安全生产的责任制度和群防群治制度。

(4)对有关管理人员及员工进行安全生产教育培训,未经安全生产教育培训的,不得从事安全管理工作或者上岗作业。

(5)建筑施工企业必须为员工发放保障建筑工程生产安全的劳动保护用品。

(6)使用的设备、器材、仪器和建筑材料必须符合保证建筑工程生产安全的国家标准和行业标准。

(二)建筑工程安全生产管理的基本制度

1. 安全生产责任制度

安全生产责任制度是指企业将各项保障生产安全的责任具体落实到各有关管理人员和不同岗位人员个人的制度,是由企业内部各不同层次的安全生产责任制度所构成的保障建筑工程生产安全的责任体系。

(1)建筑施工企业主要负责人的安全生产责任制。建筑施工企业的法定代表人应对本企业的安全生产负全面责任。根据《中华人民共和国建筑法》和《中华人民共和国安全生产法》的相关规定,建筑施工企业主要负责人的安全生产责任包括:①建立健全并落实本单位安全生产责任制,加强安全生产标准化建设;②组织制定并实施本单位安全生产规章制度和操作规程;③组织制定并实施本单位安全生产教育和培训计划;④保证本单位安全生产投入的有效实施;⑤组织建立并落实安全风险分级管控和隐患排查治理双重预防工作机制,督促检查本单位的安全生产工作,及时消除生产安全事故隐患;⑥制定并实施本单位的生产安全事故应急救援预案;⑦及时、如实报告生产安全事故。

建筑施工企业应当具备的安全生产条件所必需的资金投入,由建筑施工企业的决策机构、主要负责人或者个人经营的投资人予以保证,并对由于安全生产所必需的资金投入不足导致的后果承担责任。

(2)建筑施工企业各职能机构的负责人及其工作人员的安全生产责任制。建筑施工企业中的生产、技术、材料供应、设备管理、财务、教育培训、劳资、卫生和安全生产管理等各职能机构和其工作人员及建筑施工企业专职的安全生产管理人员,都应在各自业务范围内对建筑工程安全生产负责。

(3)具体岗位人员的安全生产责任制。具体岗位人员必须在其岗位职责范围内对建筑工程安全生产负责。从事特种作业的人员必须按照国家有关规定经过专门的安全作业培训,考试合格并取得特种作业操作资格证书后,方可上岗作业。

2. 群防群治制度

群防群治制度是指由全体员工群众共同参与的预防安全事故的发生、治理各种安全事故隐患的制度,是企业民主管理的重要内容。建筑工程安全生产管理的群防群治制度主要包括以下内容及相关要求:

(1)建筑施工企业制定的有关安全生产管理的重要制度和制度的有关重大技术组织措施计划应提交职工代表大会讨论,在充分听取职工代表大会意见的基础上作出决策,发挥全体员工群众在建筑工程安全生产方面的民主管理作用。

(2)将专业性的建筑工程安全生产管理同全体员工群众参与的全员性建筑工程安全生产管理结合起来。

(3)有效发挥工会在建筑工程安全生产管理中的作用,利用工会发动全体员工群众,教育全体员工群众,动员全体员工群众的力量预防建筑生产安全事故的发生。

(4)加强对新员工的建筑安全生产教育。

(5)发动全体员工群众开展技术革新、技术改造,采用有利于保证建筑工程生产安全的新技术、新工艺,积极改善劳动和作业条件,努力将不安全的、有害健康的作业变为无害作业。

(6)组织开展遵守建筑工程安全生产管理制度和预防建筑生产安全事故的群众性监督检查,员工对于违反有关建筑安全生产的法律、法规和建筑行业安全规范、规章、规程的行为有权提出批评、检举和控告。

(三)建筑工程安全生产管理的主要相关制度

1. 建筑工程安全生产教育培训制度

建筑工程安全生产教育培训工作是建筑施工企业实现安全生产的一项基础性工作。建筑工程安全生产教育培训制度是建筑工程安全管理的一项重要内容,是保证建筑工程生产安全的重要手段。通过建筑工程安全生产教育培训,企业各级管理人员能够严格贯彻执行安全操作规程,有效掌握岗位的安全操作技能,为确保建筑生产安全创造条件。建筑施工企业对企业各级管理人员和全体员工进行建筑工程安全生产教育培训的主要内容包括:①有关建筑工程安全生产的法律、法规的教育培训;②有关安全科学技术知识的教育培训;③岗位安全操作技能培训。

2. 建筑工程安全生产检查制度

建筑工程安全生产检查制度是上级管理部门或建筑施工企业自身对其安全生产状况进行定期或不定期检查的制度。通过检查发现安全问题和安全隐患,从而采取有效措施,堵塞安全漏洞,将建筑工程生产安全事故消灭在发生之前,做到防患于未然。

3. 建筑工程生产安全事故报告制度

建筑施工企业发生建筑生产安全事故后,事故现场有关人员应当立即报告本单位负责人。单位负责人接到事故报告后,应当迅速采取有效措施,组织抢救,防止事故扩大,减少人员伤亡和财产损失,并按照国家有关规定立即如实报告当地负有安全生产监督管理职责的部门,不得隐瞒不报、谎报或者拖延不报,不得故意破坏事故现场、毁灭有关证据。有关地方人民政府和负有安全生产监督管理职责的部门的负责人接到重大建筑工程生产安全事故报告后,应当立即赶到事故现场,组织事故抢救。

《建设工程安全生产管理条例》第五十条规定:"施工单位发生生产安全事故,应当按照国家有关伤亡事故报告和调查处理的规定,及时、如实地向负责安全生产监督管理的部门、建设行政主管部门或者其他有关部门报告;特种设备发生事故的,还应当同时向特种设备安全监督管理部门报告。接到报告的部门应当按照国家有关规定,如实上报。实行施工总承包的建设工程,由总承包单位负责上报事故。"

国务院颁布的《生产安全事故报告和调查处理条例》对生产安全事故报告的程序、内容及相关事宜作出了明确具体的规定,有关建筑工程生产安全事故的报告应遵照其具体规定执行。

4. 建筑工程安全法律责任追究制度

建设单位、勘察设计单位(企业)、施工单位(企业)、工程监理单位(企业),由于没有履行相应的建筑工程安全生产管理职责造成人员伤亡和财产损失事故的,视具体情节给予相应处罚;情节严重的,责令停业整顿、降低资质等级或吊销资质证书;构成犯罪的,依法追究刑事责任。

➤ 三、从事建筑活动的主要主体的建筑工程安全生产责任

1. 勘察、设计单位(企业)的建筑工程安全生产责任

根据《建设工程安全生产管理条例》的规定,建筑工程勘察、设计单位(企业)负有以下建筑工程安全生产责任:

(1)勘察单位应当按照法律、法规和工程建设强制性标准进行勘察,提供的勘察文件应当真实、准确,满足建筑工程安全生产的需要。

(2)勘察单位在勘察作业时,应当严格执行操作规程,采取措施保证各类管线、设施和周边建筑物、构筑物的安全。

(3)设计单位应当按照法律、法规和工程建设强制性标准进行设计,防止因设计不合理导致生产安全事故的发生。

(4)设计单位应当考虑施工安全操作和防护的需要,对涉及施工安全的重点部位和环节在设计文件中注明,并对防范生产安全事故提出指导意见。

(5)采用新结构、新材料、新工艺的建设工程和特殊结构的建设工程,设计单位应当在设计中提出保障施工作业人员安全和预防生产安全事故的措施建议。

(6)设计单位和注册建筑师等注册执业人员应当对其设计负责。

2. 工程监理单位(企业)的建筑工程安全生产责任

根据《建设工程安全生产管理条例》的规定,工程监理单位(企业)负有以下建筑工程安全生产责任:

(1)工程监理单位应当审查施工组织设计中的安全技术措施或者专项施工方案是否符合工程建设强制性标准。

(2)工程监理单位在实施监理过程中,发现存在安全事故隐患的,应当要求施工单位整改;情况严重的,应当要求施工单位暂时停止施工,并及时报告建设单位。施工单位拒不整改或者不停止施工的,工程监理单位应当及时向有关主管部门报告。

(3)工程监理单位和监理工程师应当按照法律、法规和工程建设强制性标准实施监理,并对建设工程安全生产承担监理责任。

3. 施工单位(企业)的建筑工程安全生产责任

根据《建设工程安全生产管理条例》的规定,施工单位(企业)负有以下建筑工程安全生产责任:

(1)施工单位从事建设工程的新建、扩建、改建和拆除等活动,应当具备国家规定的注册资本、专业技术人员、技术装备和安全生产等条件,依法取得相应等级的资质证书,并在其资质等级许可的范围内承揽工程。

(2)施工单位主要负责人依法对本单位的安全生产工作全面负责。施工单位应当建立健全安全生产责任制度和安全生产教育培训制度,制定安全生产规章制度和操作规程,保证本单

位安全生产条件所需资金的投入，对所承担的建设工程进行定期和专项安全检查，并做好安全检查记录。

(3)施工单位的项目负责人应当由取得相应职业资格的人员担任，对建设工程项目的安全施工负责，落实安全生产责任制度、安全生产规章制度和操作规程，确保安全生产费用的有效使用，并根据工程的特点组织制定安全施工措施，消除安全事故隐患，及时、如实报告生产安全事故。

(4)施工单位对列入建设工程概算的安全作业环境及安全施工措施所需费用，应当用于施工安全防护用具及设施的采购和更新、安全施工措施的落实、安全生产条件的改善，不得挪作他用。

(5)施工单位应当设立安全生产管理机构，配备专职安全生产管理人员。

(6)专职安全生产管理人员负责对安全生产进行现场监督检查。发现安全事故隐患，应当及时向项目负责人和安全生产管理机构报告；对违章指挥、违章操作的，应当立即制止。

(7)建设工程实行施工总承包的，由总承包单位对施工现场的安全生产负总责。

(8)总承包单位应当自行完成建设工程主体结构的施工。

(9)总承包单位依法将建设工程分包给其他单位的，分包合同中应当明确各自的安全生产方面的权利、义务。总承包单位和分包单位对分包工程的安全生产承担连带责任。

(10)分包单位应当服从总承包单位的安全生产管理，分包单位不服从管理导致生产安全事故的，由分包单位承担主要责任。

(11)垂直运输机械作业人员、安装拆卸工、爆破作业人员、起重信号工、登高架设作业人员等特种作业人员，必须按照国家有关规定经过专门的安全作业培训，并取得特种作业操作资格证书后，方可上岗作业。

(12)施工单位应当在施工组织设计中编制安全技术措施和施工现场临时用电方案，对下列达到一定规模的危险性较大的分部分项工程编制专项施工方案，并附具安全验算结果，经施工单位技术负责人、总监理工程师签字后实施，由专职安全生产管理人员进行现场监督：①基坑支护与降水工程；②土方开挖工程；③模板工程；④起重吊装工程；⑤脚手架工程；⑥拆除、爆破工程；⑦国务院建设行政主管部门或者其他有关部门规定的其他危险性较大的工程。上述工程中涉及深基坑、地下暗挖工程、高大模板工程的专项施工方案，施工单位还应当组织专家进行论证、审查。

(13)建设工程施工前，施工单位负责项目管理的技术人员应当对有关安全施工的技术要求向施工作业班组、作业人员作出详细说明，并由双方签字确认。

(14)施工单位应当在施工现场入口处、施工起重机械、临时用电设施、脚手架、出入通道口、楼梯口、电梯井口、孔洞口、桥梁口、隧道口、基坑边沿、爆破物及有害危险气体和液体存放处等危险部位，设置明显的安全警示标志。安全警示必须符合国家标准。

(15)施工单位应当根据不同施工阶段和周围环境及季节、气候的变化，在施工现场采取相应的安全施工措施。施工现场暂时停止施工的，施工单位应当做好现场防护，所需费用由责任方承担，或者按照合同约定执行。

(16)施工单位应当将施工现场的办公、生活区与作业区分开设置，并保持安全距离；办公、生活区的选址应当符合安全性要求。职工的膳食、饮水、休息场所等应当符合卫生标准。施工单位不得在尚未竣工的建筑物内设置员工集体宿舍。

(17)施工现场临时搭建的建筑物应当符合安全使用要求。施工现场使用的装配式活动房屋应当具有产品合格证。

(18)施工单位对因建设工程施工可能造成损害的毗邻建筑物、构筑物和地下管线等,应当采取专项防护措施。

(19)施工单位应当遵守有关环境保护法律、法规的规定,在施工现场采取措施,防止或者减少粉尘、废气、废水、固体废物、噪声、振动和施工照明对人和环境的危害和污染。

(20)在城市市区内的建设工程,施工单位应当对施工现场实行封闭围挡。

(21)施工单位应当在施工现场建立消防安全责任制度,确定消防安全责任人,制定用火、用电、使用易燃易爆材料等各项消防安全管理制度和操作规程,设置消防通道、消防水源,配备消防设施和灭火器材,并在施工现场入口处设置明显标志。

(22)施工单位应当向作业人员提供安全防护用具和安全防护服装,并书面告知危险岗位的操作流程和违章操作的危害。

(23)作业人员有权对施工现场的作业条件、作业程序和作业方式中存在的安全问题提出批评、检举和控告,有权拒绝违章指挥和强令冒险作业。

(24)在施工中发生危及人身安全的紧急情况时,作业人员有权立即停止作业或者在采取必要的应急措施后撤离危险区域。

(25)作业人员应当遵守安全施工的强制性标准、规章制度和操作规程,正确使用安全防护用具、机械设备等。

(26)施工单位采购、租赁的安全防护用具、机械设备、施工机具及配件,应当具有生产(制造)许可证、产品合格证,并在进入施工现场前进行查验。

(27)施工现场的安全防护用具、机械设备、施工机具及配件必须由专人管理,定期进行检查、维修和保养,建立相应的资料档案,并按照国家有关规定及时报废。

(28)施工单位在使用施工起重机械和整体提升脚手架、模板等自升式架设设施前,应当组织有关单位进行验收,也可以委托具有相应资质的检验检测机构进行验收;使用承租的机械设备和施工机具及配件的,由施工总承包单位、分包单位、出租单位和安装单位共同进行验收。验收合格的方可使用。

(29)《特种设备安全监察条例》规定的施工起重机械,在验收前应当经有相应资质的检验检测机构监督检验合格。

(30)施工单位应当自施工起重机械和整体提升脚手架、模板等自升式架设设施验收合格之日起 30 日内,向建设行政主管部门或者其他有关部门登记。登记标志应当置于或者附着于该设备的显著位置。

(31)施工单位的主要负责人、项目负责人、专职安全生产管理人员应当经建设行政主管部门或者其他有关部门考核合格后方可任职。

(32)施工单位应当对管理人员和作业人员每年至少进行一次安全生产教育培训,其教育培训情况记入个人工作档案。安全生产教育培训考核不合格的人员不得上岗。

(33)作业人员进入新的岗位或者新的施工现场前,应当接受安全生产教育培训。未经教育培训或者教育培训考核不合格的人员,不得上岗作业。

(34)施工单位在采用新技术、新工艺、新设备、新材料时,应当对作业人员进行相应的安全生产教育培训。

(35)施工单位应当为施工现场从事危险作业的人员办理意外伤害保险。

(36)意外伤害保险费由施工单位支付。实行施工总承包的,由总承包单位支付意外伤害保险费。意外伤害保险期限自建设工程开工之日起至竣工验收合格止。

4.建设单位的建筑工程安全生产责任

根据《建设工程安全生产管理条例》的规定,建设单位负有以下建筑工程安全生产责任:

(1)建设单位应当向施工单位提供施工现场及毗邻区域内供水、排水、供电、供气、通信、广播电视等地下管线资料,气象和水文观测资料,相邻建筑物和构筑物、地下工程的有关资料,并保证资料的真实、准确、完整。

(2)建设单位因建设工程需要,向有关部门或者单位查询相关规定的资料时,有关部门或者单位应当及时提供。

(3)建设单位不得对勘察、设计、施工、工程监理等单位提出不符合建设工程安全生产法律、法规和强制性标准规定的要求,不得压缩合同约定的工期。

(4)建设单位在编制工程概算时,应当确定建设工程安全作业环境及安全施工措施所需费用。

(5)建设单位不得明示或者暗示施工单位购买、租赁、使用不符合安全施工要求的安全防护用具、机械设备、施工机具及配件、消防设施和器材。

(6)建设单位在申请领取施工许可证时,应当提供建设工程有关安全施工措施的资料。

(7)依法批准开工报告的建设工程,建设单位应当自开工报告批准之日起15日内,将保证安全施工的措施报送建设工程所在地的县级以上地方人民政府建设行政主管部门或者其他有关部门备案。

(8)建设单位应当将拆除工程发包给具有相应资质等级的施工单位。

(9)建设单位应当在拆除工程施工15日前,将下列资料报送建设工程所在地的县级以上地方人民政府建设行政主管部门或者其他有关部门备案:①施工单位资质等级证明;②拟拆除建筑物、构筑物及可能危及毗邻建筑的说明;③拆除施工组织方案;④堆放、清除废弃物的措施。

(10)实施爆破作业的,应当遵守国家有关民用爆炸物品管理的规定。

建筑法对涉及建设单位建筑工程安全生产责任的事项设立了审批制度。有下列情形之一的,建设单位应当按照国家有关规定办理申请批准手续:①需要临时占用规划批准范围以外场地的;②可能损坏道路、管线、电力、邮电通信等公共设施的;③需要临时停水、停电、中断道路交通的;④需要进行爆破作业的;⑤法律、法规规定需要办理报批手续的其他情形。

➤ 四、从事建筑活动的其他相关主体的建筑工程安全生产责任

根据《建设工程安全生产管理条例》的规定,为建设工程提供机械设备和配件的单位(建筑工程机械设备租赁企业)负有以下建筑工程安全生产责任:

(1)为建设工程提供机械设备和配件的单位,应当按照安全施工的要求配备齐全有效的保险、限位等安全设施和装置。

(2)出租的机械设备和施工机具及配件,应当具有生产(制造)许可证、产品合格证。

(3)出租单位应当对出租的机械设备和施工机具及配件的安全性能进行检测,在签订租赁协议时,应当出具检测合格证明。

(4)禁止出租检测不合格的机械设备和施工机具及配件。

(5)在施工现场安装、拆卸施工起重机械和整体提升脚手架、模板等自升式架设设施,必须由具有相应资质的单位承担。

(6)安装、拆卸施工起重机械和整体提升脚手架、模板等自升式架设设施,应当编制拆装方案、制定安全施工措施,并由专业技术人员现场监督。

(7)施工起重机械和整体提升脚手架、模板等自升式架设设施安装完毕后,安装单位应当自检,出具自检合格证明,并向施工单位进行安全使用说明,办理验收手续并签字。

(8)施工起重机械和整体提升脚手架、模板等自升式架设设施的使用达到国家规定的检验检测期限的,必须经具有专业资质的检验检测机构检测。经检测不合格的,不得继续使用。

(9)检验检测机构检测合格的施工起重机械和整体提升脚手架、模板等自升式架设设施,应当出具安全合格证明文件,并对检测结果负责。

五、建筑施工企业安全生产许可制度

目前,我国对建筑施工企业实行安全生产许可制度。建筑施工企业安全生产许可制度既是我国建设工程行政许可法律制度体系的组成部分,也是建筑工程安全生产管理法律制度体系的组成部分。建筑施工企业安全生产许可制度的具体内容见第五章建设工程行政许可法律制度。

第五节 建筑工程质量管理

一、建筑工程质量的概念

建筑工程质量是指建筑工程满足建设单位需要的,符合国家法律、法规、技术规范标准、设计文件及合同规定的特性综合。这一概念强调的是建筑工程的实体质量。广义的建筑工程质量不仅包括建筑工程的实体质量,还包括形成建筑工程实体的工作质量。工作质量是指工程建设的参与者,为了保证建筑工程实体所从事工作的水平和完善程度,包括社会工作质量,如社会调查、市场预测、质量回访和保修服务等,以及生产过程工作质量,如管理工作质量、技术工作质量和后勤工作质量等。工作质量直接决定了产品实体质量,建筑工程实体质量的好坏是工程项目决策及勘察、设计、施工等单位各方面、各环节工作质量的综合反映。

建筑工程质量是建筑工程最重要的内在属性。建筑工程若发生质量问题,通常难以修复甚至不能修复、弥补,并有可能造成巨大的经济利益损失、人身伤亡、财产损失,对社会公共利益、环境、生态、资源(特别是土地资源)、经济与社会可持续发展等方面具有广泛、深入、难以逆转甚至不可逆转的重大影响作用。因此,涉及建筑工程质量管理的法律制度成为目前建筑法律制度体系的核心内容之一。

我国目前已经建立了以《中华人民共和国建筑法》为核心,并由《建设工程质量管理条例》《房屋建筑和市政基础设施工程质量监督管理规定》《房屋建筑工程质量保修办法》《建设工程质量检测管理办法》《建设工程勘察质量管理办法》等相关法律、法规、部门规章、相关标准与规范、相关规范性文件的确定的制度、程序、规则等组成的较为完整的建筑工程质量管理法律制度体系。其中,《中华人民共和国建筑法》对建筑工程质量管理涉及的主要问题作出了明确规定。

二、建筑工程质量管理的基本原则

建筑法确立了建筑工程质量管理的基本原则：建筑工程勘察、设计、施工的质量必须符合国家有关建筑工程安全标准的要求。

在建筑工程的各项质量属性中，能够保证建筑工程安全的质量属性无疑是最重要的质量属性。建筑工程的质量如果不符合保证建筑工程安全的要求，将会留下严重的质量隐患，危及建筑工程使用安全。确保建筑工程的质量符合建筑工程使用安全的要求，是从事勘察、设计、施工等专业建筑活动必须始终遵循的最重要的基本原则，也是建筑工程质量管理中最重要的内容。因此，建筑法对此作出了强制性规定。

三、建筑企业质量体系认证制度

《中华人民共和国建筑法》规定，国家对从事建筑活动的单位推行质量体系认证制度。

质量体系是指组织为实施质量管理、保证其产品质量的组织结构、程序、过程和资源所构成的有机整体。质量体系又称质量管理体系，是在产品质量方面指挥和控制组织的管理体系。它是组织的管理体系的一部分，致力于实现与组织的质量目标有关的结果。

质量体系认证是指依据国际通用的质量管理和质量保证系列标准，经过国家认可的质量体系认证机构对组织的质量体系进行审核，对于符合规定条件和要求的，通过颁发组织质量体系认证的形式，证明组织的质量保证能力符合相应要求的活动。质量体系认证的对象是组织，通常是企业。企业质量体系认证的目的是使企业向用户提供可靠的质量信誉和质量担保。在合同环境下，质量体系认证是为了满足需求方质量保证的要求；在非合同环境下，质量体系认证是为了增强企业的市场竞争能力，提高质量管理素质，落实质量方针，实现质量目标。

建筑工程是一种特殊的产品，对从事建筑活动的单位推行质量体系认证制度，对保证并提高建筑工程的质量具有重要意义。

四、从事建筑活动的主要主体的建筑工程质量义务和责任

1. 建设单位的建筑工程质量义务和责任

《中华人民共和国建筑法》第五十四条规定了建设单位的建筑工程质量基本义务和责任："建设单位不得以任何理由，要求建筑设计单位或者建筑施工企业在工程设计或者施工作业中，违反法律、行政法规和建筑工程质量、安全标准，降低工程质量。建筑设计单位和建筑施工企业对建设单位违反前款规定提出的降低工程质量的要求，应当予以拒绝。"

《建设工程质量管理条例》明确规定了建设单位的建筑工程质量具体义务和责任：

(1)建设单位应当将工程发包给具有相应资质等级的单位。

(2)建设单位不得将建设工程肢解发包。

(3)建设单位应当依法对工程建设项目的勘察、设计、施工、监理以及与工程建设有关的重要设备、材料等的采购进行招标。

(4)建设单位必须向有关的勘察、设计、施工、工程监理等单位提供与建设工程有关的原始资料。原始资料必须真实、准确、齐全。

(5)建设工程发包单位不得迫使承包方以低于成本的价格竞标，不得任意压缩合理工期。

(6)建设单位不得明示或者暗示设计单位或者施工单位违反工程建设强制性标准，降低建

设工程质量。

(7)施工图设计文件审查的具体办法,由国务院建设行政主管部门会同国务院其他有关部门制定。施工图设计文件未经审查批准的,不得使用。

(8)实行监理的建设工程,建设单位应当委托具有相应资质等级的工程监理单位进行监理,也可以委托具有工程监理相应资质等级并与被监理工程的施工承包单位没有隶属关系或者其他利害关系的该工程的设计单位进行监理。

(9)建设单位在开工前,应当按照国家有关规定办理工程质量监督手续,工程质量监督手续可以与施工许可证或者开工报告合并办理。

(10)按照合同约定,由建设单位采购建筑材料、建筑构配件和设备的,建设单位应当保证建筑材料、建筑构配件和设备符合设计文件和合同要求。建设单位不得明示或者暗示施工单位使用不合格的建筑材料、建筑构配件和设备。

(11)涉及建筑主体和承重结构变动的装修工程,建设单位应当在施工前委托原设计单位或者具有相应资质等级的设计单位提出设计方案;没有设计方案的,不得施工。房屋建筑使用者在装修过程中,不得擅自变动房屋建筑主体和承重结构。

(12)建设单位收到建设工程竣工报告后,应当组织设计、施工、工程监理等有关单位进行竣工验收。建设工程竣工验收应当具备下列条件:①完成建设工程设计和合同约定的各项内容;②有完整的技术档案和施工管理资料;③有工程使用的主要建筑材料、建筑构配件和设备的进场试验报告;④有勘察、设计、施工、工程监理等单位分别签署的质量合格文件;⑤有施工单位签署的工程保修书。

建设工程经验收合格的,方可交付使用。

(13)建设单位应当严格按照国家有关档案管理的规定,及时收集、整理建设项目各环节的文件资料,建立健全建设项目档案,并在建设工程竣工验收后,及时向建设行政主管部门或者其他有关部门移交建设项目档案。

2.勘察、设计单位(企业)的建筑工程质量义务和责任

《中华人民共和国建筑法》第五十六条规定了建筑工程勘察、设计单位(企业)的建筑工程质量基本义务和责任:"建筑工程的勘察、设计单位必须对其勘察、设计的质量负责。勘察、设计文件应当符合有关法律、行政法规的规定和建筑工程质量、安全标准、建筑工程勘察、设计技术规范以及合同的约定。设计文件选用的建筑材料、建筑构配件和设备,应当注明其规格、型号、性能等技术指标,其质量要求必须符合国家规定的标准。"

《建设工程质量管理条例》明确规定了勘察、设计单位(企业)的建筑工程质量具体义务和责任:

(1)从事建设工程勘察、设计的单位应当依法取得相应等级的资质证书,并在其资质等级许可的范围内承揽工程。

(2)禁止勘察、设计单位超越其资质等级许可的范围或者以其他勘察、设计单位的名义承揽工程。禁止勘察、设计单位允许其他单位或者个人以本单位的名义承揽工程。

(3)勘察、设计单位不得转包或者违法分包所承揽的工程。

(4)勘察、设计单位必须按照工程建设强制性标准进行勘察、设计,并对其勘察、设计的质量负责。

(5)注册建筑师、注册结构工程师等注册执业人员应当在设计文件上签字,对设计文件负责。

(6)勘察单位提供的地质、测量、水文等勘察成果必须真实、准确。

(7)设计单位应当根据勘察成果文件进行建设工程设计。

(8)设计文件应当符合国家规定的设计深度要求,注明工程合理使用年限。

(9)设计单位在设计文件中选用的建筑材料、建筑构配件和设备,应当注明规格、型号、性能等技术指标,其质量要求必须符合国家规定的标准。

(10)除有特殊要求的建筑材料、专用设备、工艺生产线等外,设计单位不得指定生产厂、供应商。

(11)设计单位应当就审查合格的施工图设计文件向施工单位作出详细说明。

(12)设计单位应当参与建设工程质量事故分析,并对因设计造成的质量事故,提出相应的技术处理方案。

3.施工单位(企业)的建筑工程质量义务和责任

《中华人民共和国建筑法》第五十八条和第五十九条规定了建筑工程施工单位(企业)的建筑工程质量基本义务和责任:"建筑施工企业对工程的施工质量负责。建筑施工企业必须按照工程设计图和施工技术标准施工,不得偷工减料。工程设计的修改由原设计单位负责,建筑施工企业不得擅自修改工程设计。""建筑施工企业必须按照工程设计要求、施工技术标准和合同的约定,对建筑材料、建筑构配件和设备进行检验,不合格的不得使用。"

《建设工程质量管理条例》明确规定了建筑工程施工单位(企业)的建筑工程质量具体义务和责任:

(1)施工单位应当依法取得相应等级的资质证书,并在其资质等级许可的范围内承揽工程。

(2)禁止施工单位超越本单位资质等级许可的业务范围或者以其他施工单位的名义承揽工程。禁止施工单位允许其他单位或者个人以本单位的名义承揽工程。

(3)施工单位不得转包或者违法分包工程。

(4)施工单位对建设工程的施工质量负责。

(5)施工单位应当建立质量责任制,确定工程项目的项目经理、技术负责人和施工管理负责人。

(6)建设工程实行总承包的,总承包单位应当对全部建设工程质量负责;建设工程勘察、设计、施工、设备采购的一项或者多项实行总承包的,总承包单位应当对其承包的建设工程或者采购的设备的质量负责。

(7)总承包单位依法将建设工程分包给其他单位的,分包单位应当按照分包合同的约定对其分包工程的质量向总承包单位负责,总承包单位与分包单位对分包工程的质量承担连带责任。

(8)施工单位必须按照工程设计图和施工技术标准施工,不得擅自修改工程设计,不得偷工减料。

(9)施工单位在施工过程中发现设计文件和图纸有差错的,应当及时提出意见和建议。

(10)施工单位必须按照工程设计要求、施工技术标准和合同约定,对建筑材料、建筑构配件、设备和商品混凝土进行检验,检验应当有书面记录和专人签字;未经检验或者检验不合格的,不得使用。

(11)施工单位必须建立、健全施工质量的检验制度,严格工序管理,做好隐蔽工程的质量检查和记录。隐蔽工程在隐蔽前,施工单位应当通知建设单位和建设工程质量监督机构。

（12）施工人员对涉及结构安全的试块、试件以及有关材料,应当在建设单位或者工程监理单位监督下现场取样,并送具有相应资质等级的质量检测单位进行检测。

（13）施工单位对施工中出现质量问题的建设工程或者竣工验收不合格的建设工程,应当负责返修。

（14）施工单位应当建立、健全教育培训制度,加强对职工的教育培训；未经教育培训或者考核不合格的人员,不得上岗作业。

4. 工程监理单位(企业)的建筑工程质量义务和责任

《建设工程质量管理条例》明确规定了工程监理单位(企业)的建筑工程质量具体义务和责任：

（1）工程监理单位应当依法取得相应等级的资质证书,并在其资质等级许可的范围内承担工程监理业务。

（2）禁止工程监理单位超越本单位资质等级许可的范围或者以其他工程监理单位的名义承担工程监理业务。禁止工程监理单位允许其他单位或者个人以本单位的名义承担工程监理业务。

（3）工程监理单位不得转让工程监理业务。

（4）工程监理单位与被监理工程的施工承包单位以及建筑材料、建筑构配件和设备供应单位有隶属关系或者其他利害关系的,不得承担该项建设工程的监理业务。

（5）工程监理单位应当依照法律、法规以及有关技术标准、设计文件和建设工程承包合同,代表建设单位对施工质量实施监理,并对施工质量承担监理责任。

（6）工程监理单位应当选派具备相应资格的总监理工程师和监理工程师进驻施工现场。

（7）未经监理工程师签字,建筑材料、建筑构配件和设备不得在工程上使用或者安装,施工单位不得进行下一道工序的施工。未经总监理工程师签字,建设单位不拨付工程款,不进行竣工验收。

（8）监理工程师应当按照工程监理规范的要求,采取旁站、巡视和平行检验等形式,对建设工程实施监理。

▶ 五、建筑工程竣工验收制度

1.建筑工程竣工验收的概念

建筑工程竣工验收是指在建筑工程已按照设计要求完成全部施工任务,准备交付给建设单位投入使用时,由建设单位或者有关主管部门依照国家关于建筑工程竣工验收制度的规定,对该项工程是否合乎设计要求和工程质量标准所进行的检查、考核工作。

2.建筑工程竣工验收应具备的条件

交付竣工验收的建筑工程,必须具备以下条件：

（1）必须符合规定的建筑工程质量标准。规定的建筑工程质量标准,包括依照法律、行政法规的有关规定制定的保证建筑工程质量和安全的强制性国家标准和行业标准,建设工程施工合同约定的对该项建筑工程特殊的质量要求,以及为体现法律、行政法规规定的质量标准和建设工程施工合同约定的质量要求而在工程设计文件中提出的有关工程质量的具体指标和技术要求。

(2)有完整的工程技术经济资料。工程技术经济资料,一般应包括建设工程施工合同,建筑工程用地的批准文件,工程的设计图及其他有关设计文件,工程所用主要建筑材料、建筑构配件和设备的出场检验合格证明和进场检验报告,申请竣工验收的报告书及有关工程建设的技术档案等。

(3)有经过签署的建筑工程质量保修书。工程竣工交付使用后,建筑施工企业应对其施工的建筑工程质量在一定期限内承担保修责任,以维护使用者的合法权益。为此,建筑施工企业应当按规定提供建筑工程质量保修证书,作为其向建筑工程的建设单位和用户承诺承担质量保修责任的书面凭证。

(4)具备国家规定的其他竣工条件。国务院建设主管部门和其他行业主管部门对各类房屋建筑工程和其他专业建筑工程交付竣工验收还必须具备的具体条件作出了明确规定。因此,各类房屋建筑工程和其他专业建筑工程还必须在具备上述条件的前提下同时具备这些具体条件,方可交付竣工验收。

建筑工程必须经竣工验收合格后,方可交付使用;没有经过竣工验收或者经过竣工验收确定为不合格的建筑工程,不得交付使用。

六、建筑工程质量保修制度

1. 建筑工程质量保修制度的概念

建筑工程质量保修制度是指对建筑工程在交付使用后的一定期限内发现的工程质量缺陷,由建筑施工企业承担修复责任的制度。建筑工程作为一种特殊的耐用消费品,一旦建成后将长期使用。建筑工程在建设中存在的质量问题,在工程竣工验收时被发现的,必须经修复完好后,才能作为合格工程交付使用;有些质量问题在竣工验收时未被发现,而是在一定期限内的使用过程中逐渐暴露出来的,施工企业则应当负责无偿修复,以维护用户的利益。

2. 建筑工程质量保修的范围

(1)地基基础工程和主体结构工程。建筑物的地基基础工程和主体结构质量直接关系建筑物的安危,不允许存在质量隐患;而一旦发现建筑物的地基基础工程和主体结构存在质量问题,也很难通过修复解决。建筑法规定,对地基基础工程和主体结构工程实行保修制度,实际上是要求施工企业必须确保建筑物地基基础工程和主体结构的质量。对使用中发现的建筑物地基基础工程或主体结构工程的质量问题,如果能够通过确保建筑物安全的技术措施予以修复,建筑施工企业应当负责修复;不能修复而造成建筑物无法继续使用的,有关责任者应当依法承担赔偿责任。

(2)屋面防水工程。对屋顶、墙壁出现漏水现象的,建筑施工企业应当负责保修。

(3)其他土建工程。其他土建工程是指除屋面防水工程以外的其他土建工程,包括地面与楼面工程、门窗工程等。这些工程的质量问题应属建筑工程的质量保修范围,由建筑施工企业负责修复。

(4)电气管线、上下水管线的安装工程,包括电气线路、开关、电表的安装,电气照明器具的安装,给水管道、排水管道的安装等。建筑物在正常使用过程中如出现这些管线安装工程的质量问题,建筑施工企业应当承担保修责任。

(5)供热、供冷系统工程,包括暖气设备、中央空调设备等的安装工程等,建筑施工企业也应对其质量承担保修责任。

(6)其他应当保修的项目范围。凡属国务院规定和建设工程施工合同约定应由建筑施工企业承担保修责任的项目,建筑施工企业都应当负责保修。

3. 建筑工程质量保修期限

考虑到各类建筑工程的不同情况,建筑法对建筑工程的保修期限问题未作具体规定,而是授权国务院对建筑工程保修期限的制定原则作了明确规定。国务院颁布的《建设工程质量管理条例》中对建筑(建设)工程的最低保修期限作出了规定。在正常使用条件下,建设工程的最低保修期限为:

(1)基础设施工程、房屋建筑的地基基础工程和主体结构工程,为设计文件规定的该工程的合理使用年限。

(2)屋面防水工程、有防水要求的卫生间、房间和外墙面的防渗漏,为5年。

(3)供热与供冷系统,为2个采暖期、供冷期。

(4)电气管线、给水排水管道、设备安装和装修工程,为2年。

其他项目的保修期限由发包方与承包方约定。建设工程的保修期,自竣工验收合格之日起计算。

《建设工程质量管理条例》规定的保修期限,属于最低保修期限,施工企业对其施工的建筑工程的质量保修期不能低于这一期限。国家鼓励施工企业提高其施工的建筑工程的质量保修期限。

4. 涉及建筑工程质量保修制度的其他规定

(1)建设工程承包单位在向建设单位提交工程竣工验收报告时,应当向建设单位出具质量保修书。质量保修书中应当明确建设工程的保修范围、保修期限和保修责任等。

(2)建设工程在保修范围和保修期限内发生质量问题的,施工单位应当履行保修义务,并对造成的损失承担赔偿责任。

(3)建设工程在超过合理使用年限后需要继续使用的,产权所有人应当委托具有相应资质等级的勘察、设计单位鉴定,并根据鉴定结果采取加固、维修等措施,重新界定使用期。

➤ 七、建设工程质量监督管理制度

《建设工程质量管理条例》规定了建设工程质量监督管理制度的具体要求。

(1)国家实行建设工程质量监督管理制度。

(2)国务院建设行政主管部门对全国的建设工程质量实施统一监督管理。国务院铁路、交通、水利等有关部门按照国务院规定的职责分工,负责对全国的有关专业建设工程质量的监督管理。

(3)县级以上地方人民政府建设行政主管部门对本行政区域内的建设工程质量实施监督管理。县级以上地方人民政府交通、水利等有关部门在各自的职责范围内,负责对本行政区域内的专业建设工程质量的监督管理。

(4)国务院建设行政主管部门和国务院铁路、交通、水利等有关部门应当加强对有关建设工程质量的法律、法规和强制性标准执行情况的监督检查。

(5)国务院发展计划部门按照国务院规定的职责,组织稽查特派员,对国家出资的重大建设项目实施监督检查。

(6)国务院经济贸易主管部门按照国务院规定的职责,对国家重大技术改造项目实施监督检查。

(7)建设工程质量监督管理,可以由建设行政主管部门或者其他有关部门委托的建设工程质量监督机构具体实施。

(8)从事房屋建筑工程和市政基础设施工程质量监督的机构,必须按照国家有关规定经国务院建设行政主管部门或者省、自治区、直辖市人民政府建设行政主管部门考核;从事专业建设工程质量监督的机构,必须按照国家有关规定经国务院有关部门或者省、自治区、直辖市人民政府有关部门考核。经考核合格后,方可实施质量监督。

(9)县级以上地方人民政府建设行政主管部门和其他有关部门应当加强对有关建设工程质量的法律、法规和强制性标准执行情况的监督检查。

(10)县级以上人民政府建设行政主管部门和其他有关部门履行监督检查职责时,有权采取下列措施:①要求被检查的单位提供有关工程质量的文件和资料;②进入被检查单位的施工现场进行检查;③发现有影响工程质量的问题时,责令改正。

(11)建设单位应当自建设工程竣工验收合格之日起15日内,将建设工程竣工验收报告和规划、消防、环保等部门出具的认可文件或者准许使用文件报建设行政主管部门或者其他有关部门备案。

(12)建设行政主管部门或者其他有关部门发现建设单位在竣工验收过程中有违反国家有关建设工程质量管理规定行为的,责令停止使用,重新组织竣工验收。

(13)有关单位和个人对县级以上人民政府建设行政主管部门和其他有关部门进行的监督检查应当支持与配合,不得拒绝或者阻碍建设工程质量监督检查人员依法执行职务。

(14)供水、供电、供气、消防等部门或者单位不得明示或者暗示建设单位、施工单位购买其指定的生产供应单位的建筑材料、建筑构配件和设备。

(15)建设工程发生质量事故,有关单位应当在24小时内向当地建设行政主管部门和其他有关部门报告。对重大质量事故,事故发生地的建设行政主管部门和其他有关部门应当按照事故类别和等级向当地人民政府和上级建设行政主管部门和其他有关部门报告。

(16)特别重大质量事故的调查程序按照国务院有关规定办理。

(17)任何单位和个人对建设工程的质量事故、质量缺陷都有权检举、控告、投诉。

典型案例及分析

1. 案例背景

2013年10月17日,王某与北京市某物资公司签订了拆迁安置居民回迁购房合同书,王某属于拆迁安置对象。某物资公司回迁楼建设完毕以后,分给王某一套三居室楼房。2015年10月,物资公司如约将回迁楼建设完毕并交付使用。

王某在没有办理回迁入住手续的情况下,私自进入该房,在向物业公司交纳了装修押金

3000元后,于2016年3月对该房进行了装修。装修过程中,王某雇用没有装修资质的装修人员对房屋内部结构进行拆改,将多处钢筋混凝土结构承重墙砸毁,并将结构柱主钢筋大量截断。

其间,物资公司多次向王某发出停工通知,并委托房屋安全鉴定站对此房屋进行了鉴定,鉴定结论为:房屋墙体被拆改、移位,已对房屋承重结构造成破坏。王某对此均未理睬。

2016年4月,某物资公司向区人民法院提起诉讼,要求王某立即搬出强占的房屋,停止毁坏住宅楼主体结构的行为,消除危险,承担对所破坏房屋由专业施工单位进行修复的费用77439.04元以及鉴定费240元、加固设计费1000元。

2. 案件审理

一审法院经审理认为,凡涉及拆改主体结构和明显加大荷载的,房屋所有人、使用人必须向房屋所在地的房地产行政主管部门提出申请,并由房屋安全鉴定单位对装饰装修方案的使用进行审定。经批准后在建设主管部门办理报建手续,领取施工许可证。

原有房屋装饰装修需要拆改结构的,装饰装修设计必须保证房屋的整体性、抗震性和结构安全性,并由有资质的装饰装修单位进行施工。

本案中王某在没有办理房屋入住手续的情况下,私自进入房屋;未经有关部门批准,在装修过程中对房屋的主体结构及其他设施进行拆改;物资公司多次制止后仍不停止,给整幢房屋造成严重安全隐患,应承担民事责任。

判决如下:

(1)自判决生效后3日内,被告王某将住房腾空,交原告物资公司。

(2)自判决生效后3日内,被告王某给付原告物资公司对住房的鉴定费640元、加固设计费4000元、加固费63746元,并由原告物资公司负责加固施工。

(3)自加固工程完成后30日内,由被告王某负责将拆改的住房门厅隔断墙恢复原状。

3. 案例评析

《中华人民共和国建筑法》第四十九条规定:"涉及建筑主体和承重结构变动的装修工程,建设单位应当在施工前委托原设计单位或者具有相应资质条件的设计单位提出设计方案;没有设计方案的,不得施工。"

《中华人民共和国建筑法》第七十条规定:"违反本法规定,涉及建筑主体或者承重结构变动的装修工程擅自施工的,责令改正,处以罚款;造成损失的,承担赔偿责任;构成犯罪的,依法追究刑事责任。"

《建设工程质量管理条例》第六十九条规定:"违反本条例规定,涉及建筑主体或者承重结构变动的装修工程,没有设计方案擅自施工的,责令改正,处50万元以上100万元以下的罚款;房屋建筑使用者在装修过程中擅自变动房屋建筑主体和承重结构的,责令改正,处5万元以上10万元以下的罚款。有前款所列行为,造成损失的,依法承担赔偿责任。"

根据上述法律法规,在房屋建筑装饰装修过程中,不论是建设单位还是房屋建筑使用者,都必须严格遵守法律强制性规定。本案中,王某作为房屋建筑使用人,擅自变动建筑主体和承重结构是严重的违法行为,不仅要依法承担赔偿责任,还应当受到建设行政主管部门的行政处罚。

复习思考题

1. 建筑法的立法目的、调整对象、适用主体范围是什么？
2. 建设工程合同在建筑工程发包、承包活动中的作用是什么？
3. 国务院实行强制监理制度的建筑（建设）工程项目的范围是什么？为什么必须对这些工程实施强制监理？
4. 勘察、设计单位的建筑工程安全生产责任包括哪些？
5. 勘察、设计单位的建筑工程质量义务和责任包括哪些？
6. 简述建筑工程质量与建筑工程安全生产之间的关系。

第五章

建设工程行政许可法律制度

第一节 概 述

一、建设工程行政许可的概念

行政许可是指国家行政机关根据公民个人、法人或其他组织的申请,经依法审查,准予公民个人、法人或其他组织从事某种特定活动的行为,通常是通过书面证书形式赋予公民个人、法人或其他组织从事某种特定活动的权利或者确认其具备从事某种特定活动的资格。行政许可是国家行政机关依法进行的行政行为,其基本性质是对特定活动进行事前控制的一种管理手段。

建设行政许可是指国家建设行政主管机关(部门)或者其他行业行政主管机关(部门)根据公民个人、法人或其他组织的申请,经依法审查,准予公民个人、法人或其他组织从事特定建筑活动的行为。建设行政许可法律制度是调整、规范建设行政许可行为的法律规范的总称。建设行政许可的种类很多,既包括在建筑活动中的行政许可,也包括城乡规划、房地产开发等领域的行政许可。本章只介绍建筑活动中的行政许可。

建筑活动(包括《中华人民共和国建筑法》所称的建筑活动和其他专业建筑工程的建筑活动)作为一种综合性技术活动,具有其自身的规律性和特殊性,对从事建筑活动的企业和个人在专业技术水平与能力、管理水平与能力方面具有特殊要求,建立并实施建设行政许可法律制度,是国家对从事建筑活动的从业企业和从业人员个人进行监督管理的客观需要,有利于依法规范从事建筑活动的企业和个人的从业行为,有利于对建筑活动的依法监督与指导,有利于保证建筑工程质量和建筑生产安全,有利于依法规范建筑市场秩序,有利于国家从总体上对建筑活动规模、建筑工程数量以及从事建筑活动的企业和从业人员数量与规模等方面进行宏观管理与调控,有利于依法保护建设单位、从事建筑活动的企业和个人的相关合法权益。建筑活动中的行政许可种类也较多,本章只对部分行政许可进行介绍。

二、建设工程行政许可法律制度的构成

目前,由《中华人民共和国建筑法》《中华人民共和国行政许可法》与其他相关法律、行政法规、部门规章共同确立的我国建设行政许可法律制度主要包括建筑工程施工许可法律制度、建筑活动从业资格许可法律制度(包括对建设工程企业实行的单位(企业)资格等级许可制度,对

从事建筑活动的个人实行的专业(技术)人员注册执业资格许可制度)和对建筑施工企业实行的安全生产许可法律制度。

第二节 建设工程施工许可法律制度

一、建设工程施工许可法律制度的概念

建设工程施工许可法律制度是指由国家授权国家建设主管机关(部门),在建设工程施工开始以前,对该项建设工程是否符合法定的开工必备条件进行审查,对符合条件的建设工程颁发施工许可证,准予该项建设工程开工建设的法律制度。建设工程施工许可证是建设工程开始施工前,该建设工程的建设单位向国家建设主管机关(部门)申请领取的准予该建设工程施工的证明,是该建设工程被依法准予开工建设的法定依据性、证明性文件。

对建设工程实行施工许可法律制度,是许多国家的行政机关对建设活动实施监督管理所采用的通常做法。目前,建设工程施工许可法律制度是我国建设行政许可法律制度的重要组成部分。

二、建设工程施工许可证和开工报告的施工范围

我国目前对建设工程开工条件的审批,存在颁发"施工许可证"和批准"开工报告"两种形式。多数工程是颁发施工许可证,少数工程则为批准开工报告。

(一)施工许可证的适用范围

1. 需要办理施工许可证的建设工程

2014年6月,住房和城乡建设部发布修改后的《建筑工程施工许可管理办法》,该办法规定:"在中华人民共和国境内从事各类房屋建筑及其附属设施的建造、装修装饰和与其配套的线路、管道、设备的安装,以及城镇市政基础设施工程的施工,建设单位在开工前应当依照本办法的规定,向工程所在地的县级以上地方人民政府住房城乡建设主管部门申请领取施工许可证。"

2017年7月颁布的《住房和城乡建设部办公厅关于工程总承包项目和政府采购工程建设项目办理施工许可手续有关事项的通知》中规定:"各级住房城乡建设主管部门可以根据工程总承包合同及分包合同确定设计、施工单位,依法办理施工许可证。""对在工程总承包项目中承担分包工作,且已与工程总承包单位签订分包合同的设计单位或施工单位,各级住房城乡建设主管部门不得要求其与建设单位签订设计合同或施工合同,也不得将上述要求作为申请领取施工许可证的前置条件。"

对依法通过竞争性谈判或单一来源方式确定供应商的政府采购工程建设项目,应严格执行《中华人民共和国建筑法》和《建筑工程施工许可管理办法》等的规定,对符合申请条件的,应当颁发施工许可证。

2. 不需要办理施工许可证的建设工程

(1)限额以下的小型工程。按照《中华人民共和国建筑法》的规定,国务院建设行政主管部门确定的限额以下的小型工程,可以不申请办理施工许可证。据此,《建筑工程施工许可管理

办法》规定,工程投资额在30万元以下或者建筑面积在300平方米以下的建筑工程,可以不申请办理施工许可证。省、自治区、直辖市人民政府住房和城乡建设主管部门可以根据当地的实际情况,对限额进行调整,并报国务院住房和城乡建设主管部门备案。

(2)抢险救灾工程。《中华人民共和国建筑法》规定,抢险救灾及其他临时性房屋建筑和农民自建低层住宅的建筑活动,不适用本法,即不需要办理施工许可证。

3. 不重复办理施工许可证的建设工程

为避免同一建设工程的开工由不同行政主管部门重复审批的现象,《中华人民共和国建筑法》规定,按照国务院规定的权限和程序批准开工报告的建筑工程,不再领取施工许可证。这有两层含义:一是实行开工报告批准制度的建设工程,必须符合国务院的规定,其他任何部门的规定无效;二是开工报告与施工许可证不要重复办理。

4. 另行规定的建设工程

《中华人民共和国建筑法》规定,军用房屋建筑工程建筑活动的具体管理办法,由国务院、中央军事委员会依据本法制定。据此,军用房屋建筑工程是否实行施工许可,由国务院、中央军事委员会另行规定。

(二)实行开工报告制度的建设工程

开工报告制度是我国沿用已久的一种建设项目开工管理制度。1979年,原国家计划委员会、国家基本建设委员会设立了该项制度。1984年将其简化,1988年以后又恢复了开工报告制度。开工报告制度审查的内容主要包括:①资金到位情况;②投资项目市场预测;③设计图是否满足施工要求;④现场条件是否具备"三通一平"等的要求。

▶ 三、建设工程施工许可证的申请主体和法定批准条件

(一)施工许可证的申请主体

《中华人民共和国建筑法》规定,建设单位应当按照国家有关规定向工程所在地县级以上人民政府建设行政主管部门申请领取施工许可证。

建设单位(又称业主或项目法人)是建设项目的投资者,如果建设项目是政府投资,则建设单位为该建设项目的管理单位或使用单位。为施工单位进场和开工做好各项前期准备工作,是建设单位应尽的义务。因此,施工许可证的申请领取,应该是由建设单位负责而不是施工单位或其他单位。

(二)施工许可证的法定批准条件

《中华人民共和国建筑法》规定,申请领取施工许可证,应当具备下列条件:①已经办理该建筑工程用地批准手续;②依法应当办理建设工程规划许可证的,已经取得建设工程规划许可证;③需要拆迁的,其拆迁进度符合施工要求;④已经确定建筑施工企业;⑤有满足施工需要的资金安排、施工图纸及技术资料;⑥有保证工程质量和安全的具体措施。

《建筑工程施工许可管理办法》进一步规定,建设单位申请领取施工许可证,应当具备下列条件,并提交相应的证明文件:①依法应当办理用地批准手续的,已经办理该建筑工程用地批准手续;②依法应当办理建设工程规划许可证的,已经取得建设工程规划许可证;③施工场地已经基本具备施工条件,需要征收房屋的,其进度符合施工要求;④已经确定施工企业;⑤有满

足施工需要的资金安排、施工图纸及技术资料,建设单位应当提供建设资金已经落实承诺书,施工图设计文件已按规定审查合格;⑥有保证工程质量和安全的具体措施。具体如下:

(1)依法应当办理用地批准手续的,已经办理该建筑工程用地批准手续。2019年8月经修改后公布的《中华人民共和国土地管理法》规定,经批准的建设项目需要使用国有建设用地的,建设单位应当持法律、行政法规规定的有关文件,向有批准权的县级以上人民政府自然资源主管部门提出建设用地申请,经自然资源主管部门审查,报本级人民政府批准。

(2)依法应当办理建设工程规划许可证的,已经取得建设工程规划许可证。在城市、镇规划区,规划许可证包括建设用地规划许可证和建设工程规划类许可证。在乡、村庄规划区内进行乡镇企业、乡村公共设施和公益事业建设的,须核发乡村建设规划许可证。

根据《国务院关于印发清理规范投资项目报建审批事项实施方案的通知》(国发〔2016〕29号)要求,将原建设工程规划许可证核发、历史建筑实施原址保护审批等4项合并为"建设工程规划类许可证核发"。

①建设用地规划许可证。2019年4月经修改后公布的《中华人民共和国城乡规划法》规定,在城市、镇规划区内以划拨方式提供国有土地使用权的建设项目,经有关部门批准、核准、备案后,建设单位应当向城市、县人民政府城乡规划主管部门提出建设用地规划许可申请,由城市、县人民政府城乡规划主管部门依据控制性详细规划核定建设用地的位置、面积、允许建设的范围,核发建设用地规划许可证。建设单位在取得建设用地规划许可证后,方可向县级以上地方人民政府土地主管部门申请用地,经县级以上人民政府审批后,由土地主管部门划拨土地。

以出让方式取得国有土地使用权的建设项目,建设单位在取得建设项目的批准、核准、备案文件和签订国有土地使用权出让合同后,向城市、县人民政府城乡规划主管部门领取建设用地规划许可证。

②建设工程规划许可证。在城市、镇规划区内进行建筑物、构筑物、道路、管线和其他工程建设的,建设单位或者个人应当向城市、县人民政府城乡规划主管部门或者省、自治区、直辖市人民政府确定的镇人民政府申请办理建设工程规划许可证。

在乡、村庄规划区内进行乡镇企业、乡村公共设施和公益事业建设的,建设单位或者个人应当向乡、镇人民政府提出申请,由乡、镇人民政府报城市、县人民政府城乡规划主管部门核发乡村建设规划许可证。建设单位或者个人在取得乡村建设规划许可证后,方可办理用地审批手续。

上述两个规划许可证,分别是申请用地和确认有关建设工程符合城乡规划要求的法律凭证。

(3)施工场地已经基本具备施工条件,需要征收房屋的,其进度符合施工要求。施工场地应该具备的基本施工条件,通常要根据建设工程项目的具体情况决定。例如,已进行场区的施工测量,设置永久性经纬坐标桩、水准基桩和工程测量控制网;搞好"三通一平"或"七通一平";在施工现场要设安全纪律牌、施工公告牌、安全标志牌等。实行监理的建设工程,一般要由监理单位查看后填写"施工场地已具备施工条件的证明",并加盖单位公章确认。

2021年1月1日起施行的《中华人民共和国民法典》规定,为了公共利益的需要,依照法律规定的权限和程序可以征收集体所有的土地和组织、个人的房屋以及其他不动产。但是,征收进度必须能满足建设工程开始施工和连续施工的要求。

(4) 已经确定施工企业。建设工程的施工必须由具备相应资质的施工企业来承担。因此，在建设工程开工前，建设单位必须依法通过招标或直接发包的方式确定承包该建设工程的施工企业，并签订建设工程承包合同，明确双方的责任、权利和义务。

按照规定应当招标的工程没有招标，应当公开招标的工程没有公开招标，或者肢解发包工程，以及将工程发包给不具备相应资质条件的企业的，所确定的施工企业无效。

(5) 有满足施工需要的资金安排、施工图纸及技术资料，建设单位应当提供建设资金已经落实承诺书，施工图设计文件已按规定审查合格。我国有严格的施工图设计文件审查制度。2017年10月经修改后公布的《建设工程勘察设计管理条例》规定，编制施工图设计文件，应当满足设备材料采购、非标准设备制作和施工的需要，并注明建设工程合理使用年限。施工图设计文件审查机构应当对房屋建筑工程、市政基础设施工程施工图设计文件中涉及公共利益、公众安全、工程建设强制性标准的内容进行审查。县级以上人民政府交通运输等有关部门应当按照职责对施工图设计文件中涉及公共利益、公众安全、工程建设强制性标准的内容进行审查。2019年4月经修改后公布的《建设工程质量管理条例》规定，施工图设计文件未经审查批准的，不得使用。

技术资料一般包括地形、地质、水文、气象等自然条件资料和主要原材料、燃料来源，水电供应和运输条件等技术经济条件资料。

(6) 有保证工程质量和安全的具体措施。《建设工程质量管理条例》规定，建设单位在开工前，应当按照国家有关规定办理工程质量监督手续，工程质量监督手续可以与施工许可证或者开工报告合并办理。

2003年11月公布的《建设工程安全生产管理条例》规定，建设单位在申请领取施工许可证时，应当提供建设工程有关安全施工措施的资料。建设行政主管部门在审核发放施工许可证时，应当对建设工程是否有安全施工措施进行审查，对没有安全施工措施的，不得颁发施工许可证。

《建筑工程施工许可管理办法》中进一步规定，施工企业编制的施工组织设计中有根据建筑工程特点制定的相应质量、安全技术措施。建立工程质量安全责任制并落实到人。专业性较强的工程项目编制了专项质量、安全施工组织设计，并按照规定办理了工程质量、安全监督手续。

上述各项法定条件必须同时具备，缺一不可。发证机关应当自收到申请之日起7日内，对符合条件的申请颁发施工许可证。对于证明文件不齐全或者失效的，应当当场或者5日内一次告知建设单位需要补正的全部内容，审批时间可以自证明文件补正齐全后作相应顺延；对于不符合条件的，应当自收到申请之日起7日内书面通知建设单位，并说明理由。

《建筑工程施工许可管理办法》还规定，应当申请领取施工许可证的建筑工程未取得施工许可证的，一律不得开工。任何单位和个人不得将应当申请领取施工许可证的工程项目分解为若干限额以下的工程项目，规避申请领取施工许可证。

➤ 四、延期开工、核验和重新办理批准的规定

（一）申请延期的规定

《中华人民共和国建筑法》规定，建设单位应当自领取施工许可证之日起3个月内开工。因故不能按期开工的，应当向发证机关申请延期；延期以两次为限，每次不超过3个月。既不开工又不申请延期或者超过延期时限的，施工许可证自行废止。

(二)核验施工许可证的规定

《中华人民共和国建筑法》规定,在建的建筑工程因故中止施工的,建设单位应当自中止施工之日起1个月内,向发证机关报告,并按照规定做好建筑工程的维护管理工作。建筑工程恢复施工时,应当向发证机关报告;中止施工满1年的工程恢复施工前,建设单位应当报发证机关核验施工许可证。

所谓中止施工,是指建设工程开工后,在施工过程中因特殊情况的发生而中途停止施工的一种行为。中止施工的原因很复杂,如地震、洪水等不可抗力,以及宏观调控压缩基建规模、停建缓建建设工程等。对于因故终止施工的,建设单位应当按照规定的时限向发证机关报告,并按照规定做好建设工程的维护管理工作,以防止建设工程在中止施工期间遭受不必要的损失,保证在恢复施工时可以尽快启动。

恢复施工时,建设单位应当向发证机关报告恢复施工的有关情况。中止施工满1年的,在建设工程恢复施工前,建设单位还应当报发证机关核验施工许可证,看是否具备组织施工的条件。经核验符合条件的,应允许恢复施工,施工许可证继续有效;经核验不符合条件的,应当收回其施工许可证,不允许施工,待条件具备后,由建设单位重新申领施工许可证。

(三)重新办理批准手续的规定

对于实行开工报告制度的建设工程,《中华人民共和国建筑法》规定,按照国务院有关规定批准开工报告的建筑工程,因故不能按期开工或者终止施工的,应当及时向批准机关报告情况;因故不能按期开工超过6个月的,应当重新办理开工报告的批准手续。

➢ 五、违法行为应承担的法律责任

(一)未经许可擅自开工应承担的法律责任

《中华人民共和国建筑法》规定,违反本法规定,未取得施工许可证或者开工报告未经批准擅自施工的,责令改正,对不符合开工条件的责令停止施工,可以处以罚款。

《建设工程质量管理条例》规定,建设单位未取得施工许可证或者开工报告未经批准,擅自施工的,责令停止施工,限期整改,处工程合同价款1%以上2%以下的罚款。

(二)规避办理施工许可证应承担的法律责任

《建筑工程施工许可管理办法》规定,对于未取得施工许可证或者为规避办理施工许可证将工程项目分解后擅自施工的,由有权管辖的发证机关责令停止施工,限期整改,对建设单位处工程合同价款1%以上2%以下罚款;对施工单位处3万元以下罚款。

(三)骗取和伪造施工许可证应承担的法律责任

《建筑工程施工许可管理办法》规定,建设单位采用欺骗、贿赂等不正当手段取得施工许可证的,由原发证机关撤销施工许可证,责令停止施工,并处1万元以上3万元以下罚款;构成犯罪的,依法追究刑事责任。

建设单位隐瞒有关情况或者提供虚假材料申请施工许可证的,发证机关不予受理或者不予许可,并处1万元以上3万元以下罚款;构成犯罪的,依法追究刑事责任。

建设单位伪造或者涂改施工许可证的,由发证机关责令停止施工,并处1万元以上3万元以下罚款;构成犯罪的,依法追究刑事责任。

(四)对单位主管人员等处罚的规定

《建筑工程施工许可管理办法》规定,依照本办法规定,给予单位罚款处罚的,对单位直接负责的主管人员和其他直接责任人员处单位罚款数额5%以上10%以下罚款。单位及相关责任人受到处罚的,作为不良行为记录予以通报。

第三节 建筑活动从业资格许可法律制度

➤ 一、建筑活动从业资格许可法律制度的概念

建筑活动从业资格许可法律制度是指由国家授权国家建设主管机关(部门),对建设工程企业和个人在进行建筑活动以前,对单位(企业)和个人从事建筑活动的能力、水平是否达到法定必备条件的要求与相关资格进行审查,对符合条件的单位(企业)颁发资质等级许可证书,对符合条件的个人颁发执业许可证书,准予其在该证书许可的范围内从事建筑活动的法律制度。

建筑活动作为一种综合性技术活动,具有其自身的规律性和特殊性,对于从事建筑活动的企业和个人在专业技术水平与能力、管理水平与能力方面具有特殊要求。建立并实施建筑活动从业资格许可法律制度,是国家对从事建筑活动的从业企业和从业人员个人进行监督管理的客观需要,同时也建立和确立了企业和个人进入我国建筑市场从事建筑活动的准入制度与规则。

目前,我国建筑活动从业资格许可制度法律,主要包括对建设工程企业实行单位(企业)资质等级许可制度,对从事建筑活动的个人实行专业(技术)人员注册执业许可制度。

➤ 二、建设工程企业资质等级许可制度

建设工程企业是我国建筑业从事建筑活动的重要主体。目前,我国建筑市场上建设工程企业主要包括建筑施工单位(企业)、建筑(建设)工程勘察单位(企业)、建筑(建设)工程设计单位(企业)、建筑(建设)工程监理单位(企业)等类型。《中华人民共和国建筑法》和相关法律、法规、部门规章和相关规范性文件共同建立的建设工程企业的资质等级许可制度主要包括:建设工程企业应具备的基本条件,建设工程企业的资质等级许可标准制度,建设工程企业的资质申请制度、许可或审查审批制度、监督管理制度及相关法律责任等内容。

(一)建设工程企业应具备的基本条件

根据《中华人民共和国建筑法》的规定,在我国建筑市场上从事建筑活动的建筑施工单位(企业)、建筑(建设)工程勘察单位(企业)、建筑(建设)工程设计单位(企业)、建筑(建设)工程监理单位(企业),应当具备以下四个方面的基本条件:

(1)有符合国家规定的注册资本。
(2)有与其从事的建筑活动相适应的具有法定执业资格的专业技术人员。
(3)有从事相应建筑活动所应有的技术装备。
(4)法律、行政法规规定的其他条件。

(二)建设工程企业的资质等级许可标准制度

根据《中华人民共和国建筑法》的规定,在我国建筑市场上从事建筑活动的施工单位(企

业)、工程勘察单位(企业)、设计单位(企业)、工程监理单位(企业),按照其拥有的注册资本、专业技术人员、技术装备和已完成的建筑工程业绩等资质条件,划分为不同的资质等级,经资质审查合格,取得相应等级的资质证书后,方可在其资质等级许可的范围内从事建筑活动。

《中华人民共和国建筑法》的上述规定确立了我国建设工程企业的资质等级许可标准制度的基本框架。在此基础上,国务院、作为负责全国建筑业企业资质的统一监督管理的国务院建设主管部门的住房和城乡建设部(原建设部)、其他行业主管部门制定了一系列的相关行政法规、部门规章和相关规范性文件,如:国务院颁布的行政法规《建设工程勘察设计管理条例》,原建设部和其他行业主管部门颁布的《建筑业企业资质管理规定》《建设工程勘察设计资质管理规定》《工程监理企业资质管理规定》《工程造价咨询企业管理办法》《外商投资建筑业企业管理规定》《外商投资建设工程设计企业管理规定》《外商投资建设工程服务企业管理规定》等部门规章,以及《建筑业企业资质等级标准》《工程勘察资质分级标准》《工程设计资质标准》的规范性文件等相关制度与规定,共同构成了我国现行建设工程企业的资质等级许可标准制度。

建设工程企业的资质等级许可标准制度涉及资质条件、资质等级划分、不同资质等级的建设工程企业的从业范围等方面的相关制度与规定。

1. 建设工程企业应具备的资质条件

建设工程企业应具备的资质条件如下:
(1)注册资本;
(2)专业技术人员;
(3)技术装备;
(4)已完成的建筑工程业绩。

2. 我国现行建设工程企业的资质等级划分和相应的建筑工程承包范围

(1)建筑业企业资质等级划分和相应的建筑工程(施工)承包范围。根据《建筑业企业资质管理规定》和《建筑业企业资质标准》(包括《施工总承包企业特级资质标准》《专业承包企业资质等级标准》《建筑业劳务分包企业资质标准》)的有关规定,我国建筑业企业资质分为施工总承包、专业承包两个序列。施工总承包资质、专业承包资质按照工程性质和技术特点分别划分为若干资质类别,各资质类别又按照规定的条件划分为若干资质等级。施工劳务资质不分类别与等级。表5-1是建筑业企业资质等级的划分和相应的建筑工程(施工)承包范围。

表5-1 建筑业企业资质等级划分和相应的建筑工程(施工)承包范围

序列	资质类别	资质分级	建筑工程(施工)承包范围
施工总承包序列	12个资质类别	特级、一级、二级、三级	可以承担施工总承包工程
专业承包序列	36个资质类别	一级、二级、三级	可以承担施工总承包企业分包的专业工程和建设单位依法发包的专业工程

建筑业企业各级资质等级分级标准和取得各资质等级许可的建筑业企业分别可以承包的建筑工程(施工)具体范围可参见《建筑业企业资质标准》的具体规定。

(2)勘察、设计企业(单位)资质等级划分和相应的勘察、设计业务承包范围。根据《建设工程勘察设计管理条例》《建设工程勘察设计资质管理规定》《工程勘察资质分级标准》的有关规定,我国工程勘察企业(单位)资质等级划分情况如下:

建筑(建设)工程勘察资质分为工程勘察综合资质、工程勘察专业资质和工程勘察劳务资质三个序列。取得工程勘察综合资质的企业,可以承接各专业(海洋工程勘察除外)、各等级工程勘察业务;取得工程勘察专业资质的企业,可以承接相应等级相应专业的工程勘察业务;取得工程勘察劳务资质的企业,可以承接岩土工程治理、工程钻探、凿井等工程勘察劳务业务。

工程勘察综合资质只设甲级;工程勘察专业资质设甲级、乙级,根据工程性质和技术特点,部分专业设丙级;工程勘察劳务资质不分等级。取得建筑(建设)工程勘察资质等级许可的建筑(建设)工程勘察企业根据其资质等级不同,可以承担与其资质等级许可范围相应的建筑(建设)工程勘察业务(见表5-2)。

表5-2 建筑(建设)工程勘察企业的资质等级划分及其工程勘察业务承包范围

序列	分级	工程勘察业务承包范围
综合资质	甲级	可以承担各专业(海洋工程勘察除外)、各等级的建筑(建设)工程项目的工程勘察业务,其承担业务的范围和地区不受限制
专业资质	甲级	可以承担相应专业所有建筑(建设)工程项目的工程勘察业务,其承担业务的范围和地区不受限制
	乙级	可以承担相应专业中、小型建筑(建设)工程项目的工程勘察业务,其承担业务的地区不受限制
	丙级	可以承担相应专业范围内小型建筑(建设)工程项目的工程勘察业务,其承担业务的地区限于企业所属省、自治区、直辖市所辖行政区范围内
劳务资质	不分等级	可以承担岩土工程治理、工程钻探、凿井等建筑(建设)工程勘察劳务业务,其承担业务的地区不受限制

建筑(建设)工程勘察企业各级资质等级分级标准和各资质等级的建筑(建设)工程勘察企业分别可以承包的建筑(建设)工程勘查业务的具体范围可参见《工程勘察资质分级标准》的具体规定。

根据《建设工程勘察设计管理条例》《建设工程勘察设计资质管理规定》《工程设计资质标准》的有关规定,我国建筑(建设)工程设计企业(单位)资质等级划分情况如下:

建筑(建设)工程设计企业资质分为工程设计综合资质、工程设计行业资质、工程设计专业资质和工程设计专项资质四个序列。

工程设计综合资质只设甲级;工程设计行业资质、工程设计专业资质、工程设计专项资质设甲级、乙级,根据建设工程的性质和技术特点,个别建设工程行业、专业、专项资质可以设丙级,建筑工程专业资质可以设丁级。取得建筑(建设)工程设计资质等级许可的建筑(建设)设计企业根据其资质等级的不同,可以承担与其资质等级许可范围相应的建筑(建设)工程设计业务(见表5-3)。

表 5-3　建筑(建设)工程设计企业的资质等级划分及其工程设计业务承包范围

序列	分级	建筑(建设)工程设计业务承包范围
综合资质	甲级	可以承担各行业建设工程项目的设计业务,其规模和承担业务的地区不受限制
行业资质	甲级	可以承担本行业建设工程项目主体工程及其配套工程的工程设计业务,其规模和承担业务的地区不受限制
行业资质	乙级	可以承担本行业中、小型建设工程项目主体工程及其配套工程的工程设计业务,其承担业务的地区不受限制
行业资质	丙级	可以承担本行业小型建设工程项目的工程设计业务,其承担业务的地区不受限制
专业资质	甲级	可以承担本专业建设工程项目主体工程及其配套工程的工程设计业务,其规模和承担业务的地区不受限制
专业资质	乙级	可以承担本专业中、小型建设工程项目主体工程及其配套工程的工程设计业务,其承担业务的地区不受限制
专业资质	丙级	可以承担本专业小型建设工程项目的工程设计业务,其承担业务的地区不受限制
专业资质	丁级	可以承担本专业特定规模的一般公共建筑工程、一般住宅工程、厂房和仓库、构筑物等建筑工程项目的工程设计业务,其承担业务的地区不受限制
专项资质	甲级	可以承担大、中、小型专项建设工程项目的工程设计业务,其规模和承担业务的地区不受限制
专项资质	乙级	可以承担中、小型专项建设工程的工程设计业务,其承担业务的地区不受限制

建筑(建设)工程设计企业各级资质等级分级标准和各资质等级的建筑(建设)工程设计企业分别可以承包的建筑(建设)工程设计业务的具体范围可参见《工程设计资质标准》的具体规定。

(3)建筑(建设)工程监理企业资质等级划分和相应的工程监理业务承包范围。根据《工程监理企业资质管理规定》《工程监理企业资质标准》的有关规定,我国工程监理企业资质等级划分情况如下:

建筑(建设)工程监理企业资质分为综合资质、专业资质和事务所三个序列。综合资质只设甲级。专业资质原则上分为甲、乙、丙三个级别,并按照工程性质和技术特点划分为14个专业工程类别;除房屋建筑、水利水电、公路和市政公用四个专业工程类别设丙级资质外,其他专业工程类别不设丙级资质。事务所不分等级。

取得建筑(建设)工程监理资质等级许可的建筑(建设)工程监理企业根据其资质等级的不同,可以承担与其资质等级许可范围相应的建筑(建设)工程监理业务(见表5-4)。

表 5-4　建筑(建设)工程监理企业的资质等级划分及其工程监理业务承包范围

序列	分级	工程勘察业务承包范围
综合资质	甲级	可以承担所有专业工程类别建设工程项目的工程监理业务,以及建设工程的项目管理、技术咨询等相关服务
专业资质	甲级	可以承担相应专业工程类别建设工程项目的工程监理业务,以及相应类别建设工程的项目管理、技术咨询等相关服务
专业资质	乙级	可以承担相应专业工程类别二级(含二级)以下建设工程项目的工程监理业务,以及相应类别和级别建设工程的项目管理、技术咨询等相关服务
专业资质	丙级	可以承担相应专业工程类别三级建设工程项目的工程监理业务,以及相应类别和级别建设工程的项目管理、技术咨询等相关服务
事务所	不分等级	可以承担三级建设工程项目的工程监理业务,以及相应类别和级别建设工程的项目管理、技术咨询等相关服务。但是,国家规定必须实行强制监理的工程监理业务除外

建筑(建设)工程监理企业各级资质等级分级标准和各资质等级的建筑(建设)工程监理企业分别可以承包的建筑(建设)工程监理业务的具体范围可参见《工程监理企业资质标准》的具体规定。

(三)建设工程企业的资质申请制度、许可或审查审批制度、监督管理制度及其相关法律责任

根据《中华人民共和国建筑法》《建设工程勘察设计管理条例》《建筑业企业资质管理规定》《建设工程勘察设计资质管理规定》《工程监理企业资质管理规定》等法律、行政法规、部门规章的相关规定,对建设工程企业的资质(包括建筑业企业资质,(建筑)建设工程勘察、设计单位(企业)资质,以及(建筑)建设工程监理单位(企业)资质)进行全国性统一监督管理的机关是国务院住房和城乡建设主管部门,国务院其他行业主管部门配合国务院住房和城乡建设主管部门实施相关资质类别和相应行业建设工程企业资质管理工作,省、自治区、直辖市人民政府住房和城乡建设主管部门负责本行政区域内建设工程企业资质的统一监督管理,省、自治区、直辖市人民政府其他行业主管部门配合同级住房和城乡建设主管部门实施本行政区域内相关资质类别和相应建设工程企业的资质管理工作。

(1)建设工程企业资质申请制度。建设工程企业的资质申请分为首次申请、增项申请、晋级(升级)申请、变更申请等类型。《建设工程勘察设计管理条例》《建筑业企业资质管理规定》《建设工程勘察设计资质管理规定》《工程监理企业资质管理规定》对建筑业企业、(建筑)建设工程勘察和设计单位(企业)、(建筑)建设工程监理单位(企业)资质申请的程序、需要提交的相关材料、受理资质申请的资质许可机关或者审查审批机关、申请时限等有关规定与要求作了明确具体的规定。

(2)建设工程企业的资质的审查审批制度。针对上述建设工程企业资质申请类型,《建设工程勘察设计管理条例》《建筑业企业资质管理规定》《建设工程勘察设计资质管理规定》

《工程监理企业资质管理规定》对建筑业企业、(建筑)建设工程勘察和设计单位(企业)、(建筑)建设工程监理单位(企业)资质申请的许可或审查审批权限、许可或审查审批时限、许可或审查审批程序、备案机关与要求等有关部门规定与要求作了明确具体的规定。

(3)建设工程企业的资质监督管理制度。建设工程企业在依法申请并获得相应资质等级许可后,便可在其所获得的资质等级许可范围内从事相应的建筑活动。但是这并不能有效确保建设工程企业均能自觉在其所获得的资质等级许可范围内从事相应的建筑活动,需要对其进行必要的监督管理,及时纠正单位(企业)资质等级许可文件(证书)使用、资质管理中的违法行为。《建设工程勘察设计管理条例》《建筑业企业资质管理规定》《建设工程勘察设计资质管理规定》《工程监理企业资质管理规定》对建筑业企业、工程勘察和设计单位(企业)、工程监理单位(企业)的监督管理涉及的监督管理权限、监督管理措施、监督管理责任、撤回资质、撤销资质、注销资质以及涉及单位(企业)资质的单位(企业)信用档案的建立与管理等有关规定与要求作了明确具体的规定。

(4)相关法律责任。对于建设工程企业的资质申请、许可或审查审批,单位(企业)资质等级许可文件(证书)使用和资质管理中的违法行为,《建设工程勘察设计管理条例》《建筑业企业资质管理规定》《建设工程勘察设计资质管理规定》《工程监理企业资质管理规定》规定了相关的法律责任。

另外,部门规章《工程造价咨询企业管理办法》对我国从事建筑活动的企业中的工程造价咨询企业的资质等级标准和相应的工程造价咨询业务承包范围,工程造价咨询企业资质的申请制度、审查审批制度、监督管理制度和法律责任等作出了明确具体的规定。

部门规章《外商投资建筑业企业管理规定》《外商投资建设工程设计企业管理规定》《外商投资建设工程服务企业管理规定》对在我国建筑市场上从事建筑(建设)工程施工、建筑(建设)工程设计、建筑(建设)工程服务的外商投资企业(包括外商独资企业、中外合资经营企业以及中外合作经营企业)的资质等级标准和相应的工程施工承包范围、工程设计业务承包范围、工程服务承包范围,从事建筑(建设)工程施工、建筑(建设)工程设计、建筑(建设)工程服务的外商投资企业的资质申请制度、许可或审查审批制度、监督管理制度和法律责任等作出了明确具体的规定。

上述建设工程企业应具备的基本条件,建设工程企业的资质等级许可标准制度,建设工程企业资质申请制度、许可或审查审批制度、监督管理制度、相关法律责任,构成了我国现行法律制度体系和建筑市场环境下建设工程企业的资质等级许可制度的较为完整的体系。

三、我国建设工程企业资质管理制度的改革

为贯彻落实2019年全国深化"放管服"改革优化营商环境电视电话会议精神,按照《国务院办公厅关于印发全国深化"放管服"改革优化营商环境电视电话会议重点任务分工方案的通知》(国发办〔2020〕43号)要求,深化建筑业"放管服"改革,做好建设工程企业资质(包括工程勘察、设计、施工、监理企业资质,以下统称企业资质)认定事项减压工作,我国住房和城乡建设部于2020年11月30日发布了《住房和城乡建设部关于印发建设工程企业资质管理制度改革方案的通知》,对我国建设工程企业的资质管理作出了具体的安排和部署。

(一)指导思想

以习近平新时代中国特色社会主义思想为指导,贯彻落实党的十九大和十九届二中、三中、四中、五中全会精神,充分发挥市场在资源配置中的决定性作用,更好发挥政府作用。坚持以推进建筑业供给侧结构性改革为主线,按照国务院深化"放管服"改革部署要求,持续优化营商环境,大力精简企业资质类别,归并等级设置,简化资质标准,优化审批方式,进一步放宽建筑市场准入限制,降低制度性交易成本,破除制约企业发展的不合理束缚,持续激发市场主体活力,促进就业创业,加快推动建筑业转型升级,实现高质量发展。

(二)主要内容

1. 精简资质类别,归并等级设置

为在疫情防控常态化条件下做好"六稳"工作、落实"六保"任务,进一步优化建筑市场营商环境,确保新旧资质平稳过渡,保障工程质量安全,按照稳中求进的原则,积极稳妥推进建设工程企业资质管理制度改革。对部分专业划分过细、业务范围相近、市场需求较小的企业资质类别予以合并,对层级过多的资质等级进行归并。改革后,工程勘察资质分为综合资质和专业资质,工程设计资质分为综合资质、行业资质、专业和事务所资质,施工资质分为综合资质、施工总承包资质、专业承包资质和专业作业资质,工程监理资质分为综合资质和专业资质。资质等级原则上压减为甲、乙两级(部分资质只设甲级或不分等级),资质等级压减后,中小企业承揽业务范围将进一步放宽,有利于促进中小企业发展。具体压减情况如下:

(1)工程勘察资质。保留综合资质;将4类专业资质及2类劳务资质整合为岩土工程、工程测量、勘探测试等3个专业资质。综合资质不分等级,专业资质等级压减为甲、乙两级。

(2)工程设计资质。保留综合资质;将21类行业资质整合为14类行业资质;将151类专业资质、8类专项资质、3类事务所资质整合为70类专业和事务所资质。综合资质、事务所资质不分等级;行业资质、专业资质等级原则上压减为甲、乙两级(部分资质只设甲级)。

(3)工程施工资质。将10类施工总承包企业特级资质调整为施工综合资质,可承担各行业、各等级施工总承包业务;保留12类施工总承包资质,将民航工程的专业承包资质整合为施工总承包资质;将地基基础工程等33类专业承包资质整合为18类;将施工劳务企业资质改为专业作业资质,由审批制改为备案制。综合资质和专业作业资质不分等级;施工总承包资质、专业承包资质等级原则上压减为甲、乙两级(部分专业承包资质不分等级),其中,施工总承包甲级资质在本行业内承揽业务规模不受限制。

(4)工程监理资质。保留综合资质;取消专业资质中的水利水电工程、公路工程、港口与航道工程、农林工程资质,保留其余10类专业资质;取消事务所资质。综合资质不分等级,专业资质等级压减为甲、乙两级。

改革后,与现有资质等级及标准相比,建筑业各类建设工程企业的资质等级与压减情况如表5-5所示。

表 5-5　各类建设工程企业资质等级改革措施与压减情况

企业类别	现有资质	改革措施	压减幅度
工程勘察资质	综合资质	保留,不分等级	由 26 项压减为 7 项,压减幅度达 73%
	岩土工程等 4 类专业资质	整合为 3 类专业资质,设甲、乙两级	
	工程钻探等 2 类劳务资质		
工程设计资质	综合资质	保留,不分等级	由 395 项压减为 156 项,压减幅度达 61%
	建筑行业等 21 类行业资质	整合为 14 类行业资质,原则上压减为甲、乙两级（公路行业只设甲级）	
	建筑工程等 151 类专业资质	整合为 70 类专业和事务所资质,事务所资质不分等级,专业资质原则上压减为甲、乙两级（部分资质只设甲级）	
	建筑装饰工程设计等 8 类专项资质		
	建筑设计等 3 类事务所资质		
工程施工资质	房屋建筑工程等 10 类施工总承包特级资质	调整为施工综合资质,不分行业,不分等级	由 138 项压减为 61 项,压减幅度达 56%
	建筑工程等 12 类施工总承包资质	保留,压减为甲、乙两级,甲级资质在本类别内承揽业务规模不受限制	
	机场场道工程等 3 类专业承包资质	整合为民航工程施工总承包资质,设甲、乙两级,甲级资质在本类别内承揽业务规模不受限制	
	地基基础工程等 33 类专业承包资质	整合为 18 类专业承包资质,原则上压减为甲、乙两级（部分资质只设甲级）	
	施工劳务企业资质	调整为专业作业资质,由审批制改为备案制,不分等级	
工程监理资质	综合资质	保留,不分等级	由 34 项压减为 21 项,压减幅度达 38%
	房屋建筑工程等 10 类专业资质	保留,压减为甲、乙两级	
	水利水电工程等 4 类专业资质	取消,已取得资质企业可换发同等级市政公用工程或电力/机电工程专业资质	
	事务所资质（不分专业、等级）	取消	

2. 放宽准入限制，激发企业活力

住房和城乡建设部会同国务院有关主管部门制定统一的企业资质标准，大幅精简审批条件，放宽对企业资金、主要人员、工程业绩和技术装备等的考核要求。适当放宽部分资质承揽业务规模上限，多个资质合并的，新资质承揽业务范围相应扩大至整合前各资质许可范围内的业务。尽量减少政府对建筑市场微观活动的直接干预，充分发挥市场在资源配置中的决定性作用。

3. 下放审批权限，方便企业办事

进一步加大放权力度，选择工作基础较好的地方和部分资质类别，开展企业资质审批权下放试点，将除综合资质外的其他等级资质，下放至省级及以下有关主管部门审批（其中，涉及公路、水运、水利、通信、铁路、民航等资质的审批权限由国务院住房和城乡建设主管部门会同国务院有关部门根据实际情况决定），方便企业就近办理。试点地方要明确专门机构、专业人员负责企业资质审批工作，并制定企业资质审批相关管理规定，确保资质审批权下放后地方能够接得住、管得好。企业资质全国通用，严禁各行业、各地区设置限制性措施，严厉查处变相设置市场准入壁垒、违规限制企业跨地区、跨行业承揽业务等行为，维护统一规范的建筑市场。

4. 优化审批服务，推行告知承诺制

深化"互联网＋政务服务"，加快推动企业资质审批事项线上办理，实行全程网上申报和审批，逐步推行电子资质证书，实行企业资质审批"一网通办"，并在全国建筑市场监管公共服务平台公开发布企业资质信息。简化各类证明事项，凡是通过政府部门间信息共享可以获取的证明材料，一律不再要求企业提供。加快推行企业资质审批告知承诺制，进一步扩大告知承诺制使用范围，明确审批标准，逐步提升企业资质审批的规范化和便利化水平。

5. 加强事中事后监管，保障工程质量安全

坚持放管结合，加大资质审批后的动态监管力度，创新监管方式和手段，全面推行"双随机、一公开"监管方式和"互联网＋监管"模式，强化工程建设各方主体责任落实，加大对转包、违法分包、资质挂靠等违法违规行为查处力度，强化事后责任追究，对负有工程质量安全事故责任的企业、人员依法严厉追究法律责任。

（三）保障措施

1. 完善工程招投标制度，引导建设单位合理选择企业

持续深化工程招投标制度改革，完善工程招标资格审查制度，优化调整工程项目招标条件设置，引导建设单位更多从企业实力、技术力量、管理经验等方面进行综合考察，自主选择符合工程建设要求的企业。积极培育全过程工程咨询服务机构，为业主选择合格企业提供专业化服务。大力推行工程总承包，引导企业依法自主分包。

2. 完善职业资格管理制度，落实注册人员责任

加快修订完善注册人员职业资格管理制度，进一步明确注册人员在工程建设活动中的权利、义务和责任，推动建立个人执业责任保险制度，持续规范执业行为，落实工程质量终身责任制，为提升工程品质、保障安全生产提供有力支撑。

3. 加强监督指导，确保改革措施落地

制定建设工程企业资质标准说明，进一步细化审批标准和要求，加强对地方审批人员的培

训,提升资质审批服务能力和水平。不定期对地方资质审批工作进行抽查,对违规审批行为进行严肃处理,公开曝光,情节严重的,取消企业资质审批权下放试点资格。

4.健全信用体系,发挥市场机制作用

进一步完善建筑市场信用体系,强化信用信息在工程建设各环节的应用,完善"黑名单"制度,加大对失信行为的惩戒力度。加快推行工程担保和保险制度,进一步发挥市场机制作用,规范工程建设各方主体行为,有效控制工程风险。

5.做好资质标准修订和换证工作,确保平稳过渡

开展建设工程企业资质管理规定、标准等修订工作,合理调整企业资质考核指标。设置1年过渡期,到期后实行简单换证,即按照新旧资质对应关系直接换发新资质证书,不再重新核定资质。

6.加强政策宣传解读,合理引导公众预期

加大改革政策宣传解读力度,及时释疑解惑,让市场主体全面了解压减资质类别和等级的各项改革措施,提高政策透明度。加强舆论引导,主动回应市场主体反映的热点问题,营造良好舆论环境。

▶ 四、从事建筑活动的专业(技术)人员的注册执业许可制度

(一)从事建筑活动的专业(技术)人员的注册执业许可制度概述

从事建筑活动的专业(技术)人员的注册执业许可制度是指从事建筑活动的专业(技术)人员个人在具备相关条件的前提下通过国家考核认定或参加国家组织的相关专业(注册)执业资格全国统一考试合格,获得从事建筑活动的相关专业(注册)执业资格证书,并按照相关规定注册,取得中华人民共和国相关专业注册执业证书和执业印章(即取得相关专业注册执业许可),在相关专业(注册)执业资格证书和注册执业证书许可的范围从事相关专业性建筑活动的制度。它是一种国家注册执业许可制度。

执业资格是指国家对某些责任较大、社会通用性强、关系国家和公众利益的专业(工种)实行的准入控制,规定专业技术人员从事某一特定专业(工种)的学识、技术和能力的必备标准。

如前所述,建筑活动作为一种综合性技术活动,具有其自身的规律性和特殊性,对于从事建筑活动的专业(技术)人员个人在专业技术水平与能力、管理水平与能力方面具有特殊要求。从事建筑活动的专业(技术)人员个人是我国建筑业从事建筑活动的另一类重要主体,是建设工程企业的最基本、最核心的构成要素,其数量规模远大于企业,其从事建筑活动的专业能力、水平与质量实质上决定了企业从事建筑活动的专业能力、水平与质量。因此,对从事建筑活动的专业(技术)人员实行注册执业许可制度是我国建筑业发展的客观需要,是我国对从事建筑活动的专业(技术)人员个人进行监督管理的客观需要。从事建筑活动的专业(技术)人员的注册执业许可制度是我国建筑活动从业资格许可制度的重要组成部分,是我国建筑许可法律制度的重要构成要素,该项制度实质上建立和确立了专业(技术)人员个人进入我国建筑市场从事建筑活动的准入制度与规则。

(二)从事建筑活动的专业(技术)人员的注册执业许可的种类

在我国,对从事建筑活动的专业(技术)人员实行的注册执业许可制度是一个较为复杂的

体系,涉及注册执业资格种类、资格考核制度(包括特许、考核认定、考试和资格互认四种考核方式及相关制度)、注册制度、执业制度、执业范围、继续教育制度、监督管理、法律责任制度、信用档案管理制度等多个方面。目前,在我国实行的从事建筑活动的专业(技术)人员的注册执业许可的种类包括注册建筑师、勘察设计注册工程师(13个专业)、注册城市规划师、注册监理工程师、注册建造师、注册造价工程师、注册房地产估价师、注册物业管理师等。基于我国建筑业健康、持续、高速发展的实际需要,从事建筑活动的专业(技术)人员的注册执业许可的种类还在不断增多。

从事建筑活动的专业(技术)人员的注册执业许可较为主要的种类如下:

1. 注册建筑师

注册建筑师是指经考试、特许、考核认定取得中华人民共和国注册建筑师执业资格证书,或者经资格互认方式取得建筑师互认资格证书,并按照《中华人民共和国注册建筑师条例实施细则》,取得中华人民共和国注册建筑师注册证书和中华人民共和国注册建筑师执业印章,从事建筑设计及相关业务活动的专业技术人员。

注册建筑师的执业范围包括:建筑设计、建筑设计技术咨询(建筑工程技术咨询,建筑工程招标、采购咨询,建筑工程项目管理,建筑工程设计文件及施工图审查,工程质量评估,以及国务院建设主管部门规定的其他建筑技术咨询业务)、建筑物调查与鉴定、对本人主持设计的项目进行施工指导和监督、国务院建设主管部门规定的其他业务等。注册建筑师分一级注册建筑师和二级注册建筑师。

2. 勘察设计注册工程师

勘察设计注册工程师是指经考试取得中华人民共和国勘察设计注册工程师资格证书,并依法注册取得中华人民共和国勘察设计工程师注册执业证书和执业印章,从事各类房屋建筑工程及其他专业建筑工程勘察、设计及相关业务活动的专业技术人员。

勘察设计注册工程师包括土木、结构、公用设备、电气等专业,并采用专业分类命名执业注册名称,如中华人民共和国注册结构工程师、中华人民共和国注册土木工程师等。其中,一级注册结构工程师、注册土木工程师(岩土)、注册公用设备工程师、注册电气工程师和注册化工工程师等勘察设计注册工程师的执业资格注册由住房和城乡建设部审批;二级注册结构工程师的执业资格注册由省、自治区、直辖市住房和城乡建设主管部门审批。

勘察设计注册工程师的执业范围包括:专业工程勘察、设计,专业工程技术咨询,专业工程招标、采购咨询,专业工程的项目管理,对专业勘察、设计项目的施工进行指导和监督,国务院有关部门规定的其他业务。各专业勘察设计注册工程师的具体执业范围由国家相关行业主管机关(部门)颁布的相关部门规章具体规定。

3. 注册监理工程师

注册监理工程师是指经考试取得中华人民共和国监理工程师资格证书,并按照《注册监理工程师管理规定》注册,取得中华人民共和国注册监理工程师注册执业证书和执业印章,从事工程监理及相关业务活动的专业技术人员。

注册监理工程师的执业范围包括:工程监理、工程经济与技术咨询、工程招标与采购咨询、工程项目管理服务以及国务院有关部门规定的其他业务。

4. 注册造价工程师

注册造价工程师是指通过全国造价工程师执业资格统一考试或者资格认定、资格互认,取得中华人民共和国造价工程师执业资格,并按照《注册造价工程师管理办法》注册,取得中华人民共和国注册造价工程师注册执业证书和执业印章,从事工程造价活动的专业人员。

注册造价工程师的执业范围包括:建设项目建议书、可行性研究投资估算的编制和审核,项目经济评价,工程概算、预算、结算、竣工结(决)算的编制和审核;工程量清单、标底(或者控制价)、投标报价的编制和审核,工程合同价款的签订及变更、调整,工程款支付与工程索赔费用的计算;建设项目管理过程中设计方案的优化、限额设计等工程造价分析与控制,工程保险理赔的核查;工程经济纠纷的鉴定。注册造价工程师分为一级注册造价工程师和二级注册造价工程师。

5. 注册建造师

注册建造师是指通过考核认定或考试合格,取得中华人民共和国建造师资格证书,并按照《注册建造师管理规定》注册,取得中华人民共和国建造师注册证书和执业印章,担任施工单位项目负责人及从事相关活动的专业技术人员。

注册建造师实行注册执业管理制度,注册建造师分为一级注册建造师和二级注册建造师。

注册建造师的执业范围包括:大、中型工程项目负责人必须由本专业的注册建造师担任;一级注册建造师可担任大、中、小型工程项目负责人,二级注册建造师可担任中、小型工程项目负责人。涉及注册建造师的执业范围的各类别建筑工程的规模划分标准按照原建设部颁布的《注册建造师执业工程规模标准》的规定执行。

(三)从事建筑活动的专业(技术)人员的注册执业许可制度的基本内容

1. 资格考核制度

资格考核制度包括特许、考核认定、考试、资格互认四种考核方式及相关制度。

(1)特许和考核认定。在专业(技术)人员的注册执业资格考试实施前,一般通过特许和考核认定的办法,少数具有一定资历和较高技术水平的专业技术人员会取得注册执业资格。考核认定程序一般是:本人填报考核认定材料,单位核实并按隶属关系由各级建设、人事主管部门进行审核后,报省、自治区、直辖市注册执业许可管理机构和国务院有关主管部门进行初审,初审合格后报全国注册执业许可管理机构审定,并参加由全国注册执业许可机构举办的考核认定培训班,经考核培训合格后,颁发注册执业资格证书。特许的程序与考核认定的程序类似,特许人员不需要参加考核培训。

(2)考试。从事建筑活动的专业(技术)人员均需要参加国家组织的相关专业(注册)执业资格全国统一考试和地方考试(仅限于有二级注册执业资格的专业(技术)人员的注册执业许可种类),考试合格后方可取得相关专业(注册)执业资格证书。满足一定学历和时间要求的人员均可报考。

(3)资格互认。资格互认制度是针对国外或我国港、澳、台地区从事建筑活动的专业(技术)人员的一种注册执业资格互认的制度安排。目前开展资格互认的对象主要是我国香港、台湾地区的从事建筑活动的专业(技术)人员,涉及的注册执业许可种类有一级注册建筑师、一级注册结构工程师、注册城市规划师、注册建造师和注册房地产估价师。

2. 注册制度

从事建筑活动的专业（技术）人员取得相关专业的（注册）执业资格证书后，还必须依法注册（向注册机关申请注册并经过审批），才能取得相关专业的注册执业证书和注册印章（即取得相关专业注册执业许可），才能在相关专业（注册）执业资格证书和注册执业证书许可的范围内按照国家相关规定从事相关的专业性建筑活动。

目前，我国注册建筑师、勘察设计注册工程师部分专业（注册结构工程师、注册岩土工程师、注册公用设备工程师、注册电气工程师、注册化工工程师 5 个专业）、注册房地产估价师、注册建造工程师、注册城市规划师、注册监理工程师、注册建造师等从事建筑活动的专业（技术）人员的注册执业许可种类实施了注册制度。注册作为行政许可项目，属于行政审批环节。除注册建筑师明确审批机关（许可机关）为全国注册建筑师管理委员会负责外，其他从事建筑活动的专业（技术）人员的注册执业许可种类的注册审批机关（许可机关）为住房和城乡建设部（或会同有关行业主管机关（部门））。

3. 执业范围和执业制度

国家对依法取得相关专业注册执业许可的从事建筑活动的专业（技术）人员的执业范围均有明确规定，并建立了相关专业执业制度。依法取得相关专业注册执业许可的从事建筑活动的专业（技术）人员不得超越相关专业注册执业许可规定的专业范围执业，并必须执行相关专业执业制度的相关规定。

4. 继续教育制度

由于知识与技术在不断更新，每一位依法取得相关专业注册执业许可的从事建筑活动的专业（技术）人员都必须及时更新知识和掌握新技术，因此都必须接受相应专业的继续教育。依法取得相关专业注册执业许可的从事建筑活动的专业（技术）人员接受相应专业继续教育的频率和形式由相应的行政法规或者部门规章规定。

5. 监督管理制度

国家对依法取得相关专业注册执业许可的从事建筑活动的专业（技术）人员的执业行为过程建立了相关的监督管理制度，每一位依法取得相关专业注册执业许可的从事建筑活动的专业（技术）人员在执业过程中都必须依法接受相关专业注册执业许可机关的监督管理。

6. 法律责任制度

国家对依法取得相关专业注册执业许可的从事建筑活动的专业（技术）人员的执业行为建立了相应的法律责任制度，每一位依法取得相关专业注册执业许可的从事建筑活动的专业（技术）人员在执业过程中只要违反了相关的执业行为规范与标准，都必须依法承担相应的法律责任。

7. 信用档案管理

根据规范和整顿建筑市场的需要，从 2002 年起，住房和城乡建设领域开始研究建立获得从事建筑活动的注册执业许可的专业（技术）人员信用档案并实施信用档案制度，目前已对多项住房和城乡建设领域内的注册执业资格完成了信用档案的建立与管理。

我国涉及从事建筑活动的专业（技术）人员的注册执业许可制度的法律、行政法规、部门规章、规范性文件种类繁多、复杂，包括《中华人民共和国建筑法》《中华人民共和国注册建筑师条例》《中华人民共和国注册建筑师实施条例细则》《注册结构工程师执业资格制度暂行规定》《注册监理工程师管理规定》《注册造价工程师管理办法》《注册建造师管理规定》《建设工程质量监督工程师资格管理暂行规定》《勘察设计注册工程师管理规定》以及涉及各专业勘察、设计注册工程师的注册执业许可制度的管理规定、暂行规定等。上述法律、行政法规、部门规章、规范性文件的相关规定共同确立了我国从事建筑活动的专业(技术)人员的注册执业许可制度。

第四节 建筑施工企业安全生产许可法律制度

建筑工程生产的特点与一般工业产品生产的特点相比较具有自身的特殊性，建筑工程生产过程所面临的不安全因素(包括人的不安全行为和物的不安全状态)远远超过其他行业产品的生产过程，导致建筑工程生产过程中安全事故频发，对人民健康、生命、财产安全造成无法弥补的损失，严重损害社会公共利益。因此，建筑安全生产管理成为建筑活动中必须极其重视的重要管理环节。

建筑施工企业是我国建筑市场上从事建筑活动的重要主体，是建筑工程的生产者，当然是建筑安全生产管理的主要责任者。

一、建筑施工企业安全生产许可法律制度概述

(一)建筑施工企业安全生产许可的概念

安全生产许可是指国家有关行政主管机关(部门)依法准予从事具有危险性的特殊产品生产的企业进行上述产品生产的行政行为。

建筑施工企业安全生产许可是指政府建设主管机关(部门)准予建筑施工企业进行建筑工程施工(生产)活动的行政行为。建筑施工企业取得安全生产许可的具体表现是依法取得许可机关颁发的安全生产许可证。

目前，根据我国安全生产方面的法律、行政法规、部门规章的相关规定，建筑施工企业取得安全生产许可是其进行建筑工程施工(生产)、取得建筑工程施工许可的前置必备条件。例如，《建筑施工企业安全生产许可证管理规定》明确规定："建筑施工企业未取得安全生产许可证的，不得从事建筑施工活动。""建设主管部门在审核发放施工许可证时，应当对已经确定的建筑施工企业是否有安全生产许可证进行审查，对没有取得安全生产许可证的，不得颁发施工许可证。"因此，可以认为，建筑施工企业安全许可制度已经成为建筑工程施工许可法律制度的组成部分，当然也成为目前我国建设行政许可法律制度的组成部分。

(二)建筑施工企业安全生产许可法律制度的构成

建筑施工企业安全生产许可法律制度是针对从事建筑工程施工(生产)的建筑施工企业制定的安全生产许可法律制度。根据《中华人民共和国安全生产法》《安全生产许可证条例》《建设工程安全生产管理条例》《建筑施工企业安全生产许可证管理规定》的有关规定，建筑施工企业安全生产许可法律制度包括建筑施工企业取得安全生产许可证应具备的安全生产条件、建筑施工企业安全生产许可证的申请与颁发、建筑施工企业安全生产许可证的监督管理、处罚规则等方面的相关制度。

二、建筑施工企业取得安全生产许可证应具备的安全生产条件

根据《建筑施工企业安全生产许可证管理规定》的规定,建筑施工企业取得安全生产许可证应当具备以下安全生产条件:

(1)建立、健全安全生产责任制,制定完备的安全生产规章制度和操作规程。

(2)保证本单位安全生产条件所需资金的投入。

(3)设置安全生产管理机构,按照国家有关规定配备专职安全生产管理人员。

(4)主要负责人、项目负责人、专职安全生产管理人员经建设主管部门或者其他有关部门考核合格。

(5)特种作业人员经有关业务主管部门考核合格,取得特种作业操作资格证书。

(6)管理人员和作业人员每年至少进行一次安全生产教育培训并考核合格。

(7)依法参加工伤保险,依法为施工现场从事危险作业的人员办理意外伤害保险,为从业人员交纳保险费。

(8)施工现场的办公、生活区及作业场所和安全防护用具、机械设备、施工机具及配件符合有关安全生产法律、法规、标准和规程的要求。

(9)有职业危害防治措施,并为作业人员配备符合国家标准或者行业标准的安全防护用具和安全防护服装。

(10)有对危险性较大的分部分项工程及施工现场易发生重大事故的部位、环节的预防、监控措施和应急预案。

(11)有生产安全事故应急救援预案、应急救援组织或者应急救援人员,配备必要的应急救援器材、设备。

(12)法律、法规规定的其他条件。

三、建筑施工企业安全生产许可证的申请和颁发制度

(一)建筑施工企业安全生产许可证的申请制度

根据《建筑施工企业安全生产许可证管理规定》的规定,建筑施工企业申请领取安全生产许可证的程序和相关规定包括:

(1)建筑施工企业从事建筑施工活动前,应当依照规定向省级以上建设主管部门申请领取安全生产许可证。

(2)中央管理的建筑施工企业(集团公司、总公司)应当向国务院建设主管部门申请领取安全生产许可证。

(3)其他建筑施工企业,包括中央管理的建筑施工企业(集团公司、总公司)下属的建筑施工企业,应当向企业注册所在地省、自治区、直辖市人民政府建设主管部门申请领取安全生产许可证。

(4)建筑施工企业申请安全生产许可证时,应当向建设主管部门提供下列材料:①建筑施工企业安全生产许可证申请表;②企业法人营业执照;③建筑施工企业取得安全生产许可证应具备的安全生产条件中规定的相关文件、材料。

建筑施工企业申请安全生产许可证,应当对申请材料实质内容的真实性负责,不得隐瞒有关情况或者提供虚假材料。

(5)安全生产许可证的有效期为3年。安全生产许可证有效期满需要延期的,企业应当于期满前3个月向原安全生产许可证颁发管理机关申请办理延期手续。

(6)企业在安全生产许可证有效期内,严格遵守有关安全生产的法律法规,未发生死亡事故的,安全生产许可证有效期届满时,经原安全生产许可证颁发管理机关同意,不再审查,安全生产许可证有效期延期3年。

(7)建筑施工企业变更名称、地址、法定代表人等,应当在变更后10日内,到原安全生产许可证颁发管理机关办理安全生产许可证变更手续。

(8)建筑施工企业破产、倒闭、撤销的,应当将安全生产许可证交回原安全生产许可证颁发管理机关予以注销。

(9)建筑施工企业遗失安全生产许可证,应当立即向原安全生产许可证颁发管理机关报告,并在公众媒体上声明作废后,方可申请补办。

(二)建筑施工企业安全生产许可证的颁发制度

根据《建筑施工企业安全生产许可证管理规定》的规定,建筑施工企业安全生产许可证的颁发程序如下:建设主管部门应当自受理建筑施工企业的申请之日起45日内审查完毕;经审查符合安全生产条件的,颁发安全生产许可证;不符合安全生产条件的,不予颁发安全生产许可证,书面通知企业并说明理由。企业自接到通知之日起应当进行整改,整改合格后方可再次提出申请。

四、建筑施工企业安全生产许可证的监督管理制度

根据《建筑施工企业安全生产许可证管理规定》的规定,对建筑施工企业安全生产许可证实施以下监督管理:

(1)县级以上人民政府建设主管部门应当加强对建筑施工企业安全生产许可证的监督管理。建设主管部门在审核发放施工许可证时,应当对已经确定的建筑施工企业是否有安全生产许可证进行审查,对没有取得安全生产许可证的,不得颁发施工许可证。

(2)跨省从事建筑施工活动的建筑施工企业有违反规定行为的,由工程所在地的省级人民政府建设主管部门将建筑施工企业在本地区的违法事实、处理结果和处理建议抄告原安全生产许可证颁发管理机关。

(3)建筑施工企业取得安全生产许可证后,不得降低安全生产条件,并应当加强日常安全生产管理,接受建设主管部门的监督检查。安全生产许可证颁发管理机关发现企业不再具备安全生产条件的,应当暂扣或者吊销安全生产许可证。

(4)安全生产许可证颁发管理机关或其上级行政机关发现有下列情形之一的,可以撤销已经颁发的安全生产许可证:①安全生产许可证颁发管理机关工作人员滥用职权、玩忽职守颁发安全生产许可证的;②超越法定职权颁发安全生产许可证的;③违反法定程序颁发安全生产许可证的;④对不具备安全生产条件的建筑施工企业颁发安全生产许可证的;⑤依法可以撤销已经颁发的安全生产许可证的其他情形。

依照上述规定撤销安全生产许可证,建筑施工企业的合法权益受到损害的,建设主管部门应当依法给予赔偿。

(5)安全生产许可证颁发管理机关应当建立、健全安全生产许可证档案管理制度,定期向社会公布企业取得安全生产许可证的情况,每年向同级安全生产监督管理部门通报建筑施工企业安全生产许可证颁发和管理情况。

五、处罚规则

《建筑施工企业安全生产许可证管理规定》(以下称本规定)对违反相关规定的行为制定了相关的处罚规则。

(1)违反本规定,住房和城乡建设主管部门工作人员有下列行为之一的,给予降级或者撤职的行政处分;构成犯罪的,依法追究刑事责任:①向不符合安全生产条件的建筑施工企业颁发安全生产许可证的;②发现建筑施工企业未依法取得安全生产许可证擅自从事建筑施工活动,不依法处理的;③发现取得安全生产许可证的建筑施工企业不再具备安全生产条件,不依法处理的;④接到对违反本规定行为的举报后,不及时处理的;⑤在安全生产许可证颁发、管理和监督检查工作中,索取或者接受建筑施工企业的财物,或者谋取其他利益的。由于建筑施工企业弄虚作假,造成上述第①项行为的,对住房和城乡建设主管部门工作人员不予处分。

(2)取得安全生产许可证的建筑施工企业,发生重大事故的,暂扣安全生产许可证并限期整改。

(3)建筑施工企业不再具备安全生产条件的,暂扣安全生产许可证并限期整改;情节严重的,吊销安全生产许可证。

(4)违反本规定,建筑施工企业未取得安全生产许可证擅自从事建筑施工活动的,责令其在建项目停止施工,没收违法所得,并处10万元以上50万元以下的罚款;造成重大安全事故或者其他严重后果,构成犯罪的,依法追究刑事责任。

(5)违反本规定,安全生产许可证有效期满未办理延期手续,继续从事建筑施工活动的,责令其在建项目停止施工,限期补办延期手续,没收违法所得,并处5万元以上10万元以下的罚款;逾期仍不办理延期手续,继续从事建筑施工活动的,依照上述第(4)项的规定处罚。

(6)违反本规定,建筑施工企业转让安全生产许可证的,没收违法所得,处10万元以上50万元以下的罚款,并吊销安全生产许可证;构成犯罪的,依法追究刑事责任;接受转让的,依照上述第(4)项的规定处罚。冒用安全生产许可证或者使用伪造的安全生产许可证的,依照上述第(4)项的规定处罚。

(7)违反本规定,建筑施工企业隐瞒有关情况或者提供虚假材料申请安全生产许可证的,不予受理或者不予颁发安全生产许可证,并给予警告,1年内不得申请安全生产许可证;建筑施工企业以欺骗、贿赂等不正当手段取得安全生产许可证的,撤销安全生产许可证,3年内不得再次申请安全生产许可证;构成犯罪的,依法追究刑事责任。

(8)本规定的暂扣、吊销安全生产许可证的行政处罚,由安全生产许可证的颁发管理机关决定;其他行政处罚,由县级以上地方人民政府住房和城乡建设主管部门决定。

典型案例及分析

1. 案例背景

某工程总建筑面积约150000平方米,共有19个单体,地下室为一层;工程分为两个标段,工程合同总造价约20000万元。

工程于2012年12月下旬开工。2020年3月中旬,当地地方建设行政主管部门对该工程进行检查,检查时桩基工程已全部施工完毕。通过检查发现:

(1)该工程建设单位将工程桩基部分肢解发包给 A、B 两家桩基施工单位:A 桩基施工单位承接部分桩基工程,合同造价约 800 万元;B 桩基施工单位承接部分桩基工程,合同造价约 1000 万元。

(2)2012 年工程开工时未取得工程质量监督手续和建设工程施工许可证,2020 年 1 月中旬才取得工程质量监督手续和建筑工程施工许可证。

(3)A 桩基施工单位只具有地基基础专业承包三级资质,不具有承接该工程的相应资质等级。

调查结论:A 桩基施工单位超越本单位资质等级允许范围承接工程,且无建筑工程施工许可证违法施工;B 桩基施工单位无建筑施工许可证违法施工。

2.案例分析

建设单位在工程建设过程中将桩基工程肢解发包给两家桩基施工单位(其中一家不具有相应资质等级),且开工时未取得工程质量监督手续和建设工程施工许可证,已经违反了《中华人民共和国建筑法》第七条第一款"建筑工程开工前,建设单位应当按照国家有关规定向工程所在地县级以上人民政府建设行政主管部门申请领取施工许可证)"、第二十四条第一款"提倡对建筑工程实行总承包,禁止将建筑工程肢解发包",以及《建设工程质量管理条例》第七条"建设单位应当将工程发包给具有相应资质等级的单位。建设单位不得将建设工程肢解发包"、第十三条"建设单位在领取施工许可证或者开工报告前,应当按照国家有关规定办理工程质量监督手续"的规定,应根据《建设工程质量管理条例》第五十五条"违反本条例规定,建设单位将建设工程肢解发包的,责令改正,处工程合同价款 0.5%以上 1%以下的罚款"的规定对建设单位进行处罚。

A 桩基施工单位超越本单位资质等级许可的业务范围(三级资质可承担工程造价 300 万元及以下)承接工程,且无建筑工程施工许可证违法施工,违反了《中华人民共和国建筑法》第二十六条"承包建筑工程的企业应当持有依法取得的资质证书,并在其资质等级许可的业务范围内承揽工程"、《建设工程质量管理条例》第二十五条第二款"禁止施工单位超越本资质等级许可的业务范围或者以其他施工单位的名义承揽工程"、《建筑工程施工许可管理办法》第三条第一款"本办法规定必须申请领取施工许可证的建筑工程未取得施工许可证的,一律不得开工"的规定,应根据《建设工程质量管理条例》第六十条"违反本条例规定,勘察、设计、施工、工程监理单位超越本单位资质等级承揽工程的,责令停止违法行为,对施工单位处工程合同价款 2%以上 4%以下的罚款"的规定,对 A 桩基施工单位进行处罚。

B 桩基施工单位无建筑工程施工许可证违法施工,违反了《建筑工程施工许可管理办法》第三条第一款"本办法规定必须申请领取施工许可证的建筑工程未取得施工许可证的,一律不得开工"的规定,应根据《建筑工程施工许可管理办法》第十条"对未取得施工许可证或者规避办理施工许可证将工程分解后擅自施工的,由有管辖权的发证机关责令改正,对于不符合开工条件的责令停止施工,并对建设单位和施工单位分别处以罚款"、第十三条"本办法中的罚款、法律、法规有幅度规定的从其规定,有违法所得的处 5000 元以上 30000 元以下的罚款"的规定,对 B 桩基施工单位进行处罚。

复习思考题

1. 什么是建设行政许可？建设行政许可法律制度的构成成分包括哪些？
2. 适用建筑工程施工许可法律制度的建筑工程的范围包括哪些？
3. 我国对建设工程企业资质等级的改革包括哪些具体措施？
4. 目前我国从事建筑活动的专业（技术）人员的注册执业许可包括哪些种类？
5. 为什么说建筑施工企业安全许可制度是建筑工程施工许可法律制度的组成部分？

第六章

建设工程招标与投标法律制度

第一节 概　述

建设工程招标投标是市场经济条件下进行工程建设发包与承包过程中所采用的一种交易方式，是建设市场中一对相互依存的经济活动。

建设工程招标是指发包人（或称招标人）依照招标投标法的规定提出招标项目，在发包建设项目之前通过公共媒介告示或直接邀请潜在的投标人，根据招标文件所设定的包括功能、质量、数量、期限及技术要求等主要内容的标的，提出实施方案及报价，经过开标、评标、决标等环节，从众多投标人中择优选定中标人的一种经济活动。

建设工程投标是指具有合法资格和能力的投标人根据招标文件要求提出实施方案和报价，在规定的期限内提交标书，并参加开标，中标后与招标人签订工程建设协议的一种经济活动。

招标投标实质上是一种市场竞争行为。招标人通过招标活动在众多投标人中选定报价合理、方案优秀、工期较短、信誉良好的承包商来完成工程建设任务。而投标人则通过有选择的投标，竞争承接资信可靠的业主的建设工程项目，以取得预期的利润。

➤ 一、开展招标投标活动的原则

《中华人民共和国招标投标法》规定，招标投标活动必须遵循公开、公平、公正和诚实信用的原则。

(1)公开。招标投标活动中所遵循的公开原则是指招标活动信息公开、开标活动公开、评标标准公开及定标结果公开。

(2)公平。招标人应给所有的投标人以平等的竞争机会，这包括给所有投标人同等的信息量、同等的投标资格要求，不设倾向性的评标条件，不得违法限制或者排斥本地区、本系统以外的法人或者其他组织参加投标，也不能以某投标人的产品技术指标作为标的要求等。招标文件中所列合同条件的权利和义务要对等，要体现承发包双方作为民事主体的平等地位。投标人不得串通投标，打压别的投标人，更不能串通起来提高报价，损害招标人的利益。

(3)公正。招标人在执行开标、评标及定标程序，评标委员会在执行评标标准时要严格照章办事，持相同尺度，不能厚此薄彼，尤其是在处理废标、无效标以及质疑过程中要体现公正。

(4)诚实信用。诚实信用是民事活动的基本原则。招标投标的双方都要诚实守信，不得有欺骗、背信的行为。招标人不得搞内定承包人的虚假招标，也不能在招标中图谋损害承包人的利益。投标文件中所有项目都要真实,投标人不能用虚假资质、虚假业绩投标。合同签订后,双方都要严格、认真地履行。

➢ 二、建设工程法定招标的范围和交易场所

(一)必须进行招标的建设工程项目

《中华人民共和国招标投标法》第三条规定,在中华人民共和国境内进行下列工程建设项目包括项目的勘察、设计、施工、监理以及与工程建设有关的重要设备、材料等的采购,必须进行招标:①大型基础设施、公用事业等关系社会公共利益、公众安全的项目;②全部或者部分使用国有资金投资或者国家融资的项目;③使用国际组织或者外国政府贷款、援助资金的项目。

2019年3月经修改后公布的《中华人民共和国招标投标法实施条例》指出,工程建设项目是指工程以及与工程建设有关的货物、服务。工程是指建设工程,包括建筑物和构筑物的新建、改建、扩建及其相关的装修、拆除、修缮等;与工程建设有关的货物,是指构成工程不可分割的组成部分,且为实现工程基本功能所必需的设备、材料等;与工程建设有关的服务,是指为完成工程所需的勘察、设计、监理等服务。

经国务院批准,2018年3月国家发展和改革委员会发布的《必须招标的工程项目规定》中规定:

(1)全部或者部分使用国有资金投资或者国家融资的项目包括:①使用预算资金200万元人民币以上,并且该资金占投资额10%以上的项目;②使用国有企业事业单位资金,并且该资金占控股或者主导地位的项目。

(2)使用国际组织或者外国政府贷款、援助资金的项目包括:①使用世界银行、亚洲开发银行等国际组织贷款、援助资金的项目;②使用外国政府及其机构的贷款、援助资金的项目。

(3)不属于以上规定情形的大型基础设施、公用事业等关系社会公共利益、公共安全的项目,必须招标的具体范围由国务院发展改革部门会同有关部门按照确有必要、严格限定的原则制订,报国务院批准。

(4)本规定(1)~(3)规定范围内的项目,其勘察、设计、施工、监理以及与工程建设有关的重要设备、材料等的采购达到下列标准之一的,必须招标:①施工单项合同估算价在400万元人民币以上的;②重要设备、材料等货物的采购,单项合同估算价在200万元人民币以上的;③勘察、设计、监理等服务的采购,单项合同估算价在100万元人民币以上。同一项目中可以合并进行的勘察、设计、施工、监理以及与工程建设有关的重要设备、材料等的采购,合同估算价合计达到前款规定标准的,必须招标。

《中华人民共和国招标投标法》规定,依法必须进行招标的项目,其招标投标活动不受地区或者部门的限制。任何单位和个人不得违法限制或者排斥本地区、本系统以外的法人或者其他组织参加投标,不得以任何方式非法干涉招标投标活动。

(二)可以不进行招标的建设工程项目

《中华人民共和国招标投标法》规定,涉及国家安全、国家秘密、抢险救灾或者属于利用扶贫资金实行以工代赈、需要使用农民工等特殊情况,不适宜进行招标的项目,按照国家有关规定可以不进行招标。

《中华人民共和国招标投标法实施条例》还规定,除《中华人民共和国招标投标法》规定可

以不进行招标的特殊情况外,有下列情形之一的,可以不进行招标:①需要采用不可替代的专利或者专有技术;②采购人依法能够自行建设、生产或者提供;③已通过招标方式选定的特许经营项目投资人依法能够自行建设、生产或者提供;④需要向原中标人采购工程、货物或者服务,否则将影响施工或者功能配套要求;⑤国家规定的其他特殊情形。

2014年8月经修改后颁布的《中华人民共和国政府采购法》规定,政府采购工程进行招标投标的,适用《中华人民共和国招标投标法》。2015年1月颁布的《中华人民共和国政府采购法实施条例》进一步规定,政府采购工程依法不进行招标的,应当依照政府采购法和本条例规定的竞争性谈判或者单一来源采购方式采购。

《国务院办公厅关于促进建筑业持续健康发展的意见》(国发办〔2017〕19号)中规定,在民间投资的房屋建筑工程中,探索由建设单位自主决定发包方式。对依法通过竞争性谈判或单一来源方式确定供应商的政府采购工程建设项目,符合相应条件的应当颁发施工许可证。

(三)建设工程招标投标交易场所

《中华人民共和国招标投标法实施条例》规定,设区的市级以上地方人民政府可以根据实际需要,建立统一规范的招标投标交易场所,为招标投标活动提供服务。招标投标交易场所不得与行政监督部门存在隶属关系,不得以营利为目的。国家鼓励利用信息网络进行电子招标投标。

2017年11月国家发改委发布的《招标公告和公示信息发布管理办法》规定,依法必须招标项目的招标公告和公示信息,除依法需要保密或者涉及商业秘密的内容外,应当按照公益服务、公开透明、高效便捷、集中共享的原则,依法向社会公开。

《招标公告和公示信息发布管理办法》第五条规定,依法必须招标项目的资格预审公告和招标公告,应当载明以下内容:①招标项目名称、内容、范围、规模、资金来源;②投标资格能力要求,以及是否接受联合体投标;③获取资格预审文件或招标文件的时间、方式;④递交资格预审文件或投标文件的截止时间、方式;⑤招标人及其招标代理机构的名称、地址、联系人及联系方式;⑥采用电子招标投标方式的,潜在投标人访问电子招标投标交易平台的网址和方法;⑦其他依法应当载明的内容。

《招标公告和公示信息发布管理办法》第六条规定,依法必须招标项目的中标候选人公示应当载明以下内容:①中标候选人排序、名称、投标报价、质量、工期(交货期),以及评标情况;②中标候选人按照招标文件要求承诺的项目负责人姓名及其相关证书名称和编号;③中标候选人响应招标文件的资格能力条件;④提出异议的渠道和方式;⑤招标文件规定公示的其他内容。依法必须招标项目的中标结果公示应当载明中标人名称。

《招标公告和公示信息发布管理办法》第八条规定,依法必须招标项目的招标公告和公示信息应当在"中国招标投标公共服务平台"或者项目所在地省级电子招标投标公共服务平台(以下统一简称"发布媒介")发布。第十二条规定,发布媒介应当免费提供依法必须招标项目的招标公告和公示信息发布服务,并允许社会公众和市场主体免费、及时查阅前述招标公告和公示的完整信息。第十七条规定,任何单位和个人认为招标人或其招标代理机构在招标公告和公示信息发布活动中存在违法违规行为的,可以依法向有关行政监督部门投诉、举报;认为发布媒介在招标公告和公示信息发布活动中存在违法违规行为的,根据有关规定可以向相应的省级以上发展改革部门或其他有关部门投诉、举报。

三、建设工程招标分类

建设工程招标,按标的内容可分为建设工程监理招标、建设工程项目管理招标、建设项目总承包招标、工程勘察设计招标、工程建设施工招标以及工程建设项目货物招标。

(一)建设工程监理招标

建设工程监理招标是建设项目的业主为了加强对项目前期准备及项目实施阶段的监督管理,委托有经验、有能力的建设监理单位对建设项目进行监理而发布监理招标信息或发出投标邀请,由建设监理单位竞争承接此建设项目相应的监理任务的过程。

(二)建设工程项目管理招标

建设工程项目管理,是指从事工程项目管理的企业,受建设项目业主方委托,对工程建设全过程或分阶段进行专业化管理和服务活动。建设项目业主方可以通过招标等方式选择工程项目管理企业,并与选定的工程项目管理企业以书面形式签订委托工程项目管理合同。工程勘察设计、监理等企业可以同时承担同一工程项目的项目管理和其资质范围内的工程勘察设计、监理业务,但依法应当招标投标的应当通过招标投标方式确定。注意,施工企业不得在同一工程中从事项目管理和工程承包业务。

(三)建设项目总承包招标

建设项目总承包招标是指从项目建议书开始,包括可行性研究、勘察设计、设备与材料采购、工程施工、生产准备、投料试车直至竣工投产、交付使用的建设项目全过程招标,也称为"交钥匙"工程招标。投标人提出的实施方案应是从项目建议书开始到工程项目交付使用的全过程的方案,提出的报价也应是包括咨询设计服务费和实施费在内的全部费用的报价。总承包招标对投标人来说利润高,但风险也大,因此要求投标人要有较强的技术力量和较高的管理水平,并有可靠的信誉。

(四)工程勘察设计招标

工程勘察设计招标是招标人就拟建的工程项目的勘察设计任务发出招标信息或投标邀请,由投标人根据招标文件的要求,在规定的期限内向招标人提交包括勘察设计方案及报价等内容的投标书,经开标、评标及决标,从中择优选定勘察设计单位(即中标单位)的活动。招标人可以依据工程建设项目的不同特点,实行勘察设计一次性总体招标,也可以在保证项目完整性、连续性的前提下,按照技术要求实行分段或分项招标。

(五)工程建设施工招标

工程建设施工招标是招标人就建设项目的施工任务发出招标信息或投标邀请,由投标人根据招标文件要求,在规定的期限内提交包括施工方案、报价、工期、质量等内容的投标书,经开标、评标、决标等程序,从中择优选定施工承包人的活动。根据承担施工任务的范围大小及内容的不同,施工招标又可分为施工总承包招标、专业工程施工招标等。

(六)工程建设项目货物招标

工程建设项目货物是指与工程建设项目有关的重要设备、材料等。工程建设项目货物招标是招标人就设备、材料的采购发布信息或发出投标邀请,由投标人投标竞争采购合同的活动。需注意的是,适用招标采购的设备、材料一般都是用量大、价值高且对工程的造价有较大影响的,并非所有的设备、材料都需通过招标采购而获得。

四、建设工程招标方式

(一)公开招标和邀请招标

《中华人民共和国招标投标法》规定,招标分为公开招标和邀请招标。

(1)公开招标。公开招标是指招标人以招标公告的方式邀请不特定的法人或者其他组织投标。招标人采用公开招标方式的,应当发布招标公告。依法必须进行招标的项目的招标公告,应当通过国家指定的报刊、信息网络或者其他媒介发布。《中华人民共和国招标投标法实施条例》明确规定,国有资金占控股或者主导地位的依法必须进行招标的项目,应当公开招标。

(2)邀请招标。邀请招标是指招标人以投标邀请书的方式邀请特定的法人或者其他组织投标。《中华人民共和国招标投标法》规定,招标人采用邀请招标方式的,应当向三个以上具备承担招标项目的能力、资信良好的特定的法人或者其他组织发出投标邀请书。国务院发展计划部门确定的国家重点项目和省、自治区、直辖市人民政府确定的地方重点项目不适宜公开招标的,经国务院发展计划部门或者省、自治区、直辖市人民政府批准,可以进行邀请招标。

《中华人民共和国招标投标法实施条例》进一步规定,国有资金占控股或者主导地位的依法必须进行招标的项目,应当公开招标;但有下列情形之一的,可以邀请招标:①技术复杂、有特殊要求或者受自然环境限制,只有少量潜在投标人可供选择;②采用公开招标方式的费用占项目合同金额的比例过大。

(二)总承包招标和两阶段招标

《中华人民共和国招标投标法实施条例》规定,招标人可以依法对工程以及工程建设有关的货物、服务全部或者部分实行总承包招标。以暂估价形式包括在总承包范围内的工程、货物、服务属于依法必须进行招标的项目范围且达到国家规定规模标准的,应当依法进行招标。以上所称的暂估价,是指总承包招标时不能确定价格而由招标人在招标文件中暂时估定的工程、货物、服务的金额。

对技术复杂或者无法精确拟定技术规格的项目,招标人可以分两阶段进行招标。第一阶段,投标人按照招标公告或者投标邀请书的要求提交不带报价的技术建议,招标人根据投标人提交的技术建议确定技术标准和要求,编制招标文件。第二阶段,招标人向在第一阶段提交技术建议的投标人提供招标文件,投标人按照招标文件的要求提交包括最终技术方案和投标报价的投标文件。

五、建设工程招标投标的禁止性规定

(一)招标人不得以不合理的条件限制、排斥潜在投标人或者投标人

《中华人民共和国招标投标法实施条例》第三十二条规定,招标人不得以不合理的条件限制、排斥潜在投标人或者投标人。

招标人有下列行为之一的,属于以不合理条件限制、排斥潜在投标人或者投标人:

(1)就同一招标项目向潜在投标人或者投标人提供有差别的项目信息。

(2)设定的资格、技术、商务条件与招标项目的具体特点和实际需要不相适应或者与合同履行无关。

(3)依法必须进行招标的项目以特定行政区域或者特定行业的业绩、奖项作为加分条件或者中标条件。

(4)对潜在投标人或者投标人采取不同的资格审查或者评标标准。

(5)限定或者指定特定的专利、商标、品牌、原产地或者供应商。

(6)依法必须进行招标的项目非法限定潜在投标人或者投标人的所有制形式或者组织形式。

(7)以其他不合理条件限制、排斥潜在投标人或者投标人。

(二)禁止投标人相互串通投标

1.属于投标人相互串通投标的情形

《中华人民共和国招标投标法实施条例》第三十九条规定,禁止投标人相互串通投标。

有下列情形之一的,属于投标人相互串通投标:

(1)投标人之间协商投标报价等投标文件的实质性内容。

(2)投标人之间约定中标人。

(3)投标人之间约定部分投标人放弃投标或者中标。

(4)属于同一集团、协会、商会等组织成员的投标人按照该组织要求协同投标。

(5)投标人之间为谋取中标或者排斥特定投标人而采取的其他联合行动。

2.视为投标人相互串通投标的情形

《中华人民共和国招标投标法实施条例》第四十条规定,有下列情形之一的,视为投标人相互串通投标:

(1)不同投标人的投标文件由同一单位或者个人编制。

(2)不同投标人委托同一单位或者个人办理投标事宜。

(3)不同投标人的投标文件载明的项目管理成员为同一人。

(4)不同投标人的投标文件异常一致或者投标报价呈规律性差异。

(5)不同投标人的投标文件相互混装。

(6)不同投标人的投标保证金从同一单位或者个人的账户转出。

(三)禁止招标人与投标人串通投标

《中华人民共和国招标投标法实施条例》第四十一条规定,禁止招标人与投标人串通投标。

有下列情形之一的,属于招标人与投标人串通投标:

(1)招标人在开标前开启投标文件并将有关信息泄露给其他投标人。

(2)招标人直接或者间接向投标人泄露标底、评标委员会成员等信息。

(3)招标人明示或者暗示投标人压低或者抬高投标报价。

(4)招标人授意投标人撤换、修改投标文件。

(5)招标人明示或者暗示投标人为特定投标人中标提供方便。

(6)招标人与投标人为谋求特定投标人中标而采取的其他串通行为。

(四)不得以低于成本的报价竞标、以他人名义投标等

《中华人民共和国招标投标法》第三十三条规定,投标人不得以低于成本的报价竞标,也不得以他人名义投标或者以其他方式弄虚作假,骗取中标。

1.低于成本的报价竞标

低于成本报价竞争不仅属于不正当竞争行为,而且还容易导致中标后的偷工减料,影响建设工程质量。《中华人民共和国招标投标法》第四十一条规定,中标人的投标应当能够满足招标文件的实质性要求,并且经评审的投标价格最低;但是投标价格低于成本的除外。需要注意的是,此处所说成本是指投标人的个别成本,是根据企业定额测算的成本。

2.以他人名义投标

《中华人民共和国招标投标法实施条例》规定,使用通过受让或者租借等方式获取的资格、资质证书投标的,属于《中华人民共和国招标投标法》规定的以他人名义投标。

3.以其他方式弄虚作假

投标人有下列情形之一的,属于《中华人民共和国招标投标法》规定的以其他方式弄虚作假的行为:

(1)使用伪造、变造的许可证件。
(2)提供虚假的财务状况或者业绩。
(3)提供虚假的项目负责人或者主要技术人员简历、劳动关系证明。
(4)提供虚假的信用状况。
(5)其他弄虚作假的行为。

第二节 建设工程招标与投标程序

建设工程项目招标投标一般要经历招标准备、投标邀请、发售招标文件、组织现场勘察、标前答疑、投标、开标、评标、定标、签发中标通知书、提交履约担保、订立书面合同等过程。

➤ 一、招标准备

招标准备包括三个方面,即招标组织的准备、招标条件的准备和招标文件的准备。

(一)招标组织的准备

招标活动必须由一个机构来完成,这个机构就是招标组织机构。招标人自行办理招标事宜的,应当具有编制招标文件和组织评标的能力,并报建设行政监督部门备案。自行办理招标的条件包括:有专门的招标组织机构;有与工程规模、复杂程度相适应并具有同类工程项目招标经验,熟悉有关工程建设招标法律法规的专业人员。

不具备上述条件的,招标人应当选择具有相应资格的工程建设项目招标代理机构,与其签订招标委托合同,委托其代为办理招标事宜。所谓工程建设项目招标代理机构,是指具有从事招标代理业务的营业场所和相应的资金,具备法人资格,有健全的组织机构和内部管理的规章制度,拥有编制招标文件和组织评标的相应专业力量,具有可以作为评标委员会成员人选的技术经济等方面的专家库,经国务院或省、自治区、直辖市人民政府建设行政主管部门认定的甲级、乙级或暂定级招标代理资质的社会中介组织。工程建设项目招标代理机构在其资格许可的范围内接受招标人的委托,从事工程的勘察、设计、施工、监理以及与工程建设有关的重要设备(进口机电设备除外)、材料的采购招标的代理业务。

招标代理是有偿服务。招标代理机构接受招标人委托,从事编制招标文件(包括编制资格预审文件)和标底,审查投标人资格,组织投标人踏勘现场并答疑,组织开标、评标、定标以及提供招标前期咨询,协调合同的签订等业务,同时依法收取费用。

(二)招标条件的准备

招标项目如果按照国家有关规定需要履行项目审批手续的,应当先进行相关的项目审批手续工作。同时,招标项目的现场条件、基础资料及资金等也应当满足招标的要求。

(三)招标文件的准备

招标人应当根据招标项目的特点和需要准备和编制招标文件。以工程项目施工招标为例,招标文件应当包括以下内容:①招标公告或投标邀请书;②投标人须知;③合同主要条款;④投标文件格式;⑤采用工程量清单招标的,应当提供工程量清单;⑥技术条款;⑦设计图;⑧评标标准和方法;⑨投标辅助材料。

招标人应当在招标文件中规定实质性要求和条件,并用醒目的方式标明。

招标人应当在招标文件中载明投标有效期。投标有效期从提交投标文件的截止之日起计算。

➤ 二、投标邀请

招标方式不同,邀请投标的程序也不同。公开招标一般要经过招标公告、投标资格预审、发出投标邀请等环节,而邀请招标则可直接发出投标邀请书。

(一)招标公告

招标公告由招标人通过国家指定的报刊信息网络或者其他媒介发布。招标公告应当载明招标人的名称和地址,招标项目的性质、数量、实施地点和时间,投标截止日期以及获取招标文件的办法等事项。如果要进行资格预审的,公告中应载明资格预审的条件标准以及申请资格预审的方法。

(二)投标资格预审

招标人可以自行组织力量对投标申请人进行资格预审,也可以委托招标代理机构对投标申请人进行资格预审。资格预审文件一般应当包括资格申请书格式、申请人须知,以及需要投标申请人提供的企业资质、业绩、技术装备、财务状况和拟派出的项目经理、主要技术人员的简历业绩等证明材料。

通过招标公告获得招标信息并有意参加投标的竞争者,按照招标公告中的要求向招标人申请资格预审,领取资格预审文件,并按资格预审文件要求的时间、地点及内容提交全套资格报审材料。招标人在对资格材料审查并进行必要的实地考察后,对潜在投标人的履约能力及资信做出综合评价,从中择优选出若干个潜在的投标人,正式邀请其参加投标。

1. 资格预审内容

资格预审的主要内容包括投标人的签约资格和履约能力。

(1)签约资格。签约资格是指投标人按国家有关规定承接招标项目必须具备的相应条件,如投标人是否是合法的企业或其他组织;有无与招标内容相适应的资质;是否正处于被责令停业或财产被接管冻结或暂停参加投标的处罚期;最近三年内有无骗取中标和严重违约及重大工程质量问题等。

(2)履约能力。履约能力是指投标人完成招标项目任务的能力,如投标人的财务状况、商业信誉、业绩表现、技术资格和能力、管理水平、人员与设备条件、完成类似工程项目的合同数量等。

2. 资格预审程序

(1)编制资格预审文件。投标资格预审文件包括资格预审通知、资格预审须知、资格预审表等。按规定要向政府建设行政主管部门备案的,编制好的资格预审文件应办理备案手续。

①资格预审通知。资格预审通知一般都包含在公开招标的公告中,也就是在招标公告里载明资格预审的内容、申请资格预审的条件、索购资格预审文件的时间和地点,以及提出资格预审申请的最后期限。

②资格预审须知。申请投标人是根据资格预审须知来填报资格预审表和准备有关文件资料并最终决定是否申请资格预审的。所以,资格预审须知应包括招标人名称、住所、电话、联系人姓名,招标项目详细介绍,资格预审表的填写说明,对投标人资信、能力的基本要求,以及递交资格预审申请的时间、地址,有关的资信、业绩、能力的证明文件及资料要求等。

③资格预审表。在公开招标中,招标人面临多个潜在投标人,因此无法对这些投标人逐一登门调查,只能通过资格预审表来了解投标人的情况并审查其投标资格。所以,资格预审表的内容要全面,要确保有足够的信息量,条目的内容要明确、不会造成歧义。

④资格预审评分细则。资格预审评分细则是对投标人资信和能力的具体评价方法,必须连同资格预审文件一起发给资格预审申请人。

⑤资格预审合格通知书。资格预审合格通知书告知资格预审申请人资格预审已通过,正式邀请其参加投标,并通知其于何时到何地索购招标文件。所以,资格预审合格通知书也可称为投标邀请书。

⑥致谢信。致谢信的实质是向未获得投标资格的投标申请人通报资格预审结果。致谢信的内容大致是告知投标申请人本次投标资格的预审工作已经结束,投标人已经选定但其未能入选,顺致歉意并感谢支持和参与,希望下次有机会再合作。

(2)发布投标资格预审通知。投标资格预审通知应在建设工程招标投标管理部门指定的媒介及一般的公共媒介上发布。一般情况下,投标资格预审通知是包含在公开招标公告中作为公告的内容发布的。

(3)发售资格预审文件。资格预审文件的发放可以是有偿的,也可以是无偿的;还可以是先收取押金,待申请人提交全套的资格预审申请文件后再退还押金。无论是收费还是收押金,目的就是要求申请人事先认真考虑,以免出现索取资格预审文件的申请人很多,而提交正式资格预审申请文件者很少的情况。自发售资格预审文件之日到停止发售之日,不得少于5个工作日。

(4)申请人填写、递交资格预审申请文件。申请人获得资格预审文件后应组织力量实事求是地填写,并认真准备好预审表附件。对预审文件有疑问的,可以向招标人质询。对于带有普遍性的问题,招标人应同时通知所有获得资格预审文件的申请人。无论是申请人质询,还是招标人的回答,或是对预审文件的修改补充,都应以书面形式进行。

申请人完成资格预审表的填写和相关文件资料的准备后,要写一个致招标人的函件。在致招标人的函件中应郑重声明对提交的资格预审表和相关文件资料的真实性负责,并要求招标人对其进行审查,希望给予参加投标竞争的机会,同时表示将尊重招标人的选择,且不要求招标人就其选择做任何解释。函件的落款应由申请人的法定代表人或其代理人签字并加盖公章。至此,投标资格预审申请文件就编制完成了。投标人应当按照投标资格预审须知上规定的时间、地址,将资格预审申请文件送达招标人或招标代理人。

(5)审查与评议。投标资格评审工作由招标委员会负责,可以邀请专家及有关方面的代表组成投标资格评审委员会来完成。招标人首先要对资格预审申请文件的完整性和真实性进行审查,在有条件的情况下还应做一些调查,并在此基础上由投标资格评审委员会进行评审。评审时,可以采用简单多数法或评分法来确定投标人。简单多数法是按申请人得票的多少,得票多者优先入选;评分法是按申请人得分高低,得分高者优先入选。在评审之前,还必须确定采取合格制还是有限数量制来确定入选投标人数量。合格制是不限制投标人数量的;有限数量制则事先规定了入选潜在投标人的数量。考虑到入选的潜在投标人不一定都来投标这一因素,在采用有限数量制时一般不宜少于5家,但也不宜太多,否则评标工作量太大,影响评标质量。按规定要备案的,应写成评审报告并附上拟入选的投标人一览表报上级审批,并报工程建设项目招标投标管理部门备案。

(6)通知资格预审结果。①对于获得投标资格者,发给资格预审合格通知书(投标邀请书);②对于未能获得投标资格者,发出致谢信。

不进行资格预审的公开招标,投标人只需按招标公告中规定的时间,到指定的地点索购招标文件即可。不进行资格预审的公开招标,资格审查一般在开标后进行。

(三)发出投标邀请

无论是公开招标还是邀请招标,被邀请参加投标的法人或者其他组织都不能少于3家,且被邀请参加投标的前提都是一样的,即被邀请人的履约能力及资信都是得到认可的。

公开招标的投标邀请书是在投标资格预审合格后发出的,所以也可用投标预审合格通知书代替。投标邀请书要简单复述招标公告的内容,并突出关于获取招标文件的办法。

在邀请招标的情况下,因为被邀请人是通过投标邀请书了解招标项目的,所以投标邀请书对项目的描述要详细准确。

➤ 三、发售招标文件

招标文件是投标人编制投标文件、进行报价的主要依据,所以招标文件应当根据招标项目的特点和需要编制。

招标文件的发放有两种形式:一种是卖给有资格的潜在投标人,酌收工本费;另一种是无偿发给有资格的潜在投标人,但收取一定的招标文件押金,待招标活动结束收回招标文件或其中的设计文件时退还。

自发售招标文件之日到停止发售之日,不得少于5天。潜在投标人收到招标文件并核对无误后,要以书面形式确认。潜在投标人要认真研究招标文件,若有疑问或不清楚的地方,应在规定的时间内以书面形式要求招标人澄清解释。招标人对已发出的招标文件进行必要的澄清或者修改的,应当在招标文件要求提交投标文件截止时间至少15天前,以书面形式通知所有招标文件收受人。同时,澄清或者修改的内容为招标文件的组成部分。

➤ 四、组织现场勘察

现场勘察是潜在投标人到现场进行实地考察。潜在投标人通过对招标工程建设现场的勘察,可以了解场地及其周围环境的情况,获取其认为有用的信息;核对招标文件中的有关资料和数据并加深对招标文件的理解,以便对招标项目做出正确的判断,选择正确的投标策略以及确定正确的投标报价。勘察人员一般应由投标决策人员拟派到项目的负责人以及投标报价人员组成。现场勘察的主要内容包括交通运输条件、自然环境与社会环境条件、当地的市场行情等。

招标人根据招标项目的具体情况,可以组织潜在投标人勘察项目现场,向其介绍工程场地和相关环境的有关情况。潜在投标人依据招标人介绍的情况做出的判断和决策,由投标人自行负责。招标人不得单独或者分别组织任何一个投标人进行现场勘察。

五、标前答疑

投标人研究招标文件和现场勘察后有问题需要解答的,应以书面形式提出质疑,招标人应及时给予书面解答,且同时发给每个获得招标文件的潜在投标人,以保证招标的公平和公正。注意,对问题的答复不需说明问题的来源。招标文件的修改或补充以及答疑文件均构成招标文件的补充文件,是招标文件的组成部分,与招标文件具有同等的法律效力。当补充文件与招标文件的规定不一致时,以补充文件为准。为了使投标单位能充分研究和消化招标单位对招标文件的修改或补充,有足够的时间修改投标书,招标单位可根据情况适当延长投标截止时间。

六、投标

(一)投标响应

投标人在获得招标文件后,要组织力量认真研究招标文件的内容,并对招标项目的实施条件进行调查。在此基础上结合投标人的实际,按照招标文件的要求编制投标文件。投标文件应当对招标文件提出的实质性要求和条件做出响应。招标项目属于建设施工的,投标文件的内容除应包括报价、拟派出的项目负责人与主要技术人员的简历、业绩外,还应有施工组织设计。

(二)投标人的工程分包

《中华人民共和国建筑法》规定,建筑工程总承包单位可以将承包工程中的部分工程发包给具有相应资质条件的分包单位,但属于施工总承包的,建筑工程主体结构的施工必须由总包单位自己完成。因此,投标人可以根据招标文件载明的项目实际情况,将中标项目的部分非主体、非关键性工作进行分包,但应当在投标文件中载明。

(三)联合体投标

两个以上法人或者其他组织可以组成一个联合体,以一个投标人的身份共同投标。联合体各方均应具备承担招标项目的相应能力。国家或者招标文件对投标人资格条件有规定的,联合体各方均应当具备规定的相应资格条件。由同一专业的单位组成的联合体,按照资质等级较低的单位核定其资质等级。联合体各方应当签订共同投标协议,明确约定各方拟承担的工作和责任,并将共同投标协议连同投标文件一并提交给招标人。联合体各方的法定代表人应签署授权书,授权其共同指定的牵头人代表联合体投标及负责合同履行期间的主办与协调工作。联合体中标的,联合体各方应当共同与招标人签订合同,就中标项目向招标人承担连带责任。但招标人不得强制投标人组成联合体共同投标,也不得限制投标人之间的竞争。联合体成员也不得再以自己名义单独投标或参加其他联合体在同一个项目中投标。

(四)投标的禁止性规定

投标的禁止性规定有:投标人不得相互串通投标报价;不得排挤其他投标人的公平竞争,损害招标人或其他投标人的合法权益;不得与招标人串通投标,损害国家利益、社会公共利益或者他人的合法权益;不得以他人名义投标或者以其他方式弄虚作假以骗取中标。

(五)投标文件的补充和修改

投标人应当在招标文件要求提交投标文件的截止时间前将投标文件送达招标文件规定的投标地点。招标人收到投标文件后,应当签收保存,不得开启。逾期送达或未送达指定地点的投标文件,招标人应当拒收。投标人在招标文件要求提交投标文件截止日之前可以补充、修改或者撤回已提交的投标文件,并书面通知招标人。补充、修改的内容同为投标文件的组成部分。

(六)投标文件的编制时间

从招标文件发出之日起到提交投标文件截止日的时间应是投标人理解招标文件、进行必要的调研、完成投标文件编制所必需的合理时间,一般不得少于 20 天。

(七)投标保证金

招标人可以在招标文件中要求投标人提交投标担保。投标担保可以采用投标保函或者投标保证金的方式。投标保证金可以使用支票、银行汇票等,一般不得超过投标总价的 2%。投标保证金有效期应超出投标有效期 30 天。

(八)投标有效期

为保证招标人有足够的时间完成评标和与中标人签订合同,招标文件应当规定一个适当的投标有效期。投标有效期从投标人提交投标文件截止之日起计算。若在原投标有效期结束前发生特殊情况,招标人可以以书面形式要求所有投标人延长投标有效期。投标人同意延长的,不得要求或被允许修改其投标文件的实质性内容,但应当相应延长其投标保证金的有效期;投标人拒绝延长的,其投标失效,但投标人有权收回其投标保证金。因延长投标有效期而造成投标人损失的,招标人应当给予补偿,但因不可抗力需要延长投标有效期的除外。

(九)投标人数量

提交有效投标文件的投标人少于 3 个的,招标人必须重新组织招标。重新招标后投标人仍少于 3 个的,属于必须审批的建设项目,报经原审批部门批准后可以不再进行招标;其他工程项目,招标人可以自行决定不再进行招标。

➢ 七、开标

开标是同时公开各投标人报送的投标文件的过程。开标使投标人知道其他竞争对手的要约情况,也限定了招标人员只能在这个开标结果的基础上进行评标、定标。这是招标投标公开性、公平性原则的重要体现。

开标应当在招标文件中确定的提交投标文件截止时间的同一时间公开进行。

开标地点应当为招标文件中预先确定的地点。所有投标人均应参加开标会议,并邀请公证机关、工程建设项目有关主管部门以及相关银行的代表出席。政府的招标投标管理机构可派人监督开标活动。开标时,由投标人或其推选的代表检验投标文件的密封情况,也可由招标人委托的公证机构检查并公证。确认无误后,由工作人员当众拆封并宣读投标人名称、投标价格和投标文件的其他主要内容。所有在投标文件中提出的附加条件、补充声明、优惠条件、替代方案等均应宣读。如果设有标底,也应同时公布。这一过程称为唱标。

开标过程应当记录并存档备查。开标后,任何人都不允许更改投标文件的内容和报价,也不允许再增加优惠条件。

八、评标

(一)评标组织

评标由招标人组建的评标委员会负责。评标委员会由招标人的代表和有关技术、经济等方面的专家组成,人数为 5 人以上单数。其中,从专家库中抽取的技术、经济等方面的专家不得少于成员总数的 2/3。评标委员会负责人在评标委员会中选举产生,但大多是由评标委员会中招标人的代表担任。评委应具备以下条件:

(1)从事相关专业领域工作满 8 年并具有高级职称或同等专业水平。
(2)熟悉有关招标投标的法律法规。
(3)能够认真、公正、诚实、廉洁地履行职责。

依法必须进行招标的项目,其技术、经济方面的专家由招标人从国务院或省、自治区、直辖市人民政府有关部门提供的评标专家库或招标代理机构的专家库中选择;一般招标项目可以采取随机抽取方式,特殊招标项目可以由招标人直接确定。与投标人有利害关系的人不得进入相关项目的评标委员会,已进入的应当更换,以保证评标的公平性和公正性。

评标委员会成员的名单在中标结果确定之前应当保密。评标委员会成员和有关工作人员不得私下接触投标人,不得接受投标人的任何馈赠,不得参加投标人以任何形式组织的宴请、娱乐、旅游等活动,不得透露对投标文件的评审和比较、中标候选人的推荐以及与评标有关的其他情况。

(二)评标程序

评标一般要经过评标准备、初步评审、详细评审和提交评标报告等阶段。

1. 评标准备

评标准备包括组织评标委员会学习招标文件,了解招标项目,熟悉评标标准和方法,必要时还要对一些特别的问题进行讨论,以统一评标尺度,使评标工作更加公正和科学。

2. 初步评审

初步评审的重点在于投标书的符合性审查。当投标文件有下列情形之一的,由评标委员会初审后按照废标处理:

(1)无单位盖章并无法定代表人或法定代表人授权的代理人签字或盖章的。
(2)未按规定的格式填写,内容不全或关键字迹模糊、无法辨认的。
(3)投标人递交两份或多份内容不同的投标文件,或在一份投标文件中对同一招标项目报有两个或多个报价且未声明哪个有效的。按招标文件规定提交备选投标方案的除外。
(4)投标人名称或组织结构与资格预审时不一致的。
(5)未按招标文件要求提交投标保证金的。

(6)联合体投标未附联合体各方共同投标协议的。

当投标文件实质上响应了招标文件的要求,但在个别地方存在漏项或提供了不完整的技术信息和数据,补正这些遗漏或者不完整不会对其他投标人产生不公平的结果,这种偏差属于细微偏差,不影响投标文件的有效性。如报价的计算错误就属于细微偏差,通常的修正原则是:阿拉伯数字表示的金额与文字大写金额不一致的,以文字表示的金额为准;单价金额与总价金额不一致的,以单价金额为准,但单价金额小数点明显错误的除外;标书的副本与正本不一致的,以正本为准。计算错误的修改一般由评标委员会负责,但改正后一定要由投标人的法人代表或其授权人签字确认。

评标委员会可以以书面形式要求投标人对投标文件中含义不明确、对同类问题表述不一致或者有明显文字和计算错误的内容做必要的澄清、说明或者补正。澄清、说明或者补正应以书面形式进行,且不得超出投标文件的范围或者改变投标文件的实质性内容。评标委员会不得向投标人提出带有暗示性或诱导性的问题,或向其明确投标文件中的遗漏和错误。没有通过初步评审的投标人不得进入下一阶段的评审。

3. 详细评审

经初步评审合格的投标文件,评标委员会根据招标文件确定的评标标准和方法对其进行技术评审和商务评审。对于大型的尤其是技术复杂的招标项目,技术评审和商务评审往往是分开进行的。《中华人民共和国招标投标法》规定,评标可采用经评审的最低投标价法和综合评估法,以及法律与行政法规允许的其他评标方法。

(1)经评审的最低投标价法。经评审的最低投标价法一般适用于具有通用技术性能标准或者招标人对技术、性能没有特殊要求的招标项目。评标委员会只需根据招标文件中规定的评标价格调整方法,对所有投标人的投标报价以及投标文件的商务部分做必要的价格调整,而无须对投标文件的技术部分进行折价。但投标文件的技术标应当符合招标文件规定的技术要求和标准。因此,如果采用经评审的最低投标价法进行评标,那么中标候选人的投标文件应该能够满足招标文件的实质性要求,并且经评审的投标价格最低,但是投标价格低于成本的除外。

由于我国建设领域的诚信体系尚不健全,同时由于成本价难以认定,一些不良承包商常利用经评审的最低投标价法评标的机会进行恶性低价竞争,中标后再恶意索赔,这是需要重点防范的。

(2)综合评估法。不宜采用经评审的最低投标价法的招标项目,一般应采用综合评估法进行评审。综合评估法不仅要评价商务标,而且要评价技术标。一些技术难度大的项目,对技术标的关注程度甚至要超过报价。对于技术标的评审,主要是对投标书的技术方案、技术措施、技术手段、技术装备、人员配置、组织方法和进度计划的先进性、合理性、可靠性、安全性和经济性进行分析评价。如果招标文件要求投标人派拟任项目负责人参加答辩,评标委员会应组织他们答辩。这对于了解项目负责人的工作能力、工作经验和管理水平是很有好处的。没有通过技术评审的标书,不能中标。

商务标包括投标报价和投标人资信等内容,但评标的重点是对投标报价的构成、计价方式、计算方法、支付条件、取费标准、价格调整、税费、保险及优惠条件等进行评审。在国际工程招标文件中,报关、汇率、支付方式等也是重要的评审内容。商务标评审的核心是评价报价的合理性以及投标人在履约过程中可能给招标人带来的风险。设有标底的招标,商务评标时要参考标底,但不得将其作为评标的唯一依据。

衡量投标文件能否最大限度地满足招标文件中规定的各项评价标准,可以采取折算货币法或其他方法,但需要量化的因素及其权重必须在招标文件中明确。

折算货币法是指评审过程中以报价为基础,将报价之外需要评定的要素按招标文件规定的折算办法换算成货币价值,根据对招标人有利或不利的影响及其大小,在投标报价的基础上扣减或增加一定的金额,最终构成评标价格,将评标价格低的投标人推荐为中标候选人。

4. 提交评标报告

详细评审完成后,评标委员会应向招标人提交评标报告,作为招标人最后选择中标人的决策依据。评标报告的内容一般包括评标过程、评标标准、评标方法、评标结论、标价比较一览表或综合评估比较表、推荐的中标候选人、与中标候选人签约前应处理的事宜、投标人澄清(说明补正)事项的纪要及评委之间存在的主要分歧点等。

采用经评审的最低投标价法的,应提交标价比较一览表,表中载明各投标人的投标报价商务偏差调整以及经评审的最终投标价。采用综合评估法的,应提交综合评估比较表,表中载明投标人的投标报价、所做的每处修正、对商务标偏差的调整、对技术标偏差的调整、对各评审因素的评估以及对每个投标的最终评审结果。

评标报告中应按照招标文件中规定的评标方法,推荐不超过3名有排序的合格的中标候选人。如果评标委员会经过评审,认为所有投标都不符合招标文件的要求,可以否决所有投标。出现这种情况后,招标人应认真分析招标文件的有关要求以及招标过程,对招标工作范围或招标文件的有关内容做出实质性修改后再重新进行招标。

评标报告由评标委员会全体成员签字。对评标结论持有异议的评标委员会成员可以书面方式阐述自身的不同意见和理由。评标委员会成员拒绝在评标报告上签字且不陈述其不同意见和理由的,视为同意评标结论,评标委员会应当将此记录在案。

评标的过程要保密。与评标委员会成员和评标有关的工作人员不得私下接触投标人,不得透露评审标书的情况,也不得透露推荐中标候选人的情况以及其他与评标有关的情况。

评标委员会成员应当客观公正地履行职责,遵守职业道德,对所提出的评审意见承担个人责任。

九、定标

定标是招标人享有的选择中标人的最终决定权和决策权。《中华人民共和国招标投标法》规定,招标人根据评标委员会提出的书面评标报告和推荐的中标候选人确定中标人。招标人也可以授权评标委员会直接确定中标人。

十、签发中标通知书

依法必须进行招标的项目,招标人应当给排名第一的中标候选人签发中标通知书。只有当排名第一的中标候选人放弃中标或未能按规定提交履约保证金时,方可确定排名第二的中标候选人为中标人,其余类推。中标通知书的主要内容有中标人名称、中标价,商签合同的时间与地点,提交履约保证的方式和时间等。投标人在收到中标通知书后要出具书面回执,证实已经收到中标通知书。

中标通知书对招标人和中标人均具有法律效力。中标通知书发出后,招标人改变中标结果的,或者中标人放弃中标项目的,应当依法承担法律责任。依法必须进行施工招标的工程招标人应当自发出中标通知书之日起的15天内,向工程所在地县级以上地方人民政府建设行政主管部门提交招标投标情况的书面报告。书面报告应该至少包括:招标范围;招标方式和发布招标公告的媒介;招标文件中投标人须知、技术条款、评标标准和方法、合同主要条款等内容;评标委员会的组成和评标报告;中标结果;等等。

▶ 十一、提交履约担保、订立书面合同

招标人和中标人应当自中标通知书发出之日起30天内,按照招标文件和中标人的投标文件订立书面合同。招标人不得向中标人提出压低报价、增加工作量、缩短工期或其他违背中标人意愿的要求并以此作为签订合同的条件,也不得再行订立背离合同实质性内容的其他协议。

招标文件要求中标人提交履约担保的,中标人应当在合同签字前或合同生效前提交。在中标人提交了履约担保并与招标人签订合同之后的5个工作日内,招标人应将投标保证金或投标保函退还给投标人。

履约担保是中标人通过经济形式保证按照合同约定履行义务、完成项目,同时保证不将项目主体或关键性的部分分包给他人,不将中标项目转让他人或肢解后以分包的名义分别转包给他人。中标人向招标人提交的履约担保可以是由银行出具的银行保函,也可以是由具有独立法人资格的企业出具的履约担保书。由银行出具的保函一般要求的担保额为合同价格的5%,由具有独立法人资格企业出具的履约担保书的担保额为合同价格的10%。投标人应使用招标文件中提供的履约担保格式。如果中标人不按规定执行,不提交履约担保或拒签合同,招标人将取消其中标资格,并没收其投标保证金。

第三节 建设工程施工招标与投标管理

▶ 一、建设工程施工招标

建设工程施工招标是指招标人通过适当的途径发出施工任务发包的信息,吸引施工承包商投标竞争,从中选出技术能力强、管理水平高、信誉可靠且报价合理的承建商,并以签订合同的方式约束双方在施工过程中的行为的经济活动。建设工程施工招标最明显的特点是发包工作内容明确具体,各投标人编制的投标书在评标中易于横向对比。虽然投标人是按招标文件规定的工作内容和工程量清单编制报价,但报价高低一般并不是确定中标单位的唯一条件,投标实际上是各施工单位完成该项目任务的技术、经济、管理等综合能力的竞争。

(一)施工招标分类

1. 公开招标

国务院发展计划部门确定的国家重点建设项目和各省、自治区、直辖市人民政府确定的地方重点建设项目,以及全部使用国有资金投资或者国有资金投资占控股或者主导地位的工程建设项目,应当公开招标。

2. 邀请招标

有下列情形之一的,经批准可以进行邀请招标:
(1)项目技术复杂或有特殊要求,只有少量几家潜在投标人可供选择的。

(2)受自然地域环境限制的。
(3)涉及国家安全、国家秘密或者抢险救灾工程的。
(4)拟公开招标的费用与项目的价值相比,不值得的。
(5)法律法规规定不宜公开招标的。

国家重点建设项目的邀请招标,应当经国务院发展计划部门批准。地方重点建设项目的邀请招标,应当经各省、自治区、直辖市人民政府批准。全部使用国有资金投资或者国有资金投资占控股或者主导地位的,并需要审批的工程建设项目的邀请招标,应当经项目审批部门批准,但项目审批部门只审批立项的,由有关行政监督部门审批。

3. 可不进行施工招标的项目

需要审批的工程建设项目,有下列情形之一的,经审批部门批准,可以不进行施工招标:
(1)涉及国家安全、国家秘密或者抢险救灾而不适宜招标的。
(2)属于利用扶贫资金实行以工代赈需要使用农民工的。
(3)施工主要技术采用特定的专利或者专有技术的。
(4)施工企业自建自用的工程,且该施工企业资质等级符合工程要求的。
(5)在建工程追加的附属小型工程或者主体加层工程,原中标人仍具备承包能力的。
(6)法律、行政法规规定的其他情形。

(二)施工标段的划分

如果建设工程项目的全部施工任务作为一个标的发包,则招标人仅与一个中标人签订合同,施工过程中的管理工作比较简单,但有能力参与竞争的投标人较少。如果招标人有足够的管理能力,也可以将全部施工内容分解成若干个标段分别发包,一是可以发挥不同投标人的专业特长,增强投标的竞争性;二是每个独立合同比总承包合同更容易落实,即使出现问题也是局部的,易于纠正或补救。但发包的数量多少要适当,标段太多会给招标工作和施工阶段的管理协调带来困难。标段的划分要有利于吸引更多的投标者来参加投标,以发挥各个承包商的特长,降低工程造价,保证工程质量;加快工程进度的同时还要考虑到便于工程管理,减少施工干扰,使工程能够有条不紊地进行。划分标段应考虑的主要因素如下:

(1)工程特点。拟招标的工程项目如果场地比较集中、工程量不大、技术上不是特别复杂,一般不用分标。而当工作场地分散,工程量较大或有特殊的工程技术要求时,则可以考虑分标,如高速公路、灌溉工程等大多是分段发包的。

(2)对工程造价的影响。一般来说,一个工程由一家承包商施工,不但干扰少、便于管理,而且由于临时设施少,人力、机械设备可以统一调配使用,因此可以获得比较低的工程报价。但是,如果是一个大型的、复杂的工程项目(如核电站工程),就对承包商的施工经验、施工能力、施工设备等方面都有很高的要求。在这种情况下,如果不分标就可能使有能力参加此项目投标的承包商数大大减少。投标竞争对手的减少,很容易导致报价的上涨,不能获得合理的报价。

(3)专业化问题。尽可能地按专业划分标段,以利于发挥承包商的特长,增加对承包商的吸引力。

(4)工地的施工管理问题。工地现场的作业面划分十分重要,在分标时要考虑工地施工管理中的两个问题;一是工地现场作业面上工程进度的衔接;二是施工项目一定要选择施工水平高、能力强、信誉好的承包商,以保证能按合同约定完成进度计划中"关键线路"上的工作任务,防止影响其他承包商的工程进度,从而引起不必要的索赔。若能按期或提前完成施工任务,则承包商越少越好。分标时,还要综合考虑施工现场的布置问题,如对各个承包商的施工作业面、堆场、加工场、生活区、交通运输,甚至弃渣场地的安排等,都应事先有所考虑。

(5)其他因素。影响工程分标的因素还有很多,如资金问题等。当资金筹措不足时,只有实行分标,使部分工程先行招标。

总之,分标时应当对上述因素综合考虑,可以拟订几个分标方案,进行综合比较后确定。但是,对工程技术上紧密相连、不可分割的单位工程,不得分割标段。

(三)施工招标应具备的条件

建设工程施工招标应当具备以下条件:
(1)按照国家有关规定需要履行项目审批手续的,已经履行审批手续。
(2)完成建设用地的征用和拆迁。
(3)有能够满足施工需要的设计图和技术资料。
(4)建设资金的来源已落实。
(5)施工现场的前期准备工作如果不包括在承包范围内,应满足"三通一平"的开工条件。

➤ 二、建设工程施工投标

(一)施工投标的主要工作

1. 研究招标文件

投标单位报名参加或接受邀请参加某工程的投标,通过了资格审查,取得了招标文件之后,首要的工作就是认真仔细地研究招标文件,充分了解其内容和要求,以便有针对性地开展投标工作。研究招标文件,重点应放在投标者须知、工程范围、合同条款、设计图以及工程量清单上。当然,对技术规范要求等,也要弄清有无特殊要求。

对于工程量清单,即使招标文件不要求投标人核对,只要时间许可,投标人也应该予以核对,以便采取合适的报价策略以及子项单价。如发现工程量清单有重大出入,特别是重大漏项,应告知招标人,由招标人书面更正,这对于固定总价合同尤为重要。

2. 调查投标环境

所谓投标环境,就是招标工程施工的自然、经济和社会条件。这些条件都是工程施工的约束因素,是投标单位报价时必须予以考虑的,所以在投标报价前要尽可能地了解清楚,包括:
(1)工程的性质及其与其他工程之间的关系。
(2)工地地形、地貌、地质、水文、气象、交通、电力、通信等。
(3)工地附近有无可利用的其他条件等。
(4)工地所在地的社会治安情况等。

3. 制定施工方案

施工方案是投标报价的一个前提条件,也是招标单位评标时要考虑的因素之一。施工方案应由投标单位的技术负责人主持制定,主要应考虑施工方法、施工机具的配置,各工种劳动力的安排及现场施工人员的平衡,施工进度的安排,质量安全措施等。施工方案的制定应在技术和工期两方面都对招标单位有吸引力,同时又有助于降低施工成本。

(1)选择和确定施工方法。根据工程类型,投标人要研究可以采用的施工方法。对于一般的土方工程、混凝土工程、房建工程以及灌溉工程等比较简单的工程,可以结合已有施工机械及工人的技术水平来选定施工方法,努力做到节省开支加快进度。对于大型复杂工程则要考虑几种施工方案,综合比较。如水利工程中的施工导流方式,对工程造价及工期均有很大影响,承包商应结合施工进度计划及施工机械设备能力来研究确定施工方法;又如地下开挖工程、开挖隧洞或洞室等,则要进行地质资料分析,确定开挖方法以及支洞斜井数量、位置、出渣方法等。

(2)选择施工设备和施工设施。选择施工设备和施工设施一般与研究施工方法同时进行。在工程估价过程中,还要进行施工设备和施工设施的比较,比如是修理旧设备还是购置新设备,是国内采购还是国际采购,是租赁还是自备等。

(3)编制施工进度计划。编制施工进度计划应紧密结合施工方法和施工设备的选定。施工进度计划中应提出各时段内应完成的工程量及限定日期。施工进度计划可用网络图表示,也可用横道图表示。

(4)确定投标策略。正确的投标策略对提高中标率并获得较高的利润有重要作用。常用的投标策略有以信誉取胜,以低价取胜,以缩短工期取胜,以改进设计取胜等;有时也可采取以退为进的策略,以长远发展为目标的策略等。总之,投标人应综合考虑企业目标、竞争对手情况等来确定投标策略。

(二)投标报价计算

投标报价计算是投标单位对拟承建招标工程所要发生的各种费用的计算。作为投标报价计算的必要条件,应预先确定施工方案和施工进度。此外,投标报价计算还必须与所采用的合同形式相协调。投标报价是投标的关键性工作,投标报价是否合理直接关系到投标的成败。

1. 标价的组成

投标单位在针对某一工程项目的投标中,最关键的工作是计算标价。根据《中华人民共和国标准施工招标文件》(2007年版)规定,招标工程量清单中的每个子目需填入单价或价格,且只允许有一个报价;工程量清单中标价的单价或金额,应包括所需人工费、施工机具使用费、材料费及其他(运杂费、质检费、安装费、缺陷修复费、保险费、合同明示或暗示的风险、责任和义务),以及管理费、利润等;若工程量清单中投标人没有填入单价或价格的子目,其费用视为已分摊在工程量清单中其他相关子目的单价或价格之中。

2. 标价的计算依据

标价的计算依据有:
(1)招标文件中的工程量清单、技术要求以及书面答疑材料等。
(2)工程设计图及有关的技术说明书等。
(3)施工现场的实际情况。
(4)投标人自行制定的施工方案。
(5)招标人供应工程材料、设备的情况。
(6)企业定额或工程所在地建设行政主管部门发布的消耗量定额。
(7)工程所在地工程造价管理机构发布的市场价格信息。
(8)施工过程中的各种应由承包人承担的风险因素。

3. 标价的计算过程

计算标价之前，应充分熟悉招标文件和施工图，了解设计意图和工程全貌，同时还要了解并掌握工程现场情况，对招标单位提供的工程量清单进行复核然后进行标价的计算，即计算完成每个规定计价分部分项工程所需的全部费用，包括人工费、材料费、机械费、管理费、利润、规费、税金等费用，且综合单价应考虑风险因素。

(1) 确定分部分项工程单价和合价。工程量清单中的每子目需填入单价或价格，计算合价，并汇总得到分部分项工程费，即清单子目分部分项工程费等于清单工程量乘以其综合单价。汇总分部分项工程费即得单位工程费。确定清单单价时，一定要注意分析工程量清单所列的"项目特征"和"工程内容"。

(2) 计算措施项目费。措施项目费是指施工企业为完成工程项目施工，发生于该工程施工前和施工过程中的技术、生活、安全等非工程实体项目而必须付出的费用。

(3) 计算其他项目费。其他项目清单分为招标人部分和投标人部分，其中，招标人部分的内容和金额应由招标人给定，投标人部分的内容和金额由投标人确定。其他项目费包括暂列金额、暂估价（包括材料暂估单价、工程设备暂估单价和专业工程暂估价）、总承包服务费和计日工等内容。其中，计日工是指合同、清单及图纸以外可能发生的零星用工，计算计日工费应注意以下几点：

①人工的名称应按不同的工种分列，材料和机械应按名称、规格、型号分列。

②人工计量单位应按小时，材料按基本计量单位，机械应按台次计列。

③数量应由招标人估算，单价由投标人填报。

(4) 规费。规费是指政府有关部规定必须缴纳的费用，属于行政费用。根据《建设工程工程量清单计价规范》(GB 50500—2013)，规费包括以下三类费用：

①社会保险费，包括养老保险费、失业保险费、医疗保险费、工伤保险费、生育保险费。

②住房公积金。

③工程排污费。

(5) 税金。税金是指国家税法规定的应计入工程造价的增值税、城市维护建设税及教育费附加等。增值税根据纳税人的身份和工程材料与设备的采购方式的不同，可以分为一般计税法和简易计税法两种，其中一般计税法下增值税包括应缴纳增值税额、增值税销项税额和增值税进项税额。

(6) 单位工程费汇总。单位工程费汇总的金额应由分部分项工程量清单计价表、措施项目清单计价表和其他项目清单计价表的合计金额和按有关规定计算的规费、税金组成，即

单位工程费＝分部分项工程费＋措施项目费＋其他项目费＋规费＋税金

(7) 工程总价。如果一个工程项目有多个单项工程，单项工程又有多个单位工程组成，则首先应将分部分项工程费按单位工程汇总，再将单位工程费按单项工程费汇总，最后由单项工程费汇总成招标项目的工程总价。

(8) 确定报价。投标报价是投标人在计算的工程总价基础上，结合自身的情况、投标竞争态势、履约环境、项目风险等综合权衡，进行调整后报出的价格。

(三) 投标报价技巧

1. 不平衡报价

不平衡报价是指在总价基本确定的前提下如何调整项目的各个子项的报价，以期既不影

响总报价,又在中标后可以获取较好的经济效益。采用不平衡报价通常有下列几种情况:

(1)对能早期结账收回工程款的项目(如土石方工程、基础工程等)的,单价可报以较高价,以利于资金周转;对后期项目(如装饰工程、电气安装工程等)的,单价可适当降低。

(2)估计施工过程中工程量可能增加的项目,其单价可提高;而工程量可能减少的项目,其单价应降低。

(3)设计图内容不明确或有错误,估计修改后工程量要增加的,其单价可提高。

(4)没有工程量而只需填报单价的项目(如疏浚工程中的开挖淤泥工作等),其单价宜提高,这样既不影响总的投标价,又可多获利。

(5)对于暂估价项目,其实施的可能性大的可定高价,估计该工程不一定实施的则可定低价。

2. 零星用工(计日工)

零星用工一般可稍高于已标价工程量清单中的人工单价,因为零星用工不属于承包总价的范围,发生时实报实销,可多获利。

3. 多方案报价法

若招标人拟定的合同条件过于苛刻,为使招标人修改合同条件,投标人可准备"两个报价",并阐明按原合同要求规定,投标报价为某数值;倘若合同条件做了某些修改,则投标报价为另一数值,即比前一数值的报价低若干百分点,以此吸引招标人修改合同条件。

另一种情况是投标人自己的技术和设备满足不了原设计的要求,但在修改设计以适应自己的施工能力的前提下仍有希望中标,于是可以报一个按原设计施工的投标报价(高报价);然后按修改后的设计施工方案,再报一个比原设计施工的标价低一些的投标报价,以诱导招标人修改设计并采用合理的报价。但是,这种修改设计必须符合设计的基本要求。

4. 区别对待报价法

可适当提高报价的情况:施工条件差的,如场地狭窄,地处闹市的工程;专业要求高而投标人有这方面有专长的;总价低的小工程以及自己不愿意做而被邀请投标的工程;特殊的工程,如港口码头工程、地下开挖工程等;业主对工期要求紧迫的;投标竞争对手少的;支付条件不理想的等。

应适当降低报价的情况:施工条件好的工程;工作简单、工程量大,一般施工企业都能做的工程,如一般的房建工程;本企业急于打入某一市场、某一地区的;企业任务不足,尤其是机械设备等无工地转移时;本企业在投标项目附近有正在施工的工程项目,可以共享一些资源时;投标对手多,竞争激烈时;支付条件好的,如现汇支付工程等。

(四)投标策略

投标策略是指承包商在投标竞争中的指导思想与系统工作部署,及其参与投标竞争的方式和手段。投标策略作为投标取胜的方式、手段和艺术,贯穿于投标竞争的始终,内容十分丰富。在投标与否、投标项目的选择、投标报价等方面,无不包含投标策略。常见的投标策略有以下几种:

1. 增加建议方案

有时招标文件中规定,投标人可以提建议方案,即可以修改原设计方案,提出投标人认为合理的方案。投标人应抓住这样的机会,组织一批有经验的设计和施工工程师,仔细研究原招标文件的设计和施工方案,提出更为合理的方案以吸引业主,促成自己的方案中标。这种新建议方案应当能够降低总造价,或缩短工期,或改善工程的功能。建议方案不要写得太具体,要保留方案的关键技术,以防止业主将此方案透露给其他承包商。同时需要强调的是,建议方案一定要比较成熟且具有较高的可操作性。另外,在编制建议方案的同时,还应组织好对原招标方案的报价。

2. 突然袭击法

有时由于投标竞争激烈,为迷惑竞争对手,在规则允许的范围内可以有意制造一些假象或泄漏一些假情报,如不打算参加投标,或准备投高价标,或因无利可图不想投标等。然而在投标截止日之前,却突然前往投标,并投低价标,从而使对手猝不及防而失去中标机会。

3. 无利润算标

缺乏竞争优势的承包商在不得已的情况下,只能在算标中不考虑利润地去夺标。无利润算标方法一般是在处于以下情况时采用:

(1)有可能在中标后将大部分工程分包给分包价格较低的分包商。

(2)对于分期建设的项目,先以低价获得首期工程,目标是创造后期工程的竞争优势,提高中标的可能性。

(3)承包商在较长时期内没有在建的工程项目,如果再不得标,就难以维持生存。因此在这种情况下,即使本工程无利可图,只要能维持企业的日常运转,保住队伍不散就可以承接。

4. 低价夺标法

低价夺标法是一种投标人迫不得已而为之的非常规的投标策略。当投标人为了开拓某一未曾开展过施工业务的建筑市场,或者为了巩固已经占领了而不想让其他竞争对手染指的建筑市场时,可采用此方法。采用此方法应当予以注意的是防止被评标委员会判为低于成本价竞标。

(五)投标决策

在前面各项工作的基础上,一个最为关键的工作便是招标项目的投标决策问题。是否参与投标,以什么样的投标策略参与投标,对于投标人而言是非常重要的。这不仅关系到施工项目的成败,也关系到企业长远的发展。因此,投标人不仅要对拟参加竞标的招标项目进行深入细致的调查和研究,同时还要对竞争对手和招标项目的市场环境进行详细的考察,真正做到知己知彼。

(六)投标文件的编制

1. 投标文件的内容

投标文件应严格按照招标文件的各项要求来编制,一般包括下列内容:

(1)投标函及投标函附录。

(2)法定代表人身份证明或附有法定代表人身份证明的授权委托书。

(3)联合体协议书(如果联合投标)。

(4)投标保证金。

(5)已标价工程量清单。
(6)施工组织设计。
(7)项目管理机构。
(8)拟分包项目情况表。
(9)资格审查资料。
(10)投标人须知前附表规定的其他材料。

2. 投标文件编制的要点

(1)要将招标文件研究透彻,重点是投标须知、合同条件、技术规范、工程量清单及设计图等。

(2)为编制好投标文件和计算投标报价,应收集和掌握工程所在地建设行政主管部门发布的现行消耗量定额,工程造价管理机构发布的市场价格信息、相关取费标准及各类标准图集,政策性调价文件以及材料和设备价格情况等。

(3)投标人首先应依据招标文件和工程技术规范要求,并结合施工现场情况编制施工方案或施工组织设计。

(4)按照招标文件中规定的各种条件和依据计算报价,并仔细核对,确保准确,在此基础上正确运用报价技巧和策略,采用科学方法做出报价决策。

(5)认真填写招标文件所附的各种投标表格,尤其是需要签章的,一定要按要求完成,否则有可能会因此而导致废标。

(6)投标文件编写完成后要按招标文件要求的方式进行分装贴封、签章。

三、建设工程施工招标的评标

(一)施工招标评标指标的设置

(1)报价。报价是评价投标人投标书的基础,评标价是经过修正处理的报价。在评标中,报价的权重一般都占50%以上。在评标过程中,对于评标价的评定有很多种方法:有的以标底为基准,有的以标底和投标报价加权平均值为基准,有的以低于投标报价平均值的若干百分点为基准,有的以最低标的评标价为基准,还有的以次低标的评标价为基准。

(2)施工方案或施工组织设计。评标的内容包括施工方法是否先进、合理,进度计划及措施是否可行,质量与安全保证措施是否可靠,现场平面布置及文明施工措施是否合理,主要施工机具及劳动力配备能否满足施工需要,项目主要管理人员及工程技术人员的数量和资历是否满足施工项目的要求,施工组织设计是否完整等。

(3)质量。工程质量应达到国家施工验收规范合格标准,同时必须响应招标文件的要求。

(4)工期。工期必须满足招标文件的要求。

(5)项目经理。项目经理是招标项目施工的组织者,其经验和能力直接关系到施工合同的履行,所以在评价指标中要考虑项目经理的年龄、学历、专业技术职称等基本条件,但重要的是其施工经历、工程经验及其创造优质工程的能力。

(6)信誉和业绩。重点应考虑近年施工承包的工程情况和履约情况,有无承担过与招标项目类似的工程施工任务,近期被评为市级以上优良工程的数量,施工项目或企业近年来获得过的表彰和奖励,企业的经营作风、施工管理水平以及企业的信誉等。

(二)施工招标的评标方法

1. 综合评估法

采用综合评估法的,应当对投标文件提出的工程质量、施工工期、投标价格、施工组织设计或者施工方案、投标人及项目经理业绩等,能否最大限度地满足招标文件中规定的各项要求和评价标准进行评审和比较。

2. 最低投标价法

采用经评审的最低投标价法的,应当在投标文件能够满足招标文件实质性要求的投标人中,评审出投标价格最低的投标人,但投标价格低于其企业成本的除外。

(三)法定招标项目以外的施工招标

不在法定招标范围内的项目,招标人除了可以采用综合评估法、经评审的最低投标价法外,还可以采用其他方法,如评议法、综合评分法、评标价法等。

1. 评议法

评议法不用量化评价指标,只要通过对投标单位的能力、业绩、财务状况信誉、投标价格工期质量施工方案(或施工组织设计)等内容进行定性分析和比较。进行评议后,选择投标单位中各项指标都较优者为中标单位,也可以用表决的方式确定中标单位。这种方法是定性的评价方法,由于没有对各投标书进行量化比较,因此科学性较差。其优点是简单易行,在较短的时间内即可完成,一般适用于小型工程或规模较小的改建扩建项目的招标。

2. 综合评分法

综合评分法是将评审各指标和评标标准在招标文件内加以规定,由评委根据评分标准对各投标单位的标书进行评分,最后以总得分最高的投标单位为中标单位。

3. 评标价法

评标委员会首先通过对各投标书的审查,淘汰技术方案不满足基本要求的投标书,然后对基本合格的标书按招标文件规定的方法,将一些评审要素折算为价格加到该标书的报价上形成评标价,以评标价最低(不是投标报价最低)的标书为最优。评标价仅作为评标时衡量投标人能力高低的量化指标,在与中标人签订合同时仍以投标价格为准。可以折算成价格的评审要素一般包括:

(1)工期。若工期提前将给项目带来超前收益的情况下,将提前的工期按招标文件确定的计算规则折算成相应的货币值,从该投标人的报价内扣减。

(2)一定条件下的优惠(如世界银行贷款项目对借款国国内投标人有7.5%的评标优惠)。

(3)投标书内提出的优惠条件将使招标人受益的,应按一定的方法折算后,在投标价中扣减。

(4)招标投标文件中的漏项,实施过程中必须发生且招标人必须承担的费用,应在投标价中增加。

(5)对其他可以折算为价格的要素,按规定折算后,根据对招标人有利或不利的影响,在标报价中扣减或增加。注意,评标委员会无须对投标文件的技术部分进行价格折算。

典型案例及分析

【案例1】

1. 案例背景

某工程项目,建设单位通过招标选择了一家具有相应资质的监理单位中标,并在中标通知书发出后与该监理单位签订了监理合同,后双方又签订了一份监理酬金比中标价降低8%的协议。在施工公开招标中,有A、B、C、D、E、F、G、H等施工企业报名投标,经资格预审,它们均符合资格预审公告的要求,但建设单位以A施工企业是外地企业为由,坚持不同意其参加投标。

2. 案例问题

(1) 建设单位与监理单位签订的监理合同有何违法行为,应当如何处罚?

(2) 外地施工企业是否有资格参加本工程项目的投标?建设单位的违法行为应如何处罚?

3. 案例分析

(1)《中华人民共和国招标投标法》第四十六条规定:"招标人和中标人应当自中标通知书发出之日起三十日内,按照招标文件和中标人的投标文件订立书面合同。招标人和中标人不得再行订立背离合同实质性内容的其他协议。"《中华人民共和国招标投标法实施条例》第五十七条第一款又作了进一步规定:"招标人和中标人应当依照招标投标法和本条例的规定订立书面合同,合同的标的、价款、质量、履行期限等主要条款应当与招标文件和中标人的投标文件的内容一致。招标人和中标人不得再行订立背离合同实质性内容的其他协议。"本案中的建设单位与监理单位签订监理合同之后,又签订了一份监理酬金比中标价降低8%的协议,属再行订立背离合同实质性内容的其他协议的违法行为。对此,应当依据《中华人民共和国招标投标法》第五十九条"招标人与中标人不按照招标文件和中标人的投标文件订立合同的,或者招标人、中标人订立背离合同实质性内容的协议的,责令改正;可以处中标项目金额千分之五以上千分之十以下的罚款"的规定,予以相应的处罚。

(2)《中华人民共和国招标投标法》第六条规定:"依法必须进行招标的项目,其招标投标活动不受地区或者部门的限制。任何单位和个人不得违法限制或者排斥本地区、本系统以外的法人或者其他组织参加投标,不得以任何方式非法干涉招标投标活动。"本案中的建设单位以A施工企业是外地企业为由,不同意其参加投标,是一种限制或者排斥本地区以外法人参加投标的违法行为。A施工企业经资格预审符合资格预审公告的要求,是有资格参加本工程项目投标的。对此,《中华人民共和国招标投标法》第五十一条规定:"招标人以不合理的条件限制或者排斥潜在投标人的,对潜在投标人实行歧视待遇的,强制要求投标人组成联合体共同投标的,或者限制投标人之间竞争的,责令改正,可以处一万元以上五万元以下的罚款。"

【案例2】

1. 案例背景

某省重点工程由于工程复杂、技术难度高,一般施工队伍难以胜任,建设单位便自行决定采取邀请招标方式,于2018年9月28日向通过资格预审的A、B、C、D、E这5家施工企业发出了投标邀请书。这5家施工企业均接受了邀请,并于规定时间购买了招标文件。按照招标文件的规定,2018年10月18日下午4时为提交投标文件的截止时间,2018年10月21日下午2时在建设单位办公大楼第二会议室开标。A、B、D、E施工企业均在此截止时间之前提交了投标文件,但C施工企业因中途堵车,于2018年10月18日下午5时才将投标文件送达。2018年10月21日下午2时,当地招标投标监督管理机构在该建设单位办公大楼第二会议室主持了开标。

2.案例问题

(1)该建设单位自行决定采取邀请招标的做法是否合法?

(2)建设单位是否可以接收C施工企业的投标文件?

(3)开标应当由谁主持,开标时间是否合适?

3.案例分析

(1)《中华人民共和国招标投标法》第十一条规定:"国务院发展计划部门确定的国家重点项目和省、自治区、直辖市人民政府确定的地方重点项目不适宜公开招标的,经国务院发展计划部门或者省、自治区、直辖市人民政府批准,可以进行邀请招标。"因此,本案中的建设单位擅自决定对省重点工程项目采取邀请招标的做法,违反了《中华人民共和国招标投标法》的有关规定,是不合法的。

(2)《中华人民共和国招标投标法》第二十八条第二款规定:"在招标文件要求提交投标文件的截止时间后送达的投标文件,招标人应当拒收。"《中华人民共和国招标投标法实施条例》第三十六条第一款规定:"未通过资格预审的申请人提交的投标文件,以及逾期送达或者不按照招标文件要求密封的投标文件,招标人应当拒收。"据此,建设单位应当对C施工企业逾期送达的投标文件予以拒收。

(3)《中华人民共和国招标投标法》第三十五条规定:"开标由招标人主持,邀请所有投标人参加。"据此,本案中由当地招标投标监督管理机构主持开标是不合法的。同时,开标时间也不合适,《中华人民共和国招标投标法》第三十四条规定:"开标应当在招标文件确定的提交投标文件截止时间的同一时间公开进行;开标地点应当为招标文件中预先确定的地点。"

【案例3】

1.案例背景

甲与乙是老乡,二人共事多年,一直想承揽一项大的建筑装饰业务。某市一商业大厦的装饰工程公开招标,当时,甲、乙均没有符合承揽该项工程的资质等级证书。为了得到该装饰工程,甲、乙以缴纳高额管理费和其他优厚条件,分别借用了A装饰公司、B装饰公司的资质证书并以其名义报名投标。这两家装饰公司均通过了资格预审。之后,甲与乙商议,由甲负责与招标方协调,乙负责联系另一家入围装饰公司的法定代表人丙,与丙串通投标价格,约定事成之后利益共享,并签订了利益共享协议。为了增加中标的可能性,他们故意让入围的一家资质等级较低的装饰公司在投标时报高价,而甲借用的资质等级高的A装饰公司则报较低价格。这样一来,甲终于以借用的A装饰公司名义成功中标,承揽了该项装饰工程。

2.案例问题

(1)甲与乙有哪些违法行为?

(2)该违法行为应当受到何种处罚?

3. 案例分析

(1) 甲与乙有两项违法行为：一是弄虚作假，以他人名义投标。《中华人民共和国招标投标法》第三十三条规定："投标人不得以低于成本的报价竞标，也不得以他人名义投标或者以其他方式弄虚作假，骗取中标。"《中华人民共和国招标投标法实施条例》第四十二条进一步规定："使用通过受让或者租借等方式获取的资格、资质证书投标的，属于招标投标法第三十三条规定的以他人名义投标。"二是串通投标。《中华人民共和国招标投标法》第三十二条规定："投标人不得相互相串通投标报价，不得排挤其他投标人的公平竞争，损害招标人或者其他投标人的合法权益。投标人不得与招标人串通投标，损害国家利益、社会公共利益或者他人的合法权益。"《中华人民共和国招标投标法实施条例》第三十九条进一步规定："有下列情形之一的，属于投标人相互串通投标：①投标人之间协商投标报价等投标文件的实质性内容；②投标人之间约定中标人；③投标人之间约定部分投标人放弃投标或者中标；④属于同一集团、协会、商会等组织成员的投标人按照该组织要求协同投标；⑤投标人之间为谋取中标或者排斥特定投标人而采取的其他联合行动。"

(2) 对于以他人名义投标的违法行为，《中华人民共和国招标投标法》第五十四条规定："投标人以他人名义投标或者以其他方式弄虚作假，骗取中标的，中标无效，给招标人造成损失的，依法承担赔偿责任；构成犯罪的，依法追究刑事责任。依法必须进行招标的项目的投标人有前款所列行为尚未构成犯罪的，处中标项目金额千分之五以上千分之十以下的罚款，对单位直接负责的主管人员和其他直接责任人员处单位罚款数额百分之五以上百分之十以下的罚款；有违法所得的，并处没收违法所得；情节严重的，取消其一年至三年内参加依法必须进行招标的项目的投标资格并予以公告，直至由工商行政管理机关吊销营业执照。"《中华人民共和国招标投标法实施条例》第六十八条进一步规定："投标人有下列行为之一的，属于招标投标法第五十四条规定的情节严重行为，由有关行政监督部门取消其1年至3年内参加依法必须进行招标的项目的投标资格：①伪造、变造资格、资质证书或者其他许可证件骗取中标；②3年2次以上使用他人名义投标；③弄虚作假骗取中标给招标人造成直接经济损失30万元以上；④其他弄虚作假骗取中标情节严重的行为。投标人自本条第二款规定的处罚执行期限届满之日起3年内又有该款所列违法行为之一的，或者弄虚作假骗取中标情节特别严重的，由工商行政管理机关吊销营业执照。"此外，对于出让或者出借资质证书供他人投标的，《中华人民共和国招标投标法实施条例》第六十九条规定："出让或者出租资格、资质证书供他人投标的，依照法律、行政法规的规定给予行政处罚；构成犯罪的，依法追究刑事责任。"

对于串通投标的违法行为，《中华人民共和国招标投标法》第五十三条规定："投标人相互串通投标或者与招标人串通投标的，投标人以向招标人或者评标委员会成员行贿的手段谋取中标的，中标无效，处中标项目金额千分之五以上千分之十以下的罚款，对于单位直接负责的主管人员和其他直接责任人员处单位罚款数额百分之五以上百分之十以下的罚款；有违法所得的，并处没收违法所得；情节严重的，取消其一年至二年内参加依法必须进行招标的项目的投标资格并予以公告，直至由工商行政管理机关吊销营业执照；构成犯罪的，依法追究刑事责任。给他人造成损失的，依法承担赔偿责任。"《中华人民共和国招标投标法实施条例》第六十七条进一步规定："投标人有下列行为之一的，属于招标投标法第五十三条规定的情节严重行为，由有关行政监督部门取消其1年至2年内参加依法必须招标的项目的投标资格：①以行贿谋取中标；②3年内2次以上串通投标；③串通投标行为损害招标人、其他投标人或者国家、集体、公民的合法权益,造成直接经济损失30万元以上;④其他串通投标情节严重的行为。投标人自本条第二款规定的处罚执行期限届满之日起3年内又有该款所列违法行为之一的,或者串通投标、以行贿谋取中标情节特别严重的,由工商行政管理机关吊销营业执照。"

对于构成犯罪的,2020年12月经修改后公布的《中华人民共和国刑法》第二百二十三条规定:"投标人相互串通投标报价,损害招标人或者其他投标人利益,情节严重的,处三年以下有期徒刑或者拘役,并处或者单处罚金。投标人与招标人串通投标,损害国家、集体、公民的合法权益,依照前款的规定处罚。"

复习思考题

1. 简述招标投标的原则及我国招标投标的方式。
2. 简述工程建设招标的分类。
3. 简述招标投标的程序。
4. 投标资格预审的内容有哪些?
5. 招标文件有哪些主要内容?
6. 投标文件有哪些主要内容?
7. 简述修改招标文件及投标文件的基本要求。
8. 工程量清单计价对工程施工招标有何积极意义?
9. 《中华人民共和国招标投标法》规定的评标办法主要有哪几种?
10. 简述评标委员会的构成。
11. 试述标底编制的原则与考虑的因素。

第七章

建设工程合同法律制度

第一节 概 述

一、合同的法律特征

民法典合同编规定,合同是民事主体之间设立、变更、终止民事法律关系的协议。

合同具有以下法律特征:①合同是一种法律行为;②合同的当事人法律地位一律平等,双方自愿协商,任何一方不得将自己的意志、观点和主张强加给另一方;③合同的目的性在于设立、变更、终止民事权利义务关系;④合同的成立必须有两个以上当事人;⑤当事人所做出的意思表示是真实且一致的。

二、合同的订立原则

民法典总则编规定了民事主体在民事活动中应当遵循平等原则、自愿原则、公平原则、诚实信用原则、守法与公序良俗原则等基本原则,合同双方当事人在订立合同的过程中也应当遵循这些基本原则。

(一)平等原则

民法典总则编规定,民事主体在民事活动中的法律地位一律平等。

平等原则包括以下三方面的内容:

(1)合同当事人的法律地位一律平等。不论所有制性质、单位大小和经济实力强弱,其法律地位都是平等的。

(2)合同中的权利义务对等。即享有权利的同时就应当承担义务,而且合同双方彼此的权利和义务是对等的。

(3)合同当事人必须就合同条款充分协商,在互利互惠的基础上取得一致,合同方能成立。任何一方都不得将自己的意志强加给另一方,更不得以强迫、命令、胁迫等手段签订合同。

(二)自愿原则

民法典总则编规定,民事主体从事民事活动,应当遵循自愿原则,按照自己的意思设立、变更、终止民事法律关系。

自愿原则体现了民事活动的基本特征,是民事活动区别于行政法律关系、刑事法律关系的特有原则。自愿原则贯穿于合同活动的全过程,包括是否订立合同自愿,与谁订立合同自愿,合同内容由当事人在不违法的情况下自愿约定,在合同履行过程当中当事人可以协议补充、协议变更有关内容,双方也可以协议解除合同,可以约定违约责任,以及自愿选择解决争议的方式。总之,只要不违背法律、行政法规强制性的规定,合同当事人有权自愿决定,任何单位和个人不得非法干预。

(三)公平原则

民法典总则编规定,民事主体从事民事活动,应当遵循公平原则,合理确定各方的权利和义务。公平原则主要包括:

(1)订立合同时,要根据公平原则确定双方的权利和义务,不得欺诈,不得假借合同恶意进行磋商。

(2)根据公平原则确定风险的合理分配。

(3)根据公平原则确定违约责任。

公平原则作为合同当事人的行为准则,可以防止当事人滥用权利,保护当事人的合法权益,维护和平衡当事人之间的利益。

(四)诚实信用原则

民法典总则编规定,民事主体从事民事活动,应当遵循诚信原则,秉持诚实,恪守承诺。

诚实信用原则主要包括:

(1)订立合同时,不得有欺诈或其他违背诚实信用的行为。

(2)履行合同义务时,当事人根据合同的性质、目的和交易习惯,履行及时通知、协助、提供必要条件、防止损失扩大、保密等义务。

(3)合同终止后,当事人应当根据交易习惯,履行通知、协助、保密等义务,也称后合同义务。

(五)守法与公序良俗原则

民法典总则编规定,民事主体从事民事活动,不得违反法律,不得违背公序良俗。

其中,"不得违反法律"中的法律不仅包括民事法律,还包括其他部门法。所谓不得违反法律,就是要求不得违反法律的强制性规定。民法的大多数规范都是任意性规范。对于任意性规范,民事主体可以结合自身的利益需要,决定是否纳入自己的意思自治范围。但是,任何人的自由并非毫无限制的,民法同样需要维护社会的基本生产、生活秩序,需要维护国家的基本价值追求,法律的强制性规范就是为了实现这一目的而设定的。

公序良俗是指公共秩序和善良习俗。公共秩序,是指政治、经济、文化等领域的基本秩序和根本理念,是与国家和社会的整体利益相关的基础性原则、价值和秩序,在以往的民商事立法中被称为社会公共利益。善良习俗,是指基于社会主流道德观念的习俗,也被称为社会公共道德,是全体社会成员所普遍认可、遵循的道德准则。善良习俗具有一定的时代性和地域性,随着社会成员的普遍道德观念的改变而改变。公共秩序强调的是国家和社会层面的价值理念,善良习俗突出的则是民间的道德观念,二者相辅相成、互为补充。

➢ 三、合同的分类

合同的分类是指按照一定的标准,将合同划分成不同的类型。合同的分类有利于当事人找到能达到自己交易目的的合同类型,订立符合自己愿望的合同条款,便于合同的履行,也有助于司法机关在处理合同纠纷时准确地适用法律,正确处理合同纠纷。

(一)有名合同与无名合同

根据法律是否明文规定了一定合同的名称,合同可以分为有名合同与无名合同。

有名合同(又称典型合同)是指法律上已经确定了一定的名称及具体规则的合同。民法典合同编中所规定的19类合同,都属于有名合同,如买卖合同、租赁合同、建设工程合同等。

无名合同(又称非典型合同)是指法律上尚未确定一定的名称与规则的合同。合同当事人可以自由决定合同的内容,即使当事人订立的合同不属于有名合同的范围,只要不违背法律的禁止性规定和社会公共利益,仍然是有效的。

有名合同与无名合同的区分意义,主要在于两者适用的法律规则不同。对于有名合同,应当直接适用民法典合同编的相关规定,如建设工程合同直接适用民法典合同编第十八章的规定。对于无名合同,《中华人民共和国民法典》第四百六十七条规定:"本法或者其他法律没有明文规定的合同,适用本编通则的规定,并可以参照适用本编或者其他法律最相类似合同的规定。"因此,无名合同首先应当适用民法典合同编的一般规定,然后可比照最相类似的有名合同的规则,确定合同效力、当事人权利义务等。

(二)双务合同与单务合同

根据合同当事人是否互相负有给付义务,合同可以分为双务合同与单务合同。

双务合同是指当事人双方互负对等给付义务的合同,即双方当事人互享债权、互负债务,一方的合同权利正好是对方的合同义务,彼此形成对价关系。例如,在建设工程合同中,承包人有获得工程价款的权利,而发包人则有按约支付工程价款的义务。大部分的合同都是双务合同。

单务合同是指合同当事人仅有一方负担义务,而另一方只享有合同权利的合同。例如,在赠与合同中,受赠人享有接受赠与物的权利,但不负担任何义务。无偿委托合同、无偿保管合同等均属于单务合同。

(三)诺成合同与实践合同

根据合同的成立是否需要交付标的物,合同可以分为诺成合同与实践合同。

诺成合同(又称不要物合同)是指当事人双方意思表示一致就可以成立的合同。大多数的合同都属于诺成合同,如建设工程合同、买卖合同、租赁合同等。

实践合同(又称要物合同)是指除当事人双方意思表示一致外,还需交付标的物才能成立的合同,如保管合同。

(四)要式合同与不要式合同

根据法律对合同的形式是否有特定的要求,合同可以分为要式合同与不要式合同。

要式合同是指根据法律规定必须采取特定形式的合同。如民法典合同编规定,建设工程合同应当采用书面形式。

不要式合同是指当事人订立的合同依法并不需要采取特定的形式,当事人可以采取口头形式,也可以采取书面形式或其他形式。

要式合同与不要式合同的区别,实际上是一个关于合同成立与生效的条件问题。如果法律规定某种合同必须经过批准或登记才能生效,则合同未经批准或登记便不能生效;如果法律规定某种合同必须采用书面形式才能成立,则当事人未采用书面形式时合同便不成立。

(五)主合同与从合同

根据合同相互间的主从关系,合同可以分为主合同与从合同。

主合同是指能够独立存在的合同;依附于主合同方能存在的合同为从合同。例如,发包人与承包人签订的建设工程施工合同为主合同,为确保该主合同的履行,发包人与承包人签订的履约保证合同为从合同。

(六)有偿合同与无偿合同

根据合同当事人之间的权利义务是否存在对价关系,合同可以分为有偿合同与无偿合同。

有偿合同是指一方通过履行合同义务而给对方某种利益,对方要得到该利益必须支付相应代价的合同,如建设工程合同等。

无偿合同是指一方给付对方某种利益,对方取得该利益时并不支付任何代价的合同,如赠与合同等。

➢ 四、建设工程合同

民法典合同编规定,建设工程合同是承包人进行工程建设,发包人支付价款的合同。

建设工程合同实质上是一种特殊的承揽合同。《中华人民共和国民法典》第八百零八条规定:"本章没有规定的,适用承揽合同的有关规定。"建设工程合同可分为建设工程勘察合同、建设工程设计合同和建设工程施工合同。

民法典合同编对建设工程合同的定义,以及建设工程的勘察、设计和施工过程中当事人的权利、义务和责任作了比较全面的规定,主要包括:①建设工程合同的定义;②建设工程合同的订立;③工程的发包与承包、分包;④勘察、设计和施工合同的主要内容;⑤发包人的监督检查权;⑥隐蔽检查;⑦竣工验收;⑧勘察设计人的违约责任;⑨施工人的违约责任;⑩发包人的违约责任;⑪承包人价款的优先受偿权。

➢ 五、调整、规范建设工程合同的法律规范

(一)调整、规范建设工程合同的法律

调整、规范建设工程合同的法律包括《中华人民共和国民法典》《中华人民共和国建筑法》《中华人民共和国招标投标法》《中华人民共和国保险法》《中华人民共和国仲裁法》《中华人民共和国民事诉讼法》等。其中,《中华人民共和国民法典》是调整、规范建设工程合同最基本、最重要的法律。

(二)调整、规范建设工程合同的行政法规

调整、规范建设工程合同的行政法规主要有《建设工程质量管理条例》《建设工程勘察设计管理条例》《建设工程安全生产管理条例》等,主要规定了建筑活动中建设单位、勘察设计单位、施工单位的权利、义务以及应承担的法律责任等。

(三)调整、规范建设工程合同的部门规章

调整、规范建设工程合同的部门规章主要有《建筑市场管理规定》《建设工程勘察设计合同管理办法》《工程建设项目施工招标投标办法》《工程建设项目勘察设计招标投标办法》《房屋建筑和市政基础设施工程施工分包管理办法》《建设工程价款结算暂行办法》《建设工程质量保证

金管理暂行办法》等。

(四)调整、规范建设工程合同的地方性法规及规章

各省、自治区、直辖市等具有立法权的地方人民代表大会或地方人民政府结合当地具体情况,制定了大量的地方性法规与规章,用以规范本地区的建设工程合同行为,如《××省(市)建筑工程造价管理办法》等。

(五)各种建设工程合同示范文本

为了进一步规范和指导发、承包双方当事人的合同签订与履行行为,2017年住房和城乡建设部、国家工商行政管理总局印发了《建设工程施工合同(示范文本)》《建设工程委托监理合同(示范文本)》《建设工程勘察合同(示范文本)》《建设工程设计合同(示范文本)》等。

国际工程较为通用的合同文本是国际咨询工程师联合会(Fédération lnternationale Des lngénieurs Conseils,FIDIC)编制的 FIDIC 系列合同条件,包括《土木工程施工合同条件》(新红皮书,1999年)、《生产设备与设计-建造合同条件》(新黄皮书,1999年)、《设计-建造与交钥匙工程合同条件》(橘皮书,1995年)、《设计采购施工(EPC)/交钥匙工程合同条件》(银皮书,1999年)等。FIDIC 合同条件一般包括协议书、通用(标准)条件和专用(特殊)条件三部分。

(六)相关的司法解释文件、批复等

相关的司法解释文件、批复中,与工程建设密切相关的主要有:2002年6月11日最高人民法院审判委员会第1225次会议通过的《最高人民法院关于建设工程价款优先受偿权问题的批复》,该批复答复了上海市高级人民法院《关于合同法第286条理解与适用问题的请示》),2004年9月29日最高人民法院审判委员会第1327次会议通过的《最高人民法院关于审理建设工程施工合同纠纷案件适用法律问题的解释》(该解释于2005年1月1日起施行),2018年10月29日最高人民法院审判委员会第1751次会议通过的《最高人民法院关于审理建设工程施工合同纠纷案件适用法律问题的解释(二)》(该解释于2019年2月1日起施行),以及2020年12月25日最高人民法院审判委员会第1825次会议通过的《最高人民法院关于审理建设工程施工合同纠纷案件适用法律问题的解释(一)》(该解释于2021年1月1日起施行)等。

第二节 建设工程合同的主要内容

一、建设工程勘察、设计合同

(一)建设工程勘察、设计合同的概念

建设工程勘察、设计合同是委托人与承包人为完成一定的勘察、设计任务,明确双方权利、义务关系的协议。承包人应当完成委托人委托的勘察、设计任务,委托人则应接受符合约定要求的勘察、设计成果并支付报酬。一般情况下,建设工程勘察、设计合同是两个合同。但是,这两个合同的特点和管理内容相似,因此,往往将这两个合同统称为建设工程勘察、设计合同。

建设工程勘察、设计合同的委托人一般是项目业主(建设单位)或建设项目总承包单位;承包人是持有国家认可的勘察、设计证书,具有经过有关部门核准的资质等级的勘察、设计单位。合同的委托人、承包人均应具有法人地位。委托人必须是有国家批准建设项目,落实投资计划的企事业单位、社会团体,或者是获得总承包合同的建设项目总承包单位。

(二)建设工程勘察、设计合同的主要内容

1. 委托人提交有关基础资料的期限

这是对委托人提交有关基础资料在时间上的要求。勘察、设计的基础资料是指勘察、设计单位进行勘察、设计工作所依据的基础文件和情况。勘察的基础资料包括项目的可行性研究报告,工程需要勘察的地点、内容,勘察技术要求及附图等。设计的基础资料包括工程的选址报告等勘察资料,以及原料(或经过批准的资源报告)、燃料、水、电、运输等方面的协议文件,需要经过科研取得的技术资料等。

2. 勘察、设计单位提交勘察、设计文件的期限

这是指勘察、设计单位完成勘察设计工作,交付勘察或设计文件的期限。勘察、设计文件主要包括勘察、设计图纸及说明,材料设备清单和工程概预算等。勘察、设计文件是工程建设的依据,工程必须按照勘察、设计文件进行施工,因此,勘察、设计文件的交付期限直接影响着工程建设的期限。所以,当事人在勘察、设计合同中应当明确勘察、设计文件的交付期限。

3. 勘察、设计的质量要求

这主要是委托人对勘察、设计工作提出的标准和要求。勘察、设计单位应当按照确定的质量要求进行勘察、设计,按时提交符合质量要求的勘察、设计文件。勘察、设计的质量要求条款明确了勘察、设计成果的质量,也是确定勘察、设计单位工作责任的重要依据。

4. 勘察、设计费用

勘察、设计费用是指委托人支付勘察、设计单位完成勘察、设计工作的报酬。支付勘察、设计费是委托人在勘察、设计合同中的主要义务。双方应当明确勘察、设计费用的数额和计算方法,以及勘察、设计费用的支付方式、地点、期限等内容。

5. 双方的其他协作条件

其他协作条件是指双方当事人为了保证勘察、设计工作顺利完成所应当履行的相互协助的义务。委托人的主要协作义务是在勘察、设计人员进入现场工作时,为勘察、设计人员提供必要的工作条件和生活条件,以保证其正常开展工作。勘察、设计单位的主要协作义务是配合工程建设的施工,进行设计交底,解决施工中的有关设计问题,负责设计变更和修改预算,参加试车考核和工程验收等。

6. 违约责任

合同当事人双方应当根据国家的有关规定约定双方的违约责任。

(三)建设工程勘察、设计合同双方的义务

1. 委托人的义务

(1)向承包人提供开展勘察、设计工作所需要的有关基础资料,并对提供有关基础资料的时间、进度与资料的可靠性负责。委托勘查工作的,在勘查工作开展前,应提出勘察技术要求及附图。委托初步设计的,在初步设计前,应提供经批准的设计任务书、选址报告,以及原料(或经批准的资源报告)、燃料、水、电、运输等方面的协议文件和能满足初步设计要求的勘察资料等。委托施工图设计的,在施工图设计前,应提供经过批准的初步设计文件和能满足施工图设计要求的勘察资料、施工条件,以及有关设备的技术资料。

(2)在勘察、设计人员进入现场作业或配合施工时,应负责提供必要的工作和生活条件。

(3)委托配合引进项目的设计任务,从询价、对外谈判、国内外技术考察直至建成投产的各阶段,应吸收承担有关设计任务的单位参加。

(4)按照国家有关规定支付勘察、设计费用。

(5)维护承包人的勘察成果和设计文件,不得擅自修改,不得转让给第三方重复使用。

2. 承包人的义务

(1)勘察单位应按照现行的标准、规范、规程和技术条例,进行工程测量、工程地质、水文地质等勘察工作,并按合同规定的进度、质量提交勘察成果。

(2)设计单位要根据批准的设计任务书或上一阶段设计的批准文件,以及有关设计技术经济协议文件、设计标准、技术规范、规程、定额等提出勘察技术要求和进行设计,并按合同规定的进度和质量提交设计文件。

(3)初步设计经上级主管部门审查后,在原定任务书范围内的必要修改,由设计单位负责。原定任务书有重大变更而重作或修改设计时,须具有设计审批机关或设计任务书批准机关的意见书,经双方协商,另订合同。

(4)设计单位对所承担设计任务的建设项目应配合施工,进行设计技术交底,解决施工过程中有关设计的问题,负责设计变更和修改预算,参加试车考核及工程竣工验收。对于大中型工业项目和复杂的民用工程应派现场设计代表,并参加隐蔽工程验收。

➢ 二、建设工程施工合同

(一)建设工程施工合同的概念

建设工程施工合同即建筑安装工程承包合同,是发包人和承包人为完成商定的建筑安装工程,明确相互权利、义务关系的合同。按照建设工程施工合同,承包人应完成一定的建筑安装工程任务,发包人应提供必要的施工条件并支付工程价款。建设工程施工合同是建设工程合同的一种,它与其他建设工程合同一样,也是双务合同,在订立时也应遵守平等、自愿、公平、诚实信用等原则。

建设工程施工合同是工程建设的主要合同,是施工单位进行工程建设质量管理、进度管理、费用管理等的主要依据之一。在市场经济条件下,建筑市场主体之间的相互权利、义务关系主要是通过合同确立的,因此,在建设领域加强对建设工程施工合同的管理具有十分重要的意义。国家立法机关、国务院、国家建设行政主管部门都十分重视建设工程施工合同的规范工作,2020年5月28日第十三届全国人民代表大会第三次会议通过并于2021年1月1日施行的《中华人民共和国民法典》对建设工程施工合同作了专门规定,《中华人民共和国建筑法》也有许多涉及建设工程施工合同的规定,这些法律、法规、部门规章是我国工程建设施工合同管理的依据。最高人民法院审判委员会分别于2020年和2018年发布的《最高人民法院关于审理建设工程施工合同纠纷案件适用法律问题的解释(一)》与《最高人民法院关于审理建设工程施工合同纠纷案件适用法律问题的解释(二)》,对司法实践中建设工程施工合同的一些纠纷与争议进行了解释。

(二)建设工程施工合同的主要内容

1. 工程范围

工程范围是指施工的界区,是施工人进行施工的工作范围。

2. 建设工期

建设工期是指施工人完成施工任务的期限。在实践中,有的发包人常常要求缩短工期,施工人为了赶进度,往往导致严重的质量问题。因此,为了保证工程质量,双方当事人应当在施工合同中确定合理的建设工期。

3. 中间交工工程的开工和竣工时间

中间交工工程是指施工过程中的阶段性工程。为了保证工程各阶段的交接,顺利完成工程建设,当事人应当明确中间交工工程的开工和竣工时间。

4. 工程质量

工程质量条款是明确施工人施工要求,确定施工人责任的依据。施工人必须按照工程设计图和施工技术标准施工,不得擅自修改工程设计,不得偷工减料。发包人也不得明示或者暗示施工人违反工程建设强制性标准,降低质量要求。

5. 工程造价

工程造价是指进行工程建设所需的全部费用,包括人工费、材料费、施工机械使用费、措施费等。在实践中,有的发包人为了获得更多的利益,往往压低工程造价,而施工人为了盈利或不亏本,不得不偷工减料、以次充好,结果导致工程质量不合格,甚至造成严重的工程质量事故。因此,为了保证工程质量,双方当事人应当合理确定工程造价。

6. 技术资料交付时间

技术资料主要是指勘察、设计文件以及其他施工人据以施工所必需的基础资料。当事人应当在施工合同中明确技术资料的交付时间。

7. 材料和设备供应责任

材料和设备供应责任是指由哪一方当事人提供工程所需材料和设备及其应承担的责任。材料和设备可以由发包人负责提供,也可以由施工人负责采购。如果按照合同约定由发包人负责采购建筑材料、构配件和设备的,发包人应当保证建筑材料、构配件和设备符合设计文件和合同要求。施工人则须按照工程设计要求、施工技术标准和合同约定,对建筑材料、构配件和设备进行检验。

8. 拨款和结算

拨款主要是指工程款的拨付。结算是指施工人按照合同约定和已完工程量向发包人办理工程款的清算。拨款和结算条款是施工人请求发包人支付工程款和报酬的依据。

9. 竣工验收

竣工验收条款一般应当包括验收范围与内容、验收标准与依据、验收人员组成、验收方式和日期等内容。

10. 质量保修范围和质量保证期

建设工程质量保修范围和质量保证期,应当按照《建设工程质量管理条例》的规定执行。

11. 双方相互协作条款

双方相互协作条款一般包括双方当事人在施工前的准备工作,施工人及时向发包人提出开工通知书、施工进度报告,以及对发包人的监督检查提供必要协助等。

(三)建设工程施工合同发承包双方的主要义务

1. 发包人的主要义务

(1)不得违法发包。民法典合同编规定,发包人不得将应当由一个承包人完成的建设工程肢解成若干部分发包给几个承包人。

(2)提供必要施工条件。发包人未按照约定的时间和要求提供原材料、设备、场地、资金、技术资料的,承包人可以顺延工程日期,并有权要求赔偿停工、窝工等损失。

(3)及时检查隐蔽工程。隐蔽工程在隐蔽以前,承包人应当通知发包人检查。发包人没有及时检查的,承包人可以顺延工期,并有权要求赔偿停工、窝工等损失。

(4)及时验收工程。建设工程竣工后,发包人应当根据施工图及说明书、国家颁发的施工验收规范和质量检验标准及时进行验收。

(5)支付工程价款。发包人应当按照合同约定的时间、地点和方式等,向承包人支付工程价款。

2. 承包人的主要义务

(1)不得转包和违法分包。承包人不得将其承包的全部建设工程转包给第三人,不得将其承包的全部建设工程肢解以后以分包的名义转包给第三人。禁止承包人将工程分包给不具备相应资质条件的单位。禁止分包单位将其承包的工程再分包。

(2)自行完成建设工程主体结构施工。建设工程主体结构的施工必须由承包人自行完成。承包人将建设工程主体结构的施工分包给第三人的,该分包合同无效。

(3)接受发包人的有关检查。发包人在不妨碍承包人正常作业的情况下,可以随时对作业进度、质量进行检查。隐蔽工程在隐蔽以前,承包人应当通知发包人检查。

(4)交付竣工验收合格的建设工程。建设工程竣工经验收合格后,方可交付使用;未经验收或者验收不合格的,不得交付使用。

(5)建设工程质量不符合约定的无偿修理。因施工人的原因致使建设工程质量不符合约定的,发包人有权要求施工人在合理期限内无偿修理或者返工、改建。经过修理或者返工、改建后,造成逾期交付的,施工人应当承担违约责任。

第三节 建设工程合同的订立与履行

一、建设工程合同的订立

(一)建设工程合同的订立原则

民法典总则编的基本原则是贯穿于整部民法典的根本性准则,其内容不仅适用于民法典合同编通则部分,对于合同编分编同样适用。建设工程合同的订立主要应遵循以下原则:

1. 合法原则

合法原则不仅要求当事人在民法典合同编及其他法律规定的范围内享有合同的权利并履

行合同的义务,而且还包含了事实上的另一个原则,即公序良俗原则。公序良俗原则的基本要求就是当事人在享有权利和履行义务的过程中,不得损害国家、集体和第三人的合法权益,不得损害社会的公共利益。

2. 公平原则

公平原则是指以利益均衡作为价值判断标准,依此来确定合同当事人的民事权利、民事义务及其承担的民事责任。具体表现为:合同当事人应有同等的进行交易活动的机会;当事人所享有的权利与其所承担的义务大致相当,不得显失公平;当事人所承担的违约责任与其违约行为所造成的实际损失应大致相当;当实际情况发生重大变化导致合同履行受阻时,合同内容应得到相应变更等。

3. 自愿原则

自愿原则的基本含义是指当事人依法享有缔结合同、选择相对人、确定合同内容、变更和解除合同,以及选择合同补救方式等方面的自由。即在法律规定的范围内,当事人在是否订立合同、与谁订立合同、订立什么类型的合同以及是否变更或解除合同、选择哪种合同补救方式等方面具有完全的自主权,任何单位、个人不得强迫、阻止或干预。

4. 诚实信用原则

诚实信用原则是指当事人在从事民事活动中诚实守信,以善意的方式履行其义务,不得滥用权利及规避法律或合同规定的义务。该原则对于解释合同、平衡利益冲突、维护正常的交易秩序具有重要意义。

5. 鼓励交易原则

鼓励交易原则是指只要当事人在真实意思表示一致且不违背法律和社会的公共利益,不损害国家、集体和第三人合法权益的基础上产生的交易,即使缺少了某些合同要件,也不一味地宣告合同无效,而给当事人适当的调整、补正机会,从而使交易能够继续进行。民法典合同编中关于合同的订立、合同的效力、合同的解释、可撤销合同、合同的解除等方面均体现了这一原则。

(二)建设工程合同的订立程序

签订经济合同一般要经过要约和承诺两个步骤,建设工程合同的签订因为其特殊性,需要经过要约邀请—要约—承诺三个步骤。

1. 要约邀请

要约邀请是指当事人一方邀请不特定的另一方向自己提出要约的意思表示。在民法典合同编中,要约邀请行为属于事实行为,一般没有法律约束力,只有经过被邀请的一方作出要约并经要约邀请方承诺后,合同方能成立。

在建设工程合同签订的过程中,发包方发布招标公告或发送投标邀请函的行为均属于要约邀请,其目的在于邀请承包方投标。建设工程合同签订过程中有一个显著特点,即受要约人(招标发包方)是特定的,要约人(投标承包方)是不特定的。而在一般民事或经济合同的签订中,受要约人与要约人均为特定人。

2. 要约

要约是指当事人一方向另一方提出合同条件,希望与另一方订立合同的意思表示。提出要约的一方称为要约人,另一方称为受要约人。要约是以签订合同为目的的一种意思表示,其内容必须具体明确,应包括合同的主要条款,而且必须向受要约人提出。要约生效后,具有法律效力,要约人不得擅自撤回或更改。

建设工程招标投标中,承包方向发包方递交投标文件是一种要约行为,投标截止日即为要约生效日。投标文件中应包括建设工程合同应具备的主要条款,如工程造价、工程质量、建设工期等内容。作为要约的投标文件对承包方的法律约束力表现在:承包方在投标文件生效后无权修改或撤回投标文件,以及一旦中标就必须与发包方签订合同,否则就要承担相应的缔约过失责任。

3. 承诺

承诺是指受要约人同意要约的意思表示,是受要约人愿意按照要约的内容与要约人订立合同的允诺。承诺的内容应当与要约的内容一致。受要约人对要约的内容作出实质性变更的,为新要约或反要约。有关合同的标的、数量、质量、价款或者报酬、履行期限、履行地点和方式、违约责任和争议解决方法等的变更,属于对要约内容的实质性变更。承诺对要约内容作出非实质性变更的,除要约人及时表示反对或者要约表明承诺不得对要约的内容作出任何实质性变更的以外,该承诺有效,合同的内容以承诺的内容为准。

承诺必须在要约规定的有效期间内向要约人提出,一般而言,承诺生效的时间就是要约人收到承诺的时刻。受要约人作出承诺后,即受到法律的约束,不得任意变更或解除。

建设工程招标投标中,发包方经过开标、评标过程,确定中标人,最后发出中标通知书的行为即为承诺。《中华人民共和国招标投标法》第四十三条规定:"在确定中标人前,招标人不得与投标人就投标价格、投标方案等实质性内容进行谈判。"招标人和中标人应当自中标通知书发出之日起30日内,按照招标文件和中标人的投标文件订立书面合同。招标人和中标人不得再行订立背离合同实质性内容的其他协议。

(三)建设工程合同的订立形式

民法典合同编规定,当事人订立合同,有书面形式、口头形式和其他形式。法律、行政法规规定采用书面形式的,应当采用书面形式。建设工程合同应采用书面形式。

《中华人民共和国建筑法》和《中华人民共和国招标投标法》也明确指出,建设工程的发包单位与承包单位应当依法订立书面合同,明确双方的权利和义务。

书面形式是指合同书、信件和数据电文(包括电报、电传、传真、电子数据交换和电子邮件)等可以有形地表现所载内容的形式。建设工程合同的订立一般采用合同书形式,主要为各类示范文本。

当事人采用合同书形式订立合同的,自双方当事人签字或者盖章时合同成立,双方当事人签字或者盖章的地点为合同成立的地点。

为切实保护当事人的合法权益以及根据合同实际履行原则,《中华人民共和国民法典》第四百九十条规定:"当事人采用合同书形式订立合同的,自当事人均签名、盖章或者按指印时合同成立。在签名、盖章或者按指印之前,当事人一方已经履行主要义务,对方接受时,该合同成立。法律、行政法规规定或者当事人约定合同应当采用书面形式订立,当事人未采用书面形式但是一方已经履行主要义务,对方接受时,该合同成立。"

(四)建设工程合同的缔约过失责任

1. 缔约过失责任的概念

缔约过失责任是指在合同订立过程中,一方当事人因过错而导致另一方信赖利益的损失所应承担的民事责任。

订立合同的当事人之间,在合同成立之前,自双方相互接触、洽商签订合同时起,就会产生诸如相互协助、相互保护、相互通知等附随义务,双方都应遵循诚实信用原则。当事人这种基于诚实信用原则而产生的缔约过程中的义务,是一种先合同义务(或称合同前义务)。民法典合同编对此有明确规定,违反上述义务的当事人,必须对对方的损失承担赔偿责任,即承担缔约过失责任。

2. 缔约过失责任的构成要件

(1)发生在合同订立过程中。缔约过失行为发生在当事人之间洽商订立合同的过程中,即当事人双方作出订立合同的意思表示,但合同尚未成立。

(2)当事人一方主观上有过错。主观上的过错行为包括主观上的故意行为、过失行为所引发的合同不成立。

(3)当事人一方受到实际损失。缔约当事人一方基于对另一方的信赖,本能够订立有效合同,却因对方的过错行为,致使合同不能成立而造成实际损失,有权依法得到保护,追究对方的缔约过失责任。

(4)过错行为与实际损失之间存在因果关系。缔约过程中,当事人一方的过错行为与另一方的实际损失之间存在客观上的因果关系,是承担法律责任的前提条件。

缔约过失责任不属于合同中的违约责任,而是因为缔约过失责任人在合同订立过程中存在违反先合同义务的过错行为导致合同不成立而承担的法律责任。

3. 承担缔约过失责任的情况

根据民法典合同编的规定,出现下列情况时,当事人应承担缔约过失责任:

(1)假借订立合同,恶意进行磋商。即当事人无订立合同的诚意,而是采用欺诈等手段诱使对方与之谈判,造成对方损失。

(2)故意隐瞒与订立合同有关的重要事实或提供虚假情况。

(3)有其他违背诚信原则的行为。这些行为包括:擅自变更、撤回要约;未尽通知义务;未办理合同订立前应履行审批手续等。

《中华人民共和国民法典》第五百零一条规定:"当事人在订立合同过程中知悉的商业秘密或者其他应当保密的信息,无论合同是否成立,不得泄露或者不正当地使用;泄露、不正当地使用该商业秘密或者信息,造成对方损失的,应当承担赔偿责任。"

二、建设工程合同的履行

(一)建设工程合同的履行原则和规则

合同履行是指合同当事人双方依据合同条款的约定,行使各自享有的权利并承担各自负有的义务的行为。

1. 建设工程合同的履行原则

《中华人民共和国民法典》第五百零九条规定:"当事人应当按照约定全面履行自己的义

务。当事人应当遵循诚信原则,根据合同的性质、目的和交易习惯履行通知、协助、保密等义务。"这些原则对建设工程合同的履行同样适用。

(1)全面履行原则。全面履行原则是指合同当事人必须按照合同规定的标的、质量和数量、履行地点、履行价格、履行期限和履行方式,全面完成各自应承担的义务。

建设工程合同的全面履行就是合同当事人必须按照合同所规定的全部条款完成建设任务,包括履行标的(工程建设行为)、履行期限(建设工期)、履行地点(建设工程所在地)、履行价格(工程造价)等。

(2)实际履行原则。实际履行是指除非不可抗力,签订合同当事人应交付和接受标的,不得任意降低标的物的标准、变更标的物或以货币代替实物。

建设工程合同的实际履行就是合同当事人必须依据建设工程合同规定的标的不折不扣地实现其内容,承包方应按期保质地交付勘察设计成果和建设工程,发包方应及时予以接受并支付价款。

(3)诚信原则。诚信原则是民法典合同编的一项主要原则,它贯穿于合同的订立、履行、变更、终止的全过程。当事人在履行合同的过程中,要讲诚实、守信用,相互协作,并根据合同的性质、目的和交易习惯自觉地履行通知、协助和保密等附随义务,保证合同顺利履行。

2.建设工程合同的履行规则

《中华人民共和国民法典》第五百一十条规定:"合同生效后,当事人就质量、价款或者报酬、履行地点等内容没有约定或者约定不明确的,可以协议补充;不能达成补充协议的,按照合同相关条款或者交易习惯确定。"

第五百一十一条规定:"当事人就有关合同内容约定不明确,依据前条规定仍不能确定的,适用下列规定:①质量要求不明确的,按照强制性国家标准履行;没有强制性国家标准的,按照推荐性国家标准履行;没有推荐性国家标准的,按照行业标准履行;没有国家标准、行业标准的,按照通常标准或者符合合同目的的特定标准履行。②价款或者报酬不明确的,按照订立合同时履行地的市场价格履行;依法应当执行政府定价或者政府指导价的,依照规定履行。③履行地点不明确,给付货币的,在接受货币一方所在地履行;交付不动产的,在不动产所在地履行;其他标的,在履行义务一方所在地履行。④履行期限不明确的,债务人可以随时履行,债权人也可以随时请求履行,但是应当给对方必要的准备时间。⑤履行方式不明确的,按照有利于实现合同目的的方式履行。⑥履行费用的负担不明确的,由履行义务一方负担;因债权人原因增加的履行费用,由债权人负担。"

(二)建设工程合同履行的抗辩权

1.抗辩权的概念

合同履行中的抗辩权是指在双务合同中,在满足一定的法定条件下,合同当事人一方可以对抗对方当事人的履行要求,暂时拒绝履行合同义务的权利。它是法律为确保双务合同履行而特别设定的制度,对合同的履行具有重要的意义。双务合同履行中的抗辩权可分为同时履行抗辩权和异时履行抗辩权。

2.同时履行抗辩权

同时履行是指合同没有约定双方履行义务的先后顺序,而是在一定期限内,双方当事人不分先后地履行各自义务的行为。这里的"同时"是指一定期限内,而不能机械地理解为某一时刻。

同时履行抗辩权是指同时履行义务的双务合同的当事人一方在对方未为对待给付之前,有权对抗对方履行的要求,拒绝自己履行合同义务的权利。《中华人民共和国民法典》第五百二十五条规定:"当事人互负债务,没有先后履行顺序的,应当同时履行。一方在对方履行之前有权拒绝其履行请求。一方在对方履行债务不符合约定时,有权拒绝其相应的履行要求。"

3. 异时履行抗辩权

异时履行是指合同已明确约定双方当事人履行义务的先后顺序。异时履行抗辩权分为先履行抗辩权和不安履行抗辩权两种。

(1) 先履行抗辩权。民法典合同编规定,先履行一方应当先行履行自己的义务,当其未予履行,或虽已履行但不符合合同的约定时,后履行的一方可以行使抗辩权,拒绝先履行一方的履行要求。

(2) 不安履行抗辩权。不安履行抗辩权是指按合同约定,本应先行履行义务的一方,在有确切证据证明对方的财产明显减少或难以对待给付时,有权拒绝先行履行。这是法律对先履行一方当事人合法权益的有力保护。

为防止滥用不安履行抗辩权,保证合同的顺利履行,民法典合同编对不安履行抗辩权的行使作出了限制。只有当对方出现下述情形时,方可行使不安履行抗辩权:①经营状况严重恶化;②转移财产、抽逃资金,以逃避债务;③丧失商业信誉;④有丧失或可能丧失履行债务能力的其他情形。

这种限制还表现在以下三个方面:一是要有确切证据,当事人没有确切证据而中止履行的,应认定为违约并承担相应责任;二是依法中止履行时,应及时通知对方当事人,否则应当承担违约责任;三是中止履行后,一旦对方当事人提供了适当担保,应当恢复履行,否则仍将被认定为违约。中止履行后,若对方当事人在合理期限内未恢复履行能力并且未提供适当担保的,中止履行的一方可以解除合同。

值得注意的是,行使不安履行抗辩权是建设工程合同当事人依法享有的权利,不以对方当事人同意为必要,但是,权利人应及时通知对方当事人。同时,行使不安履行抗辩权的当事人还负有证明对方财产恶化等足以危及自己获得对待给付的现实危险的举证义务,如不能证明而中止履行建设工程合同的,将构成违约。

第四节 建设工程合同的效力

一、建设工程合同的效力表现

建设工程合同的效力是指建设工程合同依法成立后所具有的法律约束力,表现为对内效力和对外效力。

(一) 对内效力

建设工程合同的效力首先表现为在合同当事人之间产生特定的权利和义务关系,当事人应依照合同约定正确行使自己的权利,履行自己的义务,当事人有违反合同约定的行为,应承担相应的违约责任。

(二)对外效力

依法成立的建设工程合同对当事人以外的第三人也会产生一定的法律约束力。依法成立的建设工程合同不受任何非法干预就是其对外效力的具体体现,任何单位和个人不得利用任何方式非法阻挠当事人依照合同约定所享有的权利和应履行的义务,更不得用行政命令解除建设工程合同。

二、有效的建设工程合同

有效的建设工程合同是指当事人双方依法订立,受国家法律保护,具有法律约束力的合同。建设工程合同的生效条件如下:

(一)主体合格

建设工程合同的当事人必须符合法律规定的要求,如满足经营范围、生产许可、资质等级等约束条件。

(二)内容合法

建设工程合同中约定的当事人权利义务必须合法,凡是涉及法律、法规强制性或禁止性规定的,必须符合有关规定。

(三)意思表示真实

建设工程合同必须贯彻平等互利、协商一致原则,任何一方不得将自己的意志强加给对方。

(四)符合法定或约定的形式要件

民法典合同编规定,当事人采用书面形式订立合同的,自双方当事人签字或者盖章时合同成立,依法成立的合同,自成立时生效。依照法律规定或合同约定应当履行公证、鉴证、登记、批准等手续的,履行完上述手续后合同生效。附生效条件的合同,自条件成就时生效。附生效期限的合同,自期限届至时合同生效。例如,《建设工程设计合同示范文本》规定,本合同经双方签章并在发包人向设计人支付订金后生效,发包人向设计人支付订金即为该合同生效的附加条件。

三、无效的建设工程合同

无效的建设工程合同是指建设工程合同虽然已经订立(或成立),但从订立(或成立)时起即不具有法律约束力,不受国家法律保护。"不具法律约束力"的实质是指不发生履行效力,但无效合同仍然会引起一定的法律后果,只是因为合同无效所引发的法律后果非当事人双方订立合同时的意愿。

(一)导致合同无效的情形

下列情形会导致合同的无效:

(1)一方以欺诈、胁迫的手段订立合同,损害国家利益。
(2)恶意串通,损害国家、集体或者第三人利益。
(3)以合法形式掩盖非法目的。
(4)损害社会公共利益。
(5)违反法律、行政法规的强制性规定。

因建设工程合同自身的特殊性,《最高人民法院关于审理建设工程施工合同纠纷案件适用法律问题的解释(一)》中对建设工程施工合同效力的认定作了进一步的明确,凡具有下列情形之一的,合同无效:

(1)承包人未取得建筑业企业资质或者超越资质等级的。
(2)没有资质的实际施工人借用有资质的建筑施工企业名义的。
(3)建设工程必须进行招标而未进行招标或者中标无效的。

承包人因转包、违法分包建设工程与他人签订的建设工程施工合同,应当依据《中华人民共和国民法典》第一百五十三条第一款及第七百九十一条第二款、第三款的规定,认定无效。

(二)确认建设工程合同无效的规则

合同无效包括整体无效和部分无效两种情况。民法典合同编规定,合同部分无效,不影响其他部分效力的,其他部分仍然有效。

1.建设工程合同中的部分条款无效

若无效条款部分与合同中的其他条款相比较是相对独立的,该无效部分与合同整体具有可分性,可认定无效条款不影响其他条款的效力。若无效条款部分与合同整体具有不可分性,则应认定合同整体无效。

民法典合同编规定合同中的下列免责条款无效:
(1)造成对方人身伤害的。
(2)因故意或者重大过失造成对方财产损失的。
(3)提供格式条款一方免除其责任、加重对方责任、排除对方主要权利的,该条款无效。

2.建设工程合同整体无效

若建设工程合同的订立程序或目的违法以及违反社会公共利益和国家利益的,应认定合同整体无效。一般来讲,民法典合同编规定的合同无效情形以及《中华人民共和国招标投标法》规定的中标无效情形均将导致合同整体无效。

(三)主张建设工程合同无效的主体和时间

根据引起合同无效的原因,可将无效合同归纳为侵害合同当事人或特定第三人利益的无效合同以及违反社会公共利益和国家利益的无效合同两种。

对于只涉及当事人之间利益的无效合同,主张该合同无效应受主体和时间的限制,即主张合同无效的主体只能是合同当事人,申请无效应受我国民法典时效制度的约束。当无效合同涉及第三人利益,对第三人构成侵权时,第三人有权主张合同无效,同样应受时效限制。

对于违反社会公共利益和国家利益的无效合同,主张合同无效的主体不应受限制,也不受民法典总则编时效制度的限制。

(四)确认建设工程合同无效的机构

在我国,关于合同效力的纠纷只能由人民法院或仲裁机构予以裁决,其他任何单位和个人都无权确认建设工程合同有效或无效。

(五)合同无效的法律后果

无效合同从订立时起,就没有法律约束力,不产生履行效力。合同被确认无效后,尚未履行的,不得履行;已经部分履行的,应当立即终止履行。建设工程合同无效,不影响合同中独立存在的有关争议解决方法的条款的效力。

无效合同应承担的法律后果主要有以下几种情形：

1. 返还财产或折价补偿

返还财产或折价补偿以使当事人的财产关系恢复到建设工程合同签订前的状态，这是消除无效合同所造成财产后果的一种法律手段，而非惩罚措施。合同被确认无效后，当事人依据建设工程合同所实际取得的财产应返还给对方，不能返还的或者没有必要返还的，应按照所取得的财产减值进行折算，以金钱的方式补偿给对方当事人。

2. 赔偿损失

赔偿损失是指过错方给对方造成损失时，应赔偿对方因此而遭受的损失，双方都有过错的，应各自承担相应的责任。

3. 收归国有或返还集体、第三人

当事人恶意串通，损害国家利益的，因此取得的财产收归国家所有；损害集体或者第三人利益的，因此取得的财产返还集体、第三人。

四、建设工程合同的变更、撤销、解除与终止

(一) 民法典合同编关于合同变更与撤销的规定

《中华人民共和国民法典》第五百四十三条规定："当事人协商一致，可以变更合同。"合同变更有广义和狭义两种。广义的合同变更包括合同内容的变更及合同主体的变更；狭义的合同变更仅指合同内容的变更，即在合同主体不变的前提下，对某些合同条款进行修改和补充。

1. 合同变更或撤销的情形

变更或撤销合同必须具备一定的法律事实。合同订立存在下列情形的，当事人一方有权请求人民法院或者仲裁机构变更或者撤销。

(1) 双方当事人在重大误解情形下订立的合同。重大误解的构成一般应符合下列条件：①重大误解是合同当事人自己的误解；②重大误解与合同的订立或合同条件存在因果关系；③误解可能造成的预期损失必须是重大的。

(2) 双方当事人在显失公平情形下订立的合同。在订立合同时，合同当事人之间现有的权利和承担的义务严重不对等，如价款与标的价值相差过于悬殊、责任或风险承担明显不合理等，都构成显失公平。

一般认为，构成合同显失公平的客观要件是指合同成立时当事人双方的物质利益显著不均衡。主观要件是指一方当事人利用信息优势或利用对方没有经验，致使双方的权利义务关系明显违反公平和等价有偿原则。

(3) 一方以欺诈、胁迫的手段或者乘人之危，使对方违背真实意思的情况下订立的合同。

以上三种情形下订立的合同，受损害方有权请求人民法院或者仲裁机构变更或者撤销。

2. 合同撤销的法律后果

合同被撤销后，因该合同取得的财产，应当予以返还，不能返还或者没有必要返还的，应当折价补偿。有过错的一方应当赔偿对方因此所受到的损失，双方都有过错的，应当各自承担相应的责任。合同被撤销后，不影响合同中独立存在的有关解决争议方法的条款的效力。

对于可变更或可撤销的合同,如果当事人没有向人民法院或者仲裁机构提出申请要求变更或撤销,则该合同仍然有效。只有在当事人提出了申请,人民法院或者仲裁机构作出变更或撤销的判决或者裁决后,被变更部分或被撤销部分的合同才无效;当事人只请求变更合同的,人民法院或者仲裁机构不得撤销。

(二)建设工程合同的变更

《中华人民共和国民法典》《中华人民共和国建筑法》《中华人民共和国招标投标法》中都明确规定,承包人不得将其承包的全部任务转包给第三方。所以,建设工程合同的变更属于狭义的合同变更,即在合同主体不变的前提下,对合同内容的修改与补充。

建设工程合同的变更主要通过补充协议或工程签证的方式加以确认。所谓工程签证,实际上就是工程发包方和承包方在履行合同过程中对支付费用、顺延工期、赔偿损失等事项通过协商达成一致的书面文件,具有同原合同同等的法律效力,并构成整个工程合同文件的组成部分。

(三)建设工程合同的解除

建设工程合同的解除是指依法成立的有效建设工程合同,在履行完毕前,因一定的法定事由发生而使合同的权利义务关系归于消灭的行为。

1. 建设工程合同解除的条件

(1)协商解除。当事人协商一致并且不因此损害国家利益和社会公共利益的可以解除。

(2)约定解除。当事人可以约定一方解除合同的条件,解除合同的条件成就时,解除权人可以解除合同。

(3)不可抗力。由于不可抗力致使建设工程合同的全部义务不能履行,允许解除建设工程合同,部分不能履行的,允许变更建设工程合同。

不可抗力是指不能预见、不能避免并且无法克服的客观情况。一般包括自然原因和社会原因,前者如台风、地震等,后者如战争、暴乱、禁运等。不可抗力的具体范围,可由双方当事人在合同中约定;如无约定,则依法律规定并结合合同履行时的具体情况来确定是否属于不可抗力。

(4)违约行为。民法典合同编规定,有下列违约行为的,当事人可以解除建设工程合同:①在履行期限届满前,当事人一方明确表示或者以自己的行为表明不履行主要债务。例如,由于发包人原因造成建设工程停建或缓建的,承包人有权解除合同。②当事人一方迟延履行主要债务,经催告后在合理期限内仍未履行。③当事人一方迟延履行债务或者有其他违约行为致使不能实现合同目的。

2. 建设工程合同解除的程序

(1)通知。在法定或约定的合同解除情形出现后,当事人一方主张解除合同的,应以书面形式向对方发出解除合同的通知,通知到达对方时合同解除。《建设工程施工合同(示范文本)》(2017年版)规定,施工合同的解除应在发出通知前7天告知对方。

(2)答复。当事人一方收到另一方解除合同的书面通知后,应当在法定或约定的时间内予以答复,答复可以是同意,也可以是不同意,还可以是部分同意、部分不同意。如果在约定或法定的期限不答复,则应视为默认。民法典合同编规定,对方对解除合同有异议的,可以请求人民法院或者仲裁机构确认解除合同的效力。

(3)协议。双方协商解除合同的,应形成书面协议。对方违约的情况下,单方解除合同的不需要形成书面协议。

3. 建设工程合同解除的法律后果

民法典合同编规定,合同解除后,尚未履行的,终止履行;已经履行的,根据履行情况和合同性质,当事人可以要求恢复原状、采取其他补救措施,并有权要求赔偿损失。

建设工程施工合同解除后,已经完成的建设工程质量合格的,发包人应当按照约定支付相应的工程价款。因一方违约导致合同解除的,违约方应当赔偿因此而给对方造成的损失。

(四)建设工程合同的终止

建设工程合同的终止是指由于一定的法定事由的发生而使合同的权利义务关系归于消灭的行为。合同终止的情形包括:①债务已经按照约定履行;②建设工程合同解除;③债务相互抵消;④债务人依法将标的物提存;⑤债权人免除债务;⑥债权债务同归于一人;⑦法律规定或者当事人约定终止的其他情形。

合同的解除只是合同终止的一种情形,合同的权利义务终止后,当事人应当遵循诚实信用原则,根据交易习惯履行通知、协助、保密等义务。

根据民法典合同编规定,合同的权利义务关系终止,不影响合同中结算和清理条款的效力,也不影响合同中独立存在的有关解决争议方法的条款的效力。对于建设工程合同来说,合同终止后,合同中的索赔条款、价款结算条款等并不因此失效。

第五节 建设工程合同的违约责任

一、建设工程合同违约责任概述

建设工程合同违约责任是指合同一方不履行合同义务或履行合同义务不符合约定所应承担的民事责任。对于建设工程合同而言,违约方不仅要承担民事责任,而且还可能要依法承担行政责任和刑事责任,即违反建设工程合同的法律责任包括民事责任(违约责任)、行政责任和刑事责任。

(一)违约类型

违约行为是指当事人违反合同义务的客观表现,包括作为和不作为两种表现。依照我国民法典合同编,建设工程合同违约行为可以归纳为履行不能、迟延履行、不适当履行和部分不履行四种类型。

1. 履行不能

履行不能是指履行期限届至时,建设工程合同义务人无正当理由不能履行合同义务的行为。履行不能是最严重的违约行为。一般认为,履行不能违反了信守给付的义务,可构成积极侵害债权,债务人不仅未为给付,而且并无给付的意思。

2. 迟延履行

迟延履行是指义务人能够履行,但在履行期限届满时却未能履行义务,包括给付迟延(义务人迟延)和受领迟延(权利人迟延)。这两种迟延在性质上都违背了建设工程合同义务,属于违约行为。

3. 不适当履行

不适当履行是指当事人虽然履行了合同义务，但其履行行为与建设工程合同的约定不完全相符，包括履行方法不适当、履行地点不适当；提供的标的在质量、品质、规格、型号等方面不符合建设工程合同的约定。

4. 部分不履行

部分不履行是指建设工程合同当事人履行义务不全面，也称量的不完全履行。附随义务不履行也属于部分不履行的一种表现，即建设工程合同基本义务之外不影响合同目的实现的义务不履行，如违反重要事项通知义务等。

（二）承担违约责任的方式

1. 采取补救措施

当事人一方违约，应守约方的要求，可采取补救措施这一承担违约责任的形式。如质量不符合约定的，受损害方根据标的的性质及损失大小，可选择要求对方采取修理、更换、重作、退货、减少价款或者酬金等补救措施。

2. 赔偿损失

当事人一方不履行或履行建设工程合同义务不符合约定的，在采取补救措施后，对方还有其他损失的，应当赔偿损失。损失赔偿额应当相当于因违约所造成的损失，包括合同履行后可以获得的利益，但不得超过违反合同一方订立合同时预见或者应当预见的应违反合同可能造成的损失。

3. 违约金或定金

民法典合同编规定，当事人可以约定一方违约时应当根据违约情况向对方支付一定数额的违约金，也可以约定因违约产生的损失赔偿额的计算方法。当事人既约定违约金，又约定定金的，一方违约时，对方可以选择适用违约金或者定金条款。

约定的违约金低于造成的损失的，当事人可以请求人民法院或者仲裁机构予以增加；约定的违约金过分高于造成的损失的，当事人可以请求人民法院或者仲裁机构予以适当减少。当事人就迟延履行约定违约金的，违约方支付违约金后，还应当履行债务。

4. 继续履行

继续履行是承担上述违约责任的补充，也是民法典合同编鼓励交易原则的体现。一方违约后，另一方要求违约方继续履行合同时，违约方在承担上述违约责任后仍应继续履行合同。但有下列情形之一的除外：①法律上或者事实上不能履行；②债务的标的不适于强制履行或者履行费用过高；③债权人在合理期限内未要求履行。

继续履行与自觉履行的性质是不同的，自觉履行是合同当事人的守约行为，而继续履行是承担违约责任的方式。违约情形发生后，建设工程合同是否继续履行完全取决于权利受害一方的意志，既可以选择继续履行，也可以选择其他承担违约责任的方式。

（三）不承担违约责任的情形

在法律规定或合同约定且这种约定不与法律、法规相抵触的情况下，允许免除或部分免除不履行或不完全履行合同的违约责任，主要包括：

(1)不可抗力。但当事人迟延履行后发生不可抗力的,不能免除其违约责任。
(2)货物本身的自然性质所引起的合理损耗。
(3)对方当事人的原因引起。
(4)当事人一方违约后,对方应当采取适当措施防止损失的扩大,没有采取适当措施致使损失扩大的,不得就扩大的损失要求赔偿。
(5)双方约定免除的其他情形。

二、建设工程勘察、设计合同的违约责任

(一)发包方的违约责任

民法典合同编规定,因发包人变更计划,提供的资料不准确,或者未按期提供必需的勘察、设计工作条件而造成勘察、设计的返工、停工或者修改设计,发包人应当按照勘察、设计人实际消耗的工作量增付费用。

(1)发包人提供的技术资料不准确或变更计划,致使勘察、设计工作无法正常进行的,勘察、设计人有权停工,顺延工期,停工的损失应当由发包人承担。发包人重新提供的技术资料有重大修改,需要勘察、设计人返工、修改设计的,发包人应当按照勘察、设计人实际消耗的返工、修改工作量相应增付勘察、设计费。

(2)发包人未能按照合同约定提供勘察、设计工作所需工作条件,致使勘察、设计工作无法正常进行的,勘察、设计人有权停工,顺延工期,并要求发包人承担勘察、设计人停工期间的损失。

(3)勘察、设计成果按期、按质、按量交付后,发包方应按合同约定,按期、按量交付勘察、设计费,发包方未按约定支付费用的,应承担相应的违约责任。

合同中一般约定,每逾期一天,应承担迟延支付金额 2‰的逾期违约金。逾期 30 天以上的,勘察、设计人有权暂停履行下一阶段工作,并书面通知发包人。

(4)在履行合同期间,由于工程停建而终止合同或因发包人自身原因要求解除合同时,勘察、设计人未开始勘察、设计工作的,不退还发包人已付的定金。已开始勘察、设计工作的,发包人应根据勘察、设计人已进行的实际工作量,不足 50%的,按该阶段设计费的 50%支付;超过 50%的,按该阶段设计费的全部支付。

(二)承包方的违约责任

民法典合同编规定,勘察、设计的质量不符合要求或者未按照期限提交勘察、设计文件拖延工期,造成发包人损失的,勘察、设计人应当继续完善勘察、设计,减收或者免收勘察、设计费并赔偿损失。

(1)勘察、设计人提交的勘察、设计文件不符合质量要求的,发包人可以要求勘察、设计人继续完善勘察、设计文件,并视造成的损失浪费大小减收或免收勘察、设计费并赔偿损失。若勘察人无力补充完善,需要发包人另行委托其他单位时,勘察人应承担全部勘察费用。如果勘察、设计人提交的勘察、设计文件质量严重不符合合同约定或有其他违约行为致使合同目的不能实现的,发包人可以解除合同。

(2)因勘察、设计错误造成工程质量事故损失,勘察、设计人除负责采取补救措施外,应免收直接受损失部分的勘察设计费,并根据损失程度向发包人支付赔偿金,赔偿金数额由双方在合同中商定为实际损失的百分比。

(3)勘察、设计人迟延提交勘察、设计文件,致使工期拖延给发包人造成损失的,发包人可以要求勘察、设计人赔偿损失。

合同一般约定,每延期交付一天,减收该项目应收勘察、设计费的2‰。如果勘察、设计人在催告后的合理期限内仍未能提交勘察、设计文件,严重影响工程进度的,发包人可以解除合同。

另外,在勘察、设计合同中一般约定发包人向勘察、设计人支付一定比例的定金。双方违约时,可适用定金罚则,即发包人不履行合同时,无权要求返还定金;勘察人不履行合同时,应双倍返还定金。

➢ 三、建设工程施工合同的违约责任

(一)发包人的违约责任

1. 发包人未按约定提供原材料、设备、资金、技术、场地的违约责任

民法典合同编规定,合同中约定由发包人提供的原材料、设备,发包人应当按照约定的原材料、设备的种类、规格、数量、单价、质量等级和时间、地点向承包人提供。如果发包人未按照约定提供的,承包人可以中止施工并顺延工期,因此造成承包人停工、窝工损失的,由发包人承担违约责任。

合同约定由发包人负责提供场地条件的,发包人应按照合同约定向承包人提供施工、操作、运输、堆放材料、设备所需的场地条件,发包人未能提供符合约定的场地条件致使承包人无法开展施工的,因此造成承包人停工、窝工损失的,由发包人承担赔偿责任。

实行工程预付款的,双方应当在专用条款内约定发包人向承包人预付工程款的时间和数额,发包人不按约定预付,承包人在约定预付时间7天后向发包人发出要求预付的通知,发包人收到通知后仍不能按要求预付,承包人可在发出通知后7天停止施工,发包人应从约定应付之日起向承包人支付应付款的贷款利息,并承担违约责任。

合同约定发包人按工程进度支付进度款的,发包人不按合同约定支付工程进度款,双方又未达成延期付款协议,导致施工无法进行的,承包人可停止施工,由发包人承担违约责任。

发包人收到竣工结算报告及结算资料后28天内无正当理由不支付工程竣工结算价款的,从第29天起按承包人同期银行贷款利率支付拖欠工程价款的利息,并承担违约责任。

合同约定由发包人提供有关工程建设技术资料的,发包人应按照合同约定的时间和份数向发包人提供。技术资料主要包括勘察数据、设计文件、施工图及说明书等。如果发包人未能按照约定提供技术资料致使承包人无法正常开展工作的,承包人应通知发包人并有权暂停工作,顺延工期,发包人承担因停工、窝工所造成的损失。

2. 发包人的原因造成工程停建、缓建的责任

民法典合同编规定,因发包人的原因致使工程中途停建、缓建的,发包人应当采取措施或者减少损失,赔偿承包人因此造成的停工、窝工、倒运、机械设备调迁、材料和构件的积压等损失和实际费用。

工程实践中,发包人的原因一般包括下列情况:①发包人提供的设计文件等技术资料有错误或者发包人变更设计文件;②发包人未能按照约定及时提供建筑材料、设备或者资金;③发包人未能及时进行中间工程和隐蔽工程的验收;④发包人未能按照合同的约定保障现场施工所需的工作条件等。

当发生上述情况,致使工程建设无法正常进行时,承包人应及时通知发包人,并要求发包人赔偿损失。发包人应当承担违约责任并采取必要措施弥补或减少损失。

承包人在停建、缓建期间应当采取合理措施减少和避免损失,妥善保护好已完工程和做好已购材料、设备的保护和移交工作,将自有机械和人员撤出施工现场,发包人应当为承包人的撤出提供必要的条件。

3. 其他违约责任

其他违约责任包括发包人在对作业进度、质量进行检查时,妨碍承包人正常作业的情况下所应承担的违约责任,如不适当地随意停工检查等。

《最高人民法院关于审理建设工程施工合同纠纷案件适用法律问题的解释(一)》第十三条规定,发包人具有下列情形之一,造成建设工程质量缺陷,应当承担过错责任:①提供的设计有缺陷;②提供或指定购买的建筑材料、建筑构配件、设备不符合强制性标准;③直接指定分包人分包专业工程。

(二)承包方的违约责任

1. 建设工程质量不符合约定的违约责任

民法典合同编规定,因施工人的原因致使建设工程质量不符合约定的,发包人有权要求施工人在合理的期限内无偿修理或者返工、改建。经过修理或者返工、改建后,造成逾期交付的,施工人应当承担违约责任。修理或者返工、改建属于采取补救措施的违约责任方式。

关于施工质量不符合约定的违约责任,《最高人民法院关于审理建设工程施工合同纠纷案件适用法律问题的解释(一)》第十一条规定,因承包人的原因造成建设工程质量不符合约定,承包人拒绝修理、返工或者改建,发包人请求减少工程价款的,人民法院应予支持。

2. 建设工程合理使用期内造成人身和财产损失的赔偿责任

民法典合同编规定,因承包人的原因致使建设工程合同在合理使用期限内造成人身和财产损害的,承包人应当承担损害赔偿责任。

承包人承担损害赔偿责任应具备以下三个条件:①造成了人身和财产损害的实际结果;②人身、财产损害是因承包人违反质量安全要求所致;③人身、财产损害是发生在建设工程合理使用期限内。

造成人身、财产损害的受损方不仅包括建设工程合同的对方当事人即发包人,还包括建设工程的最终用户以及因该建设工程而受到损害的第三人。建设工程的合理使用期限一般在设计合同或设计文件中注明,自建设工程竣工验收合格之日起计算,建设工程的承包人应当在该期限内对施工质量安全承担责任。

典型案例及分析

1. 案例背景

2016年4月,陕西省西安市某宾馆与陕西省西安市某装饰设计工程公司签订了建筑工程装修合同,约定由西安市某装饰设计工程公司承包西安市某宾馆内部装修工程和设备安装调试工作。合同约定承包方式为概算加增减账,付款方式为按工程进度拨付工程款,工程价款暂估为14414000元,并且在合同中约定由施工单位西安市某装饰设计工程公司负责该工程的组织验收工作。合同签订后,西安市某装饰设计工程公司即按合同约定进行施工,并于同年7月完工。随后西安市某宾馆即开始营业,施工单位西安市某装饰设计工程公司多次书面告知其该工程未经验收不能使用,否则由其承担责任,但建设单位西安市某宾馆仍继续营业,并以未经验收为由拒不支付尚欠工程款2 800 000元。在此情况下,施工单位西安市某装饰设计工程公司多次与西安市某宾馆协商,请其组织验收,但建设单位西安市某宾馆以合同约定由施工单位组织验收,表明应由西安市某装饰设计工程公司负责组织验收工作,否则就不支付尚欠工程款。就此,西安市某装饰设计工程公司向人民法院提起诉讼。

2. 审裁结果

一审法院根据《中华人民共和国建筑法》《中华人民共和国民法典》的规定判决被告西安市某宾馆支付尚欠工程款2 800 000元,本案诉讼费由被告承担。被告不服判决,提出上诉。二审法院驳回上诉,维持原判。

3. 案例分析

本案的焦点在于工程竣工后由谁来负责组织验收和建设单位擅自使用未经验收的工程谁来承担法律责任。

(1)关于工程竣工后组织验收工作的责任。工程竣工后,发包人与承包人有明确的责任分工,组织有关部门进行竣工验收是发包人的责任。因为工程属于发包人的财产,故涉及建设工程合同当事人之外的第三人应当由发包人负责处理。如果从建设工程合同本身来看,承包任务完成后,工程项目由承包人交付给发包人,也应当由发包人组织竣工验收。《建设工程质量管理条例》第十六条规定:"建设单位收到建设工程竣工报告后,应当组织设计、施工、工程监理等有关单位进行竣工验收。"《中华人民共和国民法典》第七百九十九条规定:"建设工程竣工后,发包人应当根据施工图纸及说明书、国家颁发的施工验收规范和质量检验标准及时进行验收。"从上述法律规定来看,组织竣工验收既是发包人的义务,又是发包人的权利。发包人对已竣工的工程必须及时进行验收,这是发包人的义务,而且这一义务不能转移给承包人。因此,由于发包人没有及时组织验收而给施工单位造成损失的应由发包人承担责任。

(2)关于发包人擅自使用未经验收工程的法律责任。关于发包人擅自使用未经验收工程的法律责任,是我国在法律实践和理论上都存在较大争议的问题,但目前的法律规定逐渐明确。《中华人民共和国建筑法》第六十一条第二款规定:"建筑工程竣工验收合格后,方可交付使用;未经验收或者验收不合格的,不得交付使用。"《中华人民共和国民法典》第七百九十九条规定:"建设工程竣工验收合格后,方可交付使用;未经验收或者验收不合格的,不得交付使用。"这是法律强制性的规定,该规定既是对发包人权利有所限制,又是为了维护发包人的最终利益。若发包人强行使用未经验收或验收不合格的工程,出现质量或其他问题,就很难分清责任,因此只能由发包人自己承担责任。本案中发包人擅自使用未经验收的工程,施工单位多次书面告知,请其停止使用,但发包人依然决定继续使用,已经违反了《中华人民共和国建筑法》和《中华人民共和国民法典》的规定,应视为施工单位已向发包人交付所建工程。

综上,本案中发包人将组织验收的义务转嫁给施工单位,同时又擅自使用未经竣工验收的该工程,却又以该工程未经验收为由拒不支付工程款,其申诉理由不能成立。

复习思考题

1. 合同具有哪些法律特征?
2. 对合同进行分类的目的和意义是什么?
3. 调整、规范建设工程合同的法律包括哪些?
4. 建设工程施工合同的主要内容是什么?
5. 什么是建设工程合同订立过程中的"鼓励交易原则"?
6. 根据《中华人民共和国民法典》的规定,什么情况下合同当事人应承担缔约过失责任?
7. 什么是建设工程合同履行中的抗辩权?
8. 什么是无效合同?无效合同的法律后果是什么?
9. 承担合同违约责任的方式有哪些?

第八章

劳动合同与劳动者权益保护制度

第一节 概 述

《中华人民共和国劳动合同法》于2007年6月29日经第十届全国人民代表大会常务委员会第二十八次会议通过,以中华人民共和国主席令第六十五号公布,自2008年1月1日起施行。《中华人民共和国劳动合同法》是继《中华人民共和国劳动法》之后调整劳动关系的又一部重要的法律。劳动合同法的颁布和实施对完善劳动合同制度,明确劳动合同双方当事人的权利和义务,保护劳动者的合法权益,构建和发展和谐稳定的劳动关系,将起着重要作用。劳动合同法的颁布标志着我国正式将劳动合同制度纳入了法制监管轨道,依法进行调整和规范。

劳动合同是劳动者与用人单位确立劳动关系、明确双方权利和义务的协议。建立劳动关系应当订立书面劳动合同,是劳动合同法强调的重点。如果由于用人单位原因没有签订劳动合同,法律作出了有利于劳动者的规定。例如:用人单位自用工之日起满一年不与劳动者订立书面劳动合同的,视为用人单位与劳动者已订立无固定期限劳动合同。用人单位自用工之日起超过一个月不满一年未与劳动者订立书面劳动合同的,应当向劳动者每月支付二倍的工资。用人单位未在用工的同时订立书面劳动合同,与劳动者约定的劳动报酬不明确的,新招用的劳动者的劳动报酬按照集体合同规定的标准执行;没有集体合同或者集体合同未规定的,实行同工同酬。

上述规定增加了用人单位不签订劳动合同的违法成本,从而使书面劳动合同制度的建立能够真正落到实处。强调签订书面合同,强调劳动者和用人单位双方都执有书面合同本身就是对劳动者的保护,有利于劳动者保护自己的合法权利。

劳动合同法中的用人单位包括中华人民共和国境内的企业、个体经济组织、民办非企业单位等组织,和与劳动者建立劳动关系的国家机关、事业单位、社会团体。劳动者是符合劳动法规定的自然人。

劳动合同法及其相关制度对劳动者的保护主要体现在以下几个方面:

(一)劳动合同订立过程中,劳动合同法对劳动者的保护

劳动法实施后,用人单位利用劳动法相关规定不具体的弱点,在录用人员时滥设附加条件,在试用期的规定方面、违约金的规定方面更是作出剥夺劳动者权利的规定,使劳动者处于不利的地位。劳动合同法针对这些问题作出了具体的规定,以期在劳动合同订立之时就规范劳动合同的相关内容。

(1)劳动合同法规定用人单位招用劳动者,不得扣押劳动者的居民身份证和其他证件,不得要求劳动者提供担保或者以其他名义向劳动者收取财物。用人单位违反劳动合同法规定,扣押劳动者居民身份证等证件的,由劳动行政部门责令限期退还劳动者本人,并依照有关法律规定给予处罚。

(2)对试用期的期限及试用期工资进行了具体规定,防止用人单位滥用试用期,侵害劳动者合法权益。

(3)劳动合同法对违约金问题也作出了明确的规定,限制了用人单位利用巨额违约金作要挟限制劳动者重新选择工作的权利。

(4)劳动合同法规定了竞业限制的适用范围及竞业限制的最长时间,有利于人才流动和社会生产力的发展。

(二)劳动合同履行过程中,劳动合同法对劳动者的保护

劳动合同的履行是指用人单位与劳动者应当按照劳动合同的约定,全面履行各自的义务。在劳动合同履行过程中,劳动者享有依法足额获取劳动报酬的权利。

在用工实践中,用人单位无故拖欠、克扣劳动者劳动报酬的现象,屡见不鲜;一些用人单位规避法律,与劳动者签订无效劳动合同,借以侵占劳动者的劳动成果。这严重影响了社会的安定、和谐,使一些劳动者苦不堪言。针对这种不良社会现象,劳动合同法加大了对劳动者的保护力度,显现出倾向社会弱势群体保护的立法价值取向。按照劳动合同法的规定,无论劳动者与用人单位签订的劳动合同是否有效,劳动者只要向用人单位付出了劳动,劳动者的合法报酬就受法律保护。

(三)劳动合同解除和终止时,劳动合同法对劳动者的保护

用人单位与劳动者协商一致,可以解除劳动合同。但是用人单位如果违反劳动合同法规定解除或者终止劳动合同的,应当依照劳动合同法规定的经济补偿标准的二倍向劳动者支付赔偿金。

(1)劳动合同法对劳动者解除劳动合同作了较为宽松的规定。劳动者只要提前三十日以书面形式通知用人单位,就可以解除劳动合同。劳动者在试用期内解除劳动合同需要提前三日通知用人单位,用人单位不得以任何理由拒绝和推诿。用人单位以暴力、威胁或者非法限制人身自由的手段强迫劳动者劳动的,或者用人单位违章指挥、强令冒险作业危及劳动者人身安全的,劳动者可以立即解除劳动合同,不需事先告知用人单位。

(2)劳动合同法对用人单位解除劳动合同作了相对较为严格的规定,用人单位不能随意解除劳动合同。

(3)劳动者有权获得经济补偿的权利。不管劳动合同是否到期,用人单位只要解除、终止劳动合同,就要依法支付经济补偿金。

(四)劳动合同法对新近出现的用工形式作了相应的规定

随着社会分工的发展,越来越多的企业将自己的一些工作外包给其他劳务公司。同时,也出现了灵活就业的非全日制工作形式。劳动合同法对劳务派遣及非全日制用工也作了相应规定。

(1)劳务派遣一般在临时性、辅助性或者替代性的工作岗位上实施。劳动合同法明确劳务派遣单位是用人单位,履行用人单位对劳动者的义务。用人单位不得设立劳务派遣单位向本单位或者所属单位派遣劳动者。劳务派遣单位应当与被派遣劳动者订立二年以上的固定期限劳动合同,按月支付劳动报酬;被派遣劳动者在无工作期间,劳务派遣单位应当按照所在地人民政府规定的最低工资标准,向其按月支付报酬。劳务派遣的相关规定的意义在于:明确了谁是用人单位,明确了劳动者与谁存在劳动关系,从而有利于劳动者的权利保护。

(2)非全日制用工由于特点与普通用工不同,其相应的规定也有所不同。非全日制用工以小时计酬为主,劳动者在同一用人单位一般平均每日工作时间不超过四小时,每周工作时间累计不超过二十四小时。非全日制用工双方当事人可以订立口头协议。从事非全日制用工的劳动者可以与一个或者一个以上用人单位订立劳动合同。非全日制用工双方当事人也不得约定试用期。非全日制用工双方当事人任何一方都可以随时通知对方终止用工。非全日制用工的规定将非全日制用工明确纳入劳动合同法的调整范围,确认了非全日制工与用工单位是劳动关系,而非劳务关系,使劳动者主张权利有法可依。

《中华人民共和国劳动合同法》是一部倾向保护劳动者合法权益的法律。《中华人民共和国劳动合同法》对劳动合同的签订、履行、变更、解除、终止都作了相应的规定,劳动者可以依据相关规定保护自己的合法权益。《中华人民共和国劳动合同法》及其相关制度的实施对构建和谐社会,建立科学、规范的劳动秩序,具有重要的作用,也将对我国的劳动立法产生深远的积极影响。

第二节 劳动合同的订立

➤ 一、订立劳动合同应当遵循的原则

劳动合同法规定,订立劳动合同,应当遵循合法、公平、平等自愿、协商一致、诚实信用的原则。

用人单位招用劳动者,不得扣押劳动者的居民身份证和其他证件,不得要求劳动者提供担保或者以其他名义向劳动者收取财物。

➤ 二、劳动合同的种类

劳动合同法规定,劳动合同分为固定期限劳动合同、无固定期限劳动合同和以完成一定工作任务为期限的劳动合同。

(一)劳动合同期限

劳动合同期限是指劳动合同的有效时间,是劳动关系当事人双方享有权利和履行义务的时间。它一般始于劳动合同的生效之日,终于劳动合同的终止之时。

劳动合同期限由用人单位和劳动者协商确定,是劳动合同的一项重要内容。无论劳动者与用人单位建立何种期限的劳动关系,都需要双方将该期限用合同的方式确认下来,否则就不能保证劳动合同内容的实现,劳动关系将会处于一个不确定状态。劳动合同期限是劳动合同存在的前提条件。

(二)固定期限劳动合同

固定期限劳动合同,是指用人单位与劳动者约定合同终止时间的劳动合同,即劳动者合同双方当事人在劳动合同中明确约定了合同效力的起始和终止的时间。劳动合同期限届满,劳动关系即告终止。

固定期限劳动合同可以是一年、二年,也可以是五年、十年,甚至更长时间。

(三)无固定期限劳动合同

无固定期限劳动合同,是指用人单位与劳动者约定无确定终止时间的劳动合同。无确定终止时间的劳动合同并不是没有终止时间,一旦出现了法定的解除情形(如到了法定退休年龄)或者双方协商一致解除合同的,无固定期限劳动合同同样可以解除。

用人单位与劳动者协商一致,可以订立无固定期限劳动合同。有下列情形之一,劳动者提出或者同意续订、订立劳动合同的,除劳动者提出订立固定期限劳动合同外,应当订立无固定期限劳动合同:

(1)劳动者在该用人单位连续工作满十年的;
(2)用人单位初次实行劳动合同制度或者国有企业改制重新订立劳动合同时,劳动者在该用人单位连续工作满十年且距法定退休年龄不足十年的;
(3)连续订立二次固定期限劳动合同,且劳动者没有《中华人民共和国劳动合同法》第三十九条和第四十条第一项、第二项规定的情形,续订劳动合同的。

需要注意的是,按照劳动合同法规定,用人单位自用工之日起满一年不与劳动者订立书面劳动合同的,视为用人单位与劳动者已订立无固定期限劳动合同。

(四)以完成一定工作任务为期限的劳动合同

劳动合同法规定,以完成一定工作任务为期限的劳动合同,是指用人单位与劳动者约定以某项工作的完成为合同期限的劳动合同。

三、劳动合同的基本条款

劳动合同应当具备以下条款:
(1)用人单位的名称、住所和法定代表人或者主要负责人;
(2)劳动者的姓名、住址和居民身份证或者其他有效身份证件号码;
(3)劳动合同期限;
(4)工作内容和工作地点;
(5)工作时间和休息休假;
(6)劳动报酬;
(7)社会保险;
(8)劳动保护、劳动条件和职业危害防护;
(9)法律、法规规定应当纳入劳动合同的其他事项。

劳动合同除上述规定的必备条款外,用人单位与劳动者可以约定试用期、培训、保守秘密、补充保险和福利待遇等其他事项。

四、订立劳动合同应当注意的事项

(一)建立劳动关系即应订立劳动合同

用人单位自用工之日起即与劳动者建立劳动关系。劳动合同法规定,建立劳动关系,应当订立书面劳动合同。已建立劳动关系,未同时订立书面劳动合同的,应当自用工之日起一个月内订立书面劳动合同。用人单位与劳动者在用工前订立劳动合同的,劳动关系自用工之日起建立。

合同有书面形式、口头形式和其他形式。按照劳动合同法的规定，除了非全日制用工（即以小时计酬为主，劳动者在同一用人单位一般平均每日工作时间不超过 4 小时，每周工作时间累计不超过 24 小时的用工形式）可以订立口头协议外，建立劳动关系应当订立书面劳动合同。如果没有订立书面合同，不订立书面合同的一方将要承担相应的法律后果。劳动合同文本由用人单位和劳动者各执一份。

（二）劳动报酬和试用期

劳动合同法规定，劳动合同对劳动报酬和劳动条件等标准约定不明确，引发争议的，用人单位与劳动者可以重新协商；协商不成的，适用集体合同规定；没有集体合同或者集体合同未规定劳动报酬的，实行同工同酬；没有集体合同或者集体合同未规定劳动条件等标准的，适用国家有关规定。

劳动合同期限三个月以上不满一年的，试用期不得超过一个月；劳动合同期限一年以上不满三年的，试用期不得超过二个月；三年以上固定期限和无固定期限的劳动合同，试用期不得超过六个月。

同一用人单位与同一劳动者只能约定一次试用期。

以完成一定工作任务为期限的劳动合同或者劳动合同期限不满三个月的，不得约定试用期。

试用期包含在劳动合同期限内。劳动合同仅约定试用期的，试用期不成立，该期限为劳动合同期限。

劳动者在试用期的工资不得低于本单位相同岗位最低档工资或者劳动合同约定工资的百分之八十，并不得低于用人单位所在地的最低工资标准。

在试用期中，除劳动者有《中华人民共和国劳动合同法》第三十九条和第四十条第一项、第二项规定的情形外，用人单位不得解除劳动合同。用人单位在试用期解除劳动合同的，应当向劳动者说明理由。

（三）劳动合同的生效和无效

劳动合同由用人单位与劳动者协商一做，并经用人单位与劳动者在劳动合同文本上签字或者盖章生效。双方当事人签字或者盖章时间不一致的，以最后一方签字或者盖章的时间为准；如果一方没有写签字时间，则另一方写明的签字时间就是合同生效时间。

《中华人民共和国劳动合同法》第二十六条规定，下列劳动合同无效或者部分无效：

（1）以欺诈、胁迫的手段或者乘人之危，使对方在违背真实意思的情况下订立或者变更劳动合同的；

（2）用人单位免除自己的法定责任、排除劳动者权利的；

（3）违反法律、行政法规强制性规定的。

劳动合同部分无效，不影响其他部分效力的，其他部分仍然有效。

劳动合同被确认无效，劳动者已付出劳动的，用人单位应当向劳动者支付劳动报酬。劳动报酬的数额，参照本单位相同或者相近岗位劳动者的劳动报酬确定。

对劳动合同的无效或者部分无效有争议的，由劳动争议仲裁机构或者人民法院确认。

➢ 五、集体合同

企业职工一方与用人单位通过平等协商，可以就劳动报酬、工作时间、休息休假、劳动安全卫生、保险福利等事项订立集体合同。集体合同草案应当提交职工代表大会或者全体职工讨论通过。

集体合同由工会代表企业职工一方与用人单位订立;尚未建立工会的用人单位,由上级工会指导劳动者推举的代表与用人单位订立。

企业职工一方与用人单位可以订立劳动安全卫生、女职工权益保护、工资调整机制等专项集体合同。

集体合同中劳动报酬和劳动条件等标准不得低于当地人民政府规定的最低标准;用人单位与劳动者订立的劳动合同中劳动报酬和劳动条件等标准不得低于集体合同规定的标准。

集体合同订立后,应当报送劳动行政部门;劳动行政部门自收到集体合同文本之日起十五日内未提出异议的,集体合同即行生效。依法订立的集体合同对用人单位和劳动者具有约束力。

用人单位违反集体合同,侵犯职工劳动权益的,工会可以依法要求用人单位承担责任;因履行集体合同发生争议,经协商解决不成的,工会可以依法申请仲裁、提起诉讼。

第三节　劳动合同的履行、变更、解除和终止

一、劳动合同的履行和变更

劳动合同一经依法订立便具有法律效力。用人单位与劳动者应当按照劳动合同的约定,全面履行各自的义务。当事人双方既不能只履行部分义务,也不能擅自变更合同,更不能任意不履行合同或者解除合同,否则将承担相应的法律责任。

(一)用人单位应当履行向劳动者支付劳动报酬的义务

劳动合同法规定,用人单位应当按照劳动合同约定和国家规定,向劳动者及时足额支付劳动报酬。

劳动报酬是指劳动者为用人单位提供劳动而获得的各种报酬,通常包括三个部分:①货币工资,包括各种工资、奖金、津贴、补贴等;②实物报酬,即用人单位以免费或低于成本价提供给劳动者的各种物品和服务等;③社会保险,即用人单位为劳动者支付的医疗、失业、养老、工伤等保险金。

用人单位和劳动者可以在法律允许的范围内对劳动报酬的金额、支付时间、支付方式等进行平等协商。劳动报酬的支付要遵守国家的有关规定:①用人单位支付劳动者的工资不得低于当地的最低工资标准;②工资应当以货币形式按月支付给劳动者本人,即不得以实物或有价证券等形式代替货币支付;③用人单位应当依法向劳动者支付加班费;④劳动者在法定休假日、婚丧假期间、探亲假期间、产假期间和依法参加社会活动期间以及非因劳动者原因停工期间,用人单位应当依法支付工资。

劳动合同法规定,用人单位拖欠或者未足额支付劳动报酬的,劳动者可以依法向当地人民法院申请支付令,人民法院应当依法发出支付令。

(二)依法限制用人单位安排劳动者加班

劳动合同法规定,用人单位应当严格执行劳动定额标准,不得强迫或者变相强迫劳动者加班。用人单位安排加班的,应当按照国家有关规定向劳动者支付加班费。

(三)劳动者有权拒绝违章指挥、冒险作业

劳动合同法规定,劳动者拒绝用人单位管理人员违章指挥、强令冒险作业的,不视为违反劳动合同。

劳动者对危害生命安全和身体健康的劳动条件,有权对用人单位提出批评、检举和控告。

(四)用人单位发生变动不影响劳动合同的履行

劳动合同法规定,用人单位变更名称、法定代表人、主要负责人或者投资人等事项,不影响劳动合同的履行。

用人单位发生合并或者分立等情况,原劳动合同继续有效,劳动合同由承继其权利和义务的用人单位继续履行。

(五)劳动合同的变更

劳动合同法规定,用人单位与劳动者协商一致,可以变更劳动合同约定的内容。变更劳动合同,应当采用书面形式。

变更后的劳动合同文本由用人单位和劳动者各执一份。

变更劳动合同时应当注意:①必须在劳动合同依法订立之后,在合同没有履行或者尚未履行完毕之前的有效时间内进行;②必须坚持平等自愿、协商一致的原则,即须经用人单位和劳动者双方当事人的同意;③不得违反法律法规的强制性规定;④劳动合同的变更须采用书面形式。

▶ 二、劳动合同的解除和终止

劳动合同的解除,是指当事人双方提前终止劳动合同、解除双方权利义务关系的法律行为,可分为协商解除、法定解除和约定解除三种情况。劳动合同的终止,是指劳动合同期满或者出现法定情形以及当事人约定的情形而导致劳动合同的效力消灭,劳动合同即行终止。

(一)劳动者可以单方面解除劳动合同的规定

《中华人民共和国劳动合同法》规定,劳动者提前三十日以书面形式通知用人单位,可以解除劳动合同。劳动者在试用期内提前三日通知用人单位,可以解除劳动合同。

《中华人民共和国劳动合同法》第三十八条规定,用人单位有下列情形之一的,劳动者可以解除劳动合同:

(1)未按照劳动合同约定提供劳动保护或者劳动条件的;

(2)未及时足额支付劳动报酬的;

(3)未依法为劳动者缴纳社会保险费的;

(4)用人单位的规章制度违反法律、法规的规定,损害劳动者权益的;

(5)因《中华人民共和国劳动合同法》第二十六条第一款规定的情形致使劳动合同无效的;

(6)法律、行政法规规定劳动者可以解除劳动合同的其他情形。

用人单位以暴力、威胁或者非法限制人身自由的手段强迫劳动者劳动的,或者用人单位违章指挥、强令冒险作业危及劳动者人身安全的,劳动者可以立即解除劳动合同,不需事先告知用人单位。

(二)用人单位可以单方面解除劳动合同的规定

劳动合同法在赋予劳动者单方解除权的同时,也赋予用人单位对劳动合同的单方解除权,以保障用人单位的用工自主权。

《中华人民共和国劳动合同法》第三十九条规定,劳动者有下列情形之一的,用人单位可以解除劳动合同:

(1)在试用期间被证明不符合录用条件的;

(2)严重违反用人单位的规章制度的;

(3)严重失职,营私舞弊,给用人单位造成重大损害的;
(4)劳动者同时与其他用人单位建立劳动关系,对完成本单位的工作任务造成严重影响,或者经用人单位提出,拒不改正的;
(5)因《中华人民共和国劳动合同法》第二十六条第一款第一项规定的情形致使劳动合同无效的;
(6)被依法追究刑事责任的。

《中华人民共和国劳动合同法》第四十条规定,有下列情形之一的,用人单位提前三十日以书面形式通知劳动者本人或者额外支付劳动者一个月工资后,可以解除劳动合同:
(1)劳动者患病或者非因工负伤,在规定的医疗期满后不能从事原工作,也不能从事由用人单位另行安排的工作的;
(2)劳动者不能胜任工作,经过培训或者调整工作岗位,仍不能胜任工作的;
(3)劳动合同订立时所依据的客观情况发生重大变化,致使劳动合同无法履行,经用人单位与劳动者协商,未能就变更劳动合同内容达成协议的。

(三)用人单位经济性裁员的规定

经济性裁员是指用人单位由于经营不善等经济原因,一次性辞退部分劳动者的情形。经济性裁员仍属用人单位单方解除劳动合同。

《中华人民共和国劳动合同法》规定,有下列情形之一,需要裁减人员二十人以上或者裁减不足二十人但占企业职工总数百分之十以上的,用人单位提前三十日向工会或者全体职工说明情况,听取工会或者职工的意见后,裁减人员方案经向劳动行政部门报告,可以裁减人员:
(1)依照企业破产法规定进行重整的;
(2)生产经营发生严重困难的;
(3)企业转产、重大技术革新或者经营方式调整,经变更劳动合同后,仍需裁减人员的;
(4)其他因劳动合同订立时所依据的客观经济情况发生重大变化,致使劳动合同无法履行的。

裁减人员时,应当优先留用下列人员:
(1)与本单位订立较长期限的固定期限劳动合同的;
(2)与本单位订立无固定期限劳动合同的;
(3)家庭无其他就业人员,有需要扶养的老人或者未成年人的。

用人单位在六个月内重新招用人员的,应当通知被裁减的人员,并在同等条件下优先招用被裁减人员。

(四)用人单位不得解除劳动合同的规定

为了保护一些特殊群体劳动者的权益,《中华人民共和国劳动合同法》第四十二条规定,劳动者有下列情形之一的,用人单位不得依照《中华人民共和国劳动合同法》第四十条、第四十一条的规定解除劳动合同:
(1)从事接触职业病危害作业的劳动者未进行离岗前职业健康检查,或者疑似职业病病人在诊断或者医学观察期间的;
(2)在本单位患职业病或者因工负伤并被确认丧失或者部分丧失劳动能力的;
(3)患病或者非因工负伤,在规定的医疗期内的;
(4)女职工在孕期、产期、哺乳期的;

(5)在本单位连续工作满十五年,且距法定退休年龄不足五年的;
(6)法律、行政法规规定的其他情形。

用人单位违反劳动合同法规定解除或者终止劳动合同,劳动者要求继续履行劳动合同的,用人单位应当继续履行;劳动者不要求继续履行劳动合同或者劳动合同已经不能继续履行的,用人单位应当依照《中华人民共和国劳动合同法》第八十七条规定向劳动者支付赔偿金。赔偿金标准为经济补偿标准的二倍。

(五)劳动合同的终止

《中华人民共和国劳动合同法》第四十四条规定,有下列情形之一的,劳动合同终止:
(1)劳动合同期满的;
(2)劳动者开始依法享受基本养老保险待遇的;
(3)劳动者死亡,或者被人民法院宣告死亡或者宣告失踪的;
(4)用人单位被依法宣告破产的;
(5)用人单位被吊销营业执照、责令关闭、撤销或者用人单位决定提前解散的;
(6)法律、行政法规规定的其他情形。

但是,在劳动合同期满时,有《中华人民共和国劳动合同法》第四十二条规定的情形之一的,劳动合同应当继续延续至相应的情形消失时才能终止。在本单位患有职业病或者因工负伤并被确认丧失或者部分丧失劳动能力劳动者的劳动合同的终止,按照国家有关工伤保险的规定执行。

2010年12月经修改后颁布的《工伤保险条例》规定:①职工因工致残被鉴定为一级至四级伤残的,保留劳动关系,退出工作岗位。②职工因工致残被鉴定为五级、六级伤残的,保留与用人单位的劳动关系,由用人单位安排适当工作;也可以经工伤职工本人提出,该职工可以与用人单位解除或者终止劳动关系。③职工因工致残被鉴定为七级至十级伤残的,劳动、聘用合同期满终止,或者职工本人提出解除劳动、聘用合同的,由工伤保险基金支付一次性工伤医疗补助金,用人单位支付一次性伤残就业补助金。

(六)终止劳动合同的经济补偿

《中华人民共和国劳动合同法》规定,有下列情形之一的,用人单位应当向劳动者支付经济补偿:
(1)劳动者依照《中华人民共和国劳动合同法》第三十八条规定解除劳动合同的;
(2)用人单位依照《中华人民共和国劳动合同法》第三十六条向劳动者提出解除劳动合同并与劳动者协商一致解除劳动合同的;
(3)用人单位依照《中华人民共和国劳动合同法》第四十条规定解除劳动合同的;
(4)用人单位依照《中华人民共和国劳动合同法》第四十一条第一款规定解除劳动合同的;
(5)除用人单位维持或者提高劳动合同约定条件续订劳动合同,劳动者不同意续订的情形外,依照《中华人民共和国劳动合同法》第四十四条第一项规定终止固定期限劳动合同的;
(6)依照《中华人民共和国劳动合同法》第四十四条第四项、第五项规定终止劳动合同的;
(7)法律、行政法规规定的其他情形。

经济补偿的标准,按劳动者在本单位工作的年限,每满一年支付一个月工资的标准向劳动者支付。六个月以上不满一年的,按一年计算;不满六个月的,向劳动者支付半个月工资的经济补偿。劳动者月工资高于用人单位所在直辖市、设区的市级人民政府公布的本地区上年度职工月平均工资三倍的,向其支付经济补偿的标准按职工月平均工资三倍的数额支付,向其支付经济补偿的年限最高不超过十二年。月工资是指劳动者在劳动合同解除或者终止前十二个月的平均工资。

第四节 合法用工方式与违法用工模式的规定

据有关资料,我国建筑业的农民工占建筑业从业总人数的80%以上,约占农民工总人数的25%。因此,实施合法用工方式不仅有利于保证建设工程质量安全,还可以更好地保障农民工的合法权益。

一、"包工头"用工模式

我国建筑业仍属于劳动密集型行业。20世纪80年代以来,随着建设规模不断扩大,建筑业的发展需要大量务工人员,而农村富余劳动力又迫切要求找到适当工作,"包工头"用工模式便应运而生了。可以说,"包工头"用工模式是在特殊历史条件下的特殊产物。

"包工头"作为自然人的民事主体,一方面为解决农村富余劳动力就业提供了一个渠道,另一方面也往往扮演了损害农民工利益的重要角色,在建设领域和劳动领域产生了很大的负面影响。"包工头"非法人的用工模式,容易导致大量农民工未经安全和职业技能培训就进入建筑工地,给工程质量和安全带来隐患;非法用工现象较为严重,损害农民工合法权益事件时有发生,特别是违法合同无效的规定,极易造成清欠农民工工资债务链的法律关系"断层",严重扰乱了建筑市场的正常秩序。

《中华人民共和国建筑法》明确规定,禁止建筑施工企业以任何形式允许其他单位或者个人使用本企业的资质证书、营业执照,以本企业的名义承揽工程。禁止总承包单位将工程分包给不具备相应资质条件的单位。禁止分包单位将其承包的工程再分包。2005年8月原建设部颁发了《关于建立和完善劳务分包制度发展建筑劳务企业的意见》,要求逐步在全国建立基本规范的建筑劳务分包制度,农民工基本被劳务企业或其他用工企业直接吸纳,"包工头"承揽分包业务基本被禁止。2014年7月,住房和城乡建设部又颁发了《关于进一步加强和完善建筑劳务管理工作的指导意见》。

二、劳务派遣

劳务派遣(又称劳动力派遣、劳动派遣或人才租赁),是指依法设立的劳务派遣单位与劳动者订立劳动合同,依据与接受劳务派遣单位(即实际用工单位)订立的劳务派遣协议,将劳动者派遣到实际用工单位工作,由派遣单位向劳动者支付工资、福利及社会保险费用,实际用工单位提供劳动条件并按照劳务派遣协议支付用工费用的新型用工方式。其显著特征是劳动者的聘用与使用分离。

(一)劳务派遣单位

劳动合同法规定,经营劳务派遣业务应当具备下列条件:①注册资本不得少于人民币五十万元;②有与开展业务相适应的固定的经营场所和设施;③有符合法律、行政法规规定的劳务派遣管理制度;④法律、行政法规规定的其他条件。经营劳务派遣业务,应当向劳动行政部门依法申请行政许可。经许可的,依法办理相应的公司登记。未经许可,任何单位和个人不得经营劳务派遣业务。

劳务派遣用工是补充形式,只能在临时性、辅助性或者替代性的工作岗位上实施。

2014年1月人力资源和社会保障部发布的《劳务派遣暂行规定》进一步规定,临时性工作岗位是指存续时间不超过6个月的岗位;辅助性工作岗位是指为主营业务岗位提供服务的非主营业务岗位;替代性工作岗位是指用工单位的劳动者因脱产学习、休假等原因无法工作的一定期间内,可以由其他劳动者替代工作的岗位。

(二)劳动合同与劳务派遣协议

劳动合同法规定,劳务派遣单位是劳动合同法中所称用人单位,应当履行用人单位对劳动者的义务。劳务派遣单位与被派遣劳动者订立的劳动合同,除应当载明《中华人民共和国劳动合同法》第十七条规定的事项外,还应当载明被派遣劳动者的用工单位以及派遣期限、工作岗位等情况。劳务派遣单位应当与被派遣劳动者订立二年以上的固定期限劳动合同,按月支付劳动报酬;被派遣劳动者在无工作期间,劳务派遣单位应当按照所在地人民政府规定的最低工资标准,向其按月支付报酬。

劳务派遣单位派遣劳动者应当与接受以劳务派遣形式用工的单位(以下称用工单位)订立劳务派遣协议。劳务派遣协议应当约定派遣岗位和人员数量、派遣期限、劳动报酬和社会保险费的数额与支付方式以及违反协议的责任。用工单位应当根据工作岗位的实际需要与劳务派遣单位确定派遣期限,不得将连续用工期限分割订立数个短期劳务派遣协议。

劳务派遣单位应当将劳务派遣协议的内容告知被派遣劳动者。劳务派遣单位不得克扣用工单位按照劳务派遣协议支付给被派遣劳动者的劳动报酬。劳务派遣单位和用工单位不得向被派遣劳动者收取费用。

《劳务派遣暂行规定》进一步规定,劳务派遣协议应当载明下列内容:①派遣的工作岗位名称和岗位性质;②工作地点;③派遣人员数量和派遣期限;④按照同工同酬原则确定的劳动报酬数额和支付方式;⑤社会保险费的数额和支付方式;⑥工作时间和休息休假事项;⑦被派遣劳动者工伤、生育或者患病期间的相关待遇;⑧劳动安全卫生以及培训事项;⑨经济补偿等费用;⑩劳务派遣协议期限;⑪劳务派遣服务费的支付方式和标准;⑫违反劳务派遣协议的责任;⑬法律、法规、规章规定应当纳入劳务派遣协议的其他事项。

(三)被派遣劳动者

劳动合同法规定,被派遣劳动者享有与用工单位的劳动者同工同酬的权利。用工单位应当按照同工同酬原则,对被派遣劳动者与本单位同类岗位的劳动者实行相同的劳动报酬分配办法。用工单位无同类岗位劳动者的,参照用工单位所在地相同或者相近岗位劳动者的劳动报酬确定。

被派遣劳动者有权在劳务派遣单位或者用工单位依法参加或者组织工会,维护自身的合法权益。被派遣劳动者可以依照《中华人民共和国劳动合同法》第三十六条、第三十八条的规定与劳务派遣单位解除劳动合同。

(四)用工单位

劳动合同法规定,用工单位应当履行下列义务:①执行国家劳动标准,提供相应的劳动条件和劳动保护;②告知被派遣劳动者的工作要求和劳动报酬;③支付加班费、绩效奖金,提供与工作岗位相关的福利待遇;④对在岗被派遣劳动者进行工作岗位所必需的培训;⑤连续用工的,实行正常的工资调整机制。用工单位不得将被派遣劳动者再派遣到其他用人单位。

被派遣劳动者有《中华人民共和国劳动合同法》第三十九条和第四十条第一项、第二项规定情形的,用工单位可以将劳动者退回劳务派遣单位,劳务派遣单位依照该法有关规定,可以与劳动者解除劳动合同。

《劳务派遣暂行规定》进一步规定,用工单位应当按照《中华人民共和国劳动合同法》第六十二条规定,向被派遣劳动者提供与工作岗位相关的福利待遇,不得歧视被派遣劳动者。被派遣劳动者在用工单位因工作遭受事故伤害的,劳务派遣单位应当依法申请工伤认定,用工单位应当协助工伤认定的调查核实工作。劳务派遣单位承担工伤保险责任,但可以与用工单位约定补偿办法。被派遣劳动者在申请进行职业病诊断、鉴定时,用工单位应当负责处理职业病诊断、鉴定事宜,并如实提供职业病诊断。

有下列情形之一的,用工单位可以将被派遣劳动者退回劳务派遣单位:①用工单位有《中华人民共和国劳动合同法》第四十条第三项、第四十一条规定情形的;②用工单位被依法宣告破产、吊销营业执照、责令关闭、撤销、决定提前解散或者经营期限届满不再继续经营的;③劳务派遣协议期满终止的。被派遣劳动者退回后在无工作期间,劳务派遣单位应当按照不低于所在地人民政府规定的最低工资标准,向其按月支付报酬。被派遣劳动者有《中华人民共和国劳动合同法》第四十二条情形的,在派遣期限届满前,用工单位不得依据上述第①项规定将被派遣劳动者退回劳务派遣单位;派遣期限届满的,应当延续至相应情形消失时方可退回。

▶ 三、建筑劳务管理

国务院办公厅2016年1月颁发的《关于全面治理拖欠农民工工资问题的意见》中规定,严格规范劳动用工管理。在工程建设领域,坚持施工企业与农民工先签订劳动合同后进场施工,全面实行农民工实名制管理制度,建立劳动计酬手册,记录施工现场作业农民工的身份、劳动考勤、工资结算等信息,逐步实现信息化实名制管理。施工总承包企业要加强对分包企业劳动用工和工资发放的监督管理,在工程项目部配备劳资专管员,建立施工人员进出场登记制度和考勤计量、工资支付等管理台账,实时掌握施工现场用工及其工资支付情况,不得以包代管。施工总承包企业和分包企业应将经农民工本人签字确认的工资支付书面记录保存两年以上备查。

国务院办公厅2017年2月发布的《关于促进建筑业持续健康发展的意见》中规定,改革建筑用工制度。推动建筑业劳务企业转型,大力发展木工、电工、砌筑、钢筋制作等以作业为主的专业企业。以专业企业为建筑工人的主要载体,逐步实现建筑工人公司化、专业化管理。鼓励现有专业企业进一步做专做精,增强竞争力,推动形成一批以作业为主的建筑业专业企业。促进建筑业农民工向技术工人转型,着力稳定和扩大建筑业农民工就业创业。建立全国建筑工人管理服务信息平台,开展建筑工人实名制管理,记录建筑工人的身份信息、培训情况、职业技能、从业记录等信息,逐步实现全覆盖。

2014年7月,住房和城乡建设部发布了《关于进一步加强和完善建筑劳务管理工作的指导意见》。为加强建筑劳务用工管理,进一步落实建筑施工企业在队伍培育、权益保护、质量安全等方面的责任,保障劳务人员合法权益,构建起有利于形成建筑产业工人队伍的长效机制,提高工程质量水平,促进建筑业健康发展,《关于进一步加强和完善建筑劳务管理工作的指导意见》提出:

(一)倡导多元化建筑用工方式,推行实名制管理

(1)施工总承包、专业承包企业可通过自有劳务人员或劳务分包、劳务派遣等多种方式完成劳务作业。施工总承包、专业承包企业应拥有一定数量的与其建立稳定劳动关系的骨干技

术工人,或拥有独资或控股的施工劳务企业,组织自有劳务人员完成劳务作业;也可以将劳务作业分包给具有施工劳务资质的企业;还可以将部分临时性、辅助性或者替代性的工作使用劳务派遣人员完成作业。

(2)施工劳务企业应组织自有劳务人员完成劳务分包作业。施工劳务企业应依法承接施工总承包、专业承包企业发包的劳务作业,并组织自有劳务人员完成作业,不得将劳务作业再次分包或转包。

(3)推行劳务人员实名制管理。施工总承包、专业承包和施工劳务等建筑施工企业要严格落实劳务人员实名制,加强对自有劳务人员的管理,在施工现场配备专职或兼职劳务用工管理人员,负责登记劳务人员的基本身份信息、培训和技能状况、从业经历、考勤记录、诚信信息、工资结算及支付等情况,加强劳务人员动态监管和劳务纠纷调查处理。实行劳务分包的工程项目,施工劳务企业除严格落实实名制管理外,还应将现场劳务人员的相关资料报施工总承包企业核实、备查;施工总承包企业也应配备现场专职劳务用工管理人员监督施工劳务企业落实实名制管理,确保工资支付到位,并留存相关资料。

(二)落实企业责任,保障劳务人员合法权益与工程质量安全

(1)建筑施工企业对自有劳务人员承担用工主体责任。建筑施工企业应对自有劳务人员的施工现场用工管理、持证上岗作业和工资发放承担直接责任。建筑施工企业应与自有劳务人员依法签订书面劳动合同,办理工伤、医疗或综合保险等社会保险,并按劳动合同约定及时将工资直接发放给劳务人员本人;应不断提高和改善劳务人员的工作条件和生活环境,保障其合法权益。

(2)施工总承包、专业承包企业承担相应的劳务用工管理责任。按照"谁承包、谁负责"的原则,施工总承包企业应对所承包工程的劳务管理全面负责。施工总承包、专业承包企业将劳务作业分包时,应对劳务费结算支付负责,对劳务分包企业的日常管理、劳务作业和用工情况、工资支付负监督管理责任;对因转包、违法分包、拖欠工程款等行为导致拖欠劳务人员工资的,负相应责任。

(3)建筑施工企业承担劳务人员的教育培训责任。建筑施工企业应通过积极创建农民工业余学校、建立培训基地、师傅带徒弟、现场培训等多种方式,提高劳务人员职业素质和技能水平,使其满足工作岗位需求。建筑施工企业应对自有劳务人员的技能和岗位培训负责,建立劳务人员分类培训制度,实施全员培训、持证上岗。对新进入建筑市场的劳务人员,应组织相应的上岗培训,考核合格后方可上岗;对因岗位调整或需要转岗的劳务人员,应重新组织培训,考核合格后方可上岗;对从事建筑电工、建筑架子工、建筑起重信号司索工等岗位的劳务人员,应组织培训并取得住房城乡建设主管部门颁发的证书后方可上岗。施工总承包、专业承担企业应对所承包工程项目施工现场劳务人员的岗前培训负责,对施工现场劳务人员持证上岗作业负监督管理责任。

(4)建筑施工企业承担相应的质量安全责任。施工总承包企业对所承包工程项目的施工现场质量安全负总责,专业承包企业对承包的专业工程质量安全负责,施工总承包企业对分包工程的质量安全承担连带责任。施工劳务企业应服从施工总承包或专业承包企业的质量安全管理,组织合格的劳务人员完成施工作业。

(三)加大监管力度,规范劳务用工管理

(1)落实劳务人员实名制管理各项要求。积极推行信息化管理方式,将劳务人员的基本身份信息、培训和技能状况、从业经历和诚信信息等内容纳入信息化管理范畴,逐步实现不同项目、企业、地域劳务人员信息的共享和互通。有条件的地区,可探索推进劳务人员的诚信信息管理,对发生违法违规行为以及引发群体性事件的责任人,记录其不良行为并予以通报。

(2)加大企业违法违规行为的查处力度。各地住房城乡建设主管部门应加大对转包、违法分包等违法违规行为以及不执行实名制管理和持证上岗制度、拖欠劳务费或劳务人员工资、引发群体性讨薪事件等不良行为的查处力度,并将查出来结果予以通报,记入企业信用档案。有条件的地区可加快施工劳务企业信用体系建设,将其不良行为统一纳入全国建筑市场监管与诚信信息发布平台,向社会公布。

(四)加强政策引导与扶持,夯实行业发展基础

(1)加强劳务分包计价管理。各地工程造价管理机构应根据本地市场实际情况,动态发布定额人工单价调整信息,使人工费用的变化在工程造价中得到及时反映;实时跟踪劳务市场价格信息,做好建筑工种和实物工程量人工成本信息的测算发布工作,引导建筑施工企业合理确定劳务分包费用,避免因盲目低价竞争和计费方式不合理引发合同纠纷。

(2)推进建筑劳务基地化建设。鼓励大型建筑施工企业在劳务输出地建立独资或控股的施工劳务企业,或与劳务输出地有关单位建立长期稳定的合作关系,支持企业参与劳务输出地劳务人员的技能培训,建立双方定向培训机制。

(3)做好引导和服务工作。鼓励施工总承包企业与长期合作、市场信誉好的施工劳务企业建立稳定的合作关系,鼓励和扶持实力较强的施工劳务企业向施工总承包或专业承包企业发展;加强培训工作指导,整合培训资源,推动各类培训机构建设,引导有实力的建筑施工企业按相关规定开办技工职业学校,培养技能人才,鼓励建筑施工企业加强校企合作,对自有劳务人员开展定向教育,加大高技能人才的培养力度。

四、工程建设领域用工方式改革

《国务院办公厅关于全面治理 拖欠农民工工资问题的意见》中规定,加快培育建筑产业工人队伍,推进农民工组织化进程。鼓励施工企业将一部分技能水平高的农民工招用为自有工人,不断扩大自有工人队伍。引导具备条件的劳务作业班组向专业企业发展。

实行施工现场维权信息公示制度。施工总承包企业负责在施工现场醒目位置设立维权信息告示牌,明示业主单位、施工总承包企业及所在项目部、分包企业、行业监管部门等基本信息;明示劳动用工相关法律法规、当地最低工资标准、工资支付日期等信息;明示属地行业监管部门投诉举报电话和劳动争议调解仲裁、劳动保障监察投诉举报电话等信息,实现所有施工场地全覆盖。

第五节 劳动保护的规定

2018年12月经修改后颁布的《中华人民共和国劳动法》对劳动者的工作时间、休息休假、工资、劳动安全卫生、女职工和未成年工特殊保护、社会保险和福利等作了法律规定。

一、劳动者的工作时间和休息休假

工作时间(又称劳动时间),是指法律规定的劳动者在一昼夜和一周内从事生产、劳动或工作的时间。休息休假(又称休息时间),是指劳动者在国家规定的法定工作时间外,不从事生产、劳动或工作而由自己自行支配的时间，包括劳动者每天休息的时数、每周休息的天数、节假日、年休假、探亲假等。

(一)工作时间

劳动法规定，国家实行劳动者每日工作时间不超过八小时、平均每周工作时间不超过四十四小时的工时制度。用人单位应当保证劳动者每周至少休息一日。企业因生产特点不能实行劳动法上述规定的，经劳动行政部门批准，可以实行其他工作和休息办法。

(1)缩短工作日。1995年3月经修改后颁布的《国务院关于职工工作时间的规定》中规定，在特殊条件下从事劳动和有特殊情况，需要适当缩短工作时间的，按照国家有关规定执行。目前，我国实行缩短工作时间的主要是：从事矿山、高山、有毒、有害、特别繁重和过度紧张的体力劳动职工，以及纺织、化工、建筑、冶炼、地质勘探、森林采伐、装卸搬运等行业或岗位的职工；从事夜班工作的劳动者；在哺乳期工作的女职工；16至18岁的未成年劳动者等。

(2)不定时工作日。1994年12月劳动部发布的《关于企业实行不定时工作制和综合计算工时工作制的审批办法》中规定，企业对符合下列条件之一的职工，可以实行不定时工作日制：①企业中的高级管理人员、外勤人员、推销人员、部分值班人员和其他因工作无法按标准工作时间衡量的职工；②企业中的长途运输人员、出租汽车司机和铁路、港口、仓库的部分装卸人员以及因工作性质特殊，需机动作业的职工；③其他因生产特点、工作特殊需要或职责范围的关系，适合实行不定时工作制的职工。

(3)综合计算工作日，即分别以周、月、季、年等为周期综合计算工作时间，但其平均日工作时间和平均周工作时间应与法定标准工作时间基本相同。按规定，企业对交通、铁路等行业中因工作性质特殊需要连续作业的职工，地质及资源勘探、建筑等受季节和自然条件限制的行业的部分职工等，可实行综合计算工作日。

(4)计件工资时间。对实行计件工作的劳动者，用人单位应当根据《中华人民共和国劳动法》第三十六条规定的工时制度合理确定其劳动定额和计件报酬标准。

(二)休息休假

劳动法规定，用人单位在下列节日期间应当依法安排劳动者休假：①元旦；②春节；③国际劳动节；④国庆节；⑤法律、法规规定的其他休假节日。目前，法律、法规规定的其他休假节日有：全体公民放假的节日是清明节、端午节和中秋节；部分公民放假的节日及纪念日是妇女节、青年节、儿童节、中国人民解放军建军纪念日。

劳动者连续工作一年以上的，享受带薪年休假。此外，劳动者按有关规定还可以享受探亲假、婚丧假、生育(产)假、节育手术假等。

用人单位由于生产经营需要，经与工会和劳动者协商后可以延长工作时间，一般每日不得超过一小时；因特殊原因需要延长工作时间的，在保障劳动者身体健康的条件下延长工作时间每日不得超过三小时，但是每月不得超过三十六小时。在发生自然灾害、事故或者其他原因，威胁劳动者生命健康和财产安全需要紧急处理，或者生产设备、交通运输线路、公共设施发生故障，影响生产和公众利益，必须及时抢修的，以及法律、行政法规规定的特殊情况，延长工作时间不受上述限制。

用人单位应当按照下列标准支付高于劳动者正常工作时间工资的工资报酬：①安排劳动者延长工作时间的，支付不低于工资的百分之一百五的工资报酬；②休息日安排劳动者工作又不能安排补休的,支付不低于工资的百分之二百的工资报酬;③法定休假日安排劳动者工作的,支付不低于百分之三百的工资报酬。

二、劳动者的工资

工资,是指用人单位依据国家有关规定和劳动关系双方的约定,以货币形式支付给劳动者的劳动报酬,如计时工资、计件工资、奖金、津贴和补贴等。

(一)工资基本规定

劳动法规定,工资分配应当遵循按劳分配原则,实行同工同酬。工资水平在经济发展的基础上逐步提高。国家对工资总量实行宏观调控。用人单位根据本单位的生产经营特点和经济效益,依法自主确定本单位的工资分配方式和工资水平。

工资应当以货币形式按月支付给劳动者本人。不得克扣或者无故拖欠劳动者的工资。劳动者在法定休假日和婚丧假期间以及依法参加社会活动期间,用人单位应当依法支付工资。

在我国,企业、机关(包括社会团体)、事业单位实行不同的基本工资制度。企业基本工资制度主要有等级工资制、岗位技能工资制、岗位工资制、结构工资制、经营者年薪制等。

(二)最低工资保障制度

最低工资标准,是指劳动者在法定工作时间或依法签订的劳动合同约定的工作时间内提供了正常劳动的前提下,用人单位依法应支付的最低劳动报酬。所谓正常劳动,是指劳动者按依法签订的劳动合同约定,在法定工作时间或劳动合同约定的工作时间内从事的劳动。劳动者依法享受带薪年休假、探亲假、婚丧假、生育(产)假、节育手术假等国家规定的假期期间,以及法定工作时间内依法参加社会活动期间,视为提供了正常劳动。

劳动法规定,国家实行最低工资保障制度。最低工资的具体标准由省、自治区、直辖市人民政府规定,报国务院备案。用人单位支付劳动者的工资不得低于当地最低工资标准。

原劳动和社会保障部颁布的最低工资规定,在劳动者提供正常劳动的情况下,用人单位应支付给劳动者的工资在剔除下列各项以后,不得低于当地最低工资标准:①延长工作时间工资;②中班、夜班、高温、低温、井下、有毒有害等特殊工作环境、条件下的津贴;③法律、法规和国家规定的劳动者福利待遇等。实行计件工资或提成工资等工资形式的用人单位,在科学合理的劳动定额基础上,其支付劳动者的工资不得低于相应的最低工资标准。

(三)全面规范企业工资支付行为

《国务院办公厅关于全面治理拖欠农民工工资问题的意见》中规定,明确工资支付各方主体责任。在工程建设领域,施工总承包企业(包括直接承包建设单位发包工程的专业承包企业,下同)对所承包工程项目的农民工工资支付负总责,分包企业(包括承包施工总承包企业发包工程的专业企业,下同)对所招用农民工的工资支付负直接责任,不得以工程款未到位等为由克扣或拖欠农民工工资,不得将合同应收工程款等经营风险转嫁给农民工。

(1)推动各类企业委托银行代发农民工工资。在工程建设领域,鼓励实行分包企业农民工工资委托施工总承包企业直接代发的办法。分包企业负责为招用的农民工申办银行个人工资账户并办理实名制工资支付银行卡,按月考核农民工工作量并编制工资支付表,经农民工本人签字确认后,交施工总承包企业委托银行通过其设立的农民工工资(劳务费)专用账户直接将工资划入农民工个人工资账户。

(2)完善工资保证金制度。在建筑市政、交通、水利等工程建设领域全面实行工资保证金制度,逐步将实施范围扩大到其他易发生拖欠工资的行业。建立工资保证金差异化缴存办法,对一定时期内未发生工资拖欠的企业实行减免措施、发生工资拖欠的企业适当提高缴存比例。严格规范工资保证金动用和退还办法。探索推行业主担保、银行保函等第三方担保制度,积极引入商业保险机制,保障农民工工资支付。

(3)建立健全农民工工资(劳务费)专用账户管理制度。在工程建设领域,实行人工费用与其他工程款分账管理制度,推动农民工工资与工程材料款等相分离。施工总承包企业应分解工程价款中的人工费用,在工程项目所在地银行开设农民工工资(劳务费)专用账户,专项用于支付农民工工资。建设单位应按照工程承包合同约定的比例或施工总承包企业提供的人工费用数额,将应付工程款中的人工费单独拨付到施工总承包企业开设的农民工工资(劳务费)专用账户。农民工工资(劳务费)专用账户应向人力资源社会保障部门和交通、水利等工程建设项目主管部门备案,并委托开户银行负责日常监管,确保专款专用。

(4)落实清偿欠薪责任。招用农民工的企业承担直接清偿拖欠农民工工资的主体责任。在工程建设领域,建设单位或施工总承包企业未按合同约定及时划拨工程款,致使分包企业拖欠农民工工资的,由建设单位或施工总承包企业以未结清的工程款为限先行垫付农民工工资。建设单位或施工总承包企业将工程违法发包、转包或违法分包致使拖欠农民工工资的,由建设单位或施工总承包企业依法承担清偿责任。

2016年6月颁发的《国务院办公厅关于清理规范工程建设领域保证金的通知》(国办发〔2016〕49号)中规定,实行农民工工资保证金差异化缴存办法。对一定时期内未发生工资拖欠的企业,实行减免措施;对发生工资拖欠的企业,适当提高缴存比例。2017年9月人力资源和社会保障部发布的《拖欠农民工工资"黑名单"管理暂行办法》规定,用人单位存在下列情形之一的,人力资源和社会保障行政部应当自查处违法行为并作出行政处理或处罚决定之日起20个工作日内,按照管辖权限将其列入拖欠工资"黑名单":①克扣、无故拖欠农民工资,数额达到认定拒不支付劳动报酬罪数额标准的;②因拖欠农民工工资违法行为引发群体性事件、极端事件造成严重不良社会影响的。将劳务违法分包、转包给不具备用工主体资格的组织和个人造成拖欠农民工资且符合前款规定情形的,应将违法分包、转包单位及不具备用工主体资格的组织和个人一并列入拖欠工资"黑名单"。

三、劳动安全卫生制度

劳动法规定,用人单位必须建立、健全劳动安全卫生制度,严格执行国家劳动安全卫生规程和标准,对劳动者进行劳动安全卫生教育,防止劳动过程中的事故发生,减少职业危害。

劳动安全卫生设施必须符合国家规定的标准。新建、改建、扩建工程的劳动安全卫生设施必须与主体工程同时设计、同时施工、同时投入生产和使用。

用人单位必须为劳动者提供符合国家规定的劳动安全卫生条件和必要的劳动防护用品,对从事有职业危害作业的劳动者应当定期进行健康检查。

从事特种作业的劳动者必须经过专门培训并取得特种作业资格。

劳动者在劳动过程中必须严格遵守安全操作规程。劳动者对用人单位管理人员违章指挥、强令冒险作业,有权拒绝执行;对危害生命安全和身体健康的行为,有权提出批评、检举和控告。

四、女职工和未成年工的特殊保护

国家对女职工和未成年工实行特殊劳动保护。

(一)女职工的特殊保护

劳动法规定,禁止安排女职工从事矿山井下、国家规定的第四级体力劳动强度的劳动和其他禁忌从事的劳动。不得安排女职工在经期从事高处、低温、冷水作业和国家规定的第三级体力劳动强度的劳动。不得安排女职工在怀孕期间从事国家规定的第三级体力劳动强度的劳动和孕期禁忌从事的活动。对怀孕七个月以上的女职工,不得安排其延长工作时间和夜班劳动。女职工生育享受不少于九十天的产假。不得安排女职工在哺乳未满一周岁的婴儿期间从事国家规定的第三级体力劳动强度的劳动和哺乳期禁忌从事的其他劳动,不得安排其延长工作时间和夜班劳动。

按照《体力劳动强度分级》(GB 3869—1997),体力劳动强度按劳动强度指数大小分为四级。

2012年4月国务院颁布的《女职工劳动保护特别规定》还规定,用人单位应当遵守女职工禁忌从事的劳动范围(详见《女职工劳动保护特别规定》附录)的规定。用人单位应当将本单位属于女职工禁忌从事的劳动范围的岗位书面告知女职工。用人单位不得因女职工怀孕、生育、哺乳降低其工资、予以辞退、与其解除劳动或者聘用合同。女职工生育享受98天产假,其中产前可以休假15天;难产的,增加产假15天;生育多胞胎的,每多生育1个婴儿,增加产假15天。女职工怀孕未满4个月流产的,享受15天产假;怀孕满4个月流产的,享受42天产假。用人单位违反本规定,侵害女职工合法权益的,女职工可以依法投诉、举报、申诉,依法向劳动人事争议调解仲裁机构申请调解仲裁,对仲裁裁决不服的,依法向人民法院提起诉讼。

(二)未成年工的特殊保护

未成年工的特殊保护是针对未成年工处于生长发育期的特点,以及接受义务教育的需要,采取的特殊劳动保护措施。未成年工是指年满十六周岁未满十八周岁的劳动者。

劳动法规定,禁止用人单位招用未满十六周岁的未成年人。不得安排未成年工从事矿山井下、有毒有害、国家规定的第四级体力劳动强度的劳动和其他禁忌从事的劳动。用人单位应对未成年工定期进行健康检查。

1994年12月劳动部颁布的《未成年工特殊保护规定》中规定,用人单位应根据未成年工的健康检查结果安排其从事适合的劳动,对不能胜任原劳动岗位的,应根据医务部门的证明,予以减轻劳动量或安排其他劳动。对未成年工的使用和特殊保护实行登记制度。用人单位招收未成年工,除符合一般用工要求外,还须向所自地的县级以上劳动行政部门办理登记。未成年工上岗前,用人单位应对其进行有关的职业安全卫生教育、培训。

五、劳动者的社会保险与福利

《中华人民共和国社会保险法》规定,国家建立基本养老保险、基本医疗保险、工伤保险、失业保险、生育保险等社会保险制度,保障公民在年老、疾病、工伤、失业、生育等情况下依法从国家和社会获得物质帮助的权利。

(一)基本养老保险

职工应当参加基本养老保险,由用人单位和职工共同缴纳基本养老保险费。用人单位应当按照国家规定的本单位职工工资总额的比例缴纳基本养老保险费,记入基本养老保险统筹基金。职工应当按照国家规定的本人工资的比例缴纳基本养老保险费,记入个人账户。

1. 基本养老金的组成

基本养老金由统筹养老金和个人账户养老金组成。基本养老金根据个人累计缴费年限、缴费工资、当地职工平均工资、个人账户金额、城镇人口平均预期寿命等因素确定。

2. 基本养老金的领取

参加基本养老保险的个人,达到法定退休年龄时累计缴费满十五年的,按月领取基本养老金。参加基本养老保险的个人,达到法定退休年龄时累计缴费不足十五年的,可以缴费至满十五年,按月领取基本养老金;也可以转入新型农村社会养老保险或者城镇居民社会养老保险,按照国务院规定享受相应的养老保险待遇。

参加基本养老保险的个人,因病或者非因工死亡的,其遗属可以领取丧葬补助金和抚恤金;在未达到法定退休年龄时因病或者非因工致残完全丧失劳动能力的,可以领取病残津贴。所需资金从基本养老保险基金中支付。

个人跨统筹地区就业的,其基本养老保险关系随本人转移,缴费年限累计计算。个人达到法定退休年龄时,基本养老金分段计算、统一支付。

(二)基本医疗保险

职工应当参加职工基本医疗保险,由用人单位和职工按照国家规定共同缴纳基本医疗保险费。医疗机构应当为参保人员提供合理、必要的医疗服务。

参加职工基本医疗保险的个人,达到法定退休年龄时累计缴费达到国家规定年限的,退休后不再缴纳基本医疗保险费,按照国家规定享受基本医疗保险待遇;未达到国家规定年限的,可以缴费至国家规定年限。

符合基本医疗保险药品目录、诊疗项目、医疗服务设施标准以及急诊、抢救的医疗费用,按照国家规定从基本医疗保险基金中支付。

下列医疗费用不纳入基本医疗保险基金支付范围:①应当从工伤保险基金中支付的;②应当由第三人负担的;③应当由公共卫生负担的;④在境外就医的。

医疗费用依法应当由第三人负担,第三人不支付或者无法确定第三人的,由基本医疗保险基金先行支付。基本医疗保险基金先行支付后,有权向第三人追偿。

个人跨统筹地区就业的,其基本医疗保险关系随本人转移,缴费年限累计计算。

(三)工伤保险

职工应当参加工伤保险,由用人单位缴纳工伤保险费,职工不缴纳工伤保险费。此外,建筑法还规定,鼓励企业为从事危险作业的职工办理意外伤害保险,支付保险费。

(四)失业保险

社会保险法规定,职工应当参加失业保险,由用人单位和职工按照国家规定共同缴纳失业保险费。职工跨统筹地区就业的,其失业保险关系随本人转移,缴费年限累计计算。

1. 失业保险金的领取

失业人员符合下列条件的,从失业保险基金中领取失业保险金:①失业前用人单位和本人已经缴纳失业保险费满一年的;②非因本人意愿中断就业的;③已经进行失业登记,并有求职要求的。

失业人员失业前用人单位和本人累计缴费满一年不足五年的,领取失业保险金的期限最长为十二个月;累计缴费满五年不足十年的,领取失业保险金的期限最长为十八个月;累计缴费十年以上的,领取失业保险金的期限最长为二十四个月。重新就业后,再次失业的,缴费时间重新计算,领取失业保险金的期限与前次失业应当领取而尚未领取的失业保险金的期限合并计算,最长不超过二十四个月。

失业保险金的标准,由省、自治区、直辖市人民政府确定,但不得低于城市居民最低生活保障标准。

2. 领取失业保险金期间的有关规定

失业人员在领取失业保险金期间,参加职工基本医疗保险,享受基本医疗保险待遇。

失业人员应当缴纳的基本医疗保险费从失业保险基金中支付,个人不缴纳基本医疗保险费。

失业人员在领取失业保险金期间死亡的,参照当地对在职职工死亡的规定,向其遗属发给一次性丧葬补助金和抚恤金。所需资金从失业保险基金中支付。

个人死亡同时符合领取基本养老保险丧葬补助金、工伤保险丧葬补助金和失业保险丧葬补助金条件的,其遗属只能选择领取其中的一项。

3. 办理领取失业保险金的程序

用人单位应当及时为失业人员出具终止或者解除劳动关系的证明,并将失业人员的名单自终止或者解除劳动关系之日起十五日内告知社会保险经办机构。

失业人员应当持本单位为其出具的终止或者解除劳动关系的证明,及时到指定的公共就业服务机构办理失业登记。

失业人员凭失业登记证明和个人身份证明,到社会保险经办机构办理领取失业保险金的手续。失业保险金领取期限自办理失业登记之日起计算。

4. 停止享受失业保险待遇的规定

失业人员在领取失业保险金期间有下列情形之一的,停止领取失业保险金,并同时停止享受其他失业保险待遇:①重新就业的;②应征服兵役的;③移居境外的;④享受基本养老保险待遇的;⑤无正当理由,拒不接受当地人民政府指定部门或者机构介绍的适当工作或者提供的培训的。

(五)生育保险

社会保险法规定,职工应当参加生育保险,由用人单位按照国家规定缴纳生育保险费,职工不缴纳生育保险费。用人单位已经缴纳生育保险费的,其职工享受生育保险待遇;职工未就业配偶按照国家规定享受生育医疗费用待遇。所需资金从生育保险基金中支付。

生育保险待遇包括生育医疗费用和生育津贴。生育医疗费用包括下列各项:①生育的医疗费用;②计划生育的医疗费用;③法律、法规规定的其他项目费用。

职工有下列情形之一的,可以按照国家规定享受生育津贴:①女职工生育享受产假;②享受计划生育手术休假;③法律、法规规定的其他情形。生育津贴按照职工所在用人单位上年度职工月平均工资计发。

(六)福利

劳动法规定,国家发展社会福利事业,兴建公共福利设施,为劳动者休息、休养和疗养提供条件。

用人单位应当创造条件,改善集体福利,提高劳动者的福利待遇。

第六节 劳动争议的解决

劳动争议(又称劳动纠纷),是指劳动关系当事人之间因劳动的权利与义务发生分歧而引起的争议。

一、劳动争议的范围

按照2007年12月颁布的《中华人民共和国劳动争议调解仲裁法》和2020年12月发布的《最高人民法院关于审理劳动争议案件适用法律若干问题的解释(一)》的规定,劳动争议的范围主要是:①因确认劳动关系发生的争议;②因订立、履行、变更、解除和终止劳动合同发生的争议;③因除名、辞退和辞职、离职发生的争议;④因工作时间、休息休假、社会保险、福利、培训以及劳动保护发生的争议;⑤因劳动报酬、工伤医疗费、经济补偿或者赔偿金等发生的争议;⑥劳动者与用人单位在履行劳动合同过程中发生的纠纷;⑦劳动者与用人单位之间没有订立书面劳动合同,但已形成劳动关系后发生的纠纷;⑧劳动者退休后,与尚未参加社会保险统筹的原用人单位因追索养老金、医疗费、工伤保险待遇和其他社会保险而发生的纠纷;⑨法律、法规规定的其他劳动争议。

2020年12月发布的《最高人民法院关于审理劳动争议案件适用法律若干问题的解释(一)》规定,下列纠纷不属于劳动争议:①劳动者请求社会保险经办机构发放社会保险金的纠纷;②劳动者与用人单位因住房制度改革产生的公有住房转让纠纷;③劳动者对劳动能力鉴定委员会的伤残等级鉴定结论或者对职业病诊断鉴定委员会的职业病诊断鉴定结论的异议纠纷;④家庭或者个人与家政服务人员之间的纠纷;⑤个体工匠与帮工、学徒之间的纠纷;⑥农村承包经营户与受雇人之间的纠纷。

二、劳动争议的解决方式

劳动法规定,用人单位与劳动者发生劳动争议,当事人可以依法申请调解、仲裁、提起诉讼,也可以协商解决。调解原则适用于仲裁和诉讼程序。

(一)调解

劳动争议发生后,当事人可以向本单位劳动争议调解委员会申请调解。

在用人单位内,可以设立劳动争议调解委员会。劳动争议调解委员会由职工代表、用人单位代表和工会代表组成。劳动争议调解委员会主任由工会代表担任。劳动争议经调解达成协议的,当事人应当履行。

（二）仲裁

对于调解不成，当事人一方要求仲裁的，可以向劳动争议仲裁委员会申请仲裁。当事人一方也可以直接向劳动争议仲裁委员会申请仲裁。

劳动争议仲裁委员会由劳动行政部门代表、同级工会代表、用人单位方面的代表组成。劳动争议仲裁委员会主任由劳动行政部门代表担任。

按照劳动争议调解仲裁法的规定，劳动争议申请仲裁的时效期间为一年。仲裁时效期间从当事人知道或者应当知道其权利被侵害之日起计算。前款规定的仲裁时效，因当事人一方向对方当事人主张权利，或者向有关部门请求权利救济，或者对方当事人同意履行义务而中断。从中断时起，仲裁时效期间重新计算。因不可抗力或者有其他正当理由，当事人不能在前述一年仲裁时效期间申请仲裁的，仲裁时效中止。从中止时效的原因消除之日起，仲裁时效期间继续计算。劳动关系存续期间因拖欠劳动报酬发生争议的，劳动者申请仲裁不受前述一年仲裁时效期间的限制；但是，劳动关系终止的，应当自劳动关系终止之日起一年内提出。《国务院办公厅关于全面治理 拖欠农民工工资问题的意见》中规定，充分发挥基层劳动争议调解等组织的作用，引导农民工就地就近解决工资争议。劳动人事争议仲裁机构对农民工因拖欠工资申请仲裁的争议案件优先受理、优先开庭、及时裁决、快速结案。对集体欠薪争议或涉及金额较大的欠薪争议案件要挂牌督办。加强裁审衔接与工作协调，提高欠薪争议案件裁决效率。畅通申请渠道，依法及时为农民工讨薪提供法律服务和法律援助。

（三）诉讼

劳动法规定，劳动争议当事人对仲裁裁决不服的，可以自收到仲裁裁决书之日起十五日内向人民法院提起诉讼。一方当事人在法定期限内不起诉又不履行仲裁裁决的，另一方当事人可以申请人民法院强制执行。

2017年11月发布的《人力资源社会保障部 最高人民法院关于加强劳动人事争议仲裁与诉讼衔接机制建设的意见》规定，对未经仲裁程序直接起诉到人民法院的劳动人事争议案件，人民法院应裁定不予受理；对已受理的，应驳回起诉，并告知当事人向有管辖权的仲裁委员会申请仲裁。

三、集体合同争议的解决

因签订集体合同发生争议，当事人协商解决不成的，当地人民政府劳动行政部门可以组织有关各方协调处理。

劳动法规定，因履行集体合同发生争议，当事人协商解决不成的，可以向劳动争议仲裁委员会申请仲裁；对仲裁裁决不服的，可以自收到仲裁裁决书之日起十五日内向人民法院提起诉讼。

第七节 违法行为应承担的法律责任

一、劳动合同订立中违法行为应承担的法律责任

《中华人民共和国劳动合同法》规定，用人单位提供的劳动合同文本未载明本法规定的劳动合同必备条款或者用人单位未将劳动合同文本交付劳动者的，由劳动行政部门责令改正；给

劳动者造成损害的,应当承担赔偿责任。

用人单位自用工之日起超过一个月不满一年未与劳动者订立书面劳动合同的,应当向劳动者每月支付二倍的工资。用人单位自用工之日起满一年不与劳动者订立书面劳动合同的,视为用人单位与劳动者已订立无固定期限劳动合同。

用人单位违反劳动合同法规定不与劳动者订立无固定期限劳动合同的,自应当订立无固定期限劳动合同之日起向劳动者每月支付二倍的工资。

劳动合同依照《中华人民共和国劳动合同法》第二十六条规定被确认无效,给对方造成损害的,有过错的一方应当承担赔偿责任。

二、劳动合同履行、变更、解除和终止中违法行为应承担的法律责任

(一) 用人单位应承担的法律责任

劳动合同法规定,用人单位有下列情形之一的,由劳动行政部门责令限期支付劳动报酬、加班费或者经济补偿;劳动报酬低于当地最低工资标准的,应当支付其差额部分;逾期不支付的,责令用人单位按应付金额50%以上100%以下的标准向劳动者加付赔偿金:①未按照劳动合同的约定或者国家规定及时足额支付劳动者劳动报酬的;②低于当地最低工资标准支付劳动者工资的;③安排加班不支付加班费的;④解除或者终止劳动合同,未依照劳动合同法规定向劳动者支付经济补偿的。

用人单位有下列情形之一的,依法给予行政处罚;构成犯罪的,依法追究刑事责任;给劳动者造成损害的,应当承担赔偿责任:①以暴力、威胁或者非法限制人身自由的手段强迫劳动的;②违章指挥或者强令冒险作业危及劳动者人身安全的;③侮辱、体罚、殴打、非法搜查或者拘禁劳动者的;④劳动条件恶劣、环境污染严重,给劳动者身心健康造成严重损害的。

用人单位违反劳动合同法规定解除或者终止劳动合同的,应当依照《中华人民共和国劳动合同法》第四十七条规定的经济补偿标准的二倍向劳动者支付赔偿金。

用人单位违反劳动合同法规定未向劳动者出具解除或者终止劳动合同的书面证明,由劳动行政部门责令改正;给劳动者造成损害的,应当承担赔偿责任。

(二) 劳动者违法行为应承担的法律责任

劳动合同法规定,劳动者违反劳动合同法规定解除劳动合同,或者违反劳动合同中约定的保密义务或者竞业限制,给用人单位造成损失的,应当承担赔偿责任。

(三) 劳务派遣单位违法行为应承担的法律责任

劳动合同法规定,用人单位招用与其他用人单位尚未解除或者终止劳动合同的劳动者,给其他用人单位造成损失的,应当承担连带赔偿责任。

劳务派遣单位、用工单位违反劳动合同法有关劳务派遣规定的,由劳动行政部门责令限期改正;逾期不改正的,以每人5000元以上1万元以下的标准处以罚款,对劳务派遣单位,吊销其劳务派遣业务经营许可证。用工单位给被派遣劳动者造成损害的,劳务派遣单位与用工单位承担连带赔偿责任。

三、劳动保护违法行为应承担的法律责任

劳动法规定,用人单位违反劳动法规定,延长劳动者工作时间的,由劳动行政部门给予警

告,责令改正,并可以处以罚款。

用人单位的劳动安全设施和劳动卫生条件不符合国家规定或者未向劳动者提供必要的劳动防护用品和劳动保护设施的,由劳动行政部门或者有关部门责令改正,可以处以罚款;情节严重的,提请县级以上人民政府决定责令停产整顿;对事故隐患不采取措施,致使发生重大事故,造成劳动者生命和财产损失的,对责任人员依照《中华人民共和国刑法》第一百八十七条的规定追究刑事责任。

用人单位非法招用未满十六周岁的未成年人的,由劳动行政部门责令改正,处以罚款;情节严重的,由工商行政管理部门吊销营业执照。

用人单位违反劳动法对女职工和未成年工的保护规定,侵害其合法权益的,由劳动行政部门责令改正,处以罚款;对女职工或者未成年工造成损害的,应当承担赔偿责任。

用人单位无故不缴纳社会保险费的,由劳动行政部门责令其限期缴纳,逾期不缴纳的,可以加收滞纳金。

四、实施《重大劳动保障违法行为社会公布办法》

2016年9月发布的《重大劳动保障违法行为社会公布办法》规定,人力资源社会保障行政部门对下列已经依法查处并作出处理决定的重大劳动保障违法行为,应当向社会公布:①克扣、无故拖欠劳动者劳动报酬,数额较大的;拒不支付劳动报酬,依法移送司法机关追究刑事责任的;②不依法参加社会保险或者不依法缴纳社会保险费,情节严重的;③违反工作时间和休息休假规定,情节严重的;④违反女职工和未成年工特殊劳动保护规定,情节严重的;⑤违反禁止使用童工规定的;⑥因劳动保障违法行为造成严重不良社会影响的;⑦其他重大劳动保障违法行为。

典型案例及分析

【案例1】
1. 案例背景

某中外合资公司与王某签订了为期三年的劳动合同。合同中约定,在合同的履行期间,如果本合同订立时所依据的客观情况发生变化,致使合同无法履行,经双方协商不能就本合同达成协议的,公司可以提前30日以书面形式通知王某解除劳动合同。两年后,该公司由一家中外合资企业变更为外商独资企业,公司的法定代表人也作了变更。该公司由于重组进行大规模的裁员,王某也在被裁人员名单中,随后,公司以企业名称、性质和法定代表人变更,属于合同订立时所依据的客观情况发生重大变化为由,书面通知王某解除劳动合同,王某不同意,认为自己的劳动合同没有到期,不能以企业法定代表人变更等为由随意解除劳动合同。

2. 案例问题

(1)该公司上述理由是否可以作为解除与王某劳动合同的依据?

(2)该公司与王某的合同是否继续有效?

3. 案例分析

(1)《中华人民共和国劳动合同法》第三十三条规定:"用人单位变更名称、法定代表人、主要负责人或者投资人等事项,不影响劳动合同的履行。"本案中,该公司虽然企业的名称、性质和法定代表人发生了变更,但并非属于法律上认定的"客观情况发生重大变化",企业的正常经营并未因此而受到影响,因此,该公司以上述理由解除与王某的劳动合同是没有法律依据的。

(2)王某与该公司的劳动合同还没有到期,该合同依然有效,所以,双方应该继续履行劳动合同。

【案例2】

1. 案例背景

老李是某劳务派遣公司派遣到某建筑公司工作的劳动者。一天,老李与同岗位一起工作的小王聊天时得知,老李的月工资比小王低了好几百块钱,便找到该建筑公司人事行政部门询问,为什么小王很年轻,每天和他工作在同一岗位,但工资待遇却差别如此之大。该公司人事行政部门回答,你不是我们公司的员工,当然同小王的工资待遇不一样。

2. 案例问题

(1)该公司人事行政部门的回答是否合法?

(2)老李的工资待遇问题应当由谁来解决?

3. 案例分析

(1)该公司人事行政部门的回答是错误的。《中华人民共和国劳动合同法》第六十三条规定:"被派遣劳动者享有与用工单位的劳动者同工同酬的权利。"据此,虽然老李不是该公司的员工,但也应当与该公司员工享有同工同酬的权利。老李的工资待遇应当与小王相同。

(2)老李的工资待遇问题应当由劳务派遣单位来解决。《中华人民共和国劳动合同法》第五十八条规定:"劳务派遣单位是本法所称用人单位,应当履行用人单位对劳动者的义务。"据此,老李的工资待遇问题,应当由老李所属的劳务派遣单位解决。

【案例3】

1. 案例背景

2020年1月,小马应聘到A公司就职,但工作8个月后就与A公司解除了劳动合同,于2020年9月又被B公司聘用。2021年3月,小马在B公司工作了6个月后,因家中有事,向B公司提出要求休带薪年假,但B公司说现在公司工作很忙,人手很缺,没有批准小马的休假申请,并回答说小马到B公司工作还没有满一年,不能享受带薪年假。

2. 案例问题

(1)小马在B公司是否可以享受带薪年假?

(2)B公司是否可以不批准小马的休假申请?

(3)如果小马全年未能享受带薪年假,B公司将按照何标准向小马支付工资?

3. 案例分析

(1)小马在B公司虽然只工作了6个月,但仍可享受带薪年假待遇。2007年12月国务院颁布的《职工带薪年休假条例》第二条规定:"机关、团体、企业、事业单位、民办非企业单位、有雇工的个体工商户等单位的职工连续工作1年以上的,享受带薪年休假(以下简称年休假)。单位应当保证职工享受年休假。职工在年休假期间享受与正常工作期间相同的工资收入。"本案中的小马虽然在B公司工作了6个月,但是在A公司还工作了8个月,其连续工作已超过1年,应当享受带薪年休假。

(2)《职工带薪年休假条例》第五条规定:"单位根据生产、工作的具体情况,并考虑职工本人意愿,统筹安排职工年休假。年休假在1个年度内可以集中安排,也可以分段安排,一般不跨年度安排。单位因生产、工作特点确有必要跨年度安排职工年休假的,可以跨1个年度安排。单位确因工作需要不能安排职工休年休假的,经职工本人同意,可以不安排职工休年休假。"据此,虽然享受带薪年休假是劳动者的法定权利,但如何安排年休假却是用人单位的权利。在一般情况下,公司安排员工年休假应当统筹兼顾工作需要和员工个人意愿,但如果员工未经公司同意擅自休年假,严重的可能会导致劳动合同的解除。

(3)《职工带薪年休假条例》第五条第三款规定:"对职工应休未休的年休假天数,单位应当按照该职工日工资收入的300%支付年休假工资报酬。"需要注意的是,这里的"日工资收入的300%",已经包含了用人单位支付职工正常工作期间的工资收入,就是说,除正常工作期间的工资外,应休未休的带薪年休假折算工资=应休未休的天数×日工资×2倍。

【案例 4】

1. 案例背景

王某进入某IT公司工作,并与该IT公司签订了劳动合同。由于王某自行开发了一个新的软件,并保留了该软件的源代码且没有上交公司。按照公司的规章制度要求,任何员工开发的软件,其知识产权均属公司所有,不得被个人保留。但王某以此为条件,要求公司为其上涨工资,否则不交出软件源代码,公司没有答应王某的要求,告知王某的行为已违反了公司的规章制度,将与他解除劳动合同,并要求王某赔偿由其行为给公司造成的经济损失。双方僵持不下,王某向该IT公司所在地的劳动争议仲裁委员会提出了劳动仲裁申请,要求公司因解除劳动合同对其支付经济补偿和赔偿金,该公司认为对王某的行为公司有权解除劳动合同,并对王某给公司造成的损失提出了反请求。

2. 案例问题

(1)王某的行为是否属于劳动争议的范围?

(2)该公司是否可以解除与王某的劳动合同?

(3)该公司对王某给公司造成的损失该如何处理?

3. 案例分析

(1)王某的上述请求属于劳动争议的范围,根据《中华人民共和国劳动争议调解仲裁法》和《最高人民法院关于审理劳动争议案件适用法律若干问题的解释(一)》的规定,因订立、履行、变更、解除和终止劳动合同发生的争议属于劳动争议的范围。因此,劳动争议仲裁委员会受理了王某的劳动仲裁申请。

(2)该IT公司可以解除与王某的劳动合同。《中华人民共和国劳动合同法》第三十九条规定:"劳动者有下列情形之一的,用人单位可以解除劳动合同:(一)在试用期间被证明不符合录用条件的;(二)严重违反用人单位的规章制度的;(三)严重失职,营私舞弊,给用人单位造成重大损害的;(四)劳动者同时与其他用人单位建立劳动关系,对完成本单位的工作任务造成严重影响的,或者经用人单位提出,拒不改正的;(五)因本法第二十六条第一款第一项规定的情形致使劳动合同无效的;(六)被依法追究刑事责任的。"王某不上交源代码的行为违反了公司的规章制度,依据上述劳动合同法的规定,该IT公司可以解除与王某的劳动合同。

(3)该IT公司对王某给公司造成的损失可以向人民法院提起民事诉讼,要求王某赔偿因其行为给公司造成的经济损失。

复习思考题

1. 劳动合同分为哪几种类型？什么是固定期限劳动合同？
2. 在什么情形下用人单位可以与劳动者订立无固定期限劳动合同？
3. 劳动合同应当包括哪些基本内容？
4. 根据劳动合同法的规定，哪些劳动合同属于无效合同？
5. 什么是劳动报酬，劳动报酬由哪些部分组成？
6. 变更劳动合同时应当注意的问题有哪些？
7. 在什么情形下，劳动者有权解除劳动合同？
8. 在什么情形下可以终止劳动合同？
9. 根据劳动合同法的规定，经营劳务派遣业务应当具备的条件是什么？
10. 什么是工作时间？在什么情况下可以实行不定时工作制？
11. 简述我国的最低工资保障制度。
12. 我国在治理拖欠农民工工资的问题上采取了哪些有效的措施？
13. 我国针对未成年工采取了哪些特殊保护措施？
14. 简述我国的基本养老保险制度。
15. 简述劳动争议的范围。
16. 劳动合同订立中，违法行为应承担的法律责任主要有哪些？

第九章

建设工程施工环境保护、节约能源和文物保护法律制度

第一节 概 述

2014年4月经修改后公布的《中华人民共和国环境保护法》规定,排放污染物的企业事业单位和其他生产经营者,应当采取措施,防治在生产建设或者其他活动中产生的废气、废水、废渣、医疗废物、粉尘、恶臭气体、放射性物质以及噪声、振动、光辐射、电磁辐射等对环境的污染和危害。排放污染物的企业事业单位,应当建立环境保护责任制度,明确单位负责人和相关人员的责任。

2019年4月经修改后公布的《中华人民共和国建筑法》中规定,建筑施工企业应当遵守有关环境保护和安全生产的法律、法规的规定,采取控制和处理施工现场的各种粉尘、废气、废水、固体废物以及噪声、振动对环境的污染和危害的措施。

2003年11月颁布的《建设工程安全生产管理条例》规定,施工单位应当遵守有关环境保护法律、法规的规定,在施工现场采取措施,防治或者减少粉尘、废气、废水、固体废物、噪声、振动和施工照明对任何环境的危害和污染。

能源是指煤炭、石油、天然气、生物质能和电力、热力以及其他直接或者通过加工、转换而取得有用能的各种资源。节约能源是指加强用能管理,采取技术上可行、经济上合理以及环境和社会可以承受的措施,从能源利用到消费的各个环节,降低消耗,减少损失和污染排放、制止浪费,有效合理地利用资源。

节约能源是我国的基本国策。国家实施节约与开发并举、把节约放在首位的能源发展战略。

我国地域辽阔,历史悠久,是世界上文化传统不曾中断的统一的多民族国家。历史遗存至今的大量文物古迹,形象地记载着中华民族形成发展的进程,不仅是我国历史悠久的证据,也是增强民族凝聚力、促进民族文化可持续发展的基础。中国优秀的文物古迹,不仅是中国各族人民的财富,也是全人类共同的财富。

为此,我国相继颁布了《中华人民共和国文物保护法》《中华人民共和国水下文物保护管理条例》《中华人民共和国文物保护法实施条例》《中华人民共和国文物保护法实施细则》(2008年1月15日废止)《历史文化名城名镇名村保护条例》等法律、行政法规,并参照以《国际古迹保护与修复宪章(《威尼斯宪章》)为代表的国际原则,制定了《中国文物古迹保护准则》。

第二节 施工现场环境保护制度

一、施工现场环境噪声污染防治的规定

环境噪声,是指在工业生产、建筑施工、交通运输和社会生活中所产生的干扰周围生活环境的声音。环境噪声污染,则是指产生的环境噪声超过国家规定的环境噪声排放标准,并干扰他人正常生活、工作和学习的现象。

在工程建设领域,环境噪声污染的防治主要包括两个方面:一是施工现场环境噪声污染的防治;二是建设项目环境噪声污染的防治。后者主要是解决建设项目建成后使用过程中可能产生的环境噪声污染问题,前者则是要解决建设工程施工过程中产生的环境噪声污染问题。

(一)施工噪声污染问题

施工噪声,是指在建设工程施工过程中产生的干扰周围生活环境的声音。随着城市化进程的不断加快及工程建设的大规模开展,施工噪声污染问题日益突出,尤其是在城市人口稠密地区的建设工程施工中产生的噪声污染,不仅会影响周围居民的正常生活,而且会损害城市的环境形象。施工单位与周围居民因噪声而引发的纠纷也时有发生,群众投诉日渐增多。因此,施工单位应当依法加强施工现场噪声管理,采取有效措施防治施工噪声污染。

1. 排放建筑施工噪声应当符合建筑施工场界环境噪声排放标准

环境噪声污染防治法规定,在城市市区范围内向周围生活环境排放建筑施工噪声的,应当符合国家规定的建筑施工场界环境噪声排放标准。

所谓噪声排放,是指噪声源向周围生活环境辐射噪声。2011年12月经修改后公布的《建筑施工场界环境噪声排放标准》(GB 12523—2011)规定,建筑施工过程中场界环境噪声不得超过规定的排放限值。建筑施工场界环境噪声排放限值,昼间70 dB(A),夜间55 dB(A)。夜间噪声最大声级超过限值的幅度不得高于15 dB(A)。"昼间"是指6:00至22:00之间的时段;"夜间"是指22:00至次日6:00之间的时段。县级以上人民政府为环境噪声污染防治的需要(如考虑时差、作息习惯差异等)而对昼间、夜间的划分另有规定的,应按其规定执行。

dB是英文Decibel的缩写,是噪声分贝单位。(A)是指频率加权特性为A,A计权声级是目前世界上噪声测量中应用最广泛的一种。

2. 使用机械设备可能产生环境噪声污染的申报

环境噪声污染防治法规定,在城市市区范围内,建筑施工过程中使用机械设备,可能产生环境噪声污染的,施工单位必须在工程开工15日以前向工程所在地县级以上地方人民政府环境保护行政主管部门申报该工程的项目名称、施工场所和期限、可能产生的环境噪声值以及所采取的环境噪声污染防治措施等情况。

国家对环境噪声污染严重的落后设备实行淘汰制度。国务院经济综合主管部门应当会同国务院有关部门公布限期禁止生产、禁止销售、禁止进口的环境噪声污染严重的设备名录。

3. 禁止夜间进行产生环境噪声污染施工作业的规定

环境噪声污染防治法规定,在城市市区噪声敏感建筑物集中区域内,禁止夜间进行产生环境噪声污染的建筑施工作业,但抢修、抢险作业和因生产工艺上要求或者特殊需要必须连续作

业的除外。因特殊需要必须连续作业的,必须有县级以上人民政府或者其有关主管部门的证明。以上规定的夜间作业,必须公告附近居民。

所谓噪声敏感建筑物集中区域,是指医疗区、文教科研区和以机关或者居民住宅为主的区域。所谓噪声敏感建筑物,是指医院、学校、机关、科研单位、住宅等需要保持安静的建筑物。

4. 政府监管部门的现场检查

环境噪声污染防治法规定,县级以上人民政府环境保护行政主管部门和其他环境噪声污染防治工作的监督管理部门、机构,有权依据各自的职责对管辖范围内排放环境噪声的单位进行现场检查。

被检查的单位必须如实反映情况,并提供必要的资料。检查部门、机构应当为被检查的单位保守技术秘密和业务秘密。检查人员进行现场检查,应当出示证件。

(二)建设项目环境噪声污染的防治

城市道桥、铁路(包括轻轨)、工业厂房等,其建成后的使用可能会对周围环境产生噪声污染。因此,建设单位必须在建设前期就规定环境噪声污染的防治措施,并在建设过程中同步建设环境噪声污染防治设施。

环境噪声污染防治法规定,新建、改建、扩建的建设项目,必须遵守国家有关建设项目环境保护管理的规定。

建设项目可能产生环境噪声污染的,建设单位必须提出环境影响报告书,规定环境噪声污染的防治措施,并按照国家规定的程序报生态环境主管部门批准。环境影响报告书中,应当有该建设项目所在地单位和居民的意见。

建设项目的环境噪声污染防治设施必须与主体工程同时设计、同时施工、同时投产使用。例如,建设经过已有的噪声敏感建筑物集中区域的高速公路和城市高架、轻轨道路,有可能造成环境噪声污染的,应当设置声屏障或者采取其他有效的控制环境噪声污染的措施;在已有的城市交通干线的两侧建设噪声敏感建筑物的,建设单位应当按照国家规定间隔一定距离,并采取减轻、避免交通噪声影响的措施等。

建设项目在投入生产或者使用之前,其环境噪声污染防治设施必须按照国家规定的标准和程序进行验收;达不到国家规定要求的,该建设项目不得投入生产或者使用。

(三)交通运输噪声污染的防治

建设工程施工有着大量的运输任务,会产生交通运输噪声。所谓交通运输噪声,是指机动车辆、铁路机车、机动船舶、航空器等交通运输工具在运行时所产生的干扰周围生活环境的声音。

环境噪声污染防治法规定,在城市市区范围内行驶的机动车辆的消声器和喇叭必须符合国家规定的要求。机动车辆必须加强维修和保养,保持技术性能良好,防治环境噪声污染。

警车、消防车、工程抢险车、救护车等机动车辆安装、使用警报器,必须符合国务院公安部门的规定;在执行非紧急任务时,禁止使用警报器。

(四)对产生环境噪声污染企业事业单位的规定

环境噪声污染防治法规定,产生环境噪声污染的企业事业单位,必须保持防治环境噪声污染的设施的正常使用;拆除或者闲置环境噪声污染防治设施的,必须事先报经所在地的县级以上地方人民政府环境保护行政主管部门批准。

产生环境噪声污染的单位,应当采取措施进行治理,并按照国家规定缴纳超标准排污费。征收的超标准排污费必须用于污染的防治,不得挪作他用。

对于在噪声敏感建筑物集中区域内造成严重环境噪声污染的企业事业单位,限期治理。被限期治理的单位必须按期完成治理任务。

二、施工现场大气污染防治的规定

按照国际标准化组织的定义,大气污染通常是指由于人类活动或自然过程引起某些物质进入大气中,呈现出足够的浓度,达到足够的时间,并因此危害了人体的舒适、健康和福利或环境污染的现象。如果不对大气污染物的排放总量加以控制和防治,将会严重破坏生态系统和人类生存条件。

在工程建设领域,对于大气污染的防治,也包括建设项目和施工现场两大方面。

(一)施工现场大气污染的防治

2018年10月经修改后公布的《中华人民共和国大气污染防治法》规定,企业事业单位和其他生产经营者应当采取有效措施,防止、减少大气污染,对所造成的损害依法承担责任。

企业事业单位和其他生产经营者向大气排放污染物的,应当依照法律法规和国务院生态环境主管部门的规定设置大气污染物排放口。禁止通过偷排、篡改或者伪造监测数据、以逃避现场检查为目的的临时停产、非紧急情况下开启应急排放通道、不正常运行大气污染防治设施等逃避监管的方式排放大气污染物。

建设单位应当将防治扬尘污染的费用列入工程造价,并在施工承包合同中明确施工单位扬尘污染防治责任。施工单位应当制定具体的施工扬尘污染防治实施方案。施工单位应当在施工工地设置硬质围挡,并采取覆盖、分段作业、择时施工、洒水抑尘、冲洗地面和车辆等有效防尘降尘措施。建筑土方、工程渣土、建筑垃圾应当及时清运;在场地内堆存的,应当采用密闭式防尘网遮盖。工程渣土、建筑垃圾应当进行资源化处理。

施工单位应当在施工工地公示扬尘污染防治措施、负责人、扬尘监督管理主管部门等信息。暂时不能开工的建设用地,建设单位应当对裸露地面进行覆盖;超过三个月的,应当进行绿化、铺装或者遮盖。禁止在人口集中地区和其他依法需要特殊保护的区域内焚烧沥青、油毡、橡胶、塑料、皮革、垃圾以及其他产生有毒有害烟尘和恶臭气体的物质。

运输煤炭、垃圾、渣土、砂石、土方、灰浆等散装、流体物料的车辆应当采取密闭或者其他措施防止物料遗撒造成扬尘污染,并按照规定路线行驶。装卸物料应当采取密闭或者喷淋等方式防治扬尘污染。

贮存煤炭、煤矸石、煤渣、煤灰、水泥、石灰、石膏、砂土等易产生扬尘的物料应当密闭;不能密闭的,应当设置不低于堆放物高度的严密围挡,并采取有效覆盖措施防治扬尘污染。码头、矿山、填埋场和消纳场应当实施分区作业,并采取有效措施防治扬尘污染。

施工现场大气污染的防治,重点是防治扬尘污染。2007年9月建设部颁发的《绿色施工导则》中规定:

(1)运送土方、垃圾、设备及建筑材料等,不污损场外道路。运输容易散落、飞扬、流漏的物料的车辆,必须采取措施封闭严密,保证车辆清洁。施工现场出口应设置洗车槽。

(2)土方作业阶段,采取洒水、覆盖等措施,达到作业区目测扬尘高度小于1.5米,不扩散到场区外。

(3)结构施工、安装装饰装修阶段,作业区目测扬尘高度小于0.5米。对易产生扬尘的堆放材料应采取覆盖措施;对粉末状材料应封闭存放;场区内可能引起扬尘的材料及建筑垃圾搬运应有降尘措施,如覆盖、洒水等;浇筑混凝土前清理灰尘和垃圾时尽量使用吸尘器,避免使用吹风器等易产生扬尘的设备;机械剔凿作业时可用局部遮挡、掩盖、水淋等防护措施;高层或多层建筑清理垃圾应搭设封闭性临时专用道或采用容器吊运。

(4)施工现场非作业区达到目测无扬尘的要求。对现场易飞扬物质采取有效措施,如洒水、地面硬化、围挡、密网覆盖、封闭等,防止扬尘产生。

(5)构筑物机械拆除前,做好扬尘控制计划。可采取清理积尘、拆除体洒水、设置隔挡等措施。

(6)构筑物爆破拆除前,做好扬尘控制计划。可采用清理积尘、淋湿地面、预湿墙体、屋面敷水袋、楼面蓄水、建筑外设高压喷雾状水系统、搭设防尘排栅和直升机投水弹等综合降尘。选择风力小的天气进行爆破作业。

(7)在场界四周隔挡高度位置测得的大气总悬浮颗粒物月平均浓度与城市背景值的差值不大于0.08毫克/立方米。

(二)建设项目大气污染的防治

大气污染防治法规定,新建、扩建、改建向大气排放污染物的项目,必须遵守国家有关建设项目环境保护管理的规定。

建设项目的环境影响报告书,必须对建设项目可能产生的大气污染和对生态环境的影响作出评价,规定防治措施,并按照规定的程序报环境保护行政主管部门审查批准。例如,新建、扩建排放二氧化硫的火电厂和其他大中型企业,超过规定的污染物排放标准或者总量控制指标的,必须建设配套脱硫、除尘装置或者采取其他控制二氧化硫排放、除尘的措施;炼制石油、生产合成氨、煤气和燃煤焦化、有色金属冶炼过程中排放含有硫化物气体的,应当配备脱硫装置或者采取其他脱硫措施等。

建设项目投入生产或者使用之前,其大气污染防治设施必须经过环境保护行政主管部门验收,达不到国家有关建设项目环境保护管理规定的要求的建设项目,不得投入生产或者使用。

(三)对向大气排放污染物单位的监管

大气污染防治法规定,地方各级人民政府应当加强对建设施工和运输的管理,保持道路清洁,控制料堆和渣土堆放,扩大绿地、水面、湿地和地面铺装面积,防治扬尘污染。

从事房屋建筑、市政基础设施建设、河道整治以及建筑物拆除等施工单位,应当向负责监督管理扬尘污染防治的主管部门备案。

企业事业单位和其他生产经营者在生产经营活动中产生恶臭气体的,应当科学选址,设置合理的防护距离,并安装净化装置或者采取其他措施,防止排放恶臭气体。

企业事业单位和其他生产经营者违反法律法规规定排放大气污染物,造成或者可能造成严重大气污染,或者有关证据可能灭失或者被隐匿的,县级以上人民政府生态环境主管部门和其他负有大气环境保护监督管理职责的部门,可以对有关设施、设备、物品采取查封、扣押等行政强制措施。

三、施工现场水污染防治的规定

水污染,是指水体因某种物质的介入,而导致其化学、物理、生物或者放射性等方面特性的改变,从而影响水的有效利用,危害人体健康或者破坏生态环境,造成水质恶化的现象。水污染防治包括江河、湖泊、运河、渠道、水库等地表水体以及地下水体的污染防治。2017年6月经修改后公布的《中华人民共和国水污染防治法》规定,水污染防治应当坚持预防为主、防治结合、综合治理的原则,优先保护饮用水水源,严格控制工业污染、城镇生活污染,防治农业面源污染,积极推进生态治理工程建设,预防、控制和减少水环境污染和生态破坏。

(一)施工现场水污染的防治

水污染防治法规定,排放水污染物,不得超过国家或者地方规定的水污染物排放标准和重点水污染物排放总量控制指标。

禁止向水体排放油类、酸液、碱液或者剧毒废液。禁止在水体清洗装贮过油类或者有毒污染物的车辆和容器。禁止向水体排放、倾倒放射性固体废物或者含有高放射性和中放射性物质的废水。向水体排放含低放射性物质的废水,应当符合国家有关放射性污染防治的规定和标准。

禁止向水体排放、倾倒工业废渣、城镇垃圾和其他废弃物。禁止将含有汞、镉、砷、铬、铅、氰化物、黄磷等的可溶性剧毒废渣向水体排放、倾倒或者直接埋入地下。存放可溶性剧毒废渣的场所,应当采取防水、防渗漏、防流失的措施。禁止在江河、湖泊、运河、渠道、水库最高水位线以下的滩地和岸坡堆放、存贮固体废弃物和其他污染物。

禁止利用渗井、渗坑、裂隙、溶洞,私设暗管,篡改、伪造监测数据,或者不正常运行水污染防治设施等逃避监管的方式排放水污染物。禁止利用无防渗漏措施的沟渠、坑塘等输送或者存贮含有毒污染物的废水、含病原体的污水和其他废弃物。

在饮用水水源保护区内,禁止设置排污口。在风景名胜区水体、重要渔业水体和其他具有特殊经济文化价值的水体的保护区内,不得新建排污口。在保护区附近新建排污口,应当保证保护区水体不受污染。

兴建地下工程设施或者进行地下勘探、采矿等活动,应当采取防护性措施,防止地下水污染。人工回灌补给地下水,不得恶化地下水质。

2013年10月颁布的《城镇排水与污水处理条例》规定,城镇排水主管部门应当会同有关部门,按照国家有关规定划定城镇排水与污水处理设施保护范围,并向社会公布。在保护范围内,有关单位从事爆破、钻探、打桩、顶进、挖掘、取土等可能影响城镇排水与污水处理设施安全的活动的,应当与设施维护运营单位等共同制定设施保护方案,并采取相应的安全防护措施。

建设工程开工前,建设单位应当查明工程建设范围内地下城镇排水与污水处理设施的相关情况。城镇排水主管部门及其他相关部门和单位应当及时提供相关资料。建设工程施工范围内有排水管网等城镇排水与污水处理设施的,建设单位应当与施工单位、设施维护运营单位共同制定设施保护方案,并采取相应的安全保护措施。因工程建设需要拆除、改动城镇排水与污水处理设施的,建设单位应当制定拆除、改动方案,报城镇排水主管部门审核,并承担重建、改建和采取临时措施的费用。

2015年1月住房和城乡建设部颁布的《城镇污水排入排水管网许可管理办法》进一步规定,未取得排水许可证,排水户不得向城镇排水设施排放污水。各类施工作业需要排水的,由建设单位申请领取排水许可证。因施工作业需要向城镇排水设施排水的,排水许可证的有效期,由城镇排水主管部门根据排水状况确定,但不得超过施工期限。

排水户应当按照排水许可证确定的排水类别、总量、时限、排放口位置和数量、排放的污染物项目和浓度等要求排放污水。排水户不得有下列危及城镇排水设施安全的行为:①向城镇排水设施排放、倾倒剧毒、易燃易爆物质、腐蚀性废液和废渣、有害气体和烹饪油烟等;②堵塞城镇排水设施或者向城镇排水设施内排放、倾倒垃圾、渣土、施工泥浆、油脂、污泥等易堵塞物;③擅自拆卸、移动和穿凿城镇排水设施;④擅自向城镇排水设施加压排放污水。

排水户因发生事故或者其他突发事件,排放的污水可能危及城镇排水与污水处理设施安全运行的,应当立即停止排放,采取措施消除危害,并按规定及时向城镇排水主管部门等有关部门报告。

城镇排水主管部门实施监督检查时,有权采取下列措施:①进入现场开展检查、监测;②要求被监督检查的排水户出示排水许可证;③查阅、复制有关文件和材料;④要求被监督检查的单位和个人就有关问题作出说明;⑤依法采取禁止排水户向城镇排水设施排放污水等措施,纠正违反有关法律、法规和本办法规定的行为。

被监督检查的单位和个人应当予以配合,不得妨碍和阻挠依法进行的监督检查活动。城镇排水主管部门委托的专门机构,可以开展排水许可审查、档案管理、监督指导排水户排水行为等工作,并协助城镇排水主管部门对排水许可实施监督管理。城镇排水主管部门实施排水许可不得收费。

(二)发生事故或者其他突发性事件的规定

水污染防治法规定,企业事业单位发生事故或者其他突发性事件,造成或者可能造成水污染事故的,应当立即启动本单位的应急方案,采取隔离等应急措施,防止水污染物进入水体,并向事故发生地的县级以上地方人民政府或者环境保护主管部门报告。

四、施工现场固体废物污染环境防治的规定

固体废物,是指在生产、生活和其他活动中产生的丧失原有利用价值或者虽未丧失利用价值但被抛弃或者放弃的固态、半固态和置于容器中的气态的物品、物质以及法律、行政法规规定纳入固体废物管理的物品、物质。固体废物污染环境,是指固体废物在产生、收集、贮存、运输、利用、处置的过程中产生的危害环境的现象。

2016年11月经修改后公布的《中华人民共和国固体废物污染环境防治法》中规定,国家对固体废物污染环境的防治,实行减少固体废物的产生量和危害性、充分合理利用固体废物和无害化处置固体废物的原则,促进清洁生产和循环经济发展。

(一)施工现场固体废物污染环境的防治

施工现场的固体废物主要是建筑垃圾和生活垃圾。固体废物又分为一般固体废物和危险废物。所谓危险废物,是指列入国家危险废物名录或者根据国家规定的危险废物鉴别标准和鉴别方法认定的具有危险特性的固体废物。

1. 一般固体废物污染环境的防治

固体废物污染环境防治法规定,产生固体废物的单位和个人,应当采取措施,防止或者减少固体废物对环境的污染。

收集、贮存、运输、利用、处置固体废物的单位和个人,必须采取防扬散、防流失、防渗漏或者其他防止污染环境的措施;不得擅自倾倒、堆放、丢弃、遗撒固体废物。禁止任何单位或者个人向江河、湖泊、运河、渠道、水库及其最高水位线以下的滩地和岸坡等法律、法规规定禁止倾倒、堆放废弃物的地点倾倒、堆放固体废物。

转移固体废物出省、自治区、直辖市行政区域贮存、处置的,应当向固体废物移出地的省、自治区、直辖市人民政府环境保护行政主管部门提出申请。移出地的省、自治区、直辖市人民政府环境保护行政主管部门应当商经接受地的省、自治区、直辖市人民政府环境保护行政主管部门同意后,方可批准转移该固体废物出省、自治区、直辖市行政区域。未经批准的,不得转移。

2005年3月建设部颁布的《城市建筑垃圾管理规定》进一步规定,施工单位不得将建筑垃圾交给个人或者未经核准从事建筑垃圾运输的单位运输。处置建筑垃圾的单位在运输建筑垃圾时,应当随车携带建筑垃圾处置核准文件,按照城市人民政府有关部门规定的运输路线、时间运行,不得丢弃、遗撒建筑垃圾,不得超出核准范围承运建筑垃圾。

2. 危险废物污染环境防治的特别规定

固体废物污染环境防治法规定,对危险废物的容器和包装物以及收集、贮存、运输、处置危险废物的设施、场所,必须设置危险废物识别标志。以填埋方式处置危险废物不符合国务院环境保护行政主管部门规定的,应当缴纳危险废物排污费。危险废物排污费用于污染环境的防治,不得挪作他用。

禁止将危险废物提供或者委托给无经营许可证的单位从事收集、贮存、利用、处置的经营活动。运输危险废物,必须采取防止污染环境的措施,并遵守国家有关危险货物运输管理的规定。禁止将危险废物与旅客在同一运输工具上载运。

收集、贮存、运输、处置危险废物的场所、设施、设备和容器、包装物及其他物品转作他用时,必须经过消除污染的处理,方可使用。

产生、收集、贮存、运输、利用、处置危险废物的单位,应当制定意外事故的防范措施和应急预案,并向所在地县级以上地方人民政府环境保护行政主管部门备案;环境保护行政主管部门应当进行检查。因发生事故或者其他突发性事件,造成危险废物严重污染环境的单位,必须立即采取措施消除或者减轻对环境的污染危害,及时通报可能受到污染危害的单位和居民,并向所在地县级以上地方人民政府环境保护行政主管部门和有关部门报告,接受调查处理。

3. 施工现场固体废物的减量化和回收再利用

2007年9月,建设部颁布的《绿色施工导则》规定,制订建筑垃圾减量化计划,如住宅建筑,每万平方米的建筑垃圾不宜超过400吨。加强建筑垃圾的回收再利用,力争建筑垃圾的再利用和回收率达到30%,建筑物拆除产生的废弃物的再利用和回收率大于40%。对于碎石类、土石方类建筑垃圾,可采用地基填埋、铺路等方式提高再利用率,力争再利用率大于50%。施工现场生活区设置封闭式垃圾容器,施工场地生活垃圾实行袋装化,及时清运。对建筑垃圾进行分类,并收集到现场封闭式垃圾站,集中运出。

(二)建设项目固体废物污染环境的防治

固体废物污染环境防治法规定,在国务院和国务院有关主管部门及省、自治区、直辖市人民政府划定的自然保护区、风景名胜区、饮用水水源保护区、基本农田保护区和其他需要特别保护的区域内,禁止建设工业固体废物集中贮存、处置的设施、场所和生活垃圾填埋场。

五、违法行为应承担的法律责任

施工现场环境保护违法行为应承担的主要法律责任如下：

(一)施工现场环境噪声污染防治违法行为应承担的法律责任

环境噪声污染防治法规定，未经环境保护行政主管部门批准，擅自拆除或者闲置环境噪声污染防治设施，致使环境噪声排放超过规定标准的，由县级以上地方人民政府环境保护行政主管部门责令改正，并处罚款。

排放环境噪声的单位违反《中华人民共和国环境噪声污染防治法》第二十一条的规定，拒绝环境保护行政主管部门或者其他依照环境噪声污染防治法规定行使环境噪声监督管理权的部门、机构现场检查或者在被检查时弄虚作假的，环境保护行政主管部门或者其他依照环境噪声污染防治法规定行使环境噪声监督管理权的监督管理部门、机构可以根据不同情节，给予警告或者处以罚款。

建筑施工单位违反《中华人民共和国环境噪声污染防治法》第三十条第一款的规定，在城市市区噪声敏感建筑物集中区域内，夜间进行禁止进行的产生环境噪声污染的建筑施工作业的，由工程所在地县级以上地方人民政府环境保护行政主管部门责令改正，可以并处罚款。

违反《中华人民共和国环境噪声污染防治法》第三十四条的规定，机动车辆不按照规定使用声响装置的，由当地公安机关根据不同情节给予警告或者处以罚款。

环境噪声污染防治法规定，受到环境噪声污染危害的单位和个人，有权要求加害人排除危害；造成损失的，依法赔偿损失。赔偿责任和赔偿金额的纠纷，可以根据当事人的请求，由环境保护行政主管部门或者其他环境噪声污染防治工作的监督管理部门、机构调解处理；调解不成的，当事人可以向人民法院起诉。当事人也可以直接向人民法院起诉。

(二)施工现场大气污染防治违法行为应承担的法律责任

违反大气污染防治法规定，以拒绝进入现场等方式拒不接受生态环境主管部门及其环境执法机构或者其他负有大气环境保护监督管理职责的部门的监督检查，或者在接受监督检查时弄虚作假的，由县级以上人民政府生态环境主管部门或者其他负有大气环境保护监督管理职责的部门责令改正，处二万元以上二十万元以下的罚款；构成违反治安管理行为的，由公安机关依法予以处罚。

大气污染防治法规定，在人口集中地区和其他依法需要特殊保护的区域内，焚烧沥青、油毡、橡胶、塑料、皮革、垃圾以及其他产生有毒有害烟尘和恶臭气体的物质的，由县级人民政府确定的监督管理部门责令改正，对单位处一万元以上十万元以下的罚款，对个人处五百元以上二千元以下的罚款。

违反大气污染防治法规定，拒不执行停止工地土石方作业或者建筑物拆除施工等重污染天气应急措施的，由县级以上地方人民政府确定的监督管理部门处一万元以上十万元以下的罚款。

违反大气污染防治法规定，施工单位有下列行为之一的，由县级以上人民政府住房城乡建设等主管部门按照职责责令改正，处一万元以上十万元以下的罚款；拒不改正的，责令停工整治：

(1)施工工地未设置硬质密闭围挡,或者未采取覆盖、分段作业、择时施工、洒水抑尘、冲洗地面和车辆等有效防尘降尘措施的;

(2)建筑土方、工程渣土、建筑垃圾未及时清运,或者未采用密闭式防尘网遮盖的。

违反大气污染防治法规定,运输煤炭、垃圾、渣土、砂石、土方、灰浆等散装、流体物料的车辆,未采取密闭或者其他措施防止物料遗撒的,由县级以上地方人民政府确定的监督管理部门责令改正,处二千元以上二万元以下的罚款;拒不改正的,车辆不得上道路行驶。

违反大气污染防治法规定,有下列行为之一的,由县级以上人民政府生态环境等主管部门按照职责责令改正,处一万元以上十万元以下的罚款;拒不改正的,责令停工整治或者停业整治:

(1)未密闭煤炭、煤矸石、煤渣、煤灰、水泥、石灰、石膏、砂土等易产生扬尘的物料的;

(2)对不能密闭的易产生扬尘的物料,未设置不低于堆放物高度的严密围挡,或者未采取有效覆盖措施防治扬尘污染的;

(3)装卸物料未采取密闭或者喷淋等方式控制扬尘排放的;

(4)存放煤炭、煤矸石、煤渣、煤灰等物料,未采取防燃措施的;

(5)码头、矿山、填埋场和消纳场未采取有效措施防治扬尘污染的;

(6)排放有毒有害大气污染物名录中所列有毒有害大气污染物的企业事业单位,未按照规定建设环境风险预警体系或者对排放口和周边环境进行定期监测、排查环境安全隐患并采取有效措施防范环境风险的;

(7)向大气排放持久性有机污染物的企业事业单位和其他生产经营者以及废弃物焚烧设施的运营单位,未按照国家有关规定采取有利于减少持久性有机污染物排放的技术方法和工艺,配备净化装置的;

(8)未采取措施防止排放恶臭气体的。

违反大气污染防治法规定,企业事业单位和其他生产经营者有下列行为之一,受到罚款处罚,被责令改正,拒不改正的,依法作出处罚决定的行政机关可以自责令改正之日的次日起,按照原处罚数额按日连续处罚:

(1)未依法取得排污许可证排放大气污染物的;

(2)超过大气污染物排放标准或者超过重点大气污染物排放总量控制指标排放大气污染物的;

(3)通过逃避监管的方式排放大气污染物的;

(4)建筑施工或者贮存易产生扬尘的物料未采取有效措施防治扬尘污染的。

(三)施工现场水污染防治违法行为应承担的法律责任

违反水污染防治法规定,有下列行为之一的,由县级以上人民政府环境保护主管部门责令改正或者责令限制生产、停产整治,并处十万元以上一百万元以下的罚款;情节严重的,报经有批准权的人民政府批准,责令停业、关闭:

(1)未依法取得排污许可证排放水污染物的;

(2)超过水污染物排放标准或者超过重点水污染物排放总量控制指标排放水污染物的;

(3)利用渗井、渗坑、裂隙、溶洞,私设暗管,篡改、伪造监测数据,或者不正常运行水污染防治设施等逃避监管的方式排放水污染物的;

(4)未按照规定进行预处理,向污水集中处理设施排放不符合处理工艺要求的工业废水的。

《中华人民共和国水污染防治法》第八十四条规定："在饮用水水源保护区内设置排污口的，由县级以上地方人民政府责令限期拆除，处十万元以上五十万元以下的罚款；逾期不拆除的，强制拆除，所需费用由违法者承担，处五十万元以上一百万元以下的罚款，并可以责令停产整治。"

"除前款规定外，违反法律、行政法规和国务院环境保护主管部门的规定设置排污口的，由县级以上地方人民政府环境保护主管部门责令限期拆除，处二万元以上十万元以下的罚款；逾期不拆除的，强制拆除，所需费用由违法者承担，处十万元以上五十万元以下的罚款；情节严重的，可以责令停产整治。"

水污染防治法规定，有下列行为之一的，由县级以上地方人民政府环境保护主管部门责令停止违法行为，限期采取治理措施，消除污染，处以罚款；逾期不采取治理措施的，环境保护主管部门可以指定有治理能力的单位代为治理，所需费用由违法者承担：

（1）向水体排放油类、酸液、碱液的；

（2）向水体排放剧毒废液，或者将含有汞、镉、砷、铬、铅、氰化物、黄磷等的可溶性剧毒废渣向水体排放、倾倒或者直接埋入地下的；

（3）在水体清洗装贮过油类、有毒污染物的车辆或者容器的；

（4）向水体排放、倾倒工业废渣、城镇垃圾或者其他废弃物，或者在江河、湖泊、运河、渠道、水库最高水位线以下的滩地、岸坡堆放、存贮固体废弃物或者其他污染物的；

（5）向水体排放、倾倒放射性固体废物或者含有高放射性、中放射性物质的废水的；

（6）违反国家有关规定或者标准，向水体排放含低放射性物质的废水、热废水或者含病原体的污水的；

（7）未采取防渗漏等措施，或者未建设地下水水质监测井进行监测的；

（8）加油站等的地下油罐未使用双层罐或者采取建造防渗池等其他有效措施，或者未进行防渗漏监测的；

（9）未按照规定采取防护性措施，或者利用无防渗漏措施的沟渠、坑塘等输送或者存贮含有毒污染物的废水、含病原体的污水或者其他废弃物的。

有以上第（3）项、第（4）项、第（6）项、第（7）项、第（8）项行为之一的，处二万元以上二十万元以下的罚款。有以上第（1）项、第（2）项、第（5）项、第（9）项行为之一的，处十万元以上一百万元以下的罚款；情节严重的，报经有批准权的人民政府批准，责令停业、关闭。

水污染防治法规定，企业事业单位有下列行为之一的，由县级以上人民政府环境保护主管部门责令改正；情节严重的，处二万元以上十万元以下的罚款：

（1）不按照规定制定水污染事故的应急方案的；

（2）水污染事故发生后，未及时启动水污染事故的应急方案，采取有关应急措施的。

（四）施工现场固体废物污染环境防治违法行为应承担的法律责任

固体废物污染环境防治法规定，违反有关城市生活垃圾污染环境防治的规定，有下列行为之一的，由县级以上地方人民政府环境卫生行政主管部门责令停止违法行为，限期改正，处以罚款：

（1）随意倾倒、抛撒或者堆放生活垃圾的；

（2）擅自关闭、闲置或者拆除生活垃圾处置设施、场所的；

（3）工程施工单位不及时清运施工过程中产生的固体废物，造成环境污染的；

(4)工程施工单位不按照环境卫生行政主管部门的规定对施工过程中产生的固体废物进行利用或者处置的；

(5)在运输过程中沿途丢弃、遗撒生活垃圾的。

单位有以上第(1)项、第(3)项、第(5)项行为之一的，处五千元以上五万元以下的罚款；有以上第(2)项、第(4)项行为之一的，处一万元以上十万元以下的罚款。个人有以上第(1)项、第(5)项行为之一的，处二百元以下的罚款。

固体废物污染环境防治法规定，违反有关危险废物污染环境防治的规定，有下列行为之一的，由县级以上人民政府环境保护行政主管部门责令停止违法行为，限期改正，处以罚款：

(1)不设置危险废物识别标志的；

(2)不按照国家规定申报登记危险废物，或者在申报登记时弄虚作假的；

(3)擅自关闭、闲置或者拆除危险废物集中处置设施、场所的；

(4)不按照国家规定缴纳危险废物排污费的；

(5)将危险废物提供或者委托给无经营许可证的单位从事经营活动的；

(6)不按照国家规定填写危险废物转移联单或者未经批准擅自转移危险废物的；

(7)将危险废物混入非危险废物中贮存的；

(8)未经安全性处置，混合收集、贮存、运输、处置具有不相容性质的危险废物的；

(9)将危险废物与旅客在同一运输工具上载运的；

(10)未经消除污染的处理将收集、贮存、运输、处置危险废物的场所、设施、设备和容器、包装物及其他物品转作他用的；

(11)未采取相应防范措施，造成危险废物扬散、流失、渗漏或者造成其他环境污染的；

(12)在运输过程中沿途丢弃、遗撒危险废物的；

(13)未制定危险废物意外事故防范措施和应急预案的。

有以上第(1)项、第(2)项、第(7)项、第(8)项、第(9)项、第(10)项、第(11)项、第(12)项、第(13)项行为之一的，处一万元以上十万元以下的罚款；有以上第(3)项、第(5)项、第(6)项行为之一的，处二万元以上二十万元以下的罚款；有以上第(4)项行为的，限期缴纳，逾期不缴纳的，处应缴纳危险废物排污费金额一倍以上三倍以下的罚款。

违反固体废物污染环境防治法规定，危险废物产生者不处置其产生的危险废物又不承担依法应当承担的处置费用的，由县级以上地方人民政府环境保护行政主管部门责令限期改正，处代为处置费用一倍以上三倍以下的罚款。

违反固体废物污染环境防治法规定，造成固体废物严重污染环境的，由县级以上人民政府环境保护行政主管部门按照国务院规定的权限决定限期治理；逾期未完成治理任务的，由本级人民政府决定停业或者关闭。

违反固体废物污染环境防治法规定，造成固体废物污染环境事故的，由县级以上人民政府环境保护行政主管部门处二万元以上二十万元以下的罚款；造成重大损失的，按照直接损失的百分之三十计算罚款，但是最高不超过一百万元，对负有责任的主管人员和其他直接责任人员，依法给予行政处分；造成固体废物污染环境重大事故的，并由县级以上人民政府按照国务院规定的权限决定停业或者关闭。

违反固体废物污染环境防治法规定，收集、贮存、利用、处置危险废物，造成重大环境污染事故，构成犯罪的，依法追究刑事责任。

违反固体废物污染环境防治法规定,拒绝县级以上人民政府环境保护行政主管部门或者其他固体废物污染环境防治工作的监督管理部门现场检查的,由执行现场检查的部门责令限期改正;拒不改正或者在检查时弄虚作假的,处二千元以上二万元以下的罚款。

《城市建筑垃圾管理规定》中规定,施工单位将建筑垃圾交给个人或者未经核准从事建筑垃圾运输的单位处置的,由城市人民政府市容环境卫生主管部门责令限期改正,给予警告,处1万元以上10万元以下罚款。

(五)按日连续处罚的法律规定

环境保护法规定,企业事业单位和其他生产经营者违法排放污染物,受到罚款处罚,被责令改正,拒不改正的,依法作出处罚决定的行政机关可以自责令改正之日的次日起,按照原处罚数额按日连续处罚。

前款规定的罚款处罚,依照有关法律法规按照防治污染设施的运行成本、违法行为造成的直接损失或者违法所得等因素确定的规定执行。

第三节 施工节约能源制度

一、施工合理使用与节约能源的规定

在工程建设领域,节约能源主要包括建筑节能和施工节能两个方面。

建筑节能是解决建设项目建成后使用过程中的节能问题。2008年8月颁布的《民用建筑节能条例》第二条规定:"本条例所称民用建筑节能,是指在保证民用建筑使用功能和室内热环境质量的前提下,降低其使用过程中能源消耗的活动。"施工节能则是要解决施工过程中的节约能源问题。《绿色施工导则》规定:"绿色施工是指工程建设中,在保证质量、安全等基本要求的前提下,通过科学管理和技术进步,最大限度地节约资源与减少对环境负面影响的施工活动,实现四节一环保(节能、节地、节水、节材和环境保护)。"

(一)合理使用与节约能源的一般规定

1.节能的产业政策

2018年10月经修改后公布的《中华人民共和国节约能源法》规定,国家实行有利于节能和环境保护的产业政策,限制发展高耗能、高污染行业,发展节能环保型产业。

国家对落后的耗能过高的用能产品、设备和生产工艺实行淘汰制度。禁止使用国家明令淘汰的用能设备、生产工艺。国家鼓励企业制定严于国家标准、行业标准的企业节能标准。

2.用能单位的法定义务

节约能源法规定,用能单位应当按照合理用能的原则,加强节能管理,制定并实施节能计划和节能技术措施,降低能源消耗。用能单位应当建立节能目标责任制,对节能工作取得成绩的集体、个人给予奖励。用能单位应当定期开展节能教育和岗位节能培训。

节约能源法规定,用能单位应当加强能源计量管理,按照规定配备和使用经依法检定合格的能源计量器具。用能单位应当建立能源消费统计和能源利用状况分析制度,对各类能源的消费实行分类计量和统计,并确保能源消费统计数据真实、完整。任何单位不得对能源消费实行包费制。

3. 循环经济的法律要求

循环经济是指在生产、流通和消费等过程中进行的减量化、再利用、资源化活动的总称。减量化,是指在生产、流通和消费等过程中减少资源消耗和废物产生。再利用,是指将废物直接作为产品或者经修复、翻新、再制造后继续作为产品使用,或者将废物的全部或者部分作为其他产品的部件予以使用。资源化,是指将废物直接作为原料进行利用或者对废物进行再生利用。

2008年8月颁布的《中华人民共和国循环经济促进法》规定,发展循环经济应当在技术可行、经济合理和有利于节约资源、保护环境的前提下,按照减量化优先的原则实施。在废物再利用和资源化过程中,应当保障生产安全,保证产品质量符合国家规定的标准,并防止产生再次污染。

循环经济促进法规定,企业事业单位应当建立健全管理制度,采取措施,降低资源消耗,减少废物的产生量和排放量,提高废物的再利用和资源化水平。

循环经济促进法规定,国务院循环经济发展综合管理部门会同国务院环境保护等有关主管部门,定期发布鼓励、限制和淘汰的技术、工艺、设备、材料和产品名录。禁止生产、进口、销售列入淘汰名录的设备、材料和产品,禁止使用列入淘汰名录的技术、工艺、设备和材料。

(二)建筑节能的规定

节约能源法规定,国家实行固定资产投资项目节能评估和审查制度。不符合强制性节能标准的项目,建设单位不得开工建设;已经建成的,不得投入生产、使用。政府投资项目不符合强制性节能标准的,依法负责项目审批的机关不得批准建设。

节约能源法规定,国家鼓励在新建建筑和既有建筑节能改造中使用新型墙体材料等节能建筑材料和节能设备,安装和使用太阳能等可再生能源利用系统。

节约能源法规定,建筑工程的建设、设计、施工和监理单位应当遵守建筑节能标准。

1. 采用太阳能、地热能等可再生能源

2008年8月施行的《民用建筑节能条例》规定,国家鼓励和扶持在新建建筑和既有建筑节能改造中采用太阳能、地热能等可再生能源。

在具备太阳能利用条件的地区,有关地方人民政府及其部门应当采取有效措施,鼓励和扶持单位、个人安装使用太阳能热水系统、照明系统、供热系统、采暖制冷系统等太阳能利用系统。

2. 新建建筑节能的规定

《民用建筑节能条例》规定,国家推广使用民用建筑节能的新技术、新工艺、新材料和新设备,限制使用或者禁止使用能源消耗高的技术、工艺、材料和设备。国家限制进口或者禁止进口能源消耗高的技术、材料和设备。建设单位、设计单位、施工单位不得在建筑活动中使用列入禁止使用目录的技术、工艺、材料和设备。

(1)施工图审查机构的节能义务。《民用建筑节能条例》规定,施工图设计文件审查机构应当按照民用建筑节能强制性标准对施工图设计文件进行审查;经审查不符合民用建筑节能强制性标准的,县级以上地方人民政府建设主管部门不得颁发施工许可证。

(2)建设单位的节能义务。《民用建筑节能条例》规定,建设单位不得明示或者暗示设计单位、施工单位违反民用建筑节能强制性标准进行设计、施工,不得明示或者暗示施工单位使用不符合施工图设计文件要求的墙体材料、保温材料、门窗、采暖制冷系统和照明设备。

《民用建筑节能条例》规定,按照合同约定由建设单位采购墙体材料、保温材料、门窗、采暖制冷系统和照明设备的,建设单位应当保证其符合施工图设计文件要求。

《民用建筑节能条例》规定,建设单位组织竣工验收,应当对民用建筑是否符合民用建筑节能强制性标准进行查验;对不符合民用建筑节能强制性标准的,不得出具竣工验收合格报告。

(3)设计单位、施工单位、工程监理单位的节能义务。《民用建筑节能条例》规定,设计单位、施工单位、工程监理单位及其注册执业人员,应当按照民用建筑节能强制性标准进行设计、施工、监理。

《民用建筑节能条例》规定,施工单位应当对进入施工现场的墙体材料、保温材料、门窗、采暖制冷系统和照明设备进行查验;不符合施工图设计文件要求的,不得使用。

《民用建筑节能条例》规定,工程监理单位发现施工单位不按照民用建筑节能强制性标准施工的,应当要求施工单位改正;施工单位拒不改正的,工程监理单位应当及时报告建设单位,并向有关主管部门报告。

《民用建筑节能条例》规定,墙体、屋面的保温工程施工时,监理工程师应当按照工程监理规范的要求,采取旁站、巡视和平行检验等形式实施监理。未经监理工程师签字,墙体材料、保温材料、门窗、采暖制冷系统和照明设备不得在建筑上使用或者安装,施工单位不得进行下一道工序的施工。

3. 既有建筑节能的规定

《民用建筑节能条例》规定,既有建筑节能改造,是指对不符合民用建筑节能强制性标准的既有建筑的围护结构、供热系统、采暖制冷系统、照明设备和热水供应设施等实施节能改造的活动。

《民用建筑节能条例》规定,实施既有建筑节能改造,应当符合民用建筑节能强制性标准,优先采用遮阳、改善通风等低成本改造措施。既有建筑围护结构的改造和供热系统的改造应当同步进行。

(三)施工节能的规定

循环经济促进法规定,建筑设计、建设、施工等单位应当按照国家有关规定和标准,对其设计、建设、施工的建筑物及构筑物采用节能、节水、节地、节材的技术工艺和小型、轻型、再生产品。有条件的地区,应当充分利用太阳能、地热能、风能等可再生能源。

1. 节材与材料资源利用

循环经济促进法规定,国家鼓励利用无毒无害的固体废物生产建筑材料,鼓励使用散装水泥,推广使用预拌混凝土和预拌砂浆。禁止损毁耕地烧砖。在国务院或者省、自治区、直辖市人民政府规定的期限和区域内,禁止生产、销售和使用黏土砖。

《绿色施工导则》进一步规定:①图纸会审时,应审核节材与材料资源利用的相关内容,达到材料损耗率比定额损耗率降低30%。②根据施工进度、库存情况等合理安排材料的采购、进场时间和批次,减少库存。③现场材料堆放有序。储存环境适宜,措施得当。保管制度健全,责任落实。④材料运输工具适宜,装卸方法得当,防止损坏和遗洒。根据现场平面布置情况就近卸载,避免和减少二次搬运。⑤采取技术和管理措施提高模板、脚手架等的周转次数。⑥优化安装工程的预留、预埋、管线路径等方案。⑦应就地取材,施工现场500公里以内生产的建筑材料用量占建筑材料总重量的70%以上。

此外，《绿色施工导则》还分别就结构材料、围护材料、装饰装修材料、周转材料提出了明确要求。例如，结构材料节材与材料资源利用的技术要点是：①推广使用预拌混凝土和商品砂浆。准确计算采购数量、供应频率、施工速度等，在施工过程中动态控制。结构工程使用散装水泥。②推广使用高强钢筋和高性能混凝土，减少资源消耗。③推广钢筋专业化加工和配送。④优化钢筋配料和钢构件下料方案。钢筋及钢结构制作前应对下料单及样品进行复核，无误后方可批量下料。⑤优化钢结构制作和安装方法。大型钢结构宜采用工厂制作，现场拼装；宜采用分段吊装、整体提升、滑移、顶升等安装方法，减少方案的措施用材量。⑥采取数字化技术，对大体积混凝土、大跨度结构等专项施工方案进行优化。

2. 节水与水资源利用

循环经济促进法规定，国家鼓励和支持使用再生水。企业应当发展串联用水系统和循环用水系统，提高水的重复利用率。企业应当采用先进技术、工艺和设备，对生产过程中产生的废水进行再生利用。

《绿色施工导则》进一步对提高用水效率、非传统水源利用和安全用水作出了规定。

(1) 提高用水效率。①施工中采用先进的节水施工工艺。②施工现场喷洒路面、绿化浇灌不宜使用市政自来水。现场搅拌用水、养护用水应采取有效的节水措施，严禁无措施浇水养护混凝土。③施工现场供水管网应根据用水量设计布置，管径合理、管路简捷，采取有效措施减少管网和用水器具的漏损。④现场机具、设备、车辆冲洗用水必须设立循环用水装置。施工现场办公区、生活区的生活用水采用节水系统和节水器具，提高节水器具配置比率。项目临时用水应使用节水型产品，安装计量装置，采取针对性的节水措施。⑤施工现场建立可再利用水的收集处理系统，使水资源得到梯级循环利用。⑥施工现场分别对生活用水与工程用水确定用水定额指标，并分别计量管理。⑦大型工程的不同单项工程、不同标段、不同分包生活区，凡具备条件的应分别计量用水量。在签订不同标段分包或劳务合同时，将节水定额指标纳入合同条款，进行计量考核。⑧对混凝土搅拌站点等用水集中的区域和工艺点进行专项计量考核。施工现场建立雨水、中水或可再利用水的搜集利用系统。

(2) 非传统水源利用。①优先采用中水搅拌、中水养护，有条件的地区和工程应收集雨水养护。②处于基坑降水阶段的工地，宜优先采用地下水作为混凝土搅拌用水、养护用水、冲洗用水和部分生活用水。③现场机具、设备、车辆冲洗，喷洒路面，绿化浇灌等用水，优先采用非传统水源，尽量不使用市政自来水。④大型施工现场，尤其是雨量充沛地区的大型施工现场建立雨水收集利用系统，充分收集自然降水用于施工和生活中适宜的部位。⑤力争施工中非传统水源和循环水的再利用量大于30%。

(3) 安全用水。在非传统水源和现场循环再利用水的使用过程中，应制定有效的水质检测与卫生保障措施，确保避免对人体健康、工程质量以及周围环境产生不良影响。

3. 节能与能源利用

《绿色施工导则》对节能措施，机械设备与机具，生产、生活及办公临时设施，施工用电及照明分别作出了规定。

(1) 节能措施。①制订合理施工能耗指标，提高施工能源利用率。②优先使用国家、行业推荐的节能、高效、环保的施工设备和机具，如选用变频技术的节能施工设备等。③施工现场分别设定生产、生活、办公和施工设备的用电控制指标，定期进行计量、核算、对比分析，并有预防与纠正措施。④在施工组织设计中,合理安排施工顺序、工作面,以减少作业区域的机具数量,相邻作业区充分利用共有的机具资源。安排施工工艺时,应优先考虑耗用电能的或其他能耗较少的施工工艺。避免设备额定功率远大于使用功率或超负荷使用设备的现象。⑤根据当地气候和自然资源条件,充分利用太阳能、地热等可再生能源。

(2)机械设备与机具。①建立施工机械设备管理制度,开展用电、用油计量,完善设备档案,及时做好维修保养工作,使机械设备保持低耗、高效的状态。②选择功率与负载相匹配的施工机械设备,避免大功率施工机械设备低负载长时间运行。机电安装可采用节电型机械设备,如逆变式电焊机和能耗低、效率高的手持电动工具等,以利节电。机械设备宜使用节能型油料添加剂,在可能的情况下,考虑回收利用,节约油量。③合理安排工序,提高各种机械的使用率和满载率,降低各种设备的单位耗能。

(3)生产、生活及办公临时设施。①利用场地自然条件,合理设计生产、生活及办公临时设施的体形、朝向、间距和窗墙面积比,使其获得良好的日照、通风和采光。南方地区可根据需要在其外墙窗设遮阳设施。②临时设施宜采用节能材料,墙体、屋面使用隔热性能好的材料,减少夏天空调、冬天取暖设备的使用时间及耗能量。③合理配置采暖、空调、风扇数量,规定使用时间,实行分段分时使用,节约用电。

(4)施工用电及照明。①临时用电优先选用节能电线和节能灯具,临电线路合理设计、布置,临电设备宜采用自动控制装置。采用声控、光控等节能照明灯具。②照明设计以满足最低照度为原则,照度不应超过最低照度的20%。

4. 节地与施工用地保护

《绿色施工导则》对临时用地指标、临时用地保护、施工总平面布置分别作出了规定。

(1)临时用地指标。①根据施工规模及现场条件等因素合理确定临时设施,如临时加工厂、现场作业棚及材料堆场、办公生活设施等的占地指标。临时设施的占地面积应按用地指标所需的最低面积设计。②要求平面布置合理、紧凑,在满足环境、职业健康与安全及文明施工要求的前提下尽可能减少废弃地和死角,临时设施占地面积有效利用率大于90%。

(2)临时用地保护。①应对深基坑施工方案进行优化,减少土方开挖和回填量,最大限度地减少对土地的扰动,保护周边自然生态环境。②红线外临时占地应尽量使用荒地、废地,少占用农田和耕地。工程完工后,及时对红线外占地恢复原地形、地貌,使施工活动对周边环境的影响降至最低。③利用和保护施工用地范围内原有绿色植被。对于施工周期较长的现场,可按建筑永久绿化的要求,安排场地新建绿化。

(3)施工总平面布置。①施工总平面布置应做到科学、合理,充分利用原有建筑物、构筑物、道路、管线为施工服务。②施工现场搅拌站、仓库、加工厂、作业棚、材料堆场等布置应尽量靠近已有交通线路或即将修建的正式或临时交通线路,缩短运输距离。③临时办公和生活用房应采用经济、美观、占地面积小、对周边地貌环境影响较小,且适合于施工平面布置动态调整的多层轻钢活动板房、钢骨架水泥活动板房等标准化装配式结构。生活区与生产区应分开布置,并设置标准的分隔设施。④施工现场围墙可采用连续封闭的轻钢结构预制装配式活动围挡,减少建筑垃圾,保护土地。⑤施工现场道路按照永久道路和临时道路相结合的原则布置。施工现场内形成环形通路,减少道路占用土地。⑥临时设施布置应注意远近结合(本期工程与下期工程),努力减少和避免大量临时建筑拆迁和场地搬迁。

二、施工节能技术进步和激励措施的规定

(一)节能技术进步

节约能源法规定,国家鼓励、支持节能科学技术的研究、开发、示范和推广,促进节能技术创新与进步。

1. 政府政策引导

节约能源法规定,国务院管理节能工作的部门会同国务院科技主管部门发布节能技术政策大纲,指导节能技术研究、开发和推广应用。县级以上各级人民政府应当把节能技术研究开发作为政府科技投入的重点领域,支持科研单位和企业开展节能技术应用研究,制定节能标准,开发节能共性和关键技术,促进节能技术创新与成果转化。

节约能源法规定,国务院管理节能工作的部门会同国务院有关部门制定并公布节能技术、节能产品的推广目录,引导用能单位和个人使用先进的节能技术、节能产品。国务院管理节能工作的部门会同国务院有关部门组织实施重大节能科研项目、节能示范项目、重点节能工程。

2. 政府资金扶持

循环经济促进法规定,国务院和省、自治区、直辖市人民政府设立发展循环经济的有关专项资金,支持循环经济的科技研究开发、循环经济技术和产品的示范与推广、重大循环经济项目的实施、发展循环经济的信息服务等。

循环经济促进法规定,国务院和省、自治区、直辖市人民政府及其有关部门应当将循环经济重大科技攻关项目的自主创新研究、应用示范和产业化发展列入国家或者省级科技发展规划和高技术产业发展规划,并安排财政性资金予以支持。

循环经济促进法规定,利用财政性资金引进循环经济重大技术、装备的,应当制定消化、吸收和创新方案,报有关主管部门审批并由其监督实施;有关主管部门应当根据实际需要建立协调机制,对重大技术、装备的引进和消化、吸收、创新实行统筹协调,并给予资金支持。

(二)节能激励措施

按照节约能源法、循环经济促进法的规定,主要有如下相关的节能激励措施。

1. 财政安排节能专项资金

节约能源法规定,中央财政和省级地方财政安排节能专项资金,支持节能技术研究开发、节能技术和产品的示范与推广、重点节能工程的实施、节能宣传培训、信息服务和表彰奖励等。

节约能源法规定,国家通过财政补贴支持节能照明器具等节能产品的推广和使用。

2. 税收优惠

节约能源法规定,国家对生产、使用列入国务院管理节能工作的部门会同国务院有关部门制定并公布节能技术、节能产品推广目录的需要支持的节能技术、节能产品,实行税收优惠等扶持政策。

节约能源法规定,国家运用税收等政策,鼓励先进节能技术、设备的进口,控制在生产过程中耗能高、污染重的产品的出口。

循环经济促进法规定,国家对促进循环经济发展的产业活动给予税收优惠,并运用税收等措施鼓励进口先进的节能、节水、节材等技术、设备和产品,限制在生产过程中耗能高、污染重

的产品的出口。企业使用或者生产列入国家清洁生产、资源综合利用等鼓励名录的技术、工艺、设备或者产品的，按照国家有关规定享受税收优惠。

3. 信贷支持

节约能源法规定，国家引导金融机构增加对节能项目的信贷支持，为符合条件的节能技术研究开发、节能产品生产以及节能技术改造等项目提供优惠贷款。国家推动和引导社会有关方面加大对节能的资金投入，加快节能技术改造。

循环经济促进法规定，对符合国家产业政策的节能、节水、节地、节材、资源综合利用等项目，金融机构应当给予优先贷款等信贷支持，并积极提供配套金融服务。对生产、进口、销售或者使用列入淘汰名录的技术、工艺、设备、材料或者产品的企业，金融机构不得提供任何形式的授信支持。

4. 价格政策

节约能源法规定，国家实行有利于节能的价格政策，引导用能单位和个人节能。国家运用财税、价格等政策，支持推广电力需求侧管理、合同能源管理、节能自愿协议等节能办法。

循环经济促进法规定，国家实行有利于资源节约和合理利用的价格政策，引导单位和个人节约和合理使用水、电、气等资源性产品。

5. 表彰奖励

节约能源法规定，各级人民政府对在节能管理、节能科学技术研究和推广应用中有显著成绩以及检举严重浪费能源行为的单位和个人，给予表彰和奖励。

循环经济促进法规定，企业事业单位应当对在循环经济发展中作出突出贡献的集体和个人给予表彰和奖励。

➢ 三、违法行为应承担的法律责任

施工节约能源违法行为应承担的主要法律责任如下。

(一)违反建筑节能标准违法行为应承担的法律责任

节约能源法规定，设计单位、施工单位、监理单位违反建筑节能标准的，由建设主管部门责令改正，处十万元以上五十万元以下罚款；情节严重的，由颁发资质证书的部门降低资质等级或者吊销资质证书；造成损失的，依法承担赔偿责任。

违反《民用建筑节能条例》规定，施工单位未按照民用建筑节能强制性标准进行施工的，由县级以上地方人民政府建设主管部门责令改正，处民用建筑项目合同价款2%以上4%以下的罚款；情节严重的，由颁发资质证书的部门责令停业整顿，降低资质等级或者吊销资质证书；造成损失的，依法承担赔偿责任。

违反《民用建筑节能条例》规定，注册执业人员未执行民用建筑节能强制性标准的，由县级以上人民政府建设主管部门责令停止执业三个月以上一年以下；情节严重的，由颁发资格证书的部门吊销执业资格证书，五年内不予注册。

(二)使用黏土砖及其他施工节能违法行为应承担的法律责任

违反循环经济促进法规定，在国务院或者省、自治区、直辖市人民政府规定禁止生产、销售、使用黏土砖的期限或者区域内生产、销售或者使用黏土砖的，由县级以上地方人民政府指定的部门责令限期改正；有违法所得的，没收违法所得；逾期继续生产、销售的，由地方人民政

府工商行政管理部门依法吊销营业执照。

违反《民用建筑节能条例》规定,施工单位有下列行为之一的,由县级以上地方人民政府建设主管部门责令改正,处十万元以上二十万元以下的罚款;情节严重的,由颁发资质证书的部门责令停业整顿,降低资质等级或者吊销资质证书;造成损失的,依法承担赔偿责任:

(1)未对进入施工现场的墙体材料、保温材料、门窗、采暖制冷系统和照明设备进行查验的;

(2)使用不符合施工图设计文件要求的墙体材料、保温材料、门窗、采暖制冷系统和照明设备的;

(3)使用列入禁止使用目录的技术、工艺、材料和设备的。

(三)用能单位其他违法行为应承担的法律责任

节约能源法规定,用能单位未按照规定配备、使用能源计量器具的,由市场监督管理部门责令限期改正;逾期不改正的,处一万元以上五万元以下罚款。瞒报、伪造、篡改能源统计资料或者编造虚假能源统计数据的,依照《中华人民共和国统计法》的规定处罚。

违反节约能源法规定,无偿向本单位职工提供能源或者对能源消费实行包费制的,由管理节能工作的部门责令限期改正;逾期不改正的,处五万元以上二十万元以下罚款。

第四节 施工文物保护制度

一、受法律保护的文物范围

(一)国家保护文物的范围

2017年11月经修改后公布的《中华人民共和国文物保护法》规定,在中华人民共和国境内,下列文物受国家保护:

(1)具有历史、艺术、科学价值的古文化遗址、古墓葬、古建筑、石窟寺和石刻、壁画;

(2)与重大历史事件、革命运动或者著名人物有关的以及具有重要纪念意义、教育意义或者史料价值的近代现代重要史迹、实物、代表性建筑;

(3)历史上各时代珍贵的艺术品、工艺美术品;

(4)历史上各时代重要的文献资料以及具有历史、艺术、科学价值的手稿和图书资料等;

(5)反映历史上各时代、各民族社会制度、社会生产、社会生活的代表性实物。

具有科学价值的古脊椎动物化石和古人类化石同文物一样受国家保护。

(二)水下文物的保护范围

2022年1月经修改后公布的《中华人民共和国水下文物保护管理条例》(以下简称《水下文物保护管理条例》)规定,水下文物是指遗存于下列水域的具有历史、艺术和科学价值的人类文化遗产:

(1)遗存于中国内水、领海内的一切起源于中国的、起源国不明的和起源于外国的文物;

(2)遗存于中国领海以外依照中国法律由中国管辖的其他海域内的起源于中国的和起源国不明的文物;

(3)遗存于外国领海以外的其他管辖海域以及公海区域内的起源于中国的文物。

以上规定内容不包括1911年以后的与重大历史事件、革命运动以及著名人物无关的水下遗存。

(三)文物保护单位和文物的分级

文物保护法规定,古文化遗址、古墓葬、古建筑、石窟寺、石刻、壁画、近代现代重要史迹和代表性建筑等不可移动文物,根据它们的历史、艺术、科学价值,可以分别确定为全国重点文物保护单位,省级文物保护单位,市、县级文物保护单位。

历史上各时代重要实物、艺术品、文献、手稿、图书资料、代表性实物等可移动文物,分为珍贵文物和一般文物;珍贵文物分为一级文物、二级文物、三级文物。

(四)属于国家所有的文物范围

文物保护法规定,中华人民共和国境内地下、内水和领海中遗存的一切文物,属于国家所有。国有文物所有权受法律保护,不容侵犯。

1. 属于国家所有的不可移动文物范围

古文化遗址、古墓葬、石窟寺属于国家所有。国家指定保护的纪念建筑物、古建筑、石刻、壁画、近代现代代表性建筑等不可移动文物,除国家另有规定的以外,属于国家所有。国有不可移动文物的所有权不因其所依附的土地所有权或者使用权的改变而改变。

2. 属于国家所有的可移动文物范围

下列可移动文物,属于国家所有:
(1)中国境内出土的文物,国家另有规定的除外;
(2)国有文物收藏单位以及其他国家机关、部队和国有企业、事业组织等收藏、保管的文物;
(3)国家征集、购买的文物;
(4)公民、法人和其他组织捐赠给国家的文物;
(5)法律规定属于国家所有的其他文物。
属于国家所有的可移动文物的所有权不因其保管、收藏单位的终止或者变更而改变。

3. 属于国家所有的水下文物范围

《水下文物保护管理条例》规定,遗存于中国内水、领海内的一切起源于中国的、起源国不明的和起源于外国的文物,以及遗存于中国领海以外依照中国法律由中国管辖的其他海域内的起源于中国的和起源国不明的文物,属于国家所有,国家对其行使管辖权。遗存于外国领海以外的其他管辖海域以及公海区域内的起源于中国的文物,遗存于外国领海以外的其他管辖海域以及公海区域内的起源国不明的文物,国家享有辨认器物物主的权利。

(五)属于集体所有和私人所有的文物保护范围

文物保护法规定,属于集体所有和私人所有的纪念建筑物、古建筑和祖传文物以及依法取得的其他文物,其所有权受法律保护。文物的所有者必须遵守国家有关文物保护的法律、法规的规定。

二、在文物保护单位保护范围和建设控制地带施工的规定

文物保护法规定,一切机关、组织和个人都有依法保护文物的义务。

(一)文物保护单位的保护范围

2017年3月经修改后公布的《中华人民共和国文物保护法实施条例》(以下简称《文物保护法实施条例》)规定,文物保护单位的保护范围,是指对文物保护单位本体及周围一定范围实

施重点保护的区域。文物保护单位的保护范围,应当根据文物保护单位的类别、规模、内容以及周围环境的历史和现实情况合理划定,并在文物保护单位本体之外保持一定的安全距离,确保文物保护单位的真实性和完整性。

《文物保护法实施条例》规定,全国重点文物保护单位和省级文物保护单位自核定公布之日起一年内,由省、自治区、直辖市人民政府划定必要的保护范围,作出标志说明,建立记录档案,设置专门机构或者指定专人负责管理。设区的市、自治州级和县级文物保护单位自核定公布之日起一年内,由核定公布该文物保护单位的人民政府划定保护范围,作出标志说明,建立记录档案,设置专门机构或者指定专人负责管理。

《文物保护法实施条例》规定,文物保护单位的标志说明,应当包括文物保护单位的级别、名称、公布机关、公布日期、立标机关、立标日期等内容。民族自治地区的文物保护单位的标志说明,应当同时用规范汉字和当地通用的少数民族文字书写。

(二)文物保护单位的建设控制地带

《文物保护法实施条例》规定,文物保护单位的建设控制地带,是指在文物保护单位的保护范围外,为保护文物保护单位的安全、环境、历史风貌对建设项目加以限制的区域。文物保护单位的建设控制地带,应当根据文物保护单位的类别、规模、内容以及周围环境的历史和现实情况合理划定。

《文物保护法实施条例》规定,全国重点文物保护单位的建设控制地带,经省、自治区、直辖市人民政府批准,由省、自治区、直辖市人民政府的文物行政主管部门会同城乡规划行政主管部门划定并公布。省级、设区的市、自治州级和县级文物保护单位的建设控制地带,经省、自治区、直辖市人民政府批准,由核定公布该文物保护单位的人民政府的文物行政主管部门会同城乡规划行政主管部门划定并公布。

(三)历史文化名城名镇名村的保护

文物保护法规定,保存文物特别丰富并且具有重大历史价值或者革命纪念意义的城市,由国务院核定公布为历史文化名城。保存文物特别丰富并且具有重大历史价值或者革命纪念意义的城镇、街道、村庄,由省、自治区、直辖市人民政府核定公布为历史文化街区、村镇,并报国务院备案。

2017年10月经修改后公布的《历史文化名城名镇名村保护条例》进一步规定,具备下列条件的城市、镇、村庄,可以申报历史文化名城、名镇、名村:

(1)保存文物特别丰富;
(2)历史建筑集中成片;
(3)保留着传统格局和历史风貌;
(4)历史上曾经作为政治、经济、文化、交通中心或者军事要地,或者发生过重要历史事件,或者其传统产业、历史上建设的重大工程对本地区的发展产生过重要影响,或者能够集中反映本地区建筑的文化特色、民族特色。

(四)在文物保护单位保护范围和建设控制地带施工的规定

文物保护法规定,在文物保护单位的保护范围和建设控制地带内,不得建设污染文物保护单位及其环境的设施,不得进行可能影响文物保护单位安全及其环境的活动。对已有的污染文物保护单位及其环境的设施,应当限期治理。

1. 承担文物保护单位的修缮、迁移、重建工程的单位应当具有相应的资质证书

《文物保护法实施条例》规定,承担文物保护单位的修缮、迁移、重建工程的单位,应当同时取得文物行政主管部门发给的相应等级的文物保护工程资质证书和建设行政主管部门发给的相应等级的资质证书。其中,不涉及建筑活动的文物保护单位的修缮、迁移、重建,应当由取得文物行政主管部门发给的相应等级的文物保护工程资质证书的单位承担。

《文物保护法实施条例》规定,申领文物保护工程资质证书,应当具备下列条件:①有取得文物博物专业技术职务的人员;②有从事文物保护工程所需的技术设备;③法律、行政法规规定的其他条件。

《文物保护法实施条例》规定,申领文物保护工程资质证书,应当向省、自治区、直辖市人民政府文物行政主管部门或者国务院文物行政主管部门提出申请。省、自治区、直辖市人民政府文物行政主管部门或者国务院文物行政主管部门应当自收到申请之日起三十个工作日内作出批准或者不批准的决定。决定批准的,发给相应等级的文物保护工程资质证书;决定不批准的,应当书面通知当事人并说明理由。

2. 在历史文化名城名镇名村保护范围内从事建设活动的相关规定

《历史文化名城名镇名村保护条例》第二十四条规定:"在历史文化名城、名镇、名村保护范围内禁止进行下列活动:①开山、采石、开矿等破坏传统格局和历史风貌的活动;②占用保护规划确定保留的园林绿地、河湖水系、道路等;③修建生产、储存爆炸性、易燃性、放射性、毒害性、腐蚀性物品的工厂、仓库等;④在历史建筑上刻划、涂污。"

《历史文化名城名镇名村保护条例》第二十五条规定:"在历史文化名城、名镇、名村保护范围内进行下列活动,应当保护其传统格局、历史风貌和历史建筑;制订保护方案,并依照有关法律、法规的规定办理相关手续:①改变园林绿地、河湖水系等自然状态的活动;②在核心保护范围内进行影视摄制、举办大型群众性活动;③其他影响传统格局、历史风貌或者历史建筑的活动。"

《历史文化名城名镇名村保护条例》规定,在历史文化街区、名镇、名村核心保护范围内,不得进行新建、扩建活动。但是,新建、扩建必要的基础设施和公共服务设施除外。在历史文化街区、名镇、名村核心保护范围内,拆除历史建筑以外的建筑物、构筑物或者其他设施的,应当经城市、县人民政府城乡规划主管部门会同同级文物主管部门批准。任何单位或者个人不得损坏或者擅自迁移、拆除历史建筑。

3. 在文物保护单位的保护范围和建设控制地带内从事建设活动的相关规定

文物保护法规定,文物保护单位的保护范围内不得进行其他建设工程或者爆破、钻探、挖掘等作业。但是,因特殊情况需要在文物保护单位的保护范围内进行其他建设工程或者爆破、钻探、挖掘等作业的,必须保证文物保护单位的安全,并经核定公布该文物保护单位的人民政府批准,在批准前应当征得上一级人民政府文物行政部门同意;在全国重点文物保护单位的保护范围内进行其他建设工程或者爆破、钻探、挖掘等作业的,必须经省、自治区、直辖市人民政府批准,在批准前应当征得国务院文物行政部门同意。

在文物保护单位的建设控制地带内进行建设工程,不得破坏文物保护单位的历史风貌;工程设计方案应当根据文物保护单位的级别,经相应的文物行政部门同意后,报城乡建设规划部门批准。

➤ 三、施工发现文物报告和保护的规定

文物保护法规定,地下埋藏的文物,任何单位或者个人都不得私自发掘。考古发掘的文物,任何单位或者个人不得侵占。

(一)配合建设工程进行考古发掘工作的规定

文物保护法规定,进行大型基本建设工程,建设单位应当事先报请省、自治区、直辖市人民政府文物行政部门组织从事考古发掘的单位在工程范围内有可能埋藏文物的地方进行考古调查、勘探。确因建设工期紧迫或者有自然破坏危险,对古文化遗址、古墓葬急需进行抢救发掘的,由省、自治区、直辖市人民政府文物行政部门组织发掘,并同时补办审批手续。

(二)施工发现文物的报告和保护

文物保护法规定,在进行建设工程或者在农业生产中,任何单位或者个人发现文物,应当保护现场,立即报告当地文物行政部门,文物行政部门接到报告后,如无特殊情况,应当在二十四小时内赶赴现场,并在七日内提出处理意见。

依照以上规定发现的文物属于国家所有,任何单位或者个人不得哄抢、私分、藏匿。

(三)水下文物的报告和保护

《水下文物保护管理条例》规定,任何单位或者个人以任何方式发现遗存于中国内水、领海内的一切起源于中国的、起源国不明的和起源于外国的文物,以及遗存于中国领海以外依照中国法律由中国管辖的其他海域内的起源于中国的和起源国不明的文物,应当及时报告所在地或者就近的地方人民政府文物主管部门,并上交已经打捞出水的文物。

任何单位或者个人以任何方式发现疑似遗存于外国领海以外的其他管辖海域以及公海区域内的起源于中国的文物,应当及时报告就近的地方人民政府文物主管部门或者直接报告国务院文物主管部门。接到报告的地方人民政府文物主管部门应当逐级报至国务院文物主管部门。国务院文物主管部门应当及时提出处理意见并报国务院。

➤ 四、违法行为应承担的法律责任

对施工中文物保护违法行为应承担的主要法律责任如下。

(一)哄抢、私分国有文物等违法行为应承担的法律责任

违反文物保护法规定,有下列行为之一,构成犯罪的,依法追究刑事责任:
(1)盗掘古文化遗址、古墓葬的;
(2)故意或者过失损毁国家保护的珍贵文物的;
(3)擅自将国有馆藏文物出售或者私自送给非国有单位或者个人的;
(4)将国家禁止出境的珍贵文物私自出售或者送给外国人的;
(5)以牟利为目的倒卖国家禁止经营的文物的;
(6)走私文物的;
(7)盗窃、哄抢、私分或者非法侵占国有文物的;
(8)应当追究刑事责任的其他妨害文物管理行为。

违反文物保护法规定,造成文物灭失、损毁的,依法承担民事责任。违反文物保护法规定,构成违反治安管理行为的,由公安机关依法给予治安管理处罚。违反文物保护法规定,构成走

私行为，尚不构成犯罪的，由海关依照有关法律、行政法规的规定给予处罚。

文物保护法规定，有下列行为之一，尚不构成犯罪的，由县级以上人民政府文物主管部门会同公安机关追缴文物；情节严重的，处五千元以上五万元以下的罚款：

(1)发现文物隐匿不报或者拒不上交的；

(2)未按照规定移交拣选文物的。

(二)在文物保护单位的保护范围和建设控制地带内进行建设工程违法行为应承担的法律责任

文物保护法规定，有下列行为之一，尚不构成犯罪的，由县级以上人民政府文物主管部门责令改正，造成严重后果的，处五万元以上五十万元以下的罚款；情节严重的，由原发证机关吊销资质证书：

(1)擅自在文物保护单位的保护范围内进行建设工程或者爆破、钻探、挖掘等作业的；

(2)在文物保护单位的建设控制地带内进行建设工程，其工程设计方案未经文物行政部门同意、报城乡建设规划部门批准，对文物保护单位的历史风貌造成破坏的；

(3)擅自迁移、拆除不可移动文物的；

(4)擅自修缮不可移动文物，明显改变文物原状的；

(5)擅自在原址重建已全部毁坏的不可移动文物，造成文物破坏的；

(6)施工单位未取得文物保护工程资质证书，擅自从事文物修缮、迁移、重建的。

文物保护法规定，刻划、涂污或者损坏文物尚不严重的，或者损毁依法设立的文物保护单位标志的，由公安机关或者文物所在单位给予警告，可以并处罚款。在文物保护单位的保护范围内或者建设控制地带内建设污染文物保护单位及其环境的设施的，或者对已有的污染文物保护单位及其环境的设施未在规定的期限内完成治理的，由环境保护行政部门依照有关法律、法规的规定给予处罚。

(三)未取得相应资质证书擅自承担文物保护单位修缮、迁移、重建工程违法行为应承担的法律责任

违反《文物保护法实施条例》规定，未取得相应等级的文物保护工程资质证书，擅自承担文物保护单位的修缮、迁移、重建工程的，由文物行政主管部门责令限期改正；逾期不改正，或者造成严重后果的，处5万元以上50万元以下的罚款；构成犯罪的，依法追究刑事责任。

违反《文物保护法实施条例》规定，未取得建设行政主管部门发给的相应等级的资质证书，擅自承担含有建筑活动的文物保护单位的修缮、迁移、重建工程的，由建设行政主管部门依照有关法律、行政法规的规定予以处罚。

(四)历史文化名城名镇名村保护范围内违法行为应承担的法律责任

违反《历史文化名城名镇名村保护条例》规定，在历史文化名城、名镇、名村保护范围内有下列行为之一的，由城市、县人民政府城乡规划主管部门责令停止违法行为、限期恢复原状或者采取其他补救措施；有违法所得的，没收违法所得；逾期不恢复原状或者不采取其他补救措施的，城乡规划主管部门可以指定有能力的单位代为恢复原状或者采取其他补救措施，所需费用由违法者承担；造成严重后果的，对单位并处50万元以上100万元以下的罚款，对个人并处5万元以上10万元以下的罚款；造成损失的，依法承担赔偿责任：

(1)开山、采石、开矿等破坏传统格局和历史风貌的；

(2) 占用保护规划确定保留的园林绿地、河湖水系、道路等的；

(3) 修建生产、储存爆炸性、易燃性、放射性、毒害性、腐蚀性物品的工厂、仓库等的。

《历史文化名城名镇名村保护条例》第四十三条规定："违反本条例规定，未经城乡规划主管部门会同同级文物主管部门批准，有下列行为之一的，由城市、县人民政府城乡规划主管部门责令停止违法行为、限期恢复原状或者采取其他补救措施；有违法所得的，没收违法所得；逾期不恢复原状或者不采取其他补救措施的，城乡规划主管部门可以指定有能力的单位代为恢复原状或者采取其他补救措施，所需费用由违法者承担；造成严重后果的，对单位并处 5 万元以上 10 万元以下的罚款，对个人并处 1 万元以上 5 万元以下的罚款；造成损失的，依法承担赔偿责任：① 拆除历史建筑以外的建筑物、构筑物或者其他设施的；② 对历史建筑进行外部修缮装饰、添加设施以及改变历史建筑的结构或者使用性质的。"有关单位或者个人进行《历史文化名城名镇名村保护条例》第二十五条规定的活动，或者经批准进行第四十三条第一款规定的活动，但是在活动过程中对传统格局、历史风貌或者历史建筑构成破坏性影响的，依照第四十三条第一款规定予以处罚。

违反《历史文化名城名镇名村保护条例》的规定，损坏或者擅自迁移、拆除历史建筑的，由城市、县人民政府城乡规划主管部门责令停止违法行为、限期恢复原状或者采取其他补救措施；有违法所得的，没收违法所得；逾期不恢复原状或者不采取其他补救措施的，城乡规划主管部门可以指定有能力的单位代为恢复原状或者采取其他补救措施，所需费用由违法者承担；造成严重后果的，对单位并处 20 万元以上 50 万元以下的罚款，对个人并处 10 万元以上 20 万元以下的罚款；造成损失的，依法承担赔偿责任。

违反《历史文化名城名镇名村保护条例》的规定，擅自设置、移动、涂改或者损毁历史文化街区、名镇、名村标志牌的，由城市、县人民政府城乡规划主管部门责令限期改正；逾期不改正的，对单位处 1 万元以上 5 万元以下的罚款，对个人处 1000 元以上 1 万元以下的罚款。

(五) 水下文物保护违法行为应承担的法律责任

《水下文物保护管理条例》规定，文物主管部门和其他有关部门的工作人员，在水下文物保护工作中滥用职权、玩忽职守、徇私舞弊的，对直接负责的主管人员和其他直接责任人员依法给予处分；构成犯罪的，依法追究刑事责任。

《水下文物保护管理条例》规定，擅自在文物保护单位的保护范围内进行建设工程或者爆破、钻探、挖掘等作业的，依照《中华人民共和国文物保护法》追究法律责任。

违反《水下文物保护管理条例》规定，有下列行为之一的，由县级以上人民政府文物主管部门或者海上执法机关按照职责分工责令改正，追缴有关文物，并给予警告；有违法所得的，没收违法所得，违法经营额 10 万元以上的，并处违法经营额 5 倍以上 15 倍以下的罚款，违法经营额不足 10 万元的，并处 10 万元以上 100 万元以下的罚款；情节严重的，由原发证机关吊销资质证书，10 年内不受理其相应申请：

(1) 未经批准进行水下文物的考古调查、勘探、发掘活动；

(2) 考古调查、勘探、发掘活动结束后，不按照规定移交有关实物或者提交有关资料；

(3) 未事先报请有关主管部门组织进行考古调查、勘探，在中国管辖水域内进行大型基本建设工程；

(4) 发现水下文物后未及时报告。

典型案例及分析

【案例1】

1. 案例背景

某市环保局接到居民投诉,城区二环路一处建筑工地正进行施工,尘土飞扬,还传来阵阵刺鼻味道,严重影响了当地居民生活。市环保局随即对该工地进行检查,发现该工地堆放了大量砂石、灰土等物料及建筑垃圾,由于冬期施工天气干燥,经风一吹尘土飞扬,而且该地交通繁忙,车辆经过也激起大量扬尘。同时,屋面防水工程使用的沥青,在熬制过程中未采取任何防护措施,导致大量刺激(刺鼻)性气体直接挥发到空气中,对周围小区居民生活造成了严重影响。

市环保局要求该施工单位进行限期整改。但是,该施工单位未采取任何整改措施,依然照常进行施工作业。

2. 案例问题

(1)施工单位违反了《中华人民共和国大气污染防治法》的哪些规定?

(2)市环保局应当对其如何处罚?

3. 案例分析

(1)《中华人民共和国大气污染防治法》第六十九条第三款规定:"施工单位应当在施工工地设置硬质围挡,并采取覆盖、分段作业、择时施工、洒水抑尘、冲洗地面和车辆等有效防尘降尘措施。建筑土方、工程渣土、建筑垃圾应当及时清运;在场地内堆存的,应当采用密闭式防尘网遮盖。工程渣土、建筑垃圾应当进行资源化处理。"本案中的施工单位违反了此项规定,没有对施工中建筑垃圾采取及时清运或遮盖等除尘措施,导致产生大量粉尘污染环境。

《中华人民共和国大气污染防治法》第八十条规定:"企业事业单位和其他生产经营者在生产经营活动中产生恶臭气体的,应当科学选址,设置合理的防护距离,并安装净化装置或者采取其他措施,防止排放恶臭气体。"第八十二条规定:"禁止在人口集中地区和其他依法需要特殊保护的区域内焚烧沥青、油毡、橡胶、塑料、皮革、垃圾以及其他产生有毒有害烟尘和恶臭气体的物质。"本案中的施工单位违反法律规定,导致沥青在熬制过程中挥发出大量刺激(刺鼻)性气体,对小区居民生活造成了严重影响。

(2)根据《中华人民共和国大气污染防治法》第一百一十五条、第一百一十七条、第一百一十九条规定,该市住房城乡建设、环境保护等主管部门应当按照职责责令施工单位改正,处一万元以上十万元以下的罚款;拒不改正的,责令停工整治。

此外,《中华人民共和国环境保护法》第五十九条还规定:"企业事业单位和其他生产经营者违法排放污染物,受到罚款处罚,被责令改正,拒不改正的,依法作出处罚决定的行政机关可以自责令改正之日的次日起,按照原处罚数额按日连续处罚。"

【案例2】

1. 案例背景

某住宅小区1期工程完成设计,次年开始施工,按当地规定,所有新建、改建、扩建的住宅建设项目,必须按照《夏热冬冷地区居住建筑节能设计标准》的要求进行建筑节能设计、施工。

在施工过程中,建设单位按设计图纸规定的规格、数量要求采购了墙体材料、保温材料、采暖制冷系统等,并声称是优质产品;施工单位在以上材料设备进入施工现场后,便直接用于该项目的施工并形成工程实体,导致1期工程验收不合格。经有关部门检验,建设单位购买的墙体材料、保温材料、采暖制冷系统存在严重质量问题,根本不符合该项目设计图纸规定的质量要求。

2. 案例问题

(1)施工单位的行为是否违法?

(2)施工单位应承担哪些法律责任?

3. 案例分析

(1)《民用建筑节能条例》第十六条规定:"施工单位应当对进入施工现场的墙体材料、保温材料、门窗、采暖制冷系统和照明设备进行查验;不符合施工图设计文件要求的,不得使用。"本案中,施工单位未对进入施工现场的墙体材料、保温材料、采暖制冷系统等进行查验,导致不符合施工图设计文件要求的墙体材料等用于该项目的施工,构成了违法行为。

(2)《民用建筑节能条例》第四十一条规定:"施工单位有下列行为之一的,由县级以上地方人民政府建设主管部门责令改正,处10万元以上20万元以下的罚款;情节严重的,由颁发资质证书的部门责令停业整顿,降低资质等级或者吊销资质证书;造成损失的,依法承担赔偿责任:①未对进入施工现场的墙体材料、保温材料、门窗、采暖制冷系统和照明设备进行查验的;②使用不符合施工图设计文件要求的墙体材料、保温材料、门窗、采暖制冷系统和照明设备的;③使用列入禁止使用目录的技术、工艺、材料和设备的。"据此,当地建设主管部门应当依法责令该施工单位改正,处10万元以上20万元以下的罚款。

【案例 3】

1. 案例背景

市文物局接到群众举报,某高速铁路某段施工人员在取土区挖出沉船遗骸和部分文物,随之出现了民工滥挖和哄抢状况。该县文保所接到市文物局电话后,即刻赶到现场,经查情况属实。市文物局责成县文保所速报省文物局,省文物研究所3位专业人员迅速赶到现场进行勘察。

这起事件引起了有关部门的高度重视,并迅速举办高铁文物保护学习班,要求沿线施工单位负责人参加学习,各施工单位反复告诫作业人员,不论在哪里发现文化遗存,都应立即停工,保护好现场,并在第一时间通报文物部门;如不及时上报,造成文物被破坏,就会触犯刑律。培训工作很快显现积极效果,后高铁某段施工人员向市文物局报告,施工中发现了古墓葬;不到2小时,此信息上报到省文物局,文物部门对现场采取了保护性措施。

2. 案例问题

(1)本案中哪些行为违反了《中华人民共和国文物保护法》的规定?

(2)施工过程中发现文物时,施工单位应该采取什么措施?

(3)对文物保护违法行为应如何处理?

3. 案例分析

(1)《中华人民共和国文物保护法》第三十二条规定:"在进行建设工程或者在农业生产中,任何单位或者个人发现文物,应当保护现场,立即报告当地文物行政部门……任何单位或者个人不得哄抢、私分、藏匿。"本案中,高速铁路施工人员在取土区挖出沉船遗骸和部分文物时,不仅没有依法及时报告,而且滥挖和哄抢文物,造成了文物破坏。施工人员的哄抢、滥挖行为以及不及时上报文物行政部门的行为,违反了文物保护法的规定。

(2)根据文物保护法的规定,在施工过程中发现文物时,首先,应当保护现场,停止施工,立即报告当地文物行政部门;其次,配合考古发掘单位,保护出土文物或者遗迹的安全,在发掘未结束前不得继续施工。

(3)根据文物保护法的规定,对于盗窃、哄抢、私分或者非法侵占国有文物的,构成犯罪的,依法追究刑事责任;造成文物灭失、损毁的,依法承担民事责任;构成违反治安管理行为的,由公安机关依法给予治安管理处罚。

复习思考题

1. 什么是施工噪声?禁止夜间进行产生环境噪声污染施工作业的规定是什么?
2. 对于施工现场大气污染的防治,建设单位应当采取哪些措施?
3. 如何进行施工现场固体废弃物的减量化和回收再利用?
4. 施工现场水污染防治违法行为应承担的法律责任有哪些?
5. 在节约能源方面,用能单位的法定义务是什么?
6. 简述施工节能技术进步的相关规定。
7. 简述在文物保护单位保护范围和建设控制地带内从事建设活动的相关规定。

第十章

建设工程纠纷处理法律制度

第一节 概述

一、建设工程纠纷的类型和特点

建设工程纠纷是指建设工程当事人在建设活动中,对建设行政主管部门的行政行为产生争议,或是在建设过程中对双方之间的权利和义务产生争议。建设工程纠纷,根据其法律关系可以分为建设工程行政纠纷和建设工程民事纠纷。因行政法律关系产生的争执,属于建设工程行政纠纷;因民事法律关系产生的争执,属于建设工程民事纠纷。

建设工程作为一种特殊的产品,在其生产和管理活动中具有周期长、专业性强、涉及面广、干扰因素多、涉及金额大、情况复杂等特点,是争议频发的领域。建设工程争议的迟延解决将转移当事人在建设工程上的注意力,对双方关系造成负面影响。而工程的延误或中断则会给当事人造成经济和商业利益上的损失。因此,在建设工程争议发生时,如何选择有效的争议解决方式,在最短的时间内,以最经济的成本,公平合理地解决纠纷,是所有建设活动当事人考虑的首要问题。

二、建设工程民事纠纷的解决途径

建设工程民事纠纷的处理有和解、调解、仲裁和诉讼几种途径。

(一)和解与调解

和解是指建设工程纠纷当事人在自愿、友好的基础上,互相沟通、互相谅解,自行达成和解协议,从而解决纠纷的一种途径。和解是一种最低成本的纠纷解决途径。

调解是指建设工程当事人请双方信任的第三人依据法律规范和一定的社会规则,通过摆事实、讲道理,促使双方互相做出适当的让步,平息争端,自愿达成协议,以求解决建设工程纠纷的途径。这里讲的调解是狭义的调解,不包括诉讼和仲裁程序中在审判庭和仲裁庭主持下的调解。

双方当事人可以请建设行政主管部门(如工程造价纠纷可以请工程造价管理部门)、监理工程师或者是双方信任的社会人士和人民调解委员会等调解。人民调解委员会调解是指由村民委员会、居民委员会设立的人民调解委员会或企业事业单位设立的人民调解委员会通过说服、疏导等方法,促使当事人在平等协商的基础上自愿达成调解协议,解决民间纠纷的途径。

建设工程民事纠纷调解具有以下特点：

(1)能够低成本、及时地解决纠纷。

(2)有利于消除合同当事人的对立情绪，维护双方的长期合作关系。

(3)调解协议不具有强制执行的效力，调解协议的执行依靠当事人的自觉履行。

(4)经人民调解委员会调解达成的调解协议，当事人可以向人民法院申请司法确认。经法院司法确认的调解协议具有强制执行力。

经人民调解委员会调解达成调解协议后，双方当事人认为有必要的，可以自调解协议生效之日起30日内共同向人民法院申请司法确认，人民法院应当及时对调解协议进行审查，依法确认调解协议的效力。

人民法院依法确认调解协议有效后，一方当事人拒绝履行或者未全部履行的，对方当事人可以向人民法院申请强制执行。

人民法院依法确认调解协议无效的，当事人可以通过人民调解委员会调解的方式变更原调解协议或者达成新的调解协议，也可以向人民法院提起诉讼。

(二)仲裁

1.仲裁的概念

仲裁也称"公断"，是双方当事人在纠纷发生前或纠纷发生后达成协议，自愿将纠纷交给仲裁机构，由仲裁机构根据法律和双方之间的合同，在事实上作出判断、在权利义务上作出裁决的一种纠纷解决方式。这种纠纷解决方式必须是自愿的，因此必须有仲裁协议。如果当事人之间有仲裁协议，纠纷发生后又无法通过和解与调解解决，则应及时将纠纷提交仲裁机构仲裁。

2.仲裁的特点

仲裁是一种最为重要的非司法诉讼解决争议的方式，除建设工程纠纷等民商事领域外，还广泛应用于其他方面，如我国常见的劳动争议仲裁、农业承包合同纠纷等。

作为一种解决合同纠纷和财产权益纠纷的民间性裁判制度，仲裁既不同于解决同类争议的司法、行政途径，也不同于当事人的自行和解。它具有以下特点：

(1)体现当事人的意思自治。这种意思自治不仅体现在仲裁的受理应当以仲裁协议为前提，还体现在仲裁的整个过程，许多内容都可以由当事人自主确定。

(2)专业性。由于仲裁机构的仲裁员都是由各方面的专业人士组成的，当事人完全可以选择熟悉纠纷领域的专业人士担任仲裁员。

(3)保密性。保密和不公开审理是仲裁制度的重要特点，除当事人、代理人以及需要时的证人和鉴定人外，其他人员不得出席和旁听仲裁开庭审理，仲裁庭和当事人不得向外界透露案件的任何实体及程序问题。

(4)裁决的终局性。仲裁裁决作出后是终局的，对当事人都具有约束性。

(5)执行的强制性。仲裁裁决具有强制执行的法律效力，当事人可以向人民法院申请强制执行。

(三)诉讼

诉讼，民间称为"打官司"，是指建设工程当事人依法请求人民法院行使审判权，依照事实和法律处理双方之间纠纷的审判活动。合同双方当事人如果没有仲裁协议，又和解不成，也无法达成调解协议，在这种情况下，只能以诉讼作为解决纠纷的最终方式。建设工程发生民事纠纷,首先应当考虑通过和解与调解这类低成本的解决纠纷途径,在这两种途径无法解决时,只能诉诸仲裁或诉讼。

三、建设工程行政纠纷的解决途径

建设工程行政纠纷的解决途径有行政复议和行政诉讼。

行政复议是指行政相对人认为建设主管部门或其他行政管理部门具体的行政行为侵犯其合法权益,依法向上级行政机关提出重新审定该具体行政行为是否合法、适当,并作出处理决定的活动。

行政复议是行政相对人一种依法申请的行政行为,是行政机关系统内部自我监督的一种重要形式。

行政诉讼,即"民告官",是指行政相对人认为行政主体在建设管理活动中的具体行政行为侵犯其合法权益,依法向法院起诉,法院在当事人以及其他诉讼参与人的参与下,对具体行政行为的合法性进行审理并作出裁决的活动。

建设活动管理的具体行政行为是建设行政主管部门或其他行政管理部门及其工作人员在行使行政权力的过程中,针对特定人或特定事件作出影响行政相对他人的具体决定和措施的行为。例如,住房和城乡建设部核发甲级建设监理单位资质证书,建设行政主管部门颁发商品房预售许可证、施工许可证等。

行政诉讼、刑事诉讼和民事诉讼构成了我国的三大诉讼。行政诉讼与刑事诉讼、民事诉讼不同,具体行政行为的合法性审查是行政诉讼特有的基本原则。在行政诉讼中,法院以审查具体行政合法性为原则,以合理性审查为例外。对行政处罚显失公正的,法院可以判决变更。

第二节 仲裁制度

一、仲裁的基本原则

(一)独立原则

仲裁机构在处理经济纠纷时,依法独立进行仲裁,不受行政机关、社会团体和个人的干涉,经济仲裁不实行级别管辖和地域管辖,仲裁委员会相互之间无隶属关系,各自独立地对经济纠纷进行仲裁。

(二)自愿原则

《中华人民共和国仲裁法》根据自愿原则,作出了如下规定:

(1)当事人采用仲裁方式解决纠纷,应当双方自愿,达成仲裁协议。没有仲裁协议,一方申请仲裁的,仲裁委员会不予受理。

(2)向哪个仲裁委员会申请仲裁,应由当事人协议选定。

(3)仲裁员由当事人选定或委托仲裁委员会主任指定。

(4)当事人可以和解,达成和解协议,可以请求仲裁庭根据和解协议作出裁决书,也可以撤回仲裁申请。

(三)或裁或审原则

《中华人民共和国仲裁法》规定,当事人达成仲裁协议,一方向人民法院起诉的,人民法院不予受理,但仲裁协议无效的除外。这明确了合同争议实行或裁或审制度。

(四)一裁终局原则

仲裁实行一裁终局制度。裁决作出后,当事人就同一纠纷再申请仲裁或者向人民法院起诉的,仲裁委员会或人民法院不予受理。裁决被人民法院依法裁定撤销或者不予执行的,当事人就该纠纷可以根据双方重新达成的仲裁协议申请仲裁,也可以向人民法院起诉。一裁终局是仲裁的重要原则。这一原则不仅赋予了仲裁裁决的有效性和权威性,同时也为快捷地处理合同纠纷提供了保证。

(五)先行调解原则

先行调解就是仲裁机构先于裁决之前,根据争议的情况或双方当事人自愿而进行说服教育和劝导工作,以便双方当事人自愿达成调解协议,解决合同纠纷。

二、仲裁委员会和仲裁协会

(一)仲裁委员会

对于国内经济纠纷,行使仲裁权的机构是仲裁委员会。仲裁委员会是依法成立的仲裁机构。仲裁委员会可以在直辖市或省、自治区人民政府所在地的市设立,也可以根据需要在其他设区的市设立,不按行政区划层层设立。

1.仲裁委员会的条件

仲裁委员会应当具备下列条件:①有自己的名称、住所和章程;②有必要的财产;③有该委员会的组成人员;④有聘任的仲裁员。仲裁委员会的章程应当依照仲裁法制定。

仲裁委员会由主任一人、副主任二至四人和委员七至十一人组成。仲裁委员会的主任、副主任和委员由法律、经济贸易专家和有实际工作经验的人员担任。仲裁委员会的组成人员中,法律、经济贸易专家不得少于三分之二。

2.仲裁员的条件

仲裁员应当符合下列条件之一:①从事仲裁工作满八年的;②从事律师工作满八年的;③曾担任审判员满八年的;④从事法律研究、教学工作并具有高级职称的;⑤具有法律知识、从事经济贸易等专业工作并具有高级职称或者具有同等专业水平的。

仲裁委员会按照不同专业设仲裁员名册。仲裁委员会独立于行政机关,与行政机关没有隶属关系。仲裁委员会之间也没有隶属关系。

(二)仲裁协会

中国仲裁协会是依法成立的社会团体法人。全国各地的仲裁委员会是中国仲裁协会的会员。中国仲裁协会的章程由全国会员代表大会制定。中国仲裁协会是仲裁委员会的自律性组织,根据章程对仲裁委员会及其组成人员、仲裁员的违纪行为进行监督。中国仲裁协会依照《中华人民共和国仲裁法》和《中华人民共和国民事诉讼法》的有关规定制定仲裁规则。

三、仲裁协议

(一)仲裁协议的概念和特点

1. 仲裁协议的概念

仲裁协议是指当事人自愿将争议提交仲裁机构进行仲裁达成协议的文书。我国仲裁法规定,仲裁协议包括合同订立中的仲裁条款和以其他书面方式在纠纷发生前或者纠纷发生后达成请求仲裁的协议。

2. 仲裁协议的特点

(1)合同当事人均受仲裁协议的约束。
(2)仲裁协议是仲裁机构对纠纷进行仲裁的先决条件。
(3)仲裁协议排除了法院对纠纷的管辖权。
(4)仲裁机构应按照仲裁协议进行仲裁。

(二)仲裁协议的内容和效力

1. 仲裁协议的内容

仲裁协议是合同的组成部分,是合同的内容之一。仲裁协议的内容包括请求仲裁的意思表示、仲裁事项、选定仲裁委员会。

有下列情形之一的,仲裁协议无效:约定的仲裁事项超出法律规定的仲裁范围;无民事行为能力人或限制民事行为能力人订立的仲裁协议;一方采取胁迫手段,迫使对方订立仲裁协议的;在仲裁协议中,当事人对仲裁事项或者仲裁委员会没有约定或者约定不明确,当事人又达不成补充协议的。

2. 仲裁协议的效力

仲裁协议独立存在,合同的变更、解除、终止或者无效,不影响仲裁协议的效力。仲裁庭有权确认合同的效力。当事人对仲裁协议的效力有异议,应在仲裁庭首次开庭前提出。

当事人对仲裁协议的效力有异议的,可以请求仲裁委员会作出决定或者请求人民法院作出裁定。一方请求仲裁委员会作出决定,另一方请求人民法院作出裁定的,由人民法院裁定。

四、仲裁的一般程序

(一)申请和受理

1. 申请

纠纷发生后,当事人申请仲裁应当符合下列条件:①有仲裁协议;②有具体的仲裁请求、事实和理由;③属于仲裁委员会的受理范围。

2. 受理

仲裁委员会收到仲裁申请书之日起五日内,认为符合受理条件的,应当受理,并通知当事人;认为不符合受理条件的,应当书面通知当事人不受理,并说明理由。

仲裁委员会受理仲裁申请后,应当在仲裁规则规定的期限内将仲裁规则和仲裁员名册送达申请人,并将申请书副本和仲裁规则、仲裁员名册送达被申请人。被申请人收到仲裁申请书副本后,应当在仲裁规则规定的期限内向仲裁委员会提交答辩书。仲裁委员会收到答辩书后,应当在仲裁规则规定的期限内将答辩书副本送达申请人。被申请人未提交答辩书的,不影响仲裁程序的进行。

(二)组成仲裁庭

1.仲裁庭的组成

仲裁庭可以由三名仲裁员或者一名仲裁员组成。由三名仲裁员组成的,设首席仲裁员。

当事人约定由三名仲裁员组成仲裁庭的,应当各自选定或者各自委托仲裁委员会指定一名仲裁员,第三名仲裁员由当事人共同选定或者共同委托仲裁委员会主任指定,第三名仲裁员是首席仲裁员。当事人约定由一名仲裁员成立仲裁庭的,应当由当事人共同选定或者共同委托仲裁委员会指定仲裁员。

当事人没有在仲裁规则规定的期限内约定仲裁庭的组成方式或者选定仲裁员的,由仲裁委员会主任指定。

仲裁庭组成后,仲裁委员会应当将仲裁庭的组成情况书面通知当事人。

2.回避申请

为了保证经济纠纷案件得到公正的处理,仲裁庭的组成人员如果与案件当事人有利害关系,或者与案件的处理结果有利害关系,应当自行回避,当事人也有权申请他们回避。

根据仲裁法规定,仲裁员有下列情形之一的,必须回避,当事人也有权提出回避申请:

(1)是本案当事人或当事人、代理人的近亲属。

(2)与本案有利害关系。

(3)与本案当事人、代理人有其他关系,可能影响公正仲裁的。

(4)私自会见当事人、代理人,或者接受当事人、代理人的请客送礼的。

当事人提出回避申请,应当说明理由,在首次开庭前提出。回避事由在首次开庭后知道的,可以在最后一次开庭终结前提出。仲裁员是否回避,由仲裁委员会主任决定;仲裁委员会主任担任仲裁员的,由仲裁委员会集体决定。

仲裁员因回避或者其他原因不能履行职责的,应当依仲裁法规定重新选定或者指定仲裁员。因回避而重新选定或者指定仲裁员后,当事人可以请求已进行的仲裁程序重新进行,是否准许,由仲裁庭决定;仲裁庭也可以自行决定已进行的仲裁程序是否重新进行。

仲裁员有违法情形,情节严重的,应当依法承担法律责任,仲裁委员会应当将其除名。

(三)开庭和裁决

1.开庭与否的决定

仲裁应当开庭进行,当事人协议不开庭的,仲裁庭可以根据仲裁申请书、答辩书以及其他材料作出裁决。仲裁不公开进行,但当事人协议公开的,可以公开进行,但涉及国家机密的除外。

2.不到庭或者未经许可中途退庭的处理

申请人经书面通知,无正当理由不到庭或者未经仲裁庭许可中途退庭的,可以视为撤回仲裁申请。被申请人经书面通知,无正当理由不到庭或者未经仲裁庭许可中途退庭的,可以缺席裁决。

3. 证据的提供

当事人应当对自己的主张提供证据。仲裁庭认为有必要收集的证据,可以自行收集。仲裁庭对专门性问题认为需要鉴定的,可以交由当事人约定的鉴定部门鉴定,也可以由仲裁庭指定的鉴定部门鉴定。根据当事人的请求或者仲裁庭的要求,鉴定部门应当派鉴定人员参加开庭。当事人经仲裁庭许可,可以向鉴定人提问。

4. 开庭中的辩论

当事人在仲裁过程中有权进行辩论。辩论终结时,首席仲裁员或者独任仲裁员应当征询当事人的最后意见。

5. 当事人自行和解

当事人申请仲裁后,可以自行和解。达成和解协议的,可以请求仲裁庭根据和解协议作出裁决书,也可以撤回仲裁申请。当事人达成和解协议,撤回仲裁申请后返回的,可以根据仲裁协议申请仲裁。

6. 仲裁庭主持下的调解

仲裁庭在作出裁决前,可以先行调解。调解达成协议的,仲裁庭应当制作调解书或者根据协议的结果作出裁决书。调解书与裁决书具有同等法律效力。调解书经双方当事人签收后,即发生法律效力。在调解书签收前当事人返回的,仲裁庭应当及时作出裁决。

7. 仲裁裁决的作出

裁决应当按照多数仲裁员的意见作出,少数仲裁员的不同意见可以记入笔录。仲裁庭不能形成多数意见时,裁决应当按照首席仲裁员的意见作出。裁决书自作出之日起发生法律效力。

裁决书应当写明仲裁请求、争议事实、裁决理由、裁决结果、仲裁费用的负担和裁决日期。当事人协议不愿写明争议事实和裁决理由的,可以不写。裁决书由仲裁员签名,加盖仲裁委员会印章。对裁决持不同意见的仲裁员,可以签名,也可以不签名。

仲裁庭仲裁纠纷时,其中一部分事实已经清楚,可以就该部分先行裁决。对裁决书中的文字、计算错误或者仲裁庭已经裁决但在裁决书中遗漏的事项,仲裁庭应当补正;当事人自收到裁决书之日起三十日内,可以请求仲裁庭补正。

(四)执行

当事人一旦选择了仲裁解决争议,仲裁委员会所作出的裁决对双方都有约束力,双方都要认真履行,否则,权利人可以向人民法院申请强制执行。当事人应当履行裁决。一方当事人不履行的,另一方当事人可以依照民事诉讼法的有关规定向人民法院申请执行。接受申请的人民法院应当执行。

▶ 五、法院对仲裁的协助和监督

根据民事诉讼法和仲裁法的规定,我国在仲裁和诉讼的关系方面采用"或裁或审"制度。在这种制度下,法院对仲裁活动不予干涉,但是仲裁活动需要法院的协助和监督,以保证仲裁活动顺利、合法地进行,从而保障当事人的合法权益。

(一)法院对仲裁活动的协助

法院对仲裁活动的协助,主要体现在财产保全、证据保全和强制执行仲裁裁决等方面。

1. 财产保全

财产保全是指为了保证仲裁裁决能够得到实际执行,以免利害关系人的合法利益受到难以弥补的损失,在法定条件下所采取的限制另一方当事人、利害关系人处分财产的保障措施。财产保全措施包括查封、扣押、冻结以及法律规定的其他方法。

2. 证据保全

证据保全是指在证据可能毁损、灭失或者以后难以取得的情况下,为保证其证明作用而采取一定的措施加以确定和保护的制度。证据保全是保证当事人承担举证责任的补救方法,在一定意义上也是当事人取得证据的一种手段。证据保全的目的就是保障仲裁的顺利进行,确保仲裁庭作出正确的裁决。

3. 强制执行仲裁裁决

仲裁法规定,裁决书自作出之日起发生法律效力。除非人民法院依照法定程序和条件裁定撤销或者不予执行仲裁裁决,当事人应自觉履行裁决。由于仲裁机构没有强制执行裁决的权利,因此,为了保障仲裁裁决的实施,防止负有履行裁决义务的当事人逃避或者拒绝仲裁裁决的义务,另一方当事人可以依照民事诉讼法的有关规定向人民法院申请执行,接受申请的人民法院应当执行。

(二)法院对仲裁活动的监督

我国仲裁法不允许当事人在仲裁裁决作出后再向人民法院提起诉讼。但是,为了提高仲裁员的责任心,保证仲裁裁决的合法性、公正性,保护各方当事人的合法权益,仲裁法同时规定了人民法院对仲裁活动予以司法监督的制度。我国仲裁法有关司法监督的相关规定表明,对仲裁进行司法监督的范围是有限的而且是事后。如果当事人对仲裁裁决没有异议,不主动申请司法监督,法院对仲裁裁决采取不予干涉的做法。司法监督的实现方式主要是允许当事人向法院申请撤销仲裁裁决和不予执行仲裁裁决。

1. 撤销仲裁裁决

当事人提出证据证明裁决有下列情形之一的,可以向仲裁委员会所在地的中级人民法院申请撤销裁决:

(1)没有仲裁协议的。
(2)裁决的事项不属于仲裁协议的范围或者仲裁委员会无权仲裁的。
(3)仲裁庭的组成或者仲裁的程序违反法定程序的。
(4)裁决所根据的证据是伪造的。
(5)对方当事人隐瞒了足以影响公正裁决的证据的。
(6)仲裁员在仲裁该案时有索贿受贿,徇私舞弊,枉法裁决行为的。

2. 不予执行仲裁裁决

在仲裁裁决过程中,如果被申请人提出证据证明仲裁裁决有下列情形之一的,经人民法院组成合议庭审查核实,裁定不予执行该仲裁裁决:

(1)当事人在合同中没有订立仲裁条款或者事后没有达成书面仲裁协议的。

(2)裁决的事项不属于仲裁协议的范围或者仲裁机构无权仲裁的。
(3)仲裁庭的组成或者仲裁的程序违反法定程序的。
(4)裁决所根据的证据是伪造的。
(5)对方当事人隐瞒了足以影响公正裁决的证据的。
(6)仲裁员在仲裁该案件时有贪污受贿,徇私舞弊,枉法裁决行为的。
(7)人民法院认定执行该裁决违背社会公共利益的,裁定不予执行。

裁定书被人民法院裁定不予执行的,当事人可以根据双方达成的书面仲裁协议重新申请仲裁,也可以向人民法院起诉。

一方当事人申请执行裁决,另一方当事人申请撤销裁决的,人民法院应当裁定中止执行。人民法院裁定撤销裁决的,应当裁定终结执行。撤销裁决的申请被人民法院裁定驳回的,人民法院应当裁定恢复原仲裁委员会的裁决。

第三节　民事诉讼

一、民事诉讼和民事诉讼管辖

(一)民事诉讼的概念和特点

1. 民事诉讼的概念

民事诉讼是指合同当事人依法请求人民法院行使审判权,审理双方之间发生的纠纷,作出由国家强制保证实现其合法权益,从而解决纠纷的审判活动。合同双方当事人如果未约定仲裁协议,则只能以诉讼作为解决纠纷的最终方式。人民法院审理民事案件,依照法律规定,实行合议、回避、公开审判和两审终审制度。

2. 民事诉讼的特点

民事诉讼解决纠纷具有以下特点:

(1)程序和实体判决严格依法。与其他解决纠纷的方式相比,诉讼的程序和实体判决都应严格依法进行。

(2)当事人在诉讼对抗中的平等性。诉讼当事人在实体和程序上的地位平等:原告起诉,被告可以反诉;原告提出诉讼请求,被告可以反驳诉讼请求。

(3)两审终审制。建设工程纠纷当事人如果不服第一审人民法院判决,可以上诉至第二审人民法院。建设工程纠纷经过两级人民法院审理,即告终结。

(4)执行的强制性。诉讼判决具有强制执行的法律效力,当事人可以向人民法院申请强制执行。

(二)民事诉讼管辖

1. 诉讼管辖的概念

诉讼管辖是指在人民法院系统中,各级人民法院之间以及同级人民法院之间受理第一审案件的权限分工。诉讼管辖可分为级别管辖、地域管辖、移送管辖和指定管辖。

2. 级别管辖

级别管辖是指划分上下级人民法院之间受理第一审民事案件的分工和权限。级别管辖是人民法院组织系统内部按纵向划分各级人民法院的管辖权限,它是划分人民法院管辖范围的基础。根据《中华人民共和国人民法院组织法》的规定,我国人民法院设四级:基层人民法院、中级人民法院、高级人民法院、最高人民法院。基层人民法院管辖第一审民事案件,但另有规定的除外。中级人民法院管辖的第一审民事案件包括重大涉外案件、在本辖区有重大影响的案件、最高人民法院确定由其管辖的案件。高级人民法院管辖在本辖区有重大影响的案件。最高人民法院管辖在全国有重大影响的以及认为应由本院审理的案件。

3. 地域管辖

地域管辖是指确定同级人民法院在各自的辖区内管辖第一审民事案件的分工和权限。它是在人民法院组织系统内部,从横向确认人民法院的管辖范围,是在级别管辖的基础上确认的。

民事诉讼法规定,地域管辖有三种:一般地域管辖、特殊地域管辖和专属管辖。

一般地域管辖是指根据当事人所在地确定有管辖权的人民法院。特殊地域管辖是指根据诉讼标的或诉讼标的物所在地确定有管辖权的人民法院(对特殊地域管辖,我国民事诉讼法采取列举的方式予以确定)。专属管辖是指根据案件的特殊性质,法律规定必须由一定地区的人民法院管辖(专属管辖具有排他性)。除上级人民法院指定管辖外,凡是法律明确规定专属管辖的案件,不能适用于一般地域管辖和特殊地域管辖的原则确定管辖的法院。此类案件只能由法律所确认的法院行使管辖权,其他法院无权管辖。此外,协议管辖也不能变更专属管辖的有关规定。

民事诉讼法规定,地域管辖根据各种不同民事案件的特点来确定,一般原则是"原告就被告"。因合同纠纷提起的诉讼,由被告住所地或者合同履行地人民法院管辖,但合同的双方当事人可以在书面合同中协议选择被告所在地、合同履行地、合同签订地、原告住所地、标的物所在地人民法院管辖,但不得违反级别管辖和专属管辖;因不动产纠纷提起的诉讼,由不动产地人民法院管辖;因侵权行为提起的诉讼,由侵权行为地或者被告住所地人民法院管辖。

4. 移送管辖和指定管辖

移送管辖是指某一人民法院受理案件后,发现自己对该案件没有管辖权,将案件移送有管辖权的人民法院审理。

指定管辖是指有管辖权的人民法院由于特殊原因,不能行使管辖权的,由上级人民法院指定管辖。

人民法院之间因管辖权发生争议,由争议双方协商解决;协商解决不了的,报请其共同的上级人民法院指定管辖。

二、民事诉讼当事人

(一)民事诉讼当事人的概念

民事诉讼当事人是指以自己的名义进行诉讼,并受人民法院裁决约束的利害关系人。当事人是民事诉讼的基本构成要素。根据民事诉讼法的规定,可以作为当事人的有公民、法人和其他组织。

(二)民事诉讼当事人的种类

1. 原告

原告是指为保护自己的合法权益,以自己的名义向人民法院提起诉讼,从而引起诉讼程序产生的人。例如,在房地产物业管理纠纷案件中,业主委员会可以原告的身份作为诉讼主体提起诉讼。

2. 被告

被告是指与原告利益相对,因原告的起诉而由人民法院通知应诉的人。

《最高人民法院关于审理建设工程施工合同纠纷案件适用法律问题的解释(一)》中对建设工程纠纷中的诉讼当事人进行了专门解释:

因建设工程质量发生争议的,发包人可以以总承包人、分包人和实际施工人为共同被告提起诉讼。

实际施工人以转包人、违法分包人为被告起诉的,人民法院应当依法受理。实际施工人以发包人为被告主张权利的,人民法院应当追加转包人或者违法分包人为本案第三人。

3. 共同诉讼人

共同诉讼是指当事人一方或双方为两人以上的诉讼。两人以上的一方或双方当事人被称为共同诉讼人。共同诉讼分为必要共同诉讼和普通共同诉讼两种。

必要共同诉讼是指当事人一方或双方为两人以上,诉讼标的是共同的,人民法院必须作为一个案件合并审理的诉讼。例如,经营者与广告经营者弄虚作假,发布虚假广告,造成消费者的损失,消费者因此起诉,经营者与广告经营者负有共同赔偿责任,属于共同被告。

普通共同诉讼是指当事人一方或双方为两人以上,诉讼标的是同一种类,人民法院认为可以合并审理的诉讼。普通共同诉讼人并不具有共同的权利或义务,他们可以独立的法律关系与对方当事人进行诉讼,只是因当事人的权利或义务属于同一类型,法院认为有必要合并审理并经当事人同意。例如,某钢铁厂出售劣质钢筋,两个施工企业购买者因此遭受经济损失,分别起诉。两个原告并无法律或事实上的联系,但因都是该钢铁厂的受害者,权利和义务属于同一类型,法院可以将其合并审理,即两个施工企业成为共同原告。

4. 第三人

第三人是指对他人之间的诉讼标的具有独立请求权,或虽无独立请求权,但与案件的处理结果有法律上的利害关系而参加到诉讼中的人。

根据第三人对已进行的诉讼的诉讼标的有无独立请求权,第三人可分为有独立请求权的第三人和无独立请求权的第三人。

有独立请求权的第三人是指既否定原告请求又不同意被告主张,而独立提出一个新主张的人。他在诉讼中相当于原告的身份,而以原诉讼中的原、被告为共同被告。

无独立请求权的第三人是指对他人诉讼标的无独立请求权,但与案件处理结果有利害关系而参加到诉讼中的人。他在诉讼中依附一方当事人,或支持原告或支持被告,以维护自己的利益。

第三人参加诉讼,经本人申请,或原诉讼当事人一方提出或人民法院依职权通知其参加均可以。

5.诉讼代表人

因当事人一方人数众多,而由当事人推选代表,代表当事人从事诉讼行为的人,称为诉讼代表人。

诉讼代表人既是案件的当事人,同时又代表全体当事人,应从维护全体当事人利益出发进行活动,其行为对所代表的全体当事人产生法律效力。

诉讼代表人与诉讼代理人不同。后者是以被代理人(即案件当事人)名义参加诉讼,并不是案件的当事人,因而不享有当事人的诉讼权利,也无须承担当事人的诉讼义务。

三、民事诉讼证据

(一)民事证据的概念和类型

民事证据是指以法律规定的形式表现出来的能够证明案件真实情况的一切事实。

民事证据包括书证、物证、视听材料、证人证言、当事人陈述、鉴定结论和勘验笔录等。

建设工程合同中的协议书、招标文件、投标书、工程量清单、施工图、监理工程师的书面指令和签证等都属于书证。当事人对工程质量或对工程造价有异议的,可以申请法院委托有资格的司法鉴定机构对工程质量和工程造价进行鉴定。鉴定机构作出的鉴定报告即为鉴定结论,是重要的证据之一。

从证据的存在形式或者表现形式来看,证据分为言词证据和实物证据。在我国民事诉讼中,言词证据主要有证人证言、鉴定结论和当事人陈述,实物证据主要有物证、书证、视听材料和勘验笔录。

(二)民事诉讼的举证

1.民事诉讼的举证原则

民事诉讼实行"谁主张,谁举证"的原则。当事人对自己提出的诉讼请求所依据的事实或者反驳对方诉讼请求所依据的事实,有责任提供证据加以证明。没有证据或者证据不足以证明当事人的事实主张的,由负有举证责任的当事人承担不利后果。

当事人因客观原因不能自行收集的证据,可申请人民法院调查收集。

2.法院调查收集证据

(1)法院依职权调查收集证据。人民法院认为审理案件需要的证据,可以依职权调查收集证据的情形有:

①涉及可能有损国家利益、社会公共利益或者他人合法权益的事实。

②涉及依职权追加当事人、中止诉讼、终结诉讼、回避等与实体争议无关的程序事项。

(2)法院依当事人申请调查收集证据。具体包括:

①申请调查收集的证据属于国家有关部门保存并须人民法院依职权调取的档案材料。

②涉及国家秘密、商业秘密、个人隐私的材料。

③当事人及其诉讼代理人确因客观原因不能自行收集的其他材料。

(三)民事诉讼的举证责任

1.侵权诉讼的举证责任

下列侵权诉讼按照以下规定承担举证责任:

(1)因新产品制造方法、发明专利引起的专利侵权诉讼,由制造同样产品的单位或个人对其产品制造方法不同于专利方法承担举证责任。

(2)高度危险作业致人损害的侵权诉讼,由加害人就受害人故意造成损害的事实承担举证责任。

(3)因环境污染引起的损害赔偿诉讼,由加害人就法律规定的免责事由及其行为与损害结果之间不存在因果关系承担举证责任。

(4)建筑物或者其他设施以及建筑物上的搁置物、悬挂物发生倒塌、脱落、坠落致人损害的侵权诉讼,由所有人或者管理人对其无过错承担举证责任。

(5)饲养动物致人损害的侵权诉讼,由动物饲养人或者管理人就受害人有过错或者第三人有过错承担举证责任。

(6)因缺陷产品致人损害的侵权诉讼,由产品的生产者就法律规定的免责事由承担举证责任。

(7)因共同危险行为致人损害的侵权诉讼,由实施危险行为的人就其行为与损害结果之间不存在因果关系承担举证责任。

有关法律对侵权诉讼的举证责任有特殊规定的,从其规定。

2.合同纠纷案件的举证责任

在合同纠纷案件中,主张合同关系成立并生效的一方当事人对合同的订立和生效的事实承担举证责任;主张合同关系变更、解除、终止、撤销的一方当事人对引起合同关系变动的事实承担举证责任。

对合同是否履行发生争议的,由负有履行义务的当事人承担举证责任。

对代理权发生争议的,由主张有代理权一方当事人承担举证责任。

3.劳动争议纠纷案件的举证责任

在劳动争议纠纷案件中,因用人单位作出开除、除名、辞退、解除劳动合同、减少劳动报酬、计算劳动者工作年限等决定而发生劳动争议的,由用人单位承担举证责任。

(四)举证期限

举证期限是指当事人必须在一定的诉讼时段和时间范围内来行使举证权利。规定举证期限的目的在于强调效率和公平。

人民法院应当在送达案件受理通知书和应诉通知书的同时向当事人送达举证通知书。举证通知书应当载明举证责任的分配原则与要求、可以向人民法院申请调查取证的情形、人民法院根据案件情况指定的举证期限以及逾期提供证据的法律后果。

举证期限可以由当事人协商一致,并经人民法院认可。

由人民法院指定举证期限的,指定的期限不少于30日,自案件当事人收到案件受理通知书和应诉通知书的次日起计算。建设工程纠纷案件的证据材料非常多,当事人特别是被告在收到诉讼材料和举证通知书后,如果举证时间紧张,难以在法院指定的举证期限内提供证据的,可以向人民法院申请延长举证期限。

当事人应当在举证期限内向人民法院提交证据材料,当事人在举证期限内不提交的,视为放弃举证权利。

对于当事人逾期提交的证据材料,人民法院审理时不组织质证。但对方当事人同意质证的除外。

当事人增加、变更诉讼请求或者提起反诉的,应当在举证期限届满前提出。

当事人变更诉讼请求的,人民法院应当重新指定举证期限。

(五)质证

质证就是在法官的主持下,当事人围绕证据的真实性、关联性、合法性,针对证据证明力有无以及证明力大小进行质疑、说明与辩驳。

证据应当在法庭上出示,由当事人质证。未经质证的证据,不能作为认定案件事实的依据。

当事人在证据交换过程中认可并记录在卷的证据,经审判人员在庭审中说明后可以作为认定案件事实的依据。

涉及国际秘密、商业秘密和个人隐私或者法律规定的其他应当保密的证据,不得在开庭时公开质证。

对书证、物证、视听材料进行质证时,当事人有权要求出示证据的原件或者原物,但有下列情况之一的除外:

(1)出示原件或者原物确有困难并经人民法院准许出示复制件或者复制品的。

(2)原件或者原物已不存在,但有证据证明复制件、复制品与原件或原物一致的。

当事人申请证人出庭作证,应当在举证期限届满 10 日前提出,并经人民法院许可。

人民法院对当事人的申请予以准许的,应当在开庭审理前通知证人出庭作证,并告知其应当如实作证及作伪证的法律后果。

证人应当出庭作证,接受当事人的质询。

(六)证据的审核认定

人民法院应当以证据能够证明的案件事实为依据依法作出裁判。

审判人员应当依照法定程序,全面、客观地审核证据,依据法律的规定,遵循职业道德,运用逻辑推理和日常生活经验,对证据有无证明力和证明力大小独立进行判断,并公开判断的理由和结果。

▶ 四、民事审判程序

(一)第一审程序

第一审程序是指人民法院审理第一审民事案件的诉讼程序。根据民事诉讼法的规定,第一审程序主要包括以下几个主要阶段:

1.起诉和受理

起诉是因原告民事权益受到侵害或发生争议,而向法院提出诉讼请求,请求法院行使审判权给予保护和确认的行为。原告起诉必须符合下列法定的起诉条件:

(1)原告是与本案有直接利害关系的公民、法人和其他组织。

(2)有明确的被告。

(3)有具体的诉讼请求和事实、理由。

(4)属于人民法院受理民事诉讼的范围和受诉人民法院管辖。

人民法院收到原告的诉讼后,经审查符合条件的,应在 7 日内立案,并通知当事人;认为不符合起诉条件的,应当在 7 日内裁定不予受理。原告对裁定不服的,可以提起上诉。

起诉和受理的结合,引起法院审判程序的开始。

2. 审理前的准备

人民法院在受理案件后开庭审理前,为保证庭审活动的顺利进行,需要进行必要的准备工作。其主要任务是弄清当事人的诉讼请求和答辩所根据的事实,了解双方争执的焦点,收集必要的证据,试行调解等。

人民法院应当在立案之日起5日内将起诉状副本送达被告,被告应当在收到之日起15日内提出答辩状。人民法院应当在收到答辩状之日起5日内将答辩状副本发送原告。

法院立案后要确定合议庭组成人员。审判人员要认真审核诉讼材料,通过法定程序收集必要的证据。

3. 开庭审理

开庭审理又称法庭审理,是指在审判人员主持下,在当事人和其他诉讼参与人的参加下,在法庭上对案件进行实体审理的诉讼活动。开庭审理是整个诉讼程序中的中心环节,通过对案件的全面审理,明确当事人的权利和义务,为正确公正地裁决提供依据。

人民法院审理民事案件,应当在开庭3日前通知当事人和其他诉讼参加人。除涉及国家机密、个人隐私或法律另有规定的以外,应当公开进行。离婚案件,涉及商业秘密的案件,当事人申请不公开审理的,可以不公开审理。

原告经传票传唤,无正当理由拒不到庭的,或未经法庭许可中途退庭的,可以按撤诉处理;被告反诉的,可以缺席判决。被告经传票传唤,无正当理由拒不到庭的,或未经法庭许可中途退庭的,可以缺席判决。

在开庭审理时,当事人有权申请审判人员、书记员、翻译人员、鉴定人员回避。当事人申请审判人员回避的,由法院院长决定;院长担任审判长时,由审判委员会决定。其他人员的回避由审判长决定。

开庭审理主要分为以下几个阶段:

(1)法庭调查。通过在法庭上对案件事实进行全面调查,从而对所有证据材料进行查实,全面揭示案情。经法庭许可,当事人可以向证人、鉴定人、勘验人发问。

(2)法庭辩论。由双方当事人对所争议的事实和法律问题进行辩论,通过双方辩论,进一步查证有争议的案情。

(3)评议和宣判。法庭辩论终结后,对不进行调解或调解不成的,由合议庭评议,确定案件事实和认定及法律适用,依法作出裁决。

(二)第二审程序

第二审程序是指当事人不服地方各级人民法院第一审未生效的判决、裁定,向上一级人民法院提起上诉,上一级人民法院对案件进行再次审理所适用的程序。通过再次审理,维持正确裁决,纠正错误裁决,确保人民法院审判活动的公正进行,更好地维护当事人的合法权益。

第二审程序并非每个案件的必经程序。只有当事人依法提起上诉才能引起第二审程序。

1. 上诉的提起

上诉是引起第二审程序发生的根据。有权提起上诉的人是在第一审程序中具有实体权利、义务的当事人,包括原告、被告、共同诉讼人和具有独立请求权的第三人。

上诉的期限,判决为15天,裁定为10天,从判决书和裁定书送达之日起计算。

上诉状应当通过原审人民法院提出,并按照对方当事人或者代表人的人数提出副本。当事人直接向第二审人民法院上诉的,第二审人民法院在5日内将上诉状移交原审人民法院。

2. 上诉的审理

第二审人民法院对上诉案件,应当组成合议庭,开庭审理。经过阅卷、调查和询问当事人,对没有提出新的事实、证据或者理由,合议庭认为不需要直接开庭审理的,可以不开庭审理。

3. 上诉的裁决

第二审人民法院对上诉案件,经过审理,按照下列情形,分别处理:

(1)原判决、裁定认定事实清楚,适用法律正确的,以判决、裁定方式驳回上诉,维持原判决、裁定。

(2)原判决、裁定认定事实错误或者适用法律错误的,以判决、裁定方式依法改判、撤销或者变更。

(3)原判决认定基本事实不清的,裁定撤销原判决,发回原审人民法院重审,或者查清事实后改判。

(4)原判决遗漏当事人或者违法缺席判决等严重违反法定程序的,裁定撤销原判决,发回原审人民法院重审。原审人民法院对发回重审的案件作出判决后,当事人提起上诉的,第二审人民法院不得再次发回重审。

(三)审判监督程序

审判监督程序是指人民法院对已发生法律效力的判决、裁定,发现在认定事实或适用法律上确有错误,依法重新审判的一种诉讼程序。这是为加强法律监督、纠正错误而设立的一种特殊程序。

提出审判监督程序有下列几种情形:

1. **法院内部监督提出**

各级人民法院院长对本院已发生法律效力的判决、裁定,发现确有错误,认为需要再审的,应当提交审判委员会讨论决定。最高人民法院对地方各级人民法院已发生法律效力的判决、裁定,上级人民法院对下级人民法院已发生法律效力的判决、裁定,发现确有错误的,有权提审或指令下级人民法院再审。

2. **检察院行使监督权提出**

最高人民检察院对各级人民法院已发生法律效力的判决、裁定,上级人民检察院对下级人民法院已发生法律效力的判决、裁定,发现有下列情形之一的,应按审判监督程序提出抗诉:

(1)有新的证据,足以推翻原判决、裁定的。

(2)原判决、裁定认定的基本事实缺乏证据证明的。

(3)原判决、裁定认定事实的主要证据是伪造的。

(4)原判决、裁定认定事实的主要证据未经质证的。

(5)对审理案件需要的证据,当事人因客观原因不能自行收集,书面申请人民法院调查收集,人民法院未调查收集的。

(6)原判决、裁定适用法律确有错误的。

(7)审判组织的组成不合法或者依法应当回避的审判人员没有回避的。

(8)无诉讼能力人未经法定代理人代为诉讼或者应当参加诉讼的当事人,因不能归责于本人或者其诉讼代理人的事由,未参加诉讼的。

(9) 违反法律规定,剥夺当事人辩论权的。

(10) 未经传票传唤,缺席判决的。

(11) 原判决、裁定遗漏或者超出诉讼请求的。

(12) 据以作出原判决、裁定的法律文书被撤销或者变更的。

(13) 审判人员审理案件时,有贪污受贿,徇私舞弊,枉法裁判行为的。

地方各级人民检察院对同级人民法院已发生效力的判决、裁定,发现有上述情形之一的,或者发现调解书损害国家利益、社会公共利益的,可以向同级人民法院提出检察建议,并报上级人民检察院备案;也可以提请上级人民检察院向同级人民法院抗诉。

对人民检察院提出抗诉的案件,人民法院应当再审,并通知人民检察院派员出席法庭。

3. 当事人申请再审

当事人申请再审应当在判决、裁定发生法律效力后 2 年内提出;2 年后据以作出原判决、裁定的法律文书被撤销或者变更,以及发现审判人员在审理案件时有贪污受贿、徇私舞弊、枉法裁判行为的,自知道或者应当知道之日起 3 个月内提出。

当事人的申请符合下列情形之一的,人民法院应当再审:

(1) 有新的证据,足以推翻原判决、裁定的。

(2) 原判决、裁定认定的基本事实缺乏证据证明的。

(3) 原判决、裁定认定事实的主要证据是伪造的。

(4) 原判决、裁定认定事实的主要证据未经质证的。

(5) 对审理案件需要的证据,当事人因客观原因不能自行收集,书面申请人民法院调查收集,人民法院未调查收集的。

(6) 原判决、裁定适用法律确有错误的。

(7) 审判组织的组成不合法或者依法应当回避的审判人员没有回避的。

(8) 无诉讼行为能力人未经法定代理人代为诉讼或者应当参加诉讼的当事人,因不能归责于本人或者其诉讼代理人的事由,未参加诉讼的。

(9) 违反法律规定,剥夺当事人辩论权利的。

(10) 未经传票传唤,缺席判决的。

(11) 原判决、裁定遗漏或者超出诉讼请求的。

(12) 据以作出原判决、裁定的法律文书被撤销或者变更的。

(13) 审判人员审理该案件时有贪污受贿,徇私舞弊,枉法裁判行为的。

当事人申请再审,应当在判决、裁定发生法律效力后 6 个月内提出;有上述第(1)项、第(3)项、第(12)项、第(13)项规定情形的,自知道或应当知道之日起 6 个月内提出。

(四) 督促程序

督促程序是指法院根据债权人的要求,向债务人发出附条件的支付令,如债务人在法定期间不提出异议,该支付令即发生法律效力的程序。这是一种简便易行的保护债权人合法权益的程序。

债权人提起督促程序,请求法院发出支付令,必须符合下列条件:

(1) 债权人的申请必须以金钱或有价证券为标的。

(2) 债权人和债务人没有其他债务纠纷。

(3)支付令能够送达债务人。

债权人必须以书面形式向有管辖权的基层人民法院提出申请。申请书应当写明请求给付金钱或者有价证券的数量和所根据的事实、证据。

法院自接到申请后5日内作出是否受理的决定。经审查,认为申请不成立的,应当裁定驳回;如认定该案债权债务关系明确、合法,并已到履行期限,应当在受理之日起15日内向债务人发出支付令。

债务人应当在收到支付令之日起15日内清偿债务。如债务人在法定期限内既不履行支付令又不提出异议的,债权人可以申请法院强制执行。如债务人在收到支付令起15日内提出书面异议的,法院应终结督促程序,支付令失效。支付令失效的,债权人可以向人民法院起诉,转入诉讼程序。

(五)公示催告程序

按规定可以背书转让的票据持有人,因票据被盗、遗失或灭失,可以书面形式向法院提出公示催告申请。法院审查符合规定的,应当受理,并在3日内发出公告。票据的利害人应当在公示催告期间向人民法院申报。人民法院收到利害关系人的申报后,应当裁定终结公示催告程序,并通知申请人和支付人。申请人或申报人可以向人民法院起诉。没有人申报的,人民法院应当根据申请人的申请,作出裁决,宣告票据无效,并通知支付人。自判决公告之日起,申请人有权向支付人请求支付。

五、执行程序

执行是民事审判的最后一道程序,它对保证人民法院判决、裁定的执行,维护法律的尊严,有着重要的意义。

(一)执行案件的申请

发生法律效力的民事判决、裁定,当事人必须履行。一方拒绝履行的,对方当事人可以向人民法院申请执行,也可以由审判员移送执行员执行。

调解书和其他应当由人民法院执行的法律文书,当事人必须履行。一方当事人拒绝履行的,对方当事人可以向人民法院申请执行。

对依法设立的仲裁机构的裁决,一方当事人不履行的,对方当事人可以向有管辖权的人民法院申请执行。受申请的人民法院应当执行。

(二)执行案件的管辖

发生法律效力的民事判决、裁定,以及刑事判决、裁定中的财产部分,由第一审人民法院或者与第一审人民法院同级的被执行的财产所在地的人民法院执行。

法律规定由人民法院执行的其他法律文书,由被执行人所在地或者被执行的财产所在地的人民法院执行。

(三)执行措施

(1)被执行人未按执行通知履行法律文书确定的义务的,应当报告当前以及收到执行通知之日起前一年的财产情况。被执行人拒绝报告或者虚假报告的,人民法院可以根据情节轻重对被执行人或者其法定代理人、有关单位的主要负责人或者直接责任人予以罚款、拘留。

(2)被执行人未按执行通知履行法律文书确定的义务的,人民法院有权向有关单位查询被执行的人存款、债券、股票、基金份额等财产情况。人民法院有权根据不同情况扣押、冻结、划拨、变价被执行人的财产。人民法院查询、扣押、冻结、划拨、变价的财产不得超出被执行人应当履行义务的范围。

人民法院决定扣押、冻结、划拨、变价财产,应当作出裁定,并发出协助执行通知书,银行、信用合作社和其他有储蓄业务的单位必须办理。

(3)被执行人未按执行通知履行法律文书确定的义务的,人民法院有权扣留、提取被执行人应当履行义务部分的收入,但应当保留被执行人及其所扶养家属的生活必需费用。

人民法院决定扣留、提取收入时,应当作出裁定,并发出协助执行通知书,被执行人所在单位、银行、信用合作社和其他有储蓄业务的单位必须办理。

(4)被执行人未按执行通知履行法律文书确定的义务的,人民法院有权查封、扣押、冻结、拍卖、变卖被执行人应当履行义务部分的财产。采取该项措施时,人民法院应当作出裁定。

(5)被执行人不履行法律文书确定的义务,并隐匿财产的,人民法院有权发出搜查令,对被执行人及其住所或者财产隐匿地进行搜查。

(6)强制迁出房屋或者强制退出土地,由法院院长签发公告,责令被执行人在指定期间履行。被执行人逾期不履行的,由执行员强制执行。被执行人是公民的,应当通知被执行人或者其成年家属到场;被执行人是法人或者其他组织的,应当通知其法定代表人或者主要负责人到场。拒不到场的,不影响执行。被执行人是公民的,其工作单位或者房屋、土地所在地的基层组织应当派人参加。执行员应当将强制执行情况记入笔录,由在场人签名或者盖章。

(7)强制迁出房屋被搬出的财物,由人民法院派人运送至指定处所,交给被执行人。被执行人是公民的,也可以交给其成年家属。因拒绝接收而造成的损失,由被执行人承担。

(8)在执行中,需要办理有关财产权证照转移手续的,人民法院可以向有关单位发出协助执行通知书,有关单位必须办理。

(9)对判决、裁定和其他法律文书指定的行为,被执行人未按执行通知履行的,人民法院可以强制执行或者委托有关单位或者其他人完成,费用由被执行人承担。

(10)被执行人未按判决、裁定和其他法律文书指定的期间履行给付金钱义务的,应当加倍支付迟延履行期间的债务利息。被执行人未按判决、裁定和其他法律文书指定的期间履行其他义务的,应当支付迟延履行金。

(11)人民法院采取民事诉讼法规定的执行措施后,被执行人仍不能偿还债务的,应当继续履行义务。债权人发现被执行人有其他财产的,可以随时请求人民法院执行。

(12)被执行人不履行法律文书确定的义务的,人民法院可以对其采取或者通知有关单位协助采取限制出境、在征信系统记录、通过媒体公开不履行义务信息以及法律规定的其他措施。

(四)执行中止和执行终结

执行案件有下列情形之一的,人民法院应当裁定中止执行:

(1)申请人表示可以延期执行的。

(2)案外人对执行标的提出确有理由的异议的。

(3)作为一方当事人的公民死亡,需要等待继承人继承权利或者承担义务的。

(4)作为一方当事人的法人或者其他组织终止,尚未确定权利义务承受人的。

(5)人民法院认为应当中止执行的其他情形。

中止的情形消失后,恢复执行。

执行案件有下列情形之一的,人民法院裁定终结执行:
(1)申请人撤销申请的。
(2)据以执行的法律文书被撤销的。
(3)作为被执行人的公民死亡,无遗产可供执行,又无义务承担人的。
(4)追索赡养费、抚养费、抚育费案件的权利人死亡的。
(5)作为被执行人的公民因生活困难无力偿还借款,无收入来源,又丧失劳动能力的。
(6)人民法院认为应当终结执行的其他情形。

第四节 建设工程行政纠纷的处理

一、建设工程纠纷的行政复议

(一)建设工程纠纷行政复议的范围

可申请行政复议的行政行为是具体的行政行为。建设工程纠纷中,行政相对人可以对以下行政行为提出行政复议的申请:

(1)对行政机关作出的警告、罚款、没收非法财物、责令停产停业、暂扣或者吊销预售许可证、暂扣或者吊销营业执照、暂扣或者吊销执业资格证书、行政拘留等行政处罚决定不服的。

(2)对行政机关作出的限制人身自由或者查封、扣押、冻结财产等行政强制措施决定不服的。

(3)对行政机关作出的有关许可证、执照、资质证书、执业资格证等证书变更、中止、撤销的决定不服的。

(4)对行政机关作出的关于确认土地、矿藏、水流、森林、山岭、草原、荒地、滩涂、海域等自然资源的所有权或者使用权的决定不服的。

(5)认为行政机关侵犯合法的经营自主权的。

(6)认为行政机关违法集资、征收财物、摊派费用或者违法要求履行其他义务的。

(7)认为符合法定条件,申请行政机关颁发许可证、执照、资质证、资格证等证书,或者申请行政机关审批、登记有关事项,行政机关没有依法办理的。如房地产登记机关在受理产权登记材料后,在法定时限内不予答复等。

(8)申请行政机关履行保护人身权利、财产权利、受教育权利的法定职责,行政机关没有依法履行的。

(9)认为行政机关的其他具体行政行为侵犯其合法权益的。

此外,行政相对人认为行政机关的具体行政行为所依据的国务院相关部门的规定、县级以上地方各级人民政府及其工作部门的规定、乡(镇)人民政府的规定不合法,在对具体行政行为申请复议时,可以一并向行政复议机关提出对该规定的审查申请。如地方行政主管部门设置建筑市场、房地产市场的准入资格,限制外地企业进入本地的规定等(该类规定不含国务院部、委规章和地方人民政府规章),违反法律、法规侵害其合法权益等。

(二)行政复议的管辖

行政复议的管辖是指行政相对人对具体行政行为不服应向哪个行政复议机关提出申请,并由其受理和审查。

(1)对地方各级人民政府的具体行为不服的,向上一级地方人民政府申请行政复议。

(2)对省、自治区、直辖市人民政府的具体行政行为不服的,向作出该具体行政行为的省、自治区、直辖市人民政府申请行政复议。对行政复议决定不服的,可以依法向人民法院提起行政诉讼,也可以向国务院申请最终裁决。国务院作出裁决后,不能再向行政复议机关提出行政诉讼。

(3)对省、自治区、直辖市人民政府依法设立的派出机关所属的县级地方人民政府的具体行政行为不服的,向该派出机关申请行政复议。

(4)对县级以上地方各级人民政府工作部门的具体行政行为不服的,申请人可以向该部门的本级人民政府申请行政复议,也可以向上一级主管部门申请行政复议。如对市建设局作出的处罚决定不服的,当事人可以向市政府法制办申请行政复议,也可以向上一级的主管部门省建设厅申请行政复议。

(5)对国务院各部门的具体行政行为不服的,向该部门申请行政复议;对行政复议不服的,既可以向该复议机关提出行政诉讼,也可以向国务院申请最终裁决。

(6)对县级以上地方人民政府依法设立的派出机关的具体行政行为不服的,向设立该派出机关的人民政府申请行政复议。

对政府工作部门依法设立的派出机构依照法律、法规或者规章规定,以自己的名义作出的具体行政行为不服的,向设立该派出机构的部门或者该部门的本级地方人民政府申请复议。

(7)对法律、法规授权的组织的具体行政行为不服的,分别向直接管理该组织的地方人民政府、地方人民政府工作部门或者国务院部门申请行政复议。如建设工程质量监督局是根据建设局的授权对施工企业作出处罚决定的,施工企业可以向市政府的法制办申请行政复议。

(8)对两个或者两个以上行政机关以共同的名义作出的具体行政行为不服的,向其共同的上一级行政机关申请复议。

(9)对被撤销的行政机关在撤销前所作出的具体行政行为不服的,向继续行使其职权的行政机关的上一级行政机关申请行政复议。

申请人申请行政复议,行政复议机关已经依法受理的,或者法律、法规规定应当先向行政复议机关申请行政复议的,在法定行政复议期限内不得向人民法院提起行政诉讼。

申请人向人民法院提起行政诉讼,人民法院已经依法受理的,不得申请行政复议。

(三)行政复议的申请、受理、审查和决定

1. 行政复议的申请

申请人应自知道该具体行政行为侵犯其合法权益之日起60日内提出行政复议申请,但是法律、法规规定的申请期限超过60日的除外。因不可抗力或者其他正当理由耽误法定申请期限的,申请期限自法定事由消除之日起继续计算。

申请人申请行政复议可以采用书面申请,也可以采用口头申请。

2. 行政复议的受理

行政复议机关收到行政复议申请后,应当在5日内进行审查,对不符合《中华人民共和国行政复议法》规定的行政复议申请的,决定不予受理,并书面通知申请人;对符合《中华人民共和国行政复议法》规定,但是不属于本机关受理的行政复议申请,应当告知申请人向有关行政复议机关提出。如果行政复议机关收到行政复议申请后5日内,没有作出不予受理的决定,也没有告知申请人另向有关行政复议机关提出,申请自行政复议机关负责法制工作的机构收到之日起即为受理。

如果法律、法规规定应当先向行政复议机关申请行政复议、对行政复议决定不服再向人民法院提起行政诉讼的,行政复议机关决定不予受理或者受理后超过行政复议期限不作答复的,申请人可以自收到不予受理决定书之日起或者行政复议期满之日起15日内,依法向人民法院提起行政诉讼。

3.行政复议的审查

行政复议机关负责法制工作的机构应当自行政复议申请受理之日起7日内,将行政复议申请书副本或行政复议申请笔录复印件发送被申请人。被申请人应当自收到之日起10日内,提出书面答复,并提交当初作出具体行政行为的证据、依据和其他有关材料。为防止行政主体违反"先取证、后决定"的基本程序原则,在行政复议过程中,被申请人不得自行向申请人和其他有关组织或个人收集证据。

申请人在申请行政复议时,一并提出对有关规定的审查申请的,行政复议机关对有权处理的,应当在30日内依法处理;无权处理的,应在7日内按照法定程序转送有权处理的行政机关依法处理,有权处理的行政机关应当在60日内依法处理。处理期间,中止对具体行政行为的审查。

4.行政复议的决定

行政复议机关经过审查后,根据具体情况,可以作出以下行政复议决定:

(1)具体行政行为认定事实清楚,证据确凿,适用依据正确,程序合法,内容适当,应作出维持原具体行政行为的决定。

(2)被申请人不履行法定职责的,应作出限期履行决定。

(3)具体行政行为主要事实不清楚、证据不足的,适用依据错误的,违反法定程序的,超越或者滥用职权的,应作出撤销、变更或者确认该具体行政行为违法的决定。

(4)被申请人的具体行政行为侵犯申请人的合法权益造成损害,申请人据此请求赔偿的,行政复议机关在作出撤销、变更或者确认该具体行政行为违法决定的同时,应当责令被申请人依法赔偿申请人的损失。申请人没有提出行政赔偿请求的,行政复议机关在作出撤销、变更或者确认该具体行政行为违法决定时,应当责令被申请人返还财产,解除对财产的查封、扣押、冻结措施,或者赔偿相应的价款。

二、建设工程纠纷的行政诉讼

(一)行政诉讼的范围

公民、法人或者其他组织认为行政机关和行政机关工作人员的具体行政行为侵犯其合法权益,有权依照《中华人民共和国行政诉讼法》向人民法院提起诉讼。具体包括:

(1)对行政拘留、暂扣或者吊销许可证和执照、责令停产停业、没收违法所得、没收非法财物、罚款、警告等行政处罚不服的。

(2)对限制人身自由或者对财产的查封、扣押、冻结等行政强制措施和行政强制执行不服的。

(3)申请行政许可,行政机关拒绝或者在法定期限内不予答复,或者对行政机关作出的有关行政许可的其他决定不服的。

(4)对行政机关作出的关于确认土地、矿藏、水流、森林、山岭、草原、荒地、滩涂、海域等自然资源的所有权或者使用权的决定不服的。

(5)对征收、征用决定及其补偿决定不服的。

(6)申请行政机关履行保护人身权、财产权等合法权益的法定职责,行政机关拒绝履行或者不予答复的。

(7)认为行政机关侵犯其经营自主权或者农村土地承包经营权、农村土地经营权的。

(8)认为行政机关滥用行政权力排除或者限制竞争的。

(9)认为行政机关违法集资、摊派费用或者违法要求履行其他义务的。

(10)认为行政机关没有依法支付抚恤金、最低生活保障待遇或者社会保险待遇的。

(11)认为行政机关不依法履行、未按照约定履行或者违法变更、解除政府特许经营协议、土地房屋征收补偿协议等协议的。

(12)认为行政机关侵犯其他人身权、财产权等合法权益的。

除上述规定外,人民法院受理法律、法规规定可以提起诉讼的其他行政案件。

国家行为、抽象行政行为、内部行政行为和终局裁定行为为不可诉讼行为。此外,行政机关居间对公民、法人或者其他组织之间以及他们相互之间的民事权益争议作调解或者根据法律、法规的规定作仲裁处理,当事人对调解、仲裁不服,向人民法院起诉的,人民法院不作为行政案件处理。如建设工程造价管理部门居间对建设工程合同双方工程价格的确定进行调解,调解后当事人之间又不履行调解协议的,该类纠纷仍属于民事纠纷。公民、法人或者其他组织对行政机关工作人员的非职务行为向人民法院提起行政诉讼的,人民法院不予受理。

(二)行政诉讼证据规则

我国行政诉讼制度采取被告负举证责任的分配原则。被告对作出的具体行政行为负有举证责任,应当提供作出该具体行政行为的证据和依据的规范性文件。证据包括书证、物证、视听材料、电子数据、证人证言、当事人的陈述、鉴定意见、勘验笔录、现场笔录。以上证据经法庭审查属实,才能作为定案的根据。诉讼过程中,被告不得自行向原告和证人收集证据。行政复议机关在复议过程中收集和补充的证据,不能作为复议维持原具体行政行为的依据。

原告承担举证责任的情形主要有:证明起诉符合法定条件;在被告不作为的案件中,证明其提出申请的事实;在一并提起的赔偿诉讼中,证明造成损害的事实。

(三)行政诉讼程序

1. 起诉

起诉分为两类:一是直接向人民法院起诉,即法律、法规没有明确规定必须经过行政复议的,都直接可以向法院起诉;二是经过行政复议后向人民法院起诉,包括法律、法规明确规定必须经过行政复议程序才能向人民法院起诉的和法律、法规没有明确规定必须经过行政复议,但当事人自愿选择先行政复议,对行政复议决定不服的,再向人民法院起诉。

2. 受理

人民法院接到起诉状后,应当在7日内立案,或作出裁定不予受理。对裁定不服的,可以提起上诉。

3. 审理

人民法院决定立案,依法组织合议庭开庭审理。除涉及国家机密、个人隐私、商业秘密及法律另有规定的外,都应公开审理。对地方人民法院第一审判决不服的,有权在判决书送达之日起15日内向上一级人民法院提起上诉;对地方人民法院一审裁定不服的,有权在裁定书送达之日起10日内向上一级人民法院提起上诉。

4. 判决

第一审法院经过审理,根据不同情况,分别作出以下判决:

(1)具体行政行为证据确凿,适用法律、法规正确,符合法定程序的,判决维持。

(2)主要证据不足的,适用法律、法规错误的,违反法定程序的,超越职权的,滥用职权的,判决撤销或者部分撤销,并可以判决被告重新作出具体行政行为。

(3)被告不履行或者拖延履行法定职责的,判决其在一定期限内履行。

(4)行政处罚显失公正的,判决变更。

(5)造成损失的,判决赔偿。

第二审人民法院对提起上诉的案件,可以作出以下裁定或判决:

(1)原判决、裁定认定事实清楚,适用法律、法规正确的,判决或者裁定驳回上诉,维持原判决、裁定。

(2)原判决、裁定认定事实错误或者适用法律、法规错误的,依法改判、撤销或者变更。

(3)原判决认定基本事实不清、证据不足的,发回原审人民法院重审,或者查清事实后改判。

(4)原判决遗漏当事人或者违法缺席判决等严重违反法定程序的,裁定撤销原判决,发回原审人民法院重审。

原审人民法院对发回重审的案件作出判决后,当事人提起上诉的,第二审人民法院不得再次发回重审。

人民法院审理上诉案件,需要改变原审判决的,应当同时对被诉行政行为作出判决。

典型案例及分析

1. 案例背景

(1)基本案情。

本诉原告(被反诉人):通州某建筑安装工程有限公司。

本诉被告(反诉人):北京某建设工程总承包公司。

本诉的诉讼请求:要求判令被告立即支付工程款1997832元。

2015年11月18日,被告(反诉人)与原告(被反诉人)就苏州BLP厂房工程签订工程分包合同,将总包的苏州BLP厂房工程分包给原告施工。约定由原告承包厂房(51000平方米)土建、围墙、临时设施、食堂等施工任务,承包方式:包工、包料、包工期;承包金额:合同总价暂定为1800万元(以实际发生工程量为准);取费标准:执行甲方(即总承包商)与业主的建设工程合同中的价格条件。2016年4月4日,双方又签订补充协议,明确承包范围:厂房土建、安装工程的人工费、脚手架费;办公楼、食堂、围墙、门卫室的土建和安装、装饰工程的人工费、脚手架费;室外总体道路的人工费;地下水管的人工费;临时设施费用;业主、监理的生活、就餐及设施费用。

原告认为其已依双方合同及协议按时完工,2017年1月13日双方就工程款进行了结算,确认被告应支付原告工程款为1800万元,被告已支付1100万元,后被告又垫付原告人员工资、土方、钢管租赁等费用共计 3202168 元，按工程款总额的 90% 计算，原告还有到期的 1997832 元工程款没有支付。

反诉人认为，原告承包的工程合同总价暂定为 1800 万元（以实际发生工程量为准），因此，对原告的工程款应当进行工程造价鉴定。在合同履行过程中，反诉人共给付被反诉人工程款 1484.0821 万元，但被反诉人完成的工程总量为 738 万元（暂估），且在没有完工的情况下拒绝履行合同义务，因此，被反诉人应返还反诉人工程款 745 万元（暂估）。

另外，在施工过程中，由于被反诉人野蛮施工，导致厂房室内地坪裂缝，被业主要求返工整修。而且，因施工质量低劣，业主要求更换分包商。该部分工程的返工整修全部由反诉人自己完成。该部分工程返修整改的直接费为 4541799 元。另外，厂房、办公楼等附属工程的内外墙面裂缝、空鼓，室外地坪局部裂缝、空鼓，界格缝不顺直、错缝等维修整改的直接费用为 330400 元。以上工程都属于被反诉人承包的工程，由于被反诉人被业主清理出现场，这些工程的返修整改工作都由反诉人自己完成。该部分工程返修整改的费用理应由被反诉人承担，因此，被反诉人应当赔偿反诉人总计人民币 581 万元。

反诉人的诉讼请求：
①判令被反诉人支付反诉人因工程质量缺陷造成的人民币损失 581 万元。
②判令被反诉人返还反诉人工程款 745 万元。

因本案反诉的诉讼标的超过 200 万元，案件由苏州市虎丘人民法院移交苏州市中级人民法院审理。

(2) 本案的证据材料。
①诉讼主体资格的证据：北京某建设工程总承包公司的营业执照及企业资质等级证书。
②合同内证据（证明双方之间确立的法律关系）：业主与总承包商签订的施工总承包合同协议书、总承包商与分包商签订的施工分包合同及其补充协议。
③合同履行情况的证据：苏州 BLP 项目工程量清单、通州某建筑安装工程有限公司承包工程范围费用汇总表、工程款发票、苏州 BLP 项目工地未结清单位付款统计表、苏州 BLP 项目部账户最终核结报告表、苏州 BLP 项目劳务付款表、苏州 BLP 项目劳务付款明细及付款凭证等。
④证明分包商违约的证据：苏州 BLP 与北京某建设工程总承包公司补充协议及厂房地坪整改措施，厂房地坪及厂房、办公楼墙体质量缺陷来往邮件及照片，厂房地坪施工专题会议纪要，苏州 BLP 项目业主与总承包商电子邮件（含专家意见及照片）。
⑤证明违约损失的证据：苏州 BLP 项目办公楼墙体裂缝处理意见、苏州 BLP 厂房等质量缺陷返工整改费用汇总及明细表。

2. 案件审理

(1) 委托司法鉴定。

反诉人在提起反诉的同时，申请工程质量鉴定和工程造价鉴定。

①工程造价鉴定。在诉讼中，北京某建设工程总承包公司申请法院委托权威的工程造价鉴定机构对原告承包的工程量及其工程价款进行审核鉴定。

经法院委托，2019 年 9 月 17 日，苏州某工程造价事务所出具的《关于 BLP 工程项目工程造价司法鉴定报告》鉴定该部分工程的人工费及脚手架等费用是 520 万元。

②工程质量鉴定。本案诉讼中，因北京某建设工程总承包公司提起反诉，双方同意由法院

委托权威的工程质量检测机构鉴定,对通州某建筑安装工程有限公司实际施工的苏州 BLP 工程项目厂房地坪是否存在质量问题进行鉴定。

2019 年 11 月 28 日,苏州某司法鉴定所的《苏州 BLP 厂房室内原地面工程质量鉴定报告》认定,苏州 BLP 厂房室内原地面存在的主要质量问题是:

A. 原地面混凝土存在不密实现象,属混凝土缺陷(空洞、夹渣)。

B. 原地面混凝土存在贯穿裂缝。

C. 原地面混凝土在上层设计保护层范围内均未发现钢筋,钢筋实际布设在原地面混凝土底部,严重偏位,背离设计目的和规范要求。

D. 原地面砂石垫层存在疏松现象。

(2)原告变更诉讼请求。

2019 年 2 月 5 日,被告提起反诉后,原告变更诉讼请求为:要求被告立即支付工程款 2790496 元。

2020 年 3 月 10 日,原告又变更诉讼请求如下:

①要求判令被告立即支付工程款 610 万元。

②判令被告向原告支付拖欠工程款的利息 357428 元。

变更诉讼请求的理由是原告起诉时,被告应付款仅为应支付至工程款总额的 90%,现因自业主发出接收工程项目证书之日起已经超过 13 个月。根据约定,被告应支付至工程款总额的 95%,即 1800 万元×95%＝1710 万元。拖欠的工程款为 1710 万元－1100 万元＝610 万元。

3. 审裁结果

(1)关于工程款的结算依据。法院审理认为,本案中就同一工程先后签订了施工承包合同及补充协议,其中 2015 年 11 月 18 日签订的施工承包合同明确通州某建筑安装工程有限公司包工包料(双包)施工,2016 年 4 月 4 日签订的补充协议明确通州某建筑安装工程有限公司为单包施工。双方对实际履行哪份合同均未能充分举证证明,北京某建设工程总承包公司也不能证实第一份双包合同未履行或已解除。

法院对 2016 年 4 月 4 日变更为单包施工合同,合同结算金额为 1800 万元的观点予以采信。因此,判决北京某建设工程总承包公司按 1800 万元向分包商通州某建筑安装工程有限公司履行付款义务。扣除已付和代付款项,北京某建设工程总承包公司尚欠工程款 3797832 元。

(2)因工程质量缺陷引起的损失认定。法院对北京某建设工程总承包公司主张厂房、办公楼等附属工程的内外墙存在的裂缝、空鼓,室外地坪局部裂缝、空鼓,界格缝不顺直、错缝等质量问题造成的损失因未通过鉴定部门做出鉴定结论,北京某建设工程总承包公司的主张举证尚不充分,故不予支持。

关于厂房室内地坪返修费用,法院认为,经苏州某房屋安全司法鉴定所鉴定,导致原地坪质量问题的主要原因在于施工方。考虑到原地坪施工完毕后总包方应业主要求又重新施工了地坪,原地坪被新地坪覆盖,原地坪并未完全凿除,尚有可利用的价值,而新地坪已经通过整体验收,且北京某建设工程总承包公司又得到了业主一定的补偿,故通州某建筑安装工程有限公司应就原地坪施工承担相应的质量责任。根据北京某建设工程总承包公司设计的原地坪未包括防潮层及新地坪施工增加防水层并通过竣工验收的事实,北京某建设工程总承包公司对原地坪施工质量缺陷也负有一定责任。综上,法院酌定双方各承担 50% 的质量责任。北京某建设工程总承包公司对原地坪投入的费用为 3498962 元,通州某建筑安装工程有限公司承担 50% 的质量责任,为 1749481 元。

通州某建筑安装工程有限公司为施工原地坪投入的人工费 106 万元应于双方的工程款结算中做合理扣除,法院确定扣除 531022 元。最终判决通州某建筑安装工程有限公司赔偿北京某建设工程总承包公司损失 3151835 元(1749481 元+1402354 元)。

第一审判决后,双方均提出上诉。第二审发回重审。

4. 案例分析

(1) 本案争议的焦点。

① 第一个焦点:分包合同中约定的 1800 万元,究竟是包干价(闭口价)还是需要按工程量据实结算的暂估价(开口价)?

北京某建设工程总承包公司认为,双方合同中约定的 1800 万元应该是按工程量据实结算的暂估价。

通州某建筑安装工程有限公司认为,双方签订的是一口包死的固定总价合同。

② 第二个焦点:北京某建设工程总承包公司与通州某建筑安装工程有限公司是否未进行过工程结算?

双方就工程价款进行过结算,其证据就是 2017 年 10 月 12 日的"苏州 BLP 项目工地未结清单位付款统计表"。

③ 第三个焦点:通州某建筑安装工程有限公司承担的工程是否存在质量问题及如何修复?

北京某建设工程总承包公司认为,通州某建筑安装工程有限公司承包的工程存在严重质量问题是客观事实。

从鉴定报告的鉴定结论和原因分析得出的结论是,苏州 BLP 厂房原地坪的质量问题是施工不当造成的,而该地坪的施工单位是通州某建筑安装工程有限公司,因此,通州某建筑安装工程有限公司应当承担因工程质量问题造成的损失。

(2) 建设工程纠纷案件诉讼解决途径的特点。

① 争议标的额大、诉讼成本高。案件的受理费是按案件诉讼标的收取的,案件金额越大,收费就越高。本诉的诉讼费是 23963 元,反诉的诉讼费是 87288 元。另外,司法鉴定的费用也较高:工程造价的鉴定费是 170000 元,工程质量的鉴定费是 528000 元。

② 诉讼关系复杂。本案既涉及总包商与分包商的合同关系,又涉及总包商与业主的总承包合同;案件纠纷起因,既有工程价款问题,又有工程质量缺陷引起的修复、返工和赔偿问题。

③ 证据材料多。建设工程活动中的许多文件资料都是诉讼证据材料,如协议书、招标文件、投标书、施工图、监理工程师签证、会议纪要、与业主来往的电子邮件、检测结论、工程结算书、现场照片等,所以建设工程纠纷案件所涉及的证据材料多。

④ 专业性强。建设工程纠纷案件的专业性很强,如工程质量问题,并不能仅凭表面观感,而必须进行专业鉴定;另外,工程造价的确定也是一项专业性很强的工作,如果双方对结算资料有异议,就要通过司法鉴定解决,司法鉴定的证明力要高于工程决算书。

复习思考题

1. 建设工程纠纷的解决途径有哪些？当事人之间产生纠纷后，应首先选择哪类途径解决？
2. 人民调解委员会的调解与其他方式有何不同？
3. 建设工程纠纷通过仲裁解决与诉讼解决有何不同？
4. 发生建设工程纠纷，仲裁委员会裁决后，对方当事人不履行裁决书，如何处理？
5. 建设活动中哪些纠纷要通过行政复议和行政诉讼途径解决？
6. 行政复议与行政诉讼有何不同？
7. 建设工程合同纠纷应当如何起诉？
8. 民事诉讼中的证据有哪些类型？建设工程纠纷中哪些材料可以作为诉讼中的证据？
9. 什么是举证期限？在举证期限内不举证的法律后果是什么？
10. 对第一审判决不服，如何提起上诉？
11. 法院强制执行的执行措施有哪些？

参考文献

[1] 徐勇戈.建设法规[M].西安:西安交通大学出版社,2016.
[2] 顾永才.建设法规[M].3版.武汉:华中科技大学出版社,2014.
[3] 金国辉.新编建设法规教程与案例[M].北京:机械工业出版社,2010.
[4] 祝连波.建设法规[M].北京:化学工业出版社,2012.
[5] 住房与城乡建设部高等学校土建学科教学指导委员会.建设法规教程[M].北京:中国建筑工业出版社,2011.
[6] 全国一级建造师职业资格考试用书编写委员会.建设工程法规及相关知识[M].北京:中国建筑工业出版社,2015.
[7] 徐勇戈.建设工程合同管理[M].北京:机械工业出版社,2020.
[8] 朱宏亮.建设法规[M].3版.武汉:武汉理工大学出版社,2013.
[9] 徐占发.建设法规与案例分析[M].北京:机械工业出版社,2007.
[10] 宋宗宇.建设工程法规[M].重庆:重庆大学出版社,2006.
[11] 臧漫丹.工程合同法律制度[M].上海:同济大学出版社,2005.
[12] 知识产权出版社.建设工程安全生产管理条例及相关法律条件(修订本)[M].北京:知识产权出版社,2014.
[13] 胡向真.建设法规[M].北京:北京大学出版社,2006.
[14] 何红锋.建设工程施工合同纠纷案例评析[M].2版.北京:知识产权出版社,2009.
[15] 何红锋.建设工程法律事务[M].北京:中国人民大学出版社,2010.
[16] 何柏洲.工程建设法规教程[M].北京:中国建筑工业出版社,2009.